Digital Minimalism

डिजिटल मिनिमलिज़्म

शोरगुलभरी दुनिया में एकाग्र जीवन का चुनाव

डिजिटल मिनिमलिज़्म

शोरगुलभरी दुनिया में एकाग्र जीवन का चुनाव

कैल न्यूपोर्ट

प्रथम आवृत्ती : जनवरी 2024

रीप्रिंट : अक्तूबर 2025

अनुवादक : अभिषेक शुक्ला

प्रकाशक : वॉव पब्लिशिंग्ज् प्रा. लि. पुणे

मुद्रक : पार्कसंस ग्राफिक्स प्राइवेट लिमिटेड

ISBN : 978-93-90607-97-6

'Digital Minimalism' **इस अंग्रेजी पुस्तक का हिंदी अनुवाद**

Digital Minimalism

Shorgulbhari Duniya me Ekagra Jeevan ka Chunav

मेरी साथी, मेरी प्रेरणा

जूली के लिए

जो मुझे समझदारी से जीने का रास्ता दिखाती है।

विषय सूची

परिचय

ये सितंबर 2016 की बात है, जब मशहूर ब्लॉगर और टिप्पणीकार एंड्रयू सुलिवन ने न्यू यॉर्क मैगजीन के लिए एक लेख लिखा, जिसका शीर्षक था, 'आई यूज्ड टू बी ए ह्यूमन बीइंग (मैं एक इंसान हुआ करता था)' इस लेख का उपशीर्षक तो और भी चिंताजनक था: 'न्यूज, गॉसिप और तस्वीरों की अंतहीन खुराक' ने हमें पागलपन की हद तक जानकारियों का लती बना दिया है। इसने मुझे अंदर से तोड़ दिया है। यह आपको भी तोड़ सकता है।

इस लेख को बहुत से लोगों ने शेयर किया। हालाँकि मैं स्वीकार करता हूँ कि जब मैंने इसे पहली बार पढ़ा तो मैं सुलिवन की चेतावनी को पूरी तरह समझ नहीं पाया। मैं अपनी पीढ़ी के उन बिरले लोगों में से एक हूँ, जिन्होंने न तो कभी कोई सोशल मीडिया अकाउंट बनाया और जो न ही ज़्यादा वेब सर्फिंग करते हैं। इसका परिणाम ये है कि मेरे जीवन में फोन बहुत ज़्यादा महत्वपूर्ण नहीं है – ये चीज़ मुझे उस आम अनुभव से अछूता रखती है, जिसके बारे में ये लेख लिखा गया था। दूसरे शब्दों में कहें तो मुझे ये तो मालूम था कि इंटरनेट युग की ये नई-नई चीज़ें बहुत से लोगों के जीवन में भारी दखल रखती हैं लेकिन मुझे इस वास्तविकता की कोई गहरी समझ नहीं थी लेकिन फिर सब बदल गया।

इससे पहले 2016 में ही मैंने 'डीप वर्क' शीर्षक से एक किताब लिखी थी, जो गहन एकाग्रता के महत्त्व को रेखांकित करते हुए यह बताती है कि पेशेवर दुनिया द्वारा ध्यान भंग करनेवाले तकनीकी संचार साधनों पर जोर देने के चलते, लोग कैसे अपना काम सर्वश्रेष्ठ ढंग से नहीं कर पाते। जैसे-जैसे मेरी किताब को पाठक मिलते गए, वैसे-वैसे उनके साथ मेरा संवाद बढ़ा। कुछ पाठक मुझे संदेश भेजते तो कुछ सार्वजनिक कार्यक्रमों में आकर घेर लेते – लेकिन अधिकांश पाठकों का सवाल एक ही था कि उनके निजी जीवन का क्या? वे ऑफिस में ध्यान भंग करनेवाली चीज़ों

को लेकर मेरे तर्क से सहमत थे लेकिन फिर उन्होंने बताया कि वे इस बात से ज़्यादा व्यथित हैं कि कैसे नई तकनीकें ऑफिस के बाहर के उनके जीवन से सार्थकता और संतुष्टि को खत्म करती जा रही है। इस बात ने तत्काल मेरा ध्यान खींचा और जब मैं इसकी गहराई में गया तो ये मेरे लिए आधुनिक डिजिटल जीवन के वादों और जोखिमों पर अचानक किए गए किसी क्रैश कोर्स जैसा हो गया।

मैंने जितने भी लोगों से बात की, लगभग सभी इस बात को समझते थे कि इंटरनेट कितनी शक्तिशाली चीज़ है। वे जानते थे कि ये एक ऐसी शक्ति है – और होनी भी चाहिए – जो उनके जीवन को बेहतर बनाती है। वे गूगल मैप्स जैसी सुविधाओं को त्यागना नहीं चाहते थे और न ही इंस्टाग्राम से दूर भागना चाहते थे लेकिन वे यह भी महसूस करते थे कि कैसे आधुनिक तकनीक के साथ फिलहाल उनका संबंध अस्थिर किस्म का है – और वह भी इस हद तक कि अगर जल्द ही कोई बड़ा बदलाव नहीं आया तो वे भी अंदर से टूट जाएँगे।

आधुनिक डिजिटल जीवन के बारे में होनेवाली बातचीत में जो शब्द सबसे आम था, वह था थकान। ऐसा नहीं था कि कोई एक एप या बेवसाइट विशेष रूप से बुरी हो। अधिकांश लोगों ने बताया कि दरअसल समस्या ये है कि एक साथ बहुत सारी आकर्षक चीज़ें बड़ी तीव्रता से उनका ध्यान खींचते हुए उनके मिजाज़ में हेराफेरी करती रहती हैं। उनकी समस्या इस सनकभरी गतिविधि की बारीकियों से उतनी जुड़ी हुई नहीं थी, जितनी इस तथ्य से कि यह तेजी से उनके नियंत्रण से बाहर होती जा रही है। कुछ लोग इंटरनेट पर और अधिक समय बिताना चाहते हैं लेकिन इस आधुनिक माध्यम की प्रवृत्ति ऐसी है कि ये जल्द ही एक लत बन जाता है और लोगों के व्यवहार को प्रभावित करने लगता है। अपनी ट्विटर या रेडिट फीड चेक करने की गहन इच्छा बेचैनी में तब्दील होने लगती है, जिसके चलते एकाग्रता से काम करना असंभव हो जाता है, जबकि एक उद्देश्यपूर्ण जीवन जीने के लिए एकाग्रता अनिवार्य है।

इसके बाद मैंने अपनी रिसर्च – जिस पर मैं अगले अध्याय में विस्तार से चर्चा करूँगा – में पाया कि इंटरनेट संबंधी संचार साधनों की लत से जुड़ी कुछ चीज़ें दरअसल दुर्घटनावश आकार लेती हैं। (कुछ लोगों ने यह भविष्यवाणी भी की कि टेक्स्ट मैसेजिंग किस हद तक आपके ध्यान पर काबू कर सकती है)। लत संबंधी कुछ विशेषताओं के पीछे स्पष्ट उद्देश्य भी होते हैं, (सोशल मीडिया का बहुत ज़्यादा

इस्तेमाल ही उससे संबंधित कई बिजनेस प्लान्स का मुख्य आधार है)। इस लत का स्रोत जो भी हो, स्क्रीन के प्रति प्रबल आकर्षण के चलते लोग निश्चित ही इस मामले में अपनी स्वायत्तता गँवा रहे हैं कि वे अपना ध्यान किस ओर केंद्रित करेंगे। बेशक इंटरनेट का इस्तेमाल शुरू करते समय किसी ने भी इस तरह अपनी स्वायत्तता गँवाने के लिए हामी नहीं भरी थी। लोगों ने अच्छे कारणों से ही तमाम एप्स डाउनलोड किए और उन पर अपना अकाउंट बनाया लेकिन तब उन्हें इस घनघोर विडंबना का अंदाजा भी नहीं था कि ये सारी सेवाएँ उन मूल्यों की ही जड़े खोदने लगेंगी, जो पहले-पहले इन सेवाओं के प्रति लोगों का आकर्षण बढ़ने का प्रमुख कारण थे: लोगों ने फेसबुक अकांउट बनाया ताकि वे दूर-दराज रहनेवाले अपने दोस्तों से संपर्क बनाकर रख सकें लेकिन अब इसी के चलते लोग अपने उस दोस्त के साथ बातचीत करने में ध्यान केंद्रित नहीं कर पाते, जो उनके सामने बैठा हुआ है।

इसके साथ ही मुझे असीमित ऑनलाइन गतिविधियों के उस नकारात्मक प्रभाव का भी पता चला, जो लोगों के मानसिक स्वास्थ्य पर पड़ता है। मैंने जिन लोगों से इस विषय पर बातचीत की, उनमें से कईयों ने इस बात पर ज़ोर दिया कि सोशल मीडिया किस हद तक उनकी मनोदशा को प्रभावित करने में सक्षम है। दोस्तों द्वारा सोशल मीडिया पर अपने जीवन का सोचा-समझा चित्रण किया जाता है, जिस पर लगातार ध्यान जाने से लोगों के अंदर कमतरी व अयोग्यता का भाव बढ़ने लगता है, खासकर उन मौकों पर, जब वे पहले से ही उदास महसूस कर रहे हों। वहीं किशोर उम्र के लोग तो इस क्रूर अनुभव के चलते खुद को सार्वजनिक रूप से बहिष्कृत जैसा महसूस करने लगते हैं।

इसके अलावा - जैसा कि 2016 के अमेरिकी राष्ट्रपति चुनाव और उसके परिणामों से जाहिर हुआ - ऑनलाइन चर्चा अक्सर लोगों को भावनात्मक उग्रता और खालीपन की चरमसीमा की ओर धकेलती हुई प्रतीत होती है। तकनीकी दार्शनिक जेरोन लैनियर का ये तर्क सचमुच गौर करने लायक है कि हम इंटरनेट पर जो जबर्दस्त गुस्सा और आक्रोश देखते हैं, वह कुछ हद तक, इस तकनीकी माध्यम की ऐसी विशेषता है, जिससे बचा नहीं जा सकता। यह एक ऐसा खुला बाज़ार है, जहाँ लोगों का ध्यान पाना ही करेंसी है और इसीलिए यहाँ सकारात्मक और रचनात्मक विचारों की तुलना में नकारात्मक भावनाएँ ही अधिक ध्यान खींचती हैं। इंटरनेट का ज़्यादा इस्तेमाल करनेवालों का इस अंधकारमय नकारात्मकता के साथ नियमित सामना होता रहता है, जो उनके अंदर एक किस्म का खालीपन पैदा कर

सकता है – हर समय अनिवार्य रूप से दुनिया के संपर्क में रहने के चक्कर में बहुत से लोग यह कीमत चुकाते रहते हैं और उन्हें इसका अंदाज़ा तक नहीं होता।

तकनीकी संचार साधनों का जरूरत से ज़्यादा इस्तेमाल न सिर्फ एक लत जैसा है बल्कि आपको अंदर से थका भी देता है। ये सारे डिजिटल साधन आपकी स्वायत्तता और आपकी खुशी का स्तर घटाने, नकारात्मक प्रवृत्तियों को भड़काने और महत्वपूर्ण गतिविधियों से आपका ध्यान भटकाने में भी सक्षम हैं – इन चिंताओं ने हमारी संस्कृति पर हावी तकनीक के साथ लोगों के बोझिल संबंधों के प्रति मेरी आँखें खोल दीं। दूसरे शब्दों में कहें तो इनसे मुझे यह बात बेहतर ढंग से समझ में आई कि एंड्र्यू सुलिवन अपनी इस पंक्ति से दरअसल क्या कहना चाहते थे कि मैं एक इंसान हुआ करता था।

. . .

अपने पाठकों से संवाद करने के इस अनुभव से मुझे यह विश्वास हो गया कि लोगों के व्यक्तिगत जीवन पर आधुनिक तकनीक के प्रभाव का गहन अध्ययन करने की जरूरत है। मैंने इस विषय पर और गंभीरता से शोध करना और लिखना शुरू किया। साथ ही मेरी कोशिश थी कि मैं न सिर्फ इसे बेहतर ढंग से समझूँ बल्कि ऐसे दुर्लभ लोगों की तलाश भी करूँ, जो बिना नियंत्रण खोए, इस नई तकनीक से भरपूर लाभ हासिल कर रहे हैं।[१]

अपनी इस खोज के दौरान जो चीज़ मेरे सामने सबसे पहले स्पष्ट हुई, वह ये थी कि तकनीकी संचार साधनों और हमारी संस्कृति के बीच का संबंध बड़ा ही जटिल है, जिसका कारण ये है कि ये सारे साधन अपने लाभ और हानि, दोनों को एक साथ मिला देते हैं। स्मार्टफोन, सर्वव्यापी वायरलेस इंटरनेट, करोड़ों लोगों को आपस में जोड़नेवाले डिजिटल प्लेटफॉर्म्स – ये सब चमत्कारी आविष्कार हैं! जबकि

---

1 'कुछ लोगों के लिए यह तथ्य स्वीकार कर पाना मुश्किल है कि इस आधुनिक तकनीक का व्यक्तिगत अनुभव लिए बिना मैं इसके बारे में कैसे बोल सकता हूँ। आधुनिक तकनीक से जुड़े मुद्दों की वकालत करने के कारण लोगों से मुझे जो सबसे आम शिकायत सुनने को मिलती है, वह ये है कि 'जब आपने खुद कभी सोशल मीडिया का इस्तेमाल ही नहीं किया तो फिर आप इसकी आलोचना कैसे कर सकते हैं?' इस दावे में कुछ सच्चाई तो है लेकिन 2016 में इस विषय की पड़ताल शुरू करते समय ही मैं समझ गया था कि इसका व्यक्तिगत अनुभव न होना लाभदायी भी सिद्ध हो सकता है। अपनी टेक-संस्कृति को एक नए नज़रिए से देखने के कारण शायद मैं धारणाओं व सच के बीच और सार्थक उपयोग व चालबाजी के बीच फर्क करने में अधिक सक्षम हूँ।

कुछ गंभीर टिप्पणीकारों का ये मानना है कि अपने पिछले तकनीकी युग में वापस लौट जाना ही हमारे लिए बेहतर होगा। दूसरी ओर अधिकांश लोग खुद को अपने तकनीकी साधनों का गुलाम महसूस करते-करते भी थक चुके हैं। यह वास्तविकता एक उलझा हुआ भावनात्मक परिदृश्य बनाती है, जहाँ आप इंस्टाग्राम पर प्रेरक तस्वीरें खोजने की अपनी क्षमता पर खुश भी हो सकते हैं और साथ ही इस तथ्य पर झल्ला भी सकते हैं कि ये एप आपकी रोज़ाना की शाम के उन पलों में भी घुसपैठ करने में सक्षम है, जो आप पहले अपने दोस्तों से गपशप करते हुए या कुछ पढ़ते हुए बिताते थे।

इन जटिलताओं पर सबसे आम प्रतिक्रिया है, मामूली नुस्खे और जुगाड़ू तरीके सुझाना। संभवत: अगर आप अपनी डिजिटल गतिविधियों को थोड़ा विराम दें या रात को अपना फोन बिस्तर से दूर रख दें या नोटिफिकेशंस को टर्न ऑफ कर दें और अधिक जागरूक रहने का संकल्प लें तो आप भी इस नई तकनीक के नकारात्मक प्रभावों से काफी हद तक बचते हुए, इसके सकारात्मक पहलुओं का लाभ उठाना जारी रख सकते हैं। मैं इस बात को समझता हूँ कि फिलहाल आपने इसे लेकर जो उदार रवैया अपना रखा है, वह आपके लिए आकर्षक क्यों है। क्योंकि यह रवैया आपको अपनी डिजिटल जिंदगी के बारे में कोई कठिन निर्णय लेने की जिम्मेदारी से मुक्त रखता है - क्योंकि इस रवैये के चलते आपको कुछ छोड़ना नहीं पड़ता, किसी लाभ से वंचित नहीं रहना पड़ता, कोई दोस्त आपसे परेशान नहीं होता और आपको कोई गंभीर असुविधा नहीं झेलनी पड़ती।

लेकिन जैसा कि स्पष्ट है सिर्फ छोटे-मोटे सुधार, सुझाव, अस्पष्ट संकल्प या इच्छाशक्ति ही काफी नहीं है। इनके भरोसे आप अपने मानसिक परिदृश्य में नई तकनीकों की घुसपैठ रोक नहीं सकते - क्योंकि इन तकनीकों को इस तरह डिजाइन किया गया है कि आपको इनकी लत लग जाए। इसके अलावा आपके ऊपर इनका समर्थन करने का सांस्कृतिक दबाव भी होता है, इसलिए इस मामले में कामचलाऊ रवैया अपनाकर सफल होना संभव नहीं है। इस विषय पर इतना काम करने के बाद मुझे विश्वास हो गया है कि आपको वाकई जिस चीज़ की जरूरत है, वह है आधुनिक तकनीक के इस्तेमाल से जुड़ा एक संपूर्ण विकसित दर्शन, जो आपके मूल्यों में अंतर्निहित हो। एक ऐसा दर्शन, जो आपके इस सवाल का स्पष्ट जवाब दे सके कि आपको कौन-कौन से तकनीकी संचार साधनों का उपयोग करना चाहिए और साथ ही आपको इतना सक्षम भी बना सके कि आप अपने लिए उपयोगी

साधनों के अलावा बाकी साधनों को पूरे आत्मविश्वास के साथ नज़रअंदाज कर सकें।

ऐसे कई दर्शन हैं, जो इन लक्ष्यों को पूरा कर सकते हैं। एक ओर निओ-लुडाइट्स (आधुनिक तकनीकों के तमाम स्वरूपों के विरोधी) हैं, जो अधिकांश नई तकनीकों को त्यागने की सिफारिश करते हैं। वहीं दूसरी ओर क्वांटिफाइड सेल्फ के समर्थक (स्मार्टवॉच जैसे डिजिटल उपकरणों का उपयोग कर सेल्फ ट्रैक्रिंग करनेवाले) हैं, जो अपने अस्तित्व को अधिकतम उपयोगी बनाने के उद्देश्य से डिजिटल संचार साधनों को जीवन के सभी पहलुओं के साथ सावधानीपूर्वक इंटीग्रेट करते हैं। मैंने जिन अलग-अलग दर्शनों का अध्ययन किया है, उनमें एक विशेष दर्शन ऐसा था, जो तकनीकी अतिरेक के इस दौर में फलने-फूलने की इच्छा रखनेवालों के लिए एक बेहतर जवाब सिद्ध हो सकता है। मैंने इस दर्शन को डिजिटल न्यूनतमवाद का नाम दिया है। यह डिजिटल संचार साधनों के साथ हमारे संबंधों पर इस विश्वास को लागू करता है कि जितना कम है, उतना काफी है।

यह कोई नया विचार नहीं है। जब हेनरी डेविड थोरो ने सरलता, सरलता, सरलता कहते हुए एक सरल जीवन की वकालत की थी, उससे बहुत पहले ही मार्कस ऑरेलियस कह चुके थे कि क्या आपको पता है कि एक संतुष्ट और सम्मानजनक जीवन जीने के लिए आपको कितनी कम चीज़ों की जरूरत होती है? डिजिटल न्यूनतमवाद, सदियों पुराने इसी नज़रिए को आधुनिक जीवन में तकनीक की भूमिका से संयोजित करके देखता है। हालाँकि, इस सरल संयोजन का गहन प्रभाव भी हो सकता है। इस किताब में आपको उन डिजिटल न्यूनतमवादियों के कई उदाहरण मिलेंगे, जिन्होंने ऑनलाइन बिताए जानेवाले अपने समय में भारी कटौती करके, उसे कुछ सबसे महत्वपूर्ण गतिविधियों पर लगाया और बड़े पैमाने पर सकारात्मक परिवर्तनों का अनुभव किया। चूँकि डिजिटल न्यूनतमवादी एक-दूसरे के संपर्क में रहने के लिए अपने साथियों की तुलना में बहुत कम समय बिताते हैं इसलिए उनकी इस जीवनशैली को अतिवादी मान लेना आसान है। लेकिन न्यूनतमवादी इसे एक अतिवाद मानने की धारणा को पिछड़ा हुआ करार देते हैं। इसके पीछे उनका तर्क है कि असली अतिवाद तो ये है कि उनके अलावा आज हर कोई कितना ज़्यादा समय अपनी स्क्रीन्स से चिपके हुए बिता रहा है।

वे समझ चुके हैं कि हमारी आज की हाई-टेक दुनिया में फलने-फूलने की

असली कुंजी है, नई तकनीक का उपयोग करने में अपना कम से कम समय खर्च करना।

. . .

इस किताब का लक्ष्य है, डिजिटल न्यूनतमवाद की तर्कपूर्ण वकालत करना और इस बात की विस्तृत पड़ताल करना कि यह कारगर क्यों है व किन चीज़ों की माँग करता है। अगर आप तय करते हैं कि इसे अपनाना आपके लिए उचित होगा तो इस किताब का लक्ष्य आपको ये सिखाना भी है कि इस दर्शन को अपनाया कैसे जाए।

इन लक्ष्यों को हासिल करने के लिए मैंने इस किताब को दो भागों में बाँटा है। पहले भाग में मैंने डिजिटल न्यूनतमवाद के दार्शनिक आधार का वर्णन किया है। इसकी शुरुआत उन शक्तियों की गहन पड़ताल के साथ की गई है, जो बहुत से लोगों की डिजिटल जिंदगी को तेजी से असहनीय बना रही हैं। इसके बाद डिजिटल न्यूनतमवाद के दर्शन पर विशेष चर्चा की गई है, जिसमें मेरा यह तर्क भी शामिल है कि डिजिटल न्यूनतमवाद इन समस्याओं का उचित समाधान क्यों है।

इस दर्शन को अपनाने के लिए मैंने जो पद्धति सुझाई है, उसे प्रस्तुत करने के बाद पहला भाग समाप्त हो जाएगा। इस पद्धति को मैंने डिजिटल डिक्लटर यानी अनावश्यक डिजिटल गतिविधियों से मुक्ति का नाम दिया है। जैसा कि मैंने तर्क दिया है कि आधुनिक तकनीक के साथ अपने संबंधों को मौलिक रूप से बदलने के लिए आक्रामक कार्रवाई की जरूरत है। डिजिटल डिक्लटर के जरिए आप यह आक्रामक कार्रवाई कर सकते हैं।

इस प्रक्रिया में आपको तीस दिनों के लिए वैकल्पिक ऑनलाइन गतिविधियों से दूरी बनानी होगी। इस अवधि के दौरान आप उन लतों या व्यसनों के दुश्चक्र से दूर रहेंगे, जो तमाम डिजिटल साधनों के चलते पैदा होते हैं। साथ ही आप एक बार फिर उन एनालॉग गतिविधियों को अपनाएँगे, जो आपको गहन संतुष्टि प्रदान करती हैं। यानी आप टहलने जाएँगे, दोस्तों से आमने-सामने मिलकर गपशप करेंगे, अपने समुदाय के साथ मेलजोल बढ़ाएँगे, किताबें पढ़ेंगे और बादलों को निहारेंगे। सबसे महत्वपूर्ण, ये डिजिटल डिक्लटर आपको यह मौका देगा कि आप उन चीज़ों के प्रति अपनी समझ को परिष्कृत करें, जो आपके लिए सचमुच मूल्यवान हैं। तीस दिनों के

बाद आप बड़ी ही सावधानी से उन चुनिंदा ऑनलाइन गतिविधियों को वापस अपने जीवन में शामिल करेंगे, जो आपके लिए मूल्यवान है और इन चीज़ों के लिए बड़े पैमाने पर लाभकारी हो सकती हैं। इसके बाद आगे बढ़ते हुए आप इन सुविचारित गतिविधियों को अपनी डिजिटल जिंदगी का केंद्र बनाने की पूरी कोशिश करेंगे - और इस प्रक्रिया में एकाग्रता भंग करनेवाले उन अधिकांश व्यवहारों को पीछे छोड़ देंगे, जो आपके समय और एकाग्रता को खंडित करते रहते थे। ये डिजिटल डिक्लटर अचानक लगनेवाले एक झटके की तरह काम करता है: इस प्रक्रिया में आप एक थके हुए अधिकतमवादी (अपनी सर्वोच्च माँग पर डटा रहनेवाला इंसान) के रूप में शामिल होते हैं और फिर एक विचारपूर्ण न्यूनतमवादी बनकर निकलते हैं।

पहले खंड के अंतिम अध्याय में मैं आपको बताऊँगा कि अपना डिजिटल डिक्लटर (अनावश्यक डिजिटल गतिविधियों से मुक्ति) कैसे करें। इसके लिए मैं 2018 की सर्दियों में किए गए अपने उस प्रयोग से मिली समझ का उपयोग करूँगा, जिसके तहत 1600 लोगों ने मेरे मार्गदर्शन में अपने जीवन में डिजिटल डिक्लटर की प्रक्रिया शुरू की और फिर वापस आकर मुझसे अपना अनुभव साझा किया। आप इस प्रयोग में शामिल होनेवालों की कहानियाँ सुनेंगे और जानेंगे कि उनके लिए कौन-कौन सी रणनीतियाँ कारगर सिद्ध हुईं, जिनका आप लाभ ले सकते हैं। साथ ही ये भी जानेंगे कि इस प्रक्रिया में उन्हें कौन-कौन सी बाधाओं का सामना करना पड़ा, जिनसे आपको बचना चाहिए।

इस किताब का दूसरा खंड उन विचारों पर ध्यान केंद्रित करता है, जो एक टिकाऊ डिजिटल न्यूनतमवादी जीवनशैली विकसित करने में आपके सहायक होंगे। इन अध्यायों में मैंने इस बात पर जोर दिया है कि अधिकांश लोगों की तरह बिना सोच-समझे डिजिटल साधनों में उलझे रहने के बजाय आपको उच्च गुणवत्तावाले मनोरंजन के तरीके विकसित करने चाहिए और अकेलेपन का महत्त्व समझना चाहिए। मैंने यह विवादास्पद दावा भी किया है कि अगर आप लोगों की सोशल मीडिया पोस्ट्स लाइक करना या उन पर कमेंट करना बंद कर दें और टेक्स्ट मैसेज के जरिए आसानी से लोगों की पहुँच में न आएँ तो उनके साथ आपके संबंध अपेक्षाकृत अधिक मजबूत हो जाएँगे। इसके साथ ही मैंने अटेंशन रेजिस्टेंस या ध्यान प्रतिरोध के बारे में अंदर की बातें भी बताई हैं, जो दरअसल उन लोगों का एक मुक्त प्रकृतिवाला आंदोलन है, जो डिजिटल अटेंशन इकोनॉमी के प्रोडक्ट्स का लाभ उठाने के लिए हाई-टेक उपकरणों का उपयोग तो करते हैं लेकिन उनके अनिवार्य उपयोग का

शिकार होने से बचने के लिए सख्त संचालन प्रक्रियाओं का इस्तेमाल भी करते हैं।

खंड 2 में प्रत्येक अध्याय उन आदतों के उल्लेख के साथ समाप्त होता है, जो दरअसल ठोस रणनीतियाँ हैं और अध्याय में प्रस्तुत किए गए महत्वपूर्ण विचारों को क्रिया में लाने में आपकी सहायक होंगी। एक नए-नवेले डिजिटल न्यूनतमवादी के रूप में आप खंड 2 में प्रस्तुत आदतों को उन साधनों के रूप में भी देख सकते हैं, जो अपनी परिस्थितियों के अनुसार एक न्यूनतमवादी जीवनशैली विकसित करने में आपके सहायक हों।

हेनरी डेविड थोरो ने अपनी किताब वॉल्डेन में एक मशहूर बात कही थी कि 'अधिकांश लोग चुपचाप हताशाभरा जीवन जीते रहते हैं।' लेकिन अपनी इसी बात का विस्तार करते हुए, उन्होंने आगे जो लिखा था, वह ज़्यादा मशहूर नहीं हुआ लेकिन वह भी उतना ही महत्वपूर्ण था-

'लोगों को सचमुच लगता है कि उनके पास कोई और विकल्प नहीं है। लेकिन सतर्क और स्वस्थ प्रकृति यह नहीं भूलती कि संभावनाओं का आसमान खुला हुआ है और अपने पूर्वाग्रहों से मुक्त होने में अब भी कोई देर नहीं हुई है।'

आज की हाइपर-कनेक्टेड दुनिया की तकनीकों के साथ हमारा संबंध बड़े ही अस्थिर किस्म का है और ये हमें उस चुप्पीभरी हताशा की ओर धकेल रहा है, जिसका जिक्र थोरो ने सालों पहले किया था। लेकिन जैसा कि उन्होंने हमें याद दिलाया था, 'संभावनाओं का आसमान खुला हुआ है' और हम अब भी इस स्थिति को बदलने में सक्षम हैं।

लेकिन इसके लिए जरूरी है कि हम निष्क्रिय होकर डिजिटल साधनों, मनोरंजन माध्यमों और वास्तविकता से ध्यान हटानेवाले उपकरणों के खतरनाक जाल में उलझे न रहें, जो इंटरनेट के इस युग में यह निर्धारित करते हैं कि हम अपना समय कैसे बिताएँ और कैसा महसूस करें। हमें इन आधुनिक तकनीकों के सकारात्मक पहलुओं का लाभ उठाने और नकारात्मक पहलुओं से बचने के लिए महत्वपूर्ण कदम उठाने होंगे। हमें एक ऐसे दर्शन की जरूरत है, जो एक बार फिर हमारे दैनिक अनुभवों का प्रभार हमारी आकांक्षाओं और मूल्यों को सौंप दे। साथ ही हमारे इन अनुभवों को तय करने में सिलिकॉन वैली की आदिम सनक और बिजनेस मॉडल्स जो सबसे बड़ी भूमिका निभाते हैं, उसे खत्म करके हमारे जीवन से सिलिकॉन वैली का प्रभुत्व

कम करे। ये एक ऐसा दर्शन हो, जो नई तकनीकों को स्वीकार तो करे लेकिन अमानवीयकरण की उस कीमत पर नहीं, जिसकी चेतावनी हमें एंड्रयू सुलिवन ने दी थी। एक ऐसा दर्शन, जो अल्पकालिक संतुष्टि के बजाय दीर्घकालीन सार्थकता को प्राथमिकता दे।

दूसरे शब्दों में कहें तो डिजिटल न्यूनतमवाद जैसा दर्शन।

भाग १

नींव

1

हथियारों की एकतरफा दौड़

हम ये तो नहीं चाहते थे

मुझे आज भी याद है, जब फेसबुक से मेरा सामना पहली बार हुआ था: ये 2004 की बात है। वसंत का मौसम था और मैं अपने कॉलेज का सीनियर स्टूडेंट था। मैंने गौर किया कि मेरे बहुत से दोस्त आजकल एक वेबसाइट की बात करते रहते हैं, जिसका नाम है, दि फेसबुक डॉट कॉम। जूली – जो उस समय मेरी गर्लफ्रेंड थी और अब मेरी पत्नी है – वह पहली लड़की थी, जिसने मुझे फेसबुक प्रोफाइल दिखाया था।

फेसबुक के अपने शुरुआती अनुभव को याद करते हुए जूली कहती है, 'इसमें एक किस्म का नयापन था। हमें बताया गया था कि यह हमारी प्रिंटेड फ्रेशमैन डायरेक्टरी का वर्चुअल संस्करण है; एक ऐसी चीज़, जिसका उपयोग करके हम अपने परिचित लोगों की गर्लफ्रेंड या बॉयफ्रेंड का पता लगा सकते हैं।'

जूली की इस बात का सबसे मुख्य शब्द है – नयापन। उस समय हमारी दुनिया में फेसबुक का आगमन इस वादे के साथ नहीं हुआ था कि ये हमारे सामाजिक और नागरिक जीवन की लय-ताल को मौलिक रूप से बदलकर रख देगा; यह तो बस उन कई सारी चीज़ों में से एक था, जो हमारे लिए मनोरंजक थीं। उन दिनों मेरे जिन परिचितों ने दि फेसबुक डॉट कॉम के लिए साइन-अप किया था, वे अपनी प्रोफाइल में बदलाव लाने या अपने वर्चुअल दोस्तों को धकेलने में उतना समय नहीं बिता रहे थे, जितना स्नूड खेलने में बिताते थे। स्नूड एक टेट्रिस स्टाइलवाला पज़ल गेम था, जो उन दिनों बेहद लोकप्रिय था।

'यह सचमुच दिलचस्प था,' जूली अपनी बात को आगे बढ़ाते हुए कहती है। 'लेकिन निश्चित ही उस समय ये कोई ऐसी चीज़ नहीं लग रही थी, जिस पर हम भविष्य में काफी समय बिताने लगेंगे।'

इसके तीन साल बाद एप्पल ने आईफोन लॉन्च करके मोबाइल क्रांति की शुरुआत कर दी। हालाँकि, बहुत से लोग यह भूल जाते हैं कि इस उपकरण ने जिस मूल 'क्रांति' का वादा किया था, वह इसके वास्तविक प्रभाव के मुकाबले बड़ी साधारण थी। वर्तमान में, स्मार्टफोन ने दुनिया के बारे में लोगों का अनुभव बदलकर रख दिया है क्योंकि निरंतर चलनेवाली चैटिंग और ध्यान भटकानेवाली चीज़ों का एक विशाल जाल बिछाकर, यह हर किसी को हर वक्त एक-दूसरे के संपर्क में रखता है। जनवरी २००७ में, जब स्टीव जॉब्स ने मैक-वर्ल्ड के अपने मशहूर भाषण के साथ आईफोन को दुनिया के सामने रखा, तब इसके पीछे का दृष्टिकोण अपेक्षाकृत ज्यादा आडंबरपूर्ण (भव्य) नहीं था।

मूल आईफोन के सबसे बड़े सेलिंग पॉइंट्स में से एक ये था कि यह आपके आईपॉड को आपके सेलफोन से जोड़ देता है, जिसका लाभ ये है कि फिर आपको दो अलग-अलग उपकरणों को एक साथ जेब में लेकर घूमने की जरूरत नहीं है। (मुझे याद है कि आईफोन को पहली बार बाजार में उतारने की घोषणा सुनकर मैंने उसके लाभों के बारे में यही सोच था।) जब स्टीव जॉब्स ने अपने भाषण के दौरान आईफोन को स्टेज पर प्रदर्शित किया तो पहले आठ मिनटों तक वे इसके मीडिया फीचर्स का प्रदर्शन करते रहे और अंत में बोले, 'यह हमारा अब तक का सर्वश्रेष्ठ आईपॉड है!'

लॉन्चिंग के समय इसका एक और मुख्य सेलिंग पॉइंट ये था कि इसने फोन कॉल्स करने का अनुभव काफी बेहतर बना दिया था। उस दौर की एक बड़ी खबर ये थी कि एप्पल ने आईफोन के इंटरफेस को बेहतर बनाने के लिए ए.टी. एंड टी. को अपना वॉइसमेल सिस्टम शुरू करने के लिए मजबूर कर दिया था। स्टेज पर स्टीव जॉब्स इस बात से भी अभिभूत (overwhelmed) थे कि इसमें फोन नंबर्स की लिस्ट को कितनी आसानी से स्क्रॉल किया जा सकता है और इसमें स्थायी प्लास्टिक बटनों की जरूरत नहीं थी क्योंकि उसकी जगह डायल पैड स्क्रीन पर ही उभर आता था।

'इसमें आपके लिए फोन कॉल्स करने का काम एक शानदार एप करता है,' स्टेज पर अपने भाषण के दौरान जॉब्स ने तालियों की गड़गड़ाहट के साथ कहा। इस मशहूर प्रस्तुति के ३३वें मिनट में आखिरकार उन्होंने इसके अन्य फीचर्स पर प्रकाश डाला - जैसे बेहतर टेक्स्ट मैसेजिंग और मोबाइल इंटरनेट की सुविधा - जो आज इसके सबसे ज़्यादा इस्तेमाल होनेवाले फीचर्स हैं।

कहीं स्टीव जॉब्स ने ये सब अपनी धुन में आकर तो नहीं कह दिया था, इसी बात की पुष्टि करने के लिए मैंने एंडी ग्रिगनॉन से बातचीत की, जो आईफोन टीम के मूल सदस्यों में से एक थे। 'इसे एक ऐसे आईपॉड के तौर पर बनाया गया था, जो फोन कॉल्स भी करेगा,' उन्होंने पुष्टि की। 'हमारा असली मिशन था, एक ऐसा डिवाइस, जिसमें म्यूजिक भी बजे और फोन कॉल्स भी किए जा सकें।' जैसा कि उस समय ग्रिगनॉन ने मुझे बताया था, शुरू-शुरू में स्टीव जॉब्स इस बात को महत्त्व नहीं दे रहे थे कि आईफोन को एक आम-उपयोगवाला मोबाइल कंप्यूटर बनाया जाए, जिसमें विभिन्न प्रकार के थर्ड पार्टी एप्स चल सकें। स्टीव जॉब्स ने एक बार ग्रिगनॉन से कहा था कि 'जिस दिन हमने किसी सिरफिरे प्रोग्रामर को कोई ऐसा कंप्यूटर कोड चलाने का मौका दे दिया, जो इसे क्रैश कर दे, उस दिन पुलिस को कॉल करना होगा।'

2007 में जब आईफोन की पहली खेप उतारी गई, तब न तो कोई एप स्टोर था, न सोशल मीडिया नोटिफिकेशंस थे, न फोटो लेकर तत्काल इंस्टाग्राम पर अपलोड करने का चलन था और न ही किसी खास डिनर के दौरान चुपके से नज़रें झुकाकर दर्जनों बार अपना फोन देखने की आदत थी – और ये बात स्टीव जॉब्स और उन लाखों लोगों के लिए बिलकुल सामान्य थी, जिन्होंने उस दौरान अपने जीवन का पहला स्मार्टफोन खरीदा था। जब लोगों ने नया-नया फेसबुक उपयोग करना शुरू किया तो कुछ ही लोग यह भविष्यवाणी कर पाए थे कि आनेवाले सालों में इस आकर्षक चीज़ के साथ हमारा संबंध किस हद तक विकृत हो जाएगा।

इस बात से तो अधिकांश लोग सहमत होंगे कि सोशल मीडिया और स्मार्टफोन जैसी नई तकनीकी चीज़ों ने २१वीं सदी में हमारे जीने के तरीके को पूरी तरह बदलकर रख दिया है। इस बदलाव को कई तरीकों से व्यक्त किया जा सकता है। मेरा मानना है कि सामाजिक आलोचक लॉरेंस स्कॉट ने अपनी टिप्पणी के जरिए इस बदलाव को बखूबी व्यक्त किया, जो इस प्रकार थी कि – आज का हाइपर-कनेक्टेड जीवन कुछ इस किस्म का है, जिसमें 'अगर कोई क्षण बस अपने आपमें मौजूद है तो उसका होना निरर्थक सा महसूस होता है और ये वाकई बड़ी अजीब बात है।'

हालाँकि, उपरोक्त टिप्पणी का उद्देश्य इस बात पर ज़ोर देना है – जिसे लोग अक्सर भूल भी जाते हैं – कि ये बदलाव, बड़े और परिवर्तनकारी होने के साथ-साथ, आकस्मिक और अनियोजित भी थे। अपने सहपाठियों को देखने के लिए 2004 में दि फेसबुक डॉट कॉम पर अपना अकाउंट बनानेवाले मेरे कॉलेज के

सीनियर ने भी ये तो नहीं सोचा होगा कि एक आम आधुनिक यूजर सोशल मीडिया पर और ऐसी ही अन्य मैसेजिंग सर्विसेज पर प्रतिदिन औसतन अपने दो घंटे खर्च करेगा। और इसमें से आधा समय सिर्फ फेसबुक प्रोडक्ट्स को ही समर्पित होगा। इसी तरह, वह शुरुआती यूजर, जिसने 2007 में म्यूजिक फीचर के इस्तेमाल के लिए आईफोन खरीदा होगा, अगर तब उसे यह बताया गया होता कि सिर्फ एक दशक के अंदर उसे दिनभर में करीब पचासी बार अपना फोन उठाकर देखने की लत लग जाएगी तो इसे खरीदने को लेकर उसकी उत्सुकता निश्चित ही कम हो गई होती – आज हम जानते हैं कि अपना मशहूर भाषण तैयार करते समय स्टीव जॉब्स ने इस 'फीचर' पर कोई विचार नहीं किया था।

ये बदलाव हम पर हावी हो गए और इतनी तेजी से हुए कि हमें एक कदम पीछे जाकर ये पूछने का मौका ही नहीं मिला कि पिछले दशक में हुई तीव्र तकनीकी प्रगति से आखिर हमें क्या-क्या चाहिए। हमने छोटी-मोटी वजहों से नई तकनीकों को अपने दिन-प्रतिदिन के आम अनुभवों के साथ जोड़ दिया और फिर जब एक दिन अचानक हमारी आँख खुली तो पता चला कि इन तकनीकों ने तो हमारे दैनिक जीवन के केंद्र पर ही कब्जा जमा लिया है। दूसरे शब्दों में कहें तो हम ऐसी डिजिटल दुनिया तो नहीं चाहते थे, जिसमें हम फिलहाल जी रहे हैं; ऐसा लगता है कि मानों हम गलती से एक अनचाहे डिजिटल जीवन में उलझ गए हों।

इन तकनीकी उपकरणों पर होनेवाले सांस्कृतिक संवाद में ये बारीकियाँ अक्सर कहीं पीछे छूट जाती हैं। मेरे अनुभव में, जब भी नई तकनीक से जुड़ी चिंताओं पर सार्वजनिक चर्चा की जाती है तो तकनीक-क्षमायाचक यानी वे लोग जो तकनीकी बदलावों का बचाव करने के लिए हमेशा तैयार खड़े रहते हैं, उस चर्चा को तत्काल उपयोगिता और सहूलियत जैसे आयामों की ओर मोड़ देते हैं – इसके लिए वे केस स्टडीज उपलब्ध कराने लगते हैं। उदाहरण के लिए एक संघर्षरत कलाकार को सोशल मीडिया के जरिए दर्शक मिलना[1] या सीमा पर तैनात एक फौजी को व्हाट्सएप के

[1] यह उदाहरण व्यक्तिगत अनुभव से आया है। २०१६ की शरद ऋतु में मैं कनाडा में सीबीसी नेटवर्क के एक नेशनल रेडियो शो में गया। यहाँ न्यूयॉर्क टाइम्स में प्रकाशित मेरे उस कॉलम पर चर्चा होनी थी, जिसमें मैंने इस बात पर सवाल उठाया था कि सोशल मीडिया का फायदा उठाकर अपने कॅरियर का विकास किया जा सकता है। शो के दौरान होस्ट ने मुझे बताए बिना अचानक एक खास मेहमान को बुलाकर मुझे हैरानी में डाल दिया। यह मेहमान था, एक ऐसा कलाकार, जो सोशल मीडिया का उपयोग करके अपने काम और अपनी कला का प्रचार-प्रसार करता था। लेकिन मजे की बात ये रही कि उस कलाकार ने शो के दौरान सबके सामने खुद ही स्वीकार कर लिया कि सोशल मीडिया हमेशा उसका ध्यान भटकाकर रखता है, इसीलिए अब वह बीच-बीच में लंबे समय तक इससे दूर रहता है, ताकि अपना अधूरा छूटा काम पूरा कर सके और अपनी कला पर ध्यान केंद्रित कर सके।

जरिए अपने परिवार से संपर्क करने की सुविधा मिलना। और ऐसे उदाहरण देने के बाद वे इस निष्कर्ष पर पहुँच जाते हैं कि इन तकनीकों को यह कहकर खारिज करना गलत है कि वे अनुपयोगी हैं – तकनीक-क्षमायाचकों की ये युक्ति अक्सर तकनीक पर हो रही चर्चा को समाप्त कर देती है।

तकनीक-क्षमायाचकों के दावे गलत नहीं हैं लेकिन वे इस विषय के मुख्य बिंदु को भूल जाते हैं। इस मामले को लेकर हमारी बढ़ती सतर्कता का आधार तकनीकी उपकरणों की कथित उपयोगिता नहीं है। उदाहरण के लिए अगर आप एक औसत सोशल मीडिया यूजर से पूछेंगे कि वह फेसबुक, इंस्टाग्राम या ट्विटर का उपयोग क्यों करता है तो निश्चित ही उसके पास इसका एक उचित जवाब होगा। संभवत: ये सारी सोशल मीडिया साइट्स उसे कोई न कोई उपयोगी अनुभव तो दे ही रही होंगी, जो कहीं और मिलना संभव नहीं होगा: जैसे अपने भाई या बहन के नन्हे बच्चों की तस्वीरें नियमित रूप से देखने का मौका मिलना या फिर जमीनी स्तर पर चल रहे किसी आंदोलन पर एक हैशटैग के जरिए नज़र रखना।

हमारी बेचैनी का स्रोत इन छोटे-मोटे उदाहरणों से स्पष्ट नहीं होगा। यह सिर्फ तभी स्पष्ट होता है, जब हम इस सच्चाई का सामना करते हैं कि कैसे ये सारी तकनीकें – जिन्हें शुरुआत में हमारे जीवन में बहुत छोटी-छोटी भूमिकाएँ निभाने के लिए अपनाया गया था – अब समग्र रूप से हमारे जीवन में गहरी घुसपैठ कर चुकी हैं। हम कैसा व्यवहार करेंगे, कैसा महसूस करेंगे, ये सब आज ये तकनीकें ही तय कर रही हैं। भले ही हमें लगता हो कि इनका ज़्यादा उपयोग करना हमारे मानसिक स्वास्थ्य के लिए अच्छा नहीं है लेकिन इसके बावजूद आज हम इनका ज्यादा से ज़्यादा इस्तेमाल करने के लिए विवश हैं और वह भी उन अन्य गतिविधियों की कीमत पर, जिन्हें हम अपेक्षाकृत अधिक मूल्यवान मानते हैं। दूसरे शब्दों में कहें तो इस पूरे मामले में जो चीज़ हमें असहज महसूस करा रही है, वह ये एहसास है कि हम धीरे-धीरे नियंत्रण खोते जा रहे हैं – यह एहसास हर रोज दर्जनों अलग-अलग तरीकों से हमारे मन में उठता रहता है। जैसे जब हम अपने नन्हे बच्चे को नहलाते समय अपने फोन से दूर रहते हैं और इस एहसास से घिरे रहते हैं कि कहीं कोई जरूरी कॉल या मैसेज न आ जाए। या किसी खास मौके पर उन क्षणों को अपने वर्चुअल दर्शकों (जो सोशल मीडिया साइट्स पर हमें फॉलो करते हैं) से शेयर करने की हमारी छटपटाहट, जो हमें उन क्षणों का भरपूर आनंद लेने में असमर्थ बना देती है।

इस मामले का संबंध उपयोगिता से नहीं बल्कि हमारी स्वायत्तता या आज़ादी से है।

निश्चित ही अगला सवाल ये उठता है कि आखिर हम इस झंझट में उलझे कैसे? मेरे अनुभव में, ऐसे अधिकांश लोग जो अपने जीवन के ऑनलाइन पहलू के साथ संघर्ष कर रहे हैं, वे कमजोर इरादोंवाले या बेवकूफ नहीं हैं। बल्कि वास्तव में वे सफल पेशेवर, मेहनती छात्र और अपने बच्चों पर जान छिड़कनेवाले माता-पिता हैं; वे व्यवस्थित ढंग से जीते हैं और कठिन लक्ष्यों को सफलतापूर्वक हासिल करते रहे हैं। लेकिन फिर भी फोन और टेबलेट स्क्रीन पर चमकते एप्स और साइट्स – उन तमाम प्रलोभनों में से एक जिनसे वे प्रतिदिन बचते हैं – अपनी मूल भूमिका से कहीं आगे जाकर उनके जीवन में गहरी घुसपैठ करने में सफल हो गए हैं।

ये सब कैसे हुआ, इस सवाल के जवाब का सबसे व्यापक पहलू ये है कि अधिकांश डिजिटल उपकरण इतने भी मासूस नहीं हैं, जितने वे पहले-पहल नज़र आते हैं। लोग अपनी स्क्रीन से इसलिए नहीं चिपके रहते क्योंकि वे आलसी प्रवृत्ति के होते हैं बल्कि ऐसा इसलिए है क्योंकि अरबों डॉलर निवेश करके यह सुनिश्चित किया गया है, अंततः लोग अपनी स्क्रीन से इसी तरह चिपके रहें। पहले भी मैंने इस बात पर जोर दिया था कि ऐसा लगता है कि मानों हम गलती से एक अनचाहे डिजिटल जीवन में उलझ गए हों। जैसा कि मैं आगे तर्क दूँगा कि यह कहना अधिक सटीक होगा कि हमें इस अनचाहे डिजिटल जीवन की ओर धकेलने का काम उन बड़ी-बड़ी कंपनियों ने किया है, जो या तो अत्याधुनिक डिजिटल उपकरणों का निर्माण करती हैं या फिर अटेंशन इकॉनॉमी पर चलती हैं (सोशल मीडिया साइट्स चलानेवाली कंपनियाँ, जो लोगों का ज़्यादा से ज़्यादा ध्यान खींचकर मुनाफा कमाने के अर्थिक मॉडल पर चलती हैं)। इन कंपनियों ने बहुत पहले ही यह समझ लिया था कि जिस संस्कृति पर डिजिटल गैजेट्स और एप्स हावी हों, उससे मोटा मुनाफा कमाया जा सकता है।

टी-शर्ट पहननेवाले तंबाकू व्यापारी

मशहूर अमेरिकी टी.वी. होस्ट और व्यंग्यकार बिल माहर अपने एचबीओ शो रीयल टाइम के हर एपिसोड का अंत एक मोनोलॉग देकर करते हैं। उनके विषय आमतौर पर राजनीतिक होते हैं पर 12 मई 2017 का मोनोलॉग ऐसा नहीं था। इस एपिसोड के अंत में माहर ने कैमरे की ओर देखते हुए कहा–

‘सोशल मीडिया कंपनियाँ चलानेवाले महारथी उद्योगपतियों को यह झूठ बोलना बंद कर देना चाहिए कि वे दोस्ताना स्वभाववाले ज्ञानी देवताओं जैसे हैं और दुनिया को बेहतर बना रहे हैं। समय आ गया है कि अब वे ये स्वीकार कर लें कि वे भी एक किस्म के तंबाकू व्यापारी हैं, जो नासमझ बच्चों को एक नशीली चीज़ बेच रहे हैं, फर्क बस इतना है कि वे तंबाकू व्यापारियों की तरह परंपरागत पोशाकों के बजाय टी-शर्ट पहनते हैं। इसके अलावा अब हमें भी इस बात को नकारना नहीं चाहिए कि सोशल मीडिया पर लाइक्स चेक करने की लत, सिगरेट की लत जितनी ही जहरीली है।’

सोशल मीडिया को लेकर माहर की चिंता अमेरिकी न्यूज शो ‘60 मिनट्स’ के एक एपिसोड ने बढ़ाई थी, जो इससे करीब एक महीने पहले प्रसारित हुआ था। इस सेगमेंट का शीर्षक था, ब्रेन हैकिंग। इस एपिसोड में शो के होस्ट एंडरसन कूपर एक दुबले-पतले, लाल बालोंवाले इंजीरियर का इंटरव्यू ले रहे थे, जिसका नाम था ट्रिस्टन हैरिस। सिलिकॉन वैली के युवाओं में प्रचलित हल्की दाढ़ी रखनेवाले हैरिस एक पूर्व स्टार्ट-अप संस्थापक और गूगल इंजीनियर थे, जिन्होंने अपने सफल टेक्नोलॉजी कॅरियर को ताक पर रखकर एक नया और कठिन रास्ता चुना और वह बन गए, जो आजकल की संकीर्ण दुनिया में बड़ा दुर्लभ है: एक व्हिसलब्लोअर यानी मुखबिर।

इंटरव्यू की शुरुआत में ही अपने मोबाइल फोन की ओर इशारा करते हुए हैरिस कहते हैं, ‘असल में ये एक स्लॉट मशीन (जुआ खेलनेवाली मशीन) है।’

‘स्लॉट मशीन? पर कैसे?’ कूपर पूछते हैं।

‘दरअसल बार-बार अपना फोन चेक करना वैसा ही है, जैसा स्लॉट मशीन पर जुआ खेलते समय यह देखना कि मुझे क्या मिला?’ हैरिस जवाब देते हैं। ‘इसमें तकनीकी कंपनियों द्वारा ऐसी ढेरों तकनीकों का इस्तेमाल किया गया है जो आपको इसका ज़्यादा से ज़्यादा इस्तेमाल करने के लिए मजबूर करती हैं।’

‘तो सिलिकॉन वैली एप्स की प्रोग्रामिंग कर रही है या फिर लोगों की?’ कूपर पूछते हैं।

‘वे लोगों की प्रोग्रामिंग कर रहे हैं,’ हैरिस कहते हैं। ‘हमेशा ऐसा महौल बनाया

जाता है कि लोग यह मानकर चलें कि तकनीक तो तटस्थ होती है और ये हम पर निर्भर करता है कि हम इसका इस्तेमाल कैसे करेंगे। जबकि यह कतई सच नहीं है।'

'मतलब तकनीक तटस्थ नहीं है?' कूपर बीच में ही पूछते हैं।

'जी नहीं। तकनीक तटस्थ नहीं है। सिलिकॉन वैली चाहती है कि आप इसका इस्तेमाल कुछ विशेष तरीकों से करें और देर तक करते रहे। क्योंकि वे इसी तरह मुनाफा कमाते हैं।'

बिल माहर को ये इंटरव्यू काफी सुना-सुना सा लगा। हैरिस के इंटरव्यू की एक क्लिप अपने एचबीओ के दर्शकों को दिखाने के बाद माहर ने अपने चिर-परिचित अंदाज में कहा, 'लगता है, ये सब मैंने पहले भी कहीं सुन रखा है!' इसके तुरंत बाद माहर ने जेफ्री विगैंड का 1995 का वह इंटरव्यू दिखाया, जो माइक वॉलेस ने लिया था। जेफ्री विगैंड वह व्हिसलब्लोअर है, जिसने उस दौर के अधिकांश लोगों की इस शंका की पुष्टि पूरी दुनिया के सामने की थी कि सिगरेट बनानेवाली बड़ी कंपनियों ने अपनी सिगरेट को और अधिक लती बनाने के लिए उस पर गुप्त रूप से अधिक काम किया है।

इसके बाद माहर ने अपने दर्शकों से कहा, 'तंबाकू और सिगरेट बेचनेवाली कंपनियाँ तो सिर्फ आपके फेफड़ों की दुश्मन थीं। लेकिन एप स्टोर चलानेवाली बड़ी तकनीकी कंपनियाँ तो आपकी आत्मा को गुलाम बना लेना चाहती हैं।'

. . .

हैरिस का एक सफल इंजीनियर से अचानक व्हिसलब्लोअर बनना कोई आम बात नहीं है क्योंकि इससे पहले वे सिलिकॉन वैली के मानकों के अनुसार बिलकुल आम जीवन जी रहे थे। इस किताब को लिखे जाते समय हैरिस उम्र के तीसरे दशक में थे। उनका पालन पोषण सैन फ्रांसिस्को बे एरिया में हुआ था, जहाँ सिलिकॉन वैली स्थित है। अधिकांश इंजीनियर्स की तरह वे भी अपने मैकिन्तोश को हैक करते हुए और कंप्यूटर कोड लिखते हुए बड़े हुए। कंप्यूटर साइंस की पढ़ाई के लिए वे सैन फ्रांसिस्को यूनिवर्सिटी गए और ग्रेजुएट होने के बाद मास्टर्स डिग्री की पढ़ाई करते हुए बीजे फॉग की मशहूर परसुएसिव टेक्नोलॉजी लैब में काम करते रहे। यह लैब इस बात पर अनुसंधान करती है कि लोगों के सोचने और काम करने के तरीकों को बदलने के लिए तकनीक का उपयोग कैसे किया जा सकता है। सिलिकॉन वैली में फॉग को

'करोड़पतियों के निर्माता' के रूप में जाना जाता है। ऐसा उन लोगों के संदर्भ में कहा जाता है, जो इस लैब से पास होकर निकले और यहाँ जो भी सीखा, उसका उपयोग कर करोड़ों कमानेवाले टेक स्टार्ट-अप शुरू किए। (इन लोगों में सफल डॉट कॉम कंपनियाँ शुरू करनेवाले कई बड़े नामों समेत, इंस्टाग्राम के सह-संस्थापक माइक क्रीगर भी शामिल हैं।) सफलता के शिखर की ओर ले जानेवाले इस रास्ते पर चलते हुए जब हैरिस मशीन और इंसानी दिमाग के बीच संवाद करने की कला के बारे में काफी कुछ सीख गए तो अपनी मास्टर्स डिग्री बीच में ही छोड़कर उन्होंने एप्चर नामक स्टार्ट-अप शुरू किया, जो यूजर्स द्वारा वेबसाइट्स पर बिताए जानेवाला समय बढ़ाने के लिए पॉप-अप फैक्टॉइड्स का इस्तेमाल करता था।

2011 में, गूगल ने एप्चर (एप्चर एक ऐसी सेवा थी जो प्रकाशकों और ब्लॉगर्स को अपने पृष्ठों के ऊपर एक गतिशील परत में मल्टीमीडिया को लिंक करने और शामिल करने की अनुमति देती थी) का अधिग्रहण कर लिया और हैरिस को उस टीम में शामिल किया गया, जो जीमेल इनबॉक्स पर काम कर रही थी। यही वह समय था, जब गूगल में लाखों-करोड़ों लोगों के व्यवहार को बदलने की क्षमता रखनेवाले उत्पादों पर काम करते हुए हैरिस की चिंताएँ बढ़ने लगीं। बर्निंग मैन में दिमाग को झकझोरकर रख देनेवाला अनुभव करने के बाद हैरिस ने कुछ ऐसा किया, जो अक्सर कैमरून क्रो की पटकथाओं में होता है। उन्होंने 144 स्लाइडवाला एक मेनिफेस्टो लिखा, जिसका शीर्षक था, 'ए कॉल टू मिनिमाइज डिस्ट्रैक्शन एंड रेस्पेक्ट यूजर्स अटेंशन' यानी 'यूजर्स के ध्यान का सम्मान करने और उनका कम से कम ध्यान भटकाने का आह्वान।' इसके बाद उन्होंने अपना ये मेनिफेस्टो गूगल के अपने कुछ दोस्तों को भेज दिया। जल्द ही ये कंपनी के हज़ारों लोगों के बीच फैल गया, जिनमें से एक थे कंपनी के सह-सीईओ लैरी पेज। उन्होंने हैरिस को उनके साहसिक विचारों पर चर्चा करने के लिए बुलावा भेजा। इसके बाद लैरी पेज ने हैरिस को एक नया पद दे दिया - 'प्रोडक्ट फिलॉसफर।'

लेकिन फिर और कोई बदलाव नहीं आया। 2016 में अटलांटिक पत्रिका में प्रकाशित एक लेख में हैरिस ने इसके लिए संगठन की जड़ता को और इस बात को जिम्मेदार ठहराया कि वे जिस चीज़ की वकालत कर रहे हैं, उसे लेकर संगठन में स्पष्टता की भारी कमी है। गूगल और हैरिस के बीच इस तनाव का प्रमुख स्रोत क्या था, ये समझना मुश्किल नहीं है: यूजर्स के ध्यान का सम्मान करने और उनका कम से कम ध्यान भटकाने से कंपनी की कमाई कम हो जाती। तकनीकी सेवाओं का

कम्पल्सिव या बाध्यकारी उपयोग कंपनी के लिए फायदे का सौदा है, जिसे हैरिस इस दावे के साथ स्वीकार करते हैं कि अटेंशन इकोनॉमी गूगल जैसी कंपनियों को 'इंसान के दिमाग की तह तक घुसपैट करने की अंधी दौड़' की ओर ले जाती है।

इसीलिए हैरिस ने गूगल की नौकरी छोड़कर टाइम वेल स्पेंट नामक एक गैर-लाभकारी संस्था की शुरुआत की, जिसका मिशन है, उस किस्म के तकनीकी विकास की माँग करना, जो हमारे हित में काम करे, न कि विज्ञापनों के हित में। इसके साथ ही हैरिस ने अपनी यह चेतावनी भी सार्वजनिक कर दी कि हमारे दिमाग पर 'डाका डालने' की कोशिश में ये कंपनियाँ किसी भी हद तक जा सकती हैं।

वॉशिंग्टन डीसी में, जहाँ मैं रहता हूँ, वहाँ हर कोई जानता है कि सबसे बड़े राजनीतिक स्कैंडल वे होते हैं, जिनसे किसी ऐसी नकारात्मक बात की पुष्टि हो, जिसकी आशंका अधिकांश लोगों को पहले से हो। इसीलिए हैरिस के खुलासे को लोगों ने हाथों-हाथ लिया। इस सार्वजनिक खुलासे के बाद हैरिस को अटलांटिक पत्रिका के मुख्य पृष्ठ पर जगह दी गई, पीबीएस न्यूज आवर व 60 मिनट्स जैसे मशहूर न्यूज प्रोग्राम्स पर उनका इंटरव्यू लिया गया और साथ ही उन्हें टेड टॉक देने के लिए आमंत्रित किया गया। जो लोग इस बात को लेकर बड़बड़ करते रहते थे कि हर कोई कितनी आसानी से स्मार्टफोन्स का गुलाम बनता जा रहा है, उन्हें सालों से बेवजह डर फैलानेवाला कहकर नकारा जा रहा था। लेकिन हैरिस ने आकर पूरी दुनिया के सामने उस बात की पुष्टि कर दी, जिसकी आशंका बहुत से लोगों को पहले से थी कि ये सारे एप्स और अत्याधुनिक वेबसाइट्स – जैसा कि बिल माहर ने कहा था – कोई उपहार नहीं है, जो दुनिया को बेहतर बनाने में लगे दोस्ताना स्वभाववाले ज्ञानी देवताओं की ओर से मिला हो। बल्कि असल में उन्हें इस तरह डिजाइन किया गया है ताकि लोगों को जुआ खेलनेवाली स्लॉट मशीन का आधुनिक संस्करण – यानी मोबाइल फोन – हमेशा अपनी जेब में लेकर घूमने की आदत पड़ जाए।

यह हैरिस का नैतिक साहस ही था, जो उन्होंने हमें तकनीकी उपकरणों के अदृश्य खतरे के बारे में आगाह किया। हालाँकि अगर हमें इन उपकरणों के बुरे प्रभाव से बचना है तो इस बात को बेहतर ढंग से समझना होगा कि आखिर अपने जीवन को लेकर हमारे अच्छे इरादों को ये उपकरण इतनी आसानी से बदलने में सक्षम कैसे होते हैं। सौभाग्य से, इस लक्ष्य को हासिल करने के लिए हमारे पास एक अच्छी

मार्गदर्शिका है। जिस समय हैरिस लत में तब्दील होनेवाली तकनीक के नैतिक प्रभाव से जूझ रहे थे, उसी समय न्यू यॉर्क यूनिवर्सिटी का एक युवा प्रोफेसर यह पता लगाने में जुटा हुआ था कि आखिर ये तकनीकी-लत कैसे काम करती है।

. . .

2013 से पहले एडम ऑल्टर को रिसर्च के विषय के रूप में तकनीक में बहुत कम रुचि थी। प्रिंस्टन यूनिवर्सिटी से सोशल साइकोलॉजी में पीएचडी करनेवाले और पेशे से बिजनेस प्रोफेसर ऑल्टर ने इस व्यापक प्रश्न का गहन अध्ययन किया कि हमारे आसपास की दुनिया की विशेषताएँ हमारे विचारों और व्यवहार को किस तरह प्रभावित करती हैं।

उदाहरण के लिए ऑल्टर के डॉक्टरेट डिजर्टेशन (शोध-प्रबंध) में यह अध्ययन किया गया है कि कैसे आपके और किसी अन्य व्यक्ति के बीच संयोगवश बना संबंध इस बात को प्रभावित कर सकता है कि आप एक-दूसरे के बारे में कैसा महसूस करते हैं। इसके बारे में बात करते हुए ऑल्टर ने मुझे बताया कि 'अगर आपको पता चले कि आपका और उस व्यक्ति का जन्मदिन एक ही है, जिसने बड़े ही बुरे कर्म किए हों तो आप उससे अपेक्षाकृत अधिक नफरत करेंगे। जबकि अगर आपको जन्मदिन एक होने की जानकारी न हो तो आपकी नफरत अपेक्षाकृत कम होगी।'

उनकी पहली किताब ड्रंक टैंक पिंक में ऐसे ही अनेकों मामले सूचीबद्ध किए गए हैं, जहाँ साधारण नज़र आनेवाले परिवेश संबंधी कारकों से इंसान के व्यवहार में बड़े बदलाव आते हैं। उदाहरण के लिए, किताब के अनोखे शीर्षक के पीछे एक ऐसे अध्ययन का संदर्भ है, जिससे यह पता चला था कि सिएटल के एक नौसैनिक जेल में आक्रामक रूप से शराब के नशे में धुत्त कैदी, जेल की उस सेल में मात्र पंद्रह मिनट बिताने के बाद उल्लेखनीय रूप से शांत हो गए, जिसे पेप्टो-बिस्मॉल गुलाबी रंग के एक विशेष शेड से पेंट किया गया था। ठीक इसी तरह जब एक कनाडाई स्कूल के बच्चों को इसी रंग से पेंट की गई कक्षा में बिठाकर पढ़ाया गया तो वे भी उल्लेखनीय रूप से शांत रहे। ऑल्टर की किताब यह खुलासा भी करती है कि डेटिंग प्रोफाइल में किसी और रंग के बजाय लाल रंग की शर्ट वाली तस्वीर लगाने से विपरीत लिंग के मन में आपके प्रति अपेक्षाकृत कहीं अधिक रुचि पैदा होती है। इसी तरह आपके नाम का उच्चारण जितना आसान होता है, आप उतनी ही तेजी से अपने कानूनी पेशे में आगे बढ़ते हैं।

न्यू यॉर्क से लॉस एंजेलिस तक की एक हवाई यात्रा के चलते 2013 का साल ऑल्टर के कॅरियर के लिए एक महत्वपूर्ण मोड़ साबित हुआ। 'उस दिन मेरा प्लान तो ये था कि मैं फ्लाइट में आराम से सोऊँगा और अगर मन किया तो थोड़ा-बहुत काम भी निपटा लूँगा,' ऑल्टर ने मुझे बताया। 'लेकिन जैसे ही टेक-ऑफ करने के लिए फ्लाइट आगे बढ़ी, मैंने अपने फोन पर 2048 नामक एक स्ट्रेटजी गेम खेलना शुरू कर दिया। छह घंटे बाद जब हमने लॉस एंजेलिस में लैंड किया, तब भी मैं वही गेम खेल रहा था।'

अपनी किताब ड्रंक टैंक पिंक के प्रकाशन के बाद ऑल्टर ने अपने लिए एक नए विषय की तलाश शुरू कर दी। यह तलाश उन्हें बार-बार एक प्रमुख सवाल पर वापस लाती रही कि 'आज हमारे जीवन को आकार देनेवाला सबसे बड़ा कारक क्या है?' अचानक उन्हें अपनी छह घंटे लंबी हवाई यात्रा के दौरान वह कंपल्सिव गेम खेलने का अनुभव याद आया और इस तरह उन्हें अपने सवाल का जवाब मिल गया: आज हमारे जीवन को आकार देनेवाला सबसे बड़ा कारक है, हमारी स्क्रीन्स।

निःसंदेह इस बिंदु पर अन्य लोगों ने भी स्मार्टफोन्स और वीडिया गेम्स जैसी नई तकनीकी चीज़ों के साथ हमारे नुकसानदायक संबंधों के बारे में महत्वपूर्ण सवाल पूछने शुरू कर दिए थे लेकिन जो चीज़ ऑल्टर को बाकी लोगों से अलग करती है, वह है, उनकी मनोविज्ञान की पढ़ाई। इस मुद्दे को एक सांस्कृतिक घटना के रूप देखने के बजाय, ऑल्टर ने अपना ध्यान इसकी मनोवैज्ञानिक जड़ों पर केंद्रित किया। यह नया दृष्टिकोण उन्हें एक ऐसे विषय की ओर ले गया, जो सचमुच डरावना है और वह विषय है: लत का विज्ञान।

. . .

बहुत से लोगों के लिए लत एक डरावना शब्द है। पॉपुलर कल्चर में, इस शब्द से नशीले पदार्थों का सेवन करनेवाले उन लोगों की छवि उभरती है, जो अपनी लत के चलते अपने ही घर में चोरी कर डालते हैं, माता-पिता को ठेस पहुँचाते हैं और प्रियजनों को धोखा देते हैं। लेकिन मनोवैज्ञानिकों के लिए, लत का एक स्पष्ट अर्थ है, जो बड़ी सावधानी के साथ तय किया गया है और जिसमें ऐसे सनसनीखेज तत्वों के लिए कोई जगह नहीं है। उदाहरण के लिए इसका अर्थ है:

लत एक ऐसी स्थिति है, जिसमें व्यक्ति किसी ऐसे नशीले पदार्थ के

उपयोग में या किसी व्यवहार विशेष में लिप्त हो जाता है, जिसके रिवार्डिंग इफेक्ट्स (प्रतिफलकारी प्रभाव), नुकसानदायक परिणामों के बावजूद भी उसे बार-बार वह दोहराने के लिए उकसाते रहते हैं।

अभी कुछ समय पहले तक यह माना जाता था कि लत का विचार सिर्फ शराब या ड्रग्स जैसे उन नशीले पदार्थों पर ही लागू होता है, जो वास्तव में साइकोएक्टिव कंपाउंड होते हैं और आपके दिमाग की रासायनिक क्रियाओं को सीधे तौर पर बदलने की क्षमता रखते हैं। लेकिन इक्कीसवीं सदी की शुरुआत में सामने आई तमाम रिसर्च यह इशारा करती है कि ऐसे व्यवहार, जिनका नशीले पदार्थों के सेवन से कोई संबंध नहीं है, वे भी – ऊपर परिभाषित तकनीकी अर्थों में – एक लत का रूप ले सकते हैं। उदाहरण के लिए सन २०१० में अमेरिकी जर्नल ऑफ ड्रग एंड एल्कोहल एब्यूज में प्रकाशित एक महत्वपूर्ण सर्वे पेपर का निष्कर्ष था कि 'लगातार मिल रहे साक्ष्य संकेत देते हैं कि व्यवहार संबंधी लत, कई मायनों में नशीले पदार्थों की लत के समान ही होती है।' लेख में इस विकार के उदाहरण के तौर पर जुए और इंटरनेट की लत की ओर इशारा किया गया, जो पहले से ही एक लत के तौर पर जाने जाते हैं। 2013 में जब अमेरिकन साइकिएट्रिक एसोसिएशन ने डायग्नॉस्टिक एंड स्टेटिस्टिकल मैन्युअल ऑफ मेन्टल डिसऑर्डर (डीएसएम-5) का अपना पाँचवा संस्करण प्रकाशित किया तो इसमें पहली बार व्यवहार संबंधी लत को ऐसे विकार के रूप में शामिल किया गया, जिसका निदान संभव है।

ये बात हमें वापस एडम ऑल्टर की ओर ले जाती है। उन्होंने जब तकनीक से संबंधित मनोविज्ञान की समीक्षा की और तकनीकी जगत के महत्वपूर्ण लोगों के इंटरव्यू लिए तो दो बातें उनके सामने बिलकुल स्पष्ट हो गईं। पहली ये कि ये नई-नई तकनीकें व्यवहार संबंधी लतों को उकसाने के लिए खासतौर पर उपयुक्त हैं। जैसा कि ऑल्टर स्वीकार भी करते हैं कि ड्रग्स और सिगरेट जैसी चीज़ों की लत की तुलना में, तकनीक से जुड़ी व्यवहार संबंधी लतें, अक्सर 'साधारण' होती हैं। उदाहरण के लिए अगर मैं आपको फेसबुक छोड़ने के लिए बाध्य कर दूँ तो इस बात की संभावना न के बराबर है कि आपको गंभीर विदड्रॉअल सिम्टम्स का सामना करना पड़ेगा या आधी रात को अपनी फेसबुक की तलब शांत करने के लिए आप चुपचाप घर से निकलकर इंटरनेट शॉप पर जाएँगे। हालाँकि ये भी सच है कि इस सबके बावजूद व्यवहार संबंधी लतें आपके स्वास्थ्य के लिए बेहद हानिकारक सिद्ध हो सकती हैं। भले ही आप फेसबुक की तलब शांत करने के लिए चुपचाप घर से

बाहर न निकलें लेकिन अगर आपका फोन आपकी जेब में है और फेसबुक एप खोलने के लिए आपको सिर्फ एक बार अपने फोन पर टैप करना है तो फिर व्यवहार संबधी एक साधारण सी लत भी आपको पूरा दिन बार-बार अपना फेसबुक अकाउंट चेक करने के लिए मजबूर करती रहेगी।

रिसर्च के दौरान जो दूसरी बात ऑल्टर के सामने स्पष्ट हुई, वो तो और भी ज़्यादा परेशान करनेवाली थी। जैसी कि ट्रिस्टन हैरिस ने सालों पहले चेतावनी दी थी, बहुत से मामलों में नई तकनीकों की वे विशेषताएँ, जिनके चलते इनकी लत लग जाती है, यूँ ही अपने आप पैदा नहीं हुई हैं बल्कि असल में वे सावधानीपूर्वक तैयार किए गए डिजाइन संबंधी फीचर्स हैं।

ऑल्टर के निष्कर्ष से जो सबसे स्वाभाविक सवाल खड़ा होता है, वो ये है कि वह क्या है, जो नई तकनीकों को व्यवहार संबंधी लतें उकसाने के लिए खासतौर पर उपयुक्त बनाता है? सन 2017 में प्रकाशित अपनी किताब इरिजिस्टबल - जो इस विषय पर उनके अध्ययन को विस्तार से सामने रखती है - में ऑल्टर ने उन विभिन्न घटकों की खोज की है, जिनसे कोई तकनीक हमारे दिमाग को सम्मोहित करने और नुकसानदायक ढंग से उसका उपयोग करने में सक्षम बनती है। मैं इस विस्तृत विवरण में से उन दो शक्तियों पर संक्षेप में ध्यान केंद्रित करना चाहूँगा, जो हमारी इस चर्चा के लिए खासतौर पर महत्वपूर्ण हैं। जल्द ही आपको ये भी पता चलेगा कि मेरी रिचर्स में भी ये दोनों शक्तियाँ किस तरह बार-बार उभरकर सामने आ रही थीं। ये रिसर्च इस बारे में थी कि तकनीकी कंपनियाँ व्यवहार संबंधी लतों को कैसे उकसाती हैं: बीच-बीच में विराम के साथ सकारात्मक परिणाम देकर और सामाजिक स्वीकृति पाने की सहज इच्छा का इस्तेमाल करके।

हमारा दिमाग इन शक्तियों के प्रति बहुत ही संवेदनशील होता है। ये वाकई मायने रखता है क्योंकि अधिकांश एप और वेबसाइट्स - जो लोगों को बाध्यकारी ढंग से लगातार अपना स्मार्टफोन चेक करने और अपनी ब्राउज़र टैब्स ओपन रखने के लिए उकसाते हैं - अक्सर ऐसी ही सम्मोहक शक्तियों का उपयोग करती हैं ताकि उनसे बचना करीब-करीब असंभव हो जाए। आइए, अब इस दावे को समझने के लिए इन दोनों सम्मोहक शक्तियों के बारे में संक्षेप में चर्चा करते हैं।

. . .

चलिए शुरुआत करते हैं, पहली शक्ति से: बीच-बीच में विराम के साथ सकारात्मक परिणाम। १९७० के दशक में वैज्ञानिकों को माइकल ज़ाइलर के प्रसिद्ध 'कबूतर की चोंच'वाले प्रयोग से पता चला कि अप्रत्याशित रूप से मिलनेवाले सकारात्मक परिणाम, एक जाने-माने पैटर्न के साथ मिलनेवाले सकारात्मक परिणामों से कहीं अधिक आकर्षक होते हैं।

अप्रत्याशित चीज़ों की खास बात ये है कि इनसे हमारे दिमाग में डोपामाइन ज्यादा बनता है – जो हमारी तीव्र इच्छाओं को नियंत्रण में रखने के लिए महत्वपूर्ण न्यूरोट्रांसमिटर होता है। ज़ाइलर के मूल प्रयोग में कबूतरों को एक बटन पर चोंच मारने के लिए उकसाया गया। जब वे ऐसा करते तो अप्रत्याशित रूप से खाने की एक छोटी सी गोली बाहर आती। एडम ऑल्टर के अनुसार, सोशल मीडिया के फीडबैक बटन के जरिए बुनियादी रूप से यही व्यवहार दोहराया जाता है। यह फीडबैक बटन, २००९ में फेसबुक द्वारा शुरू किए गए 'लाइक' बटन के बाद से ही हर सोशल मीडिया का महत्वपूर्ण फीचर बन गया।

'लाइक बटन ने फेसबुक के उपयोग का मनोविज्ञान किस हद तक बदलकर रख दिया है, इसके बारे में कितना भी कहा जाए, वह कम ही होगा,' ऑल्टर लिखते हैं। 'अपने दोस्तों के जीवन की खबर रखने के निष्क्रिय तरीके के तौर पर शुरू हुआ फेसबुक, अब गहन रूप से संवादात्मक हो चुका था और इसमें आपको भी ठीक वैसी ही अप्रत्याशित प्रतिक्रिया मिलती थी, जो ज़ाइलर के कबूतरों को बार-बार बटन पर चोंच मारने के लिए प्रेरित करती थी।' ऑल्टर कहते हैं कि सोशल मीडिया के उपयोगकर्ता जब भी कुछ पोस्ट करते हैं तो ये उनके लिए हर बार एक जुआ खेलने जैसा होता है: 'क्या मुझे अपनी पोस्ट पर दूसरों के लाइक्स (या हार्ट्स या फिर रीट्वीट) मिलेंगे या फिर कोई फीडबैक नहीं मिलेगा?' लाइक्स वगैरह मिलने पर उपयोगकर्ता को जो खुशी मिलती है, उसे फेसबुक के एक इंजीनियर ने 'झूठी खुशी की चमचमाती झलक' का नाम दिया था। वहीं दूसरी ओर जब आपको अपनी पोस्ट पर कोई फीडबैक नहीं मिलता तो आपको बुरा महसूस होता है। लेकिन इन परिणामों की भविष्यवाणी करना मुश्किल है। अगर इस चीज़ को लत के मनोविज्ञान के नज़रिए से देखें तो इस अप्रत्याशितता के चलते ही एक उपयोगकर्ता को सोशल मीडिया पर पोस्ट करना या उसे बार-बार चेक करना विक्षिप्तता की हद तक आकर्षक लगने लगता है।

हालाँकि सोशल मीडिया फीडबैक, उपयोगकर्ता को अप्रत्याशित सकारात्मक परिणामों की खुराक देनेवाली कोई इकलौती ऑनलाइन गतिविधि नहीं है। एक परिणाम विशेष के लिए किसी कंटेट वेबसाइट पर जाने का अनुभव बहुत से लोगों को होगा – उदाहरण के लिए मौसम की जानकारी पाने के लिए किसी न्यूज वेबसाइट पर जाना – और फिर बिना सोचे-समझे देर तक एक के बाद एक नई-नई खबरों की हेडलाइन्स पर क्लिक करते जाना। यह व्यवहार भी अप्रत्याशित फीडबैक से प्रेरित हो सकता है: अधिकांश खबरें बकवास ही निकलती हैं लेकिन नई-नई हेडलाइन्स पर क्लिक करते-करते, कभी-कभी आपके हाथ कोई ऐसी खबर लग जाती है, जो आपके अंदर एक तीव्र भावना पैदा करती है – गुस्सा या खुशी। हर वह आकर्षक हेडलाइन या हर वह दिलचस्प लिंक, जिस पर आप क्लिक करते हैं, वह दरअसल स्लॉट मशीन (जुआ खेलनेवाली मशीन) का हैंडल खींचने का ही दूसरा रूप है।

निस्संदेह, तकनीकी कंपनियाँ अप्रत्याशित रूप से मिलनेवाले सकारात्मक फीडबैक की सम्मोहन शक्ति को अच्छी तरह समझती हैं और अपने उत्पादों को ज़्यादा से ज़्यादा आकर्षक बनाने के लिए इसका बेझिझक इस्तेमाल करती हैं। जैसा कि व्हिसलब्लोअर (मुखबिर) ट्रिस्टन हैरिस बताते हैं : 'एप्स और वेबसाइट्स अपने उत्पादों में बीच-बीच में विराम के साथ, सकारात्मक परिणाम देकर उपयोगकर्ता को पुरस्कृत करती रहती हैं क्योंकि ऐसा करना उनके व्यापार के लिए अच्छा है।' ध्यान खींचनेवाले नोटिफिकेशन बैज या सिर्फ एक बार स्वाइप करके अगली दिलचस्प पोस्ट पर जाने की सुविधा जैसी चीज़ें, सोच-समझकर डिज़ाइन की जाती हैं ताकि उपयोगकर्ता की ओर से तीव्र प्रतिक्रियाएँ मिलें। जैसा कि हैरिस नोट करते हैं, फेसबुक का नोटिफिकेशन आइकॉन मूल रूप से नीले रंग का था ताकि वह वेबसाइट की कलर पैलेट के समान ही दिखे, 'लेकिन ये किसी को रास नहीं आया और किसी ने इसका उपयोग ही नहीं किया।' इसलिए उन्होंने उसका रंग बदलकर लाल कर दिया – जो दरअसल अलार्म या खतरे की घंटी का रंग होता है – और इस तरह इस नोटिफिकेशन आइकॉन पर क्लिक करनेवाले उपयोगकर्ताओं की संख्या नाटकीय रूप से बढ़ गई।

इस मामले पर संभवत: सबसे स्पष्ट स्वीकारोक्ति थी, फेसबुक के संस्थापक अध्यक्ष सीन पार्कर की। 2017 में आयोजित एक कार्यक्रम में उन्होंने अपने पूर्व संगठन द्वारा उपयोग की जानेवाली अटेंशन इंजीरियरिंग के बारे में खुलकर बात की:

'इस तरह के एप्स – जिसमें से फेसबुक सबसे पहला एप था – के निर्माण के पीछे की विचार प्रक्रिया मूल रूप से यह थी कि 'ऐसा क्या किया जाए, जिससे आप हमारे एप पर सक्रिय रूप से ज़्यादा से ज़्यादा ध्यान केंद्रित करें और अपना ज़्यादा से ज़्यादा समय बिताए?' और इसका मतलब ये था कि हमें आपको यानी उपयोगकर्ता को बार-बार डोपामाइन की छोटी-छोटी खुराक देनी होगी – यानी आपकी पोस्ट को लाइक्स या कमेंट्स और ऐसी ही अन्य चीज़ें मिलना और हर बार आपको इसका नोटिफिकेशन मिलना।'

कंटेंट पोस्ट करने और फिर उस पर आनेवाले अप्रत्याशित फीडबैक की राह देखने की सोशल मीडिया की पूरी गतिविधि इन सभी एप्स और वेबसाइट का मूल है। लेकिन जैसा कि ट्रिस्टन हैरिस इशारा करते हैं, यह वास्तव में सोशल मीडिया एप्स और वेबसाइट्स के संचालन के कई तरीकों में से एक मनमाना तरीका है। याद रखिए कि शुरुआती दौर के सोशल मीडिया साइट्स में फीडबैक की गुंजाइश बहुत कम रखी गई थी – बल्कि उनका पूरा संचालन कुछ पोस्ट करने और सूचनाएँ ढूँढ़ने पर केंद्रित था। आज जब लोग ये कहते हैं कि सोशल मीडिया उनके जीवन में महत्वपूर्ण क्यों है तो इसके कारण के तौर पर वे फीडबैक का दौर शुरू होने से पहले के इन फीचर्स का ही नाम लेते हैं। उदाहरण के लिए फेसबुक के उपयोग को उचित ठहराते समय बहुत से लोग यह कारण गिनाते हैं कि अगर किसी दोस्त के घर में बच्चा पैदा हुआ हो तो फेसबुक के जरिए उन्हें पता चल जाता है। जो कि वास्तव में सूचना मिलना ही है, जिसमें किसी फीडबैक की जरूरत नहीं है (क्योंकि ये बात तो अंतर्निहित है कि यह सूचना हर किसी को पसंद ही आएगी और इसके लिए किसी 'लाइक' बटन की जरूरत नहीं है)।

दूसरे शब्दों में कहें तो सोशल मीडिया सेवाओं पर हावी अप्रत्याशित फीडबैक में ऐसा कुछ भी नहीं है, जो मौलिक रूप से जरूरी हो। अगर इन फीचर्स को हटा दिया जाए, तब भी इन साइट्स के महत्व में कोई कमी नहीं आएगी। दुनिया की हर सोशल मीडिया साइट पर अप्रत्याशित फीडबैक जैसे तमाम फीचर्स मौजूद होने के पीछे का कारण यही है कि इनके चलते आप यानी उपयोगकर्ता, स्क्रीन पर अपनी नज़रें गड़ाकर रखने के लिए मजबूर हो जाते हैं। जब '60 मिनट्स' नामक टीवी शो पर हैरिस ने स्मार्टफोन को हाथ में लेकर कहा था कि 'असल में ये एक स्लॉट मशीन

(जुआ खेलनेवाली मशीन) है,' तब वे असल में इन प्रबल मनोवैज्ञानिक शक्तियों की ही बात कर रहे थे।

. . .

आइए, अब **व्यवहार संबंधी लतों को उकसानेवाली दूसरी शक्ति - सामाजिक स्वीकृति पाने की गहन इच्छा** – पर विचार करते हैं। एडम ऑल्टर लिखते हैं, 'हम इंसान सामाजिक प्राणी हैं और इस बात को पूरी तरह अनदेखा नहीं कर सकते कि अन्य लोग हमारे बारे में क्या सोचते हैं।' निस्संदेह यह व्यवहार हमारे अनुकूलन से जुड़ा हुआ है। पुरातन काल में यह जरूरी होता था कि अपने कबीले के अन्य सदस्यों के सामने आप अपनी सामाजिक प्रतिष्ठा बनाकर रखें क्योंकि आपका अस्तित्व इसी पर निर्भर था। हालाँकि 21वीं सदी में, नई तकनीकें हमारी इस पुरातन और गहन प्रवृत्ति पर कब्जा जमाकर, ऐसी व्यवहार संबंधी लतें पैदा कर रही हैं, जिनसे तकनीकी कंपनियों को व्यावसायिक लाभ हो।

एक बार फिर ज़रा सोशल मीडिया फीडबैक बटन पर विचार करें। जैसा कि ऊपर बताया गया है, अप्रत्याशित फीडबैक देने के अतिरिक्त, इसका संबंध अन्य लोगों की स्वीकृति पाने से भी है। जैसे अगर आपकी इंस्टाग्राम पोस्ट पर बहुत से लोग हार्ट क्लिक करते हैं तो आपको महसूस होता है कि आपके कबीले या समाज के लोग आपको स्वीकृति दे रहे हैं – जिसे पाने की गहन इच्छा हमारे अनुकूलन का परिणाम है। बेशक, क्रमिक–विकास संबंधी इस सौदे का दूसरा पक्ष ये है कि सकारात्मक फीडबैक न मिलने पर आपको बुरा लगता है। पुरातन काल से विकसित हो रहे इंसानी दिमाग के लिए यह एक गंभीर चीज़ है और इसीलिए सोशल मीडिया में सक्रिय लोगों में इस 'महत्वपूर्ण' चीज़ पर नज़र रखने की गहन जरूरत पैदा हो जाती है।

सामाजिक स्वीकृति पाने की गहन इच्छा की शक्ति को कम करके नहीं आँकना चाहिए। लिया पर्लमैन फेसबुक के लिए 'लाइक' बटन विकसित करनेवाली टीम की प्रोडक्ट मैनेजर थीं (2009 में इस फीचर की सार्वजनिक घोषणा करनेवाली ब्लॉग पोस्ट भी उन्होंने ही लिखी थी)। आज लिया अपना एक छोटा सा व्यवसाय चलाती हैं। आज इस 'लाइक' बटन के कारण होनेवाली समस्याओं के प्रति वे इतनी सतर्क रहती हैं कि एक व्यवसायी के तौर पर अपना फेसबुक अकाउंट सँभालने के लिए उन्होंने एक सोशल मीडिया मैनेजर नियुक्त कर रखा है ताकि फेसबुक द्वारा

इंसान की सामाजिक प्रवृत्तियों में किए जानेवाले हेरफेर के प्रभाव से खुद को बचा सकें। सोशल मीडिया फीडबैक चेक करने के अनुभव के बारे में वे कहती हैं, 'कोई नोटिफिकेशन आए या न आए लेकिन इसका उपयोग करके वास्तव में हमें बहुत अच्छा महसूस नहीं होता। हम सचमुच जिसकी उम्मीद कर रहे होते हैं, वह कभी देखने को नहीं मिलता।'

सामाजिक स्वीकृति पर नज़र रखने की गहन इच्छा को देखकर यह समझा जा सकता है कि आजकल के किशोरों पर अपने दोस्तों के साथ स्नैपचैट 'स्ट्रीक्स' बनाकर रखने का जुनून क्यों सवार रहता है। क्योंकि दैनिक बातचीत की एक लंबी अटूट स्ट्रीक इस बात की संतोषजनक पुष्टि जैसी है कि दोस्तों के साथ उनके रिश्ते मजबूत हैं। साथ ही अनुचित या खतरनाक स्थितियों (जैसे गाड़ी चलाते समय) में भी टेक्स्ट मैसेज का तत्काल रिप्लाई करने की सार्वभौमिक इच्छा भी इससे स्पष्ट हो जाती है। पुरातन काल से विकसित हो रहे इंसानी दिमाग के लिए, अभी-अभी आए किसी टेक्स्ट मैसेज की अनदेखी करना, कबीले के उस सदस्य को अपमानित करने जैसा होता है, जो आपका ध्यान खींचने की कोशिश कर रहा हो - प्राचीन समय में कबीलों में रहनेवाले लोग दूसरों का ध्यान खींचने के लिए किसी सार्वजनिक स्थान पर आग जला देते थे - और ऐसे व्यक्ति की अनदेखी करने से आपको शर्मिंदगी उठानी पड़ सकती है।

तकनीकी कंपनियाँ लोगों की सामाजिक स्वीकृति पाने की गहन इच्छा का शोषण करने में माहिर हो चुकी हैं। सोशल मीडिया के विभिन्न फीचर्स को खासतौर पर इस तरह डिजाइन किया गया है ताकि आपको इस बात की निरंतर जानकारी दी जा सके कि आपके दोस्त हर क्षण आपके बारे में कितना अधिक (या कितना कम) सोच रहे हैं। ट्रिस्टन हैरिस, फेसबुक, इंस्टाग्राम और स्नैपचैट जैसी वेबसाइट्स में पोस्ट की जानेवाली तस्वीरों पर लोगों को टैग करने का उदाहरण देते हैं। इन वेबसाइट्स पर तस्वीरें पोस्ट करते समय आप उन सभी यूजर्स को टैग कर सकते हैं, जो उस तस्वीर में नज़र आ रहे हैं। ऐसा करने से टैग किए गए हर यूजर को नोटिफिकेशन जाता है। हैरिस बताते हैं, अब ये वेबसाइट्स इस प्रक्रिया को करीब-करीब ऑटोमैटिक बना रही हैं। इसके लिए अत्याधुनिक इमेज रिकग्निशन एल्गोरिद्म्स का उपयोग किया जा रहा है ताकि जैसे ही आप तस्वीर पोस्ट करने के लिए उसे अपलोड करें तो वेबसाइट खुद ही यह पता लगा ले कि उस तस्वीर में कौन-कौन नज़र आ रहा है और फिर सिर्फ एक बार क्लिक करके उन सभी को टैग करने का विकल्प आपके सामने रख

दे – यह विकल्प आपको एक छोटे से सवाल के साथ दिया जाएगा कि 'डू यू वांट टू टैग...?' जिसका जवाब देने के लिए आपको सिर्फ 'यस' या 'नो' विकल्प पर क्लिक करना होगा और यह करीब–करीब निश्चित है कि आप 'यस' पर ही क्लिक करेंगे।

सिर्फ एक बार क्लिक करने का मतलब ये है कि इसके लिए आपको अपनी ओर से कोई कोशिश करने की जरूरत नहीं पड़ेगी लेकिन जिस यूजर को टैग किया गया है, उसे नोटिफिकेशन देखकर सामाजिक रूप से संतुष्टिदायक एहसास होगा कि आप उसके बारे में सोच रहे हैं। हैरिस का तर्क है कि इन कंपनियों ने ऑटो–टैगिंग का फीचर बेहतर बनाने के लिए भारी निवेश इसलिए नहीं किया है क्योंकि ये उनके सोशल नेटवर्क की उपयोगिता बढ़ाने के लिए जरूरी है। बल्कि ये निवेश तो इसलिए किया गया है ताकि ये कंपनियाँ अपने एप्स द्वारा यूजर्स को दी जानेवाली सामाजिक स्वीकृति की खुराक बढ़ाकर उन्हें इसकी लत का शिकार बना सकें।

इन फीचर्स के पीछे की डिजाइन फिलॉसफी का वर्णन करते हुए शॉन पार्कर कहते हैं: 'यह सामाजिक–स्वीकृति का फीडबैक–लूप है... मेरे जैसा हैकर ऐसी ही चीज़ों की सिफारिश करेगा क्योंकि इस तरह आप इंसानी मन की कमजोरी का फायदा उठा रहे हैं।'

. . .

आइए, अब एक बार पीछे मुड़कर यह समीक्षा करते हैं कि फिलहाल हम कहाँ है। इस अध्याय के पिछले हिस्सों में मैंने इस बात की विस्तृत व्याख्या की है कि आजकल बहुत से लोग यह क्यों महसूस करते हैं कि वे अपने डिजिटल जीवन से अपना नियंत्रण खो बैठे हैं: पिछले करीब एक दशक में सामने आईं अत्याधुनिक तकनीकें व्यवहार संबंधी लतें उकसाने के लिए खासतौर पर कारगर रही हैं। जिसके चलते लोग उनका जरूरत से ज़्यादा उपयोग करने लगे हैं, ये जानते हुए भी कि ऐसा करना उनके लिए ठीक नहीं है। और जैसा कि व्हिसलब्लोअर ट्रिस्टन हैरिस, शॉन पार्कर, लिया पर्लमैन और एडम ऑल्टर ने खुलासा किया था, अधिकांश मामलों में ये तकनीकें खासतौर पर ऐसे ही लती व्यवहार को ट्रिगर करने के लिए डिजाइन की गई हैं। इस संदर्भ में देखें तो यूजर्स इनका कम्पल्सिव या बाध्यकारी उपयोग इसलिए नहीं करते क्योंकि उनका चरित्र कमजोर है और वे अपने आप पर नियंत्रण रखना नहीं जानते। बल्कि सच तो ये है कि इसके पीछे एक ऐसा बिजनेस प्लान काम कर रहा है, जो कुछ कंपनियों को बहुत बड़े पैमाने पर मुनाफा कमाकर दे रहा है।

आज हम जिस किस्म का डिजिटल जीवन जी रहे हैं, वैसा जीवन तो हम नहीं चाहते थे। दरअसल आज का हमारा डिजिटल जीवन कंपनियों के बोर्डरूम्स में निर्धारित किया गया है ताकि तकनीक में निवेश करनेवाले कुछ चुनिंदा लोगों के हित साधे जा सकें।

हथियारों की एकतरफा दौड़

तर्क ये है कि तकनीकों के साथ हमारी वर्तमान बेचैनी का संबंध इस बात से नहीं है कि ये तकनीकें उपयोगी हैं या नहीं। बल्कि इसका संबंध हमारी स्वतंत्रता से है। हमने इन सेवाओं का उपयोग करने के लिए हामी भरी और तकनीकी उपकरण खरीद लिए, जिसके पीछे कुछ मामूली कारण थे - जैसे दोस्तों के रिलेशनशिप स्टेटस देखने के लिए या फोन के साथ आईपॉड अलग से लेकर चलने से बचने के लिए - लेकिन फिर सालों बाद हमने पाया कि हमारे जीवन पर इन उपकरणों का प्रभाव कुछ इस तरह बढ़ता जा रहा है कि ये हम पर हावी हो गए हैं और हम इन्हें यह तय करने की ज़्यादा से ज़्यादा अनुमति देते जा रहे हैं कि हम अपना समय कैसे बिताएँगे, कैसा महसूस करेंगे और कैसा व्यवहार करेंगे।

इस तथ्य से किसी को आश्चर्य नहीं होना चाहिए कि पिछले करीब एक दशक से ये उपकरण मानवता को नष्ट कर रहे हैं। जैसा कि मैंने विस्तार से बताया, हम हथियारों की एकतरफा दौड़ में उलझ गए हैं। इस दौड़ में हमारी स्वतंत्रता का अतिक्रमण करनेवाली तकनीकें दरअसल हमारे दिमाग की तह में छिपी कमजोरियों को बड़े ही सटीक ढंग से निशाना बना रही थीं, जबकि हम बेवकूफों की तरह अब भी यही मानकर बैठे हुए हैं कि हम तो बस सोशल मीडिया कंपनियाँ चला रहे ज्ञानी देवताओं से मिले मजेदार उपहारों का आनंद उठा रहे हैं।

जब बिल माहर ने मज़ाक में कहा था कि एप स्टोर चलाने वाली बड़ी तकनीकी कंपनियाँ हमारी आत्मा को गुलाम बना लेना चाहती हैं तो वे दरअसल बड़ी ही महत्वपूर्ण बात कह रहे थे। जैसा कि सुकरात ने प्लेटो के प्रसिद्ध रूपक रथ के जरिए फीड्स को स्पष्ट किया था कि हमारी आत्मा को एक ऐसे रथ-चालक के रूप में देखा जा सकता है, जिसे रथ के दो घोड़ों पर लगाम कसने के लिए संघर्ष करना पड़ता है। इनमें से एक घोड़ा हमारे बेहतर स्वभाव का, जबकि दूसरा हमारी मूल उत्तेजनाओं का प्रतिनिधित्व करता है। डिजिटल उपकरणों के हाथों तेजी से अपनी स्वतंत्रता खोकर हम दरअसल दूसरे घोड़े को और शक्ति दे रहे हैं। जिससे

रथ-चालक के लिए ठीक से रथ चलाना लगातार मुश्किल होता जा रहा है और वह अपना काबू खोता जा रहा है - और इस तरह हमारी आत्मा की स्वतंत्रता लगातार कम होती जा रही है।

जब हम इस दृष्टिकोण से देखते हैं तो स्पष्ट हो जाता है कि ये एक ऐसी लड़ाई है, जिसे हमें लड़ना ही होगा। लेकिन इसके लिए एक ऐसी गंभीर रणनीति की जरूरत है, जो उन ताकतों को हटाकर किनारे करने में सक्षम हो, जो बड़ी चालाकी से हमें व्यवहार संबंधी लतों की ओर धकेल रही हैं। साथ ही यह रणनीति ऐसी होनी चाहिए, जो इस बारे में एक स्पष्ट योजना सामने रख सकें कि नई तकनीकों को अपनी सर्वश्रेष्ठ आकांक्षाओं के विरूद्ध नहीं बल्कि उनकी पूर्ति के लिए कैसे उपयोग किया जाए। डिजिटल न्यूनतमवाद ऐसी ही एक रणनीति है। अब आगे हम इसकी बारीकियों में जाएँगे।

2

डिजिटल न्यूनतमवाद

एक न्यूनतम समाधान

जब मैंने इस अध्याय पर काम शुरू किया, लगभग उसी समय न्यू यॉर्क पोस्ट के एक स्तंभकार ने एक लेख लिखा, जिसका शीर्षक था, 'जैसे मैंने अपनी स्मार्टफोन की लत से छुटकारा पाया – आप भी पा सकते हैं।' लेकिन उसकी इस कामयाबी के पीछे का रहस्य क्या था? दरअसल उसने अपने आईफोन के 112 अलग-अलग एप्स् के नोटिफिकेशंस बंद कर दिए थे। 'एक बार फिर से नियंत्रण अपने हाथ में लेना अपेक्षाकृत आसान है,' उसने बड़े ही आशावादी ढंग से अपना निष्कर्ष सामने रखा।

टेक्नोलॉजी जर्नलिज्म की दुनिया में इस तरह के लेख प्रकाशित होना आम बात है। लेखक को एहसास हुआ कि डिजिटल उपकरणों के साथ उसका संबंध बिगड़ चुका है। इस चिंता के कारण उसने सूझबूझ दिखाते हुए एक नई तरकीब निकाली और फिर उत्साह के साथ सबको बताया कि अब चीज़ें बेहतर हो रही हैं। लेकिन मुझे यूँ तत्काल समाधान पेश करनेवाली कहानियों पर कम ही विश्वास होता है। इस तरह के विषयों के बारे में अपने अनुभव के आधार मैं कह सकता हूँ कि सिर्फ सुझावों और जुगाड़ का उपयोग करके अपने डिजिटल जीवन को स्थाई रूप से सुधारना बहुत कठिन है।

समस्या ये है कि नई तकनीकों के साथ हमारी बड़ी समस्याओं से निपटने के लिए छोटे-मोटे बदलाव लाना काफी नहीं है। हमारे अंतर्निहित व्यवहार, जिन्हें हम सुधारने की उम्मीद करते हैं, वे हमारी संस्कृति में गहरे तक निहित हैं और जैसा कि मैंने पिछले अध्याय में भी कहा था कि हमारी मूल प्रवृत्तियों को सशक्त बनानेवाली प्रबल मनोवैज्ञानिक शक्तियाँ इन व्यवहारों को उकसाने का काम करती हैं। इसलिए दोबारा नियंत्रण पाने के लिए हमें छोटी-मोटी कोशिशे करने के बजाय तकनीक के साथ अपने संबंधों का नए सिरे से पुनर्निर्माण करना होगा और इसके आधार के रूप

में, गहनता से स्थापित अपने मूल्यों का उपयोग होगा।

दूसरे शब्दों में कहें तो ऊपर जिस न्यू यॉर्क टाइम्स स्तंभकार का उल्लेख किया गया था, उसे अपने 112 एप्स् की नोटिफिकेशन सेटिंग को बदलने से परे देखना होगा और अपेक्षाकृत अधिक महत्वपूर्ण सवाल पूछना होगा कि आखिर वह इतने सारे एप्स् का उपयोग करता ही क्यों है? दरअसल उसे – और हम सबको, जो ऐसी समस्याओं से जूझ रहे हैं – तकनीक का इस्तेमाल करने से संबंधित एक दर्शन की जरूरत है। एक ऐसा दर्शन, जो शुरू से यह बताए कि हमें किन-किन डिजिटल उपकरणों को अपने जीवन का हिस्सा बनने की अनुमति देनी चाहिए, इसके पीछे क्या कारण होने चाहिए और इस मामले में किन-किन सीमाओं का ध्यान रखना चाहिए। अगर इस प्रकार के आत्मनिरीक्षण का अभाव आगे भी बना रहता है तो हम नुमाइशी आभूषणों जितने आकर्षक और लत का शिकार बनानेवाले साइबर-उपकरणों के बवंडर में ही उलझे रहेंगे और व्यर्थ ही ये उम्मीद करते रहेंगे कि सिर्फ कामचलाऊ तरीकों से कोई न कोई जुगाड़ करके इन समस्याओं से बचा जा सकता है।

जैसा कि मैंने किताब के 'परिचय' में भी उल्लेख किया था, मेरे पास एक ऐसा दर्शन है, जिसका प्रस्ताव मैं आपके सामने रखना चाहूँगा :

डिजिटल न्यूनतमवाद

> तकनीक के इस्तेमाल का एक दर्शन, जिसमें आप ऑनलाइन बिताए जानेवाले अपने समय को सिर्फ कुछ उपयुक्त गतिविधियों पर केंद्रित करेंगे। बड़े ही ध्यान से तय की गईं ये गतिविधियाँ उन चीज़ों का समर्थन करेंगी, जो आपके लिए मूल्यवान हों और आप उनके लिए बाकी सारी चीज़ों को खुशी-खुशी अनदेखा कर देंगे।

तथाकथित डिजिटल न्यूनतमवादी लोग, जो इस दर्शन का पालन करते हैं, लगातार इसमें अंतर्निहित लागत-लाभ (खर्चे का फायदा) का विश्लेषण करते रहते हैं। अगर किसी तकनीक से बस एक मामूली सी सुविधा मिल रही होगी या अगर वह बस थोड़ी सी ही अलग होगी तो एक न्यूनतमवादी उसे अनदेखा कर देगा। यहाँ तक कि अगर एक नई तकनीक इस वादे के सामने रखी जाती है कि वह न्यूनतमवादी के लिए महत्वपूर्ण मूल्यों की समर्थक है, तब भी उसे इस सख्त परीक्षण से गुजरना होगा

कि – क्या इन मूल्यों के समर्थन के लिए तकनीक के इस्तेमाल का यह सबसे श्रेष्ठ तरीका है? अगर इसका जवाब ना है तो एक न्यूनतमवादी उस तकनीक को अनुकूल बनाने की कोशिशें शुरू कर देगा या फिर किसी बेहतर विकल्प की तलाश करेगा।

डिजिटल न्यूनतमवादी लोग तकनीक का चुनाव अपने गहन मूल्यों के अनुसार करेंगे। इस तरह वे नई तकनीकों को ध्यान भटकाने के स्रोत के बजाय, जीवन बेहतर बनानेवाले उपकरणों में तब्दील कर देंगे। ऐसा करके, वे नई तकनीकों के उस मायावी तंत्र को तोड़ देते हैं, जिसके चलते बहुत से लोगों को लगने लगा है कि वे दैनिक जीवन में उपयोग होनेवाली स्क्रीन्स से अपना नियंत्रण खोते जा रहे हैं।

ध्यान दें, न्यूनतमवादी दर्शन उस अधिकतमवादी दर्शन से बिलकुल विपरीत है, जिसे अधिकांश लोग स्वतः ही अपना लेते हैं। अधिकतमवादी दर्शन यानी एक ऐसी सोच, जिसमें ध्यान खींचनेवाली किसी भी तकनीक का उपयोग शुरू करने के लिए, लाभ की ज़रा सी संभावना भी काफी होती है। एक अधिकतमवादी को इस विचार से बड़ी असहजता महसूस होती है कि लोग किसी चीज़ का उपयोग करने से चूक गए, भले ही वह चीज़ ज़रा भी दिलचस्प या मूल्यवान न हो। निश्चित ही, जब मैंने सार्वजनिक तौर पर इस तथ्य के बारे में लिखना शुरू किया कि मैंने कभी फेसबुक का उपयोग नहीं किया तो मेरे पेशेवर समूह के साथी इस बात से स्तब्ध हुए थे। 'आखिर मुझे फेसबुक का उपयोग करने की क्या जरूरत है?' मैं उनसे पूछता। 'मैं तुम्हें ठीक-ठीक तो नहीं बता सकता,' वे जवाब देते, 'पर अगर फेसबुक पर तुम्हारे काम की कोई चीज़ हुई और तुम उससे चूक गए तो?'

डिजिटल न्यूनतमवादियों को ये तर्क बिलकुल बेतुका लगता है क्योंकि वे ये मानते हैं कि सर्वश्रेष्ठ डिजिटल जीवन ऐसे उपकरणों का सावधानीपूर्वक चुनाव करके ही बन सकता है, जो स्पष्ट और बड़े लाभ दें। डिजिटल न्यूनतमवादी ऐसी कम मूल्यवान गतिविधियों से बचते हैं, जो ध्यान खींचकर उनका कीमती समय बर्बाद करें और अंततः लाभ से ज़्यादा हानि पहुँचाएँ। दूसरे शब्दों में कहें तो न्यूनतमवादी इस बात को लेकर परेशान नहीं होते कि वे कुछ छोटी-मोटी चीज़ से चूक गए; इससे कहीं ज़्यादा उन्हें उन बड़ी चीज़ों के विलीन होने की चिंता होती है, जिनके बारे में वे पहले से जानते हैं कि वे जीवन को अच्छा बनाने के लिए जरूरी हैं।

आइए, इन अमूर्त विचारों को और ठोस बनाने के लिए, अब कुछ असली डिजिटल न्यूनतमवादियों के उदाहरणों पर विचार करते हैं, जिनके बारे में मुझे तब पता चला, जब मैं इस उभरती दार्शनिकता पर शोध कर रहा था। इनमें से कुछ

न्यूनतमवादी ऐसे हैं, जो मानते हैं कि जो भी तकनीक विकसित हो, वह गहन मूल्यों की समर्थक होनी चाहिए। कुछ तकनीकों के मामले में ऐसा न होने के चलते उन्होंने उनसे जुड़ी ऐसी सेवाओं और उपकरणों को अस्वीकार कर दिया, जिन्हें हमारी मौजूदा संस्कृति आमतौर पर अनिवार्य मानती है।

उदाहरण के लिए टायलर ने सोशल मीडिया का इस्तेमाल बड़े ही आम कारणों से शुरू किया था: अपने कॅरियर में लाभ के लिए, दूसरों के संपर्क में रहने के लिए और मनोरंजन के लिए। हालाँकि, एक बार जब टायलर ने डिजिटल न्यूनतमवाद को अपनाया तो उसे एहसास हुआ कि भले ही उसके लिए अपने ये तीनों उद्‌देश्य महत्वपूर्ण हों लेकिन सोशल मीडिया का भारी उपयोग करने से उसे सिर्फ मामूली लाभ ही हो रहा है। उसे इस बात का भी एहसास हुआ कि अपने इन उद्‌देश्यों को पूरा करने के लिए सोशल मीडिया का उपयोग करने को, तकनीक का सर्वश्रेष्ठ इस्तेमाल नहीं कहा जा सकता। इसके बाद उसने सोशल मीडिया का उपयोग पूरी तरह बंद कर दिया और कॅरियर में लाभ पाने के लिए, दूसरों के संपर्क में रहने और मनोरंजन के लिए अन्य प्रभावी और प्रत्यक्ष तरीकों का उपयोग शुरू कर दिया।

जब टायलर से मेरी मुलाकात हुई, तब तक उसे सोशल मीडिया छोड़े एक साल का समय हो चुका था। वह निश्चित ही इस बात से काफी उत्साहित था कि इस अवधि में उसका जीवन किस तरह बदला। वह अपने घर के आसपास विभिन्न कार्यों से बतौर वॉलेंटियर जुड़ गया, नियमित रूप से कसरत करने लगा, हर महीने तीन से चार किताबें पढ़ने लगा और गिटार बजाना सीखने लगा। उसने मुझे बताया कि अब चूँकि वह हर वक्त अपने फोन से नहीं चिपका रहता इसलिए अब वह अपनी पत्नी और बच्चों के ज्यादा करीब आ गया है। कामकाज की बात करें तो सोशल मीडिया छोड़ने के बाद अपने काम पर उसका फोकस बहुत बढ़ गया और इसीलिए उसे हाल ही में प्रमोशन भी मिला। टायलर ने मुझे बताया, 'मेरे ग्राहकों को मेरे अंदर एक बदलाव नज़र आने लगा है और वे पूछते हैं कि मैं ऐसा क्या अलग कर रहा हूँ, जिसने मुझे अचानक इतना बदल दिया है। और जब मैंने उन्हें बताता हूँ कि मैंने सोशल मीडिया का उपयोग बंद कर दिया है तो उनकी प्रतिक्रिया यही होती है कि काश वे खुद भी ऐसा कर पाते लेकिन नहीं कर सकते। वास्तविकता ये है कि सोशल मीडिया का उपयोग जारी रखने का उनके पास कोई उचित कारण नहीं है!'

टायलर ने ये भी स्वीकार किया कि अब उसके जीवन में ये जितनी भी अच्छी चीज़ें हो रही हैं, इन सबका श्रेय वह सिर्फ सोशल मीडिया छोड़ने के अपने निर्णय

को नहीं दे सकता। सैद्धांतिक रूप से तो वह एक फेसबुक अकाउंट रखते हुए भी गिटार बजाना सीख सकता था, साथ ही अपनी पत्नी व बच्चों के साथ ज़्यादा समय भी बिता सकता था। लेकिन सोशल मीडिया छोड़ने का उसका निर्णय दरअसल अपनी डिजिटल आदतों में एक छोटा सा बदलाव लाने से कहीं ज़्यादा था; असल में यह उसके लिए अपने नए संकल्प को और सशक्त बनाने के लिए किया गया एक प्रतीकात्मक कार्य था। एक ऐसा कार्य, जो अपने जीने का तरीका तय करते समय, अपने गहन मूल्यों के अनुसार काम करने के न्यूनतमवादी दर्शन को बढ़ावा देता है।

हमारे लिए बुनियादी रूप से आवश्यक बताई जानेवाली तकनीक को अस्वीकार करनेवाली इस दार्शनिकता का एक और अच्छा उदाहरण है एडम। वह एक छोटा सा बिजनेस चलाता है और अपने कर्मचारियों के संपर्क में रहना उसके काम के लिए बहुत जरूरी है। लेकिन हाल ही में, उसे यह चिंता सताने लगी कि आखिर वह अपने दो बच्चों – जिनमें से एक नौ और दूसरा तेरह साल का है – के सामने कैसा उदाहरण पेश कर रहा है। उसे एहसास हुआ कि वह अपने बच्चों के साथ इस बारे में बातचीत तो कर सकता है कि फोन की चमकती स्क्रीन से परे भी एक दुनिया है, जिसका अनुभव करना बहुत महत्वपूर्ण होता है लेकिन वह जानता था कि बच्चों को इस बात का महत्त्व तब तक समझ नहीं आएगा, जब तक कि वे स्वयं अपने पिता को ऐसा करते हुए न देखें। इसलिए उसने एक क्रांतिकारी कदम उठाया: उसने अपना स्मार्टफोन छोड़कर एक साधारण सा फ्लिप फोन इस्तेमाल करना शुरू कर दिया।

अपने इस निर्णय के बारे में उसने मुझे बताया, 'अपने जीवन में मुझे कभी इससे बेहतर अनुभव नहीं हुआ। यह एक ऐसा अनुभव, जो दूसरों को सिखाने योग्य भी है। मेरे बच्चे अच्छी तरह जानते हैं कि मेरा बिजनेस स्मार्टफोन पर निर्भर है और उन्होंने देखा है कि मैं इसका कितना ज़्यादा उपयोग करता था लेकिन फिर एक दिन उन्होंने देखा कि मैंने अचानक अपना स्मार्टफोन छोड़ दिया है। मैं उन्हें स्पष्ट रूप से ये समझाने में सफल रहा कि मैंने ऐसा क्यों किया और वे मेरी बात को तुरंत समझ भी गए!'

एडम ने ये भी स्वीकार किया कि स्मार्टफोन से दूरी बनाने के चलते उसके कामकाजी जीवन में कुछ चीज़ें ज़रा कष्टकारी हो गई हैं। अपने कर्मचारियों के साथ को-ऑर्डिनेट करने के लिए वह पूरी तरह टेक्स्ट मैसेजेस पर निर्भर था और उसे जल्द ही समझ आ गया कि पुराने किस्म के प्लास्टिक की बटनोंवाले उसके नए फोन पर टेक्स्ट टाइप करना कितना मुश्किल काम है। लेकिन अब एडम एक डिजिटल

न्यूनतमवादी बन गया है, जिसका मतलब ये है कि तकनीक द्वारा जीवन को और ज़्यादा सुविधाजनक बनाने के बजाय अब उसके लिए ज़्यादा महत्वपूर्ण ये है कि वह तकनीक को अपने मूल्यों के समर्थन के लिए इस्तेमाल करे। तेज टाइपिंग के बजाय उसके लिए एक पिता के तौर पर ये ज़्यादा जरूरी था कि वह अपने बच्चों को डिजिटल उपकरणों की स्क्रीन से परे की दुनिया को अपनाना सिखा पाए।

हालाँकि ऐसा नहीं है कि हर डिजिटल न्यूनतमवादी आम डिजिटल उपकरणों से पूरी तरह दूरी बना लेता हो। कईयों के लिए मूल सवाल ये होता है कि 'क्या अपने मूल्यों का समर्थन करने के लिए तकनीक के उपयोग का सर्वश्रेष्ठ तरीका यही है?' यह सवाल उन्हें उन डिजिटल सेवाओं को अपने अनुकूल बनाने के लिए प्रेरित करता है, जिनका उपयोग अधिकांश लोग बिना सोचे-समझे बस यूँ ही करते रहते हैं।

उदाहरण के लिए, जब मिशेल को एहसास हुआ कि ऑनलाइन मीडिया के प्रति उसके जुनूनी व्यवहार से उसे कोई लाभ नहीं बल्कि बस नुकसान हो रहा है तो उसने डिजिटल सूचनाओं की अपनी खुराक को एक जोड़ी ईमेल-न्यूजलेटर्स और कुछेक ब्लॉग्स तक सीमित कर लिया, जिन्हें वह 'सप्ताह में औसतन एक बार से भी कम' चेक करती है। उसने मुझे बताया कि सोच-समझकर चुनी गई ये कुछेक न्यूज-फीड्स उसके समय और मूड पर हावी हुए बिना भी, नए विचारों और सूचनाओं को जानने की उसकी लालसा को संतुष्ट कर देती है ।

एक अन्य डिजिटल न्यूनतमवादी चार्ल्स ने मुझे बताया कि उसकी कहानी भी कुछ ऐसी ही है। इस दार्शनिकता को अपनाने से पहले उसे ट्विटर की लत लगी थी। अब उसने ट्विटर छोड़ दिया है और वह हर रोज सिर्फ एक बार दोपहर में कुछेक ऑनलाइन पत्रिकाओं पर नज़र डालता है, जिससे उसे अपनी जरूरत की न्यूज मिल जाती है। उसने मुझे बताया कि अपने ट्विटर के दिनों की तुलना में आज उसके पास कहीं बेहतर जानकारियाँ होती हैं। सौभाग्य से अब वह बार-बार अपनी ट्विटर फीड चेक करने की लत से मुक्त है। बार-बार अपनी फीड चेक करना एक ऐसा व्यवहार है, जिसके लिए ट्विटर अपने हर यूजर को लगातार उकसाता रहता है।

डिजिटल न्यूनतमवादी नई तकनीक के फालतू फीचर्स को छाँटकर अलग करने में भी कुशल होते हैं ताकि अनावश्यक रूप से ध्यान भटकानेवाली चीज़ों से बचते हुए सिर्फ उन फीचर्स का उचित उपयोग कर सकें, जो सचमुच मायने रखते हैं। उदाहरण के लिए केरिना एक छात्र संगठन की एग्जिक्यूटिव काउंसिल की सदस्य है।

ये काउंसिल अपनी एक्टिविटीज के को–ऑर्डिनेशन के लिए फेसबुक ग्रुप का उपयोग करती है। काउंसिल के काम के लिए केरिना जब भी फेसबुक पर लॉग–इन करती थी तो फेसबुक के अन्य फीचर उसका ध्यान भटकाने लगते थे। इससे बचने के लिए केरिना ने अपनी फ्रेंडलिस्ट को कम करके, काउंसिल के केवल चौदह सदस्यों को ही उसमें रखा और फिर बाकी सबको अनफॉलो कर दिया। इसका लाभ ये हुआ कि अब उसकी फेसबुक न्यूजफीड खाली रहने लगी, ध्यान भटकानेवाली चीज़ें कम हो गईं और काउंसिल की एक्टिविटीज को को–ऑर्डिनेट करना आसान हो गया।

एमा ने भी इसी किस्म की समस्या का एक अलग समाधान निकाला। उसे पता चला कि फेसबुक की नोटिफिकेशन स्क्रीन को बुकमार्क भी किया जा सकता है, जिससे वह सीधे उस पेज पर पहुँच सकती है, जहाँ उसके ग्रेजुएट स्टूडेंट ग्रुप की पोस्ट्स दिखाई देती हैं – इस तरह वह अपना ध्यान भटकानेवाले फेसबुक के अन्य फीचर्स को पार करके सीधे नोटिफिकेशन स्क्रीन तक पहुँच जाती है। ब्लेयर ने भी कुछ ऐसा ही किया: उसने फेसबुक इवेंट पेज को बुकमार्क कर लिया ताकि वह 'सारी फालतू चीज़ों से बचते हुए (जिनसे मिलकर फेसबुक बना है)' आगामी सामुदायिक कार्यक्रमों की जानकारी देनेवाले पेज पर सीधे पहुँच सके। ब्लेयर ने मुझे बताया कि सीधे बुकमार्क किए हुए पेज पर जाकर स्थानीय कार्यक्रमों की जानकारी हासिल करने में उसे पाँच मिनट से ज़्यादा का समय नहीं लगता और वह भी सप्ताह में सिर्फ एक या दो बार। केरिना और एमा भी फेसबुक पर लगभग इतना ही समय बिताती हैं। इसके विपरीत एक औसत यूजर फेसबुक के तमाम फीचर्स का उपयोग करने में हर रोज पचास मिनट से भी ज़्यादा का समय खर्च करता है। अपनी जरूरत के हिसाब से डिजिटल सेवाओं के उपयोग का तरीका बदलना और उन्हें अपने अनुकूल बनाना, भले ही एक मामूली सा कदम लगे लेकिन इसी के चलते डिजिटल न्यूनतमवादियों के दैनिक जीवन में बड़े बदलाव संभव हुए हैं।

डिजिटल न्यूनतमवाद द्वारा एक नया मूल्य अपनाने का सबसे सुंदर उदाहरण हैं डेव। तीन बच्चों के पिता डेव, पेशे से क्रिएटिव डायरेक्टर हैं। न्यूनतमवाद अपनाने के बाद डेव ने सोशल मीडिया के अपने उपयोग को सिर्फ एक वेबसाइट – इंस्टाग्राम तक सीमित कर लिया क्योंकि उन्हें लगता है कि इंस्टाग्राम से कला के प्रति उनकी गहरी रुचि को बढ़ावा मिलता है। हालाँकि एक सच्चा न्यूनतमवादी होने के नाते डेव ने स्वयं को सिर्फ इंस्टग्राम के 'उपयोग' तक ही सीमित नहीं रखा बल्कि उन्होंने इस बारे में गहनता से विचार भी किया कि अपने जीवन के साथ इस डिजिटल सेवा

को सर्वश्रेष्ठ ढंग से एकीकृत कैसे किया जाए। अंत में, उन्होंने तय किया कि वे हर सप्ताह अपने उस आर्ट प्रोजेक्ट की एक तस्वीर इंस्टाग्राम पर पोस्ट करेंगे, जिस पर वे उस सप्ताह में काम कर रहे होंगे। इसे स्पष्ट करते हुए वे कहते हैं, 'मेरे लिए यह अपने आर्ट का विजुअल आर्काइव बनाने का बेहतरीन तरीका था।' इसके अलावा एक बात ये भी है कि अब वे बहुत कम अकाउंट्स को फॉलो करते हैं। ये सारे अकाउंट्स उन कलाकारों के है, जिनका काम डेव को प्रेरित करता है – इन बदलावों ने इंस्टाग्राम फीड चेक करने का उनका अनुभव पहले के मुकाबले न सिर्फ तेज बल्कि कहीं ज़्यादा सार्थक भी बना दिया है।

हालाँकि मुझे डेव की कहानी इसलिए पसंद है क्योंकि सोशल मीडिया का उपयोग कम करने का निर्णय लेकर वे अपने परिवार के लिए एक महत्वपूर्ण चीज़ करने में सक्षम हो सके। डेव के अनुसार, जब वे कॉलेज के पहले साल में थे तो उनके पिता हर सप्ताह उन्हें अपने हाथ से लिखा एक नोट भेजा करते थे। अपने पिता की इस चीज़ से प्रभावित होकर डेव ने भी एक आदत अपनाई। वे हर रात एक नया चित्र बनाकर अपनी बड़ी बेटी के टिफिन रख देते थे। उनके दो छोटे बच्चे उनकी इस दैनिक गतिविधि को बड़ी रुचि के साथ देखा करते। फिर जब वे भी ज़रा बडे हुए और उन्होंने स्कूल जाना शुरू किया तो वे इस बात को लेकर बड़े उत्साहित थे कि अब उन्हें भी अपनी दीदी की तरह हर रोज अपने टिफिन में पापा के बनाए चित्र मिला करेंगे। 'अब मैं हर रोज रात में बैठकर अपने बच्चों के लिए तीन चित्र बनाता हूँ,' डेव गर्व से कहते हैं, 'ये सब संभव नहीं हो पाता, अगर मैंने सोशल मीडिया पर अपना कीमती समय बर्बाद करना बंद नहीं किया होता।'

डिजिटल न्यूनतमवाद के सिद्धांत

इस अध्याय में अब तक मैंने यह तर्क दिया कि अपने जीवन में डिजिटल साधनों के अत्याचार से लड़ने का सबसे अच्छा तरीका है, तकनीक के इस्तेमाल से संबंधित एक ऐसा दर्शन अपनाना, जो आपके सबसे गहन मूल्यों पर आधारित हो। इसके बाद मैंने डिजिटल न्यूतमवाद को ऐसे ही एक दर्शन के रूप में आपके सामने रखा और इससे जुड़े कुछ उदाहरण भी प्रस्तुत किए। हालाँकि इससे पहले कि मैं आपसे यह आग्रह करूँ कि आप भी अपने जीवन में डिजिटल न्यूनतमवाद को आज़माकर देखें, मुझे आपके सामने इस बात को और अधिक गहनता से स्पष्ट करना होगा कि आखिर डिजिटल न्यूनतमवाद कारगर क्यों है। इस दर्शन के प्रभावी

होने के पीछे मेरा जो तर्क है, वह आगे प्रस्तुत तीन मूल सिद्धांतों पर आधारित है।

पहला सिद्धांतः अनावश्यक डिजिटल गतिविधियाँ महँगी पड़ती हैं।

डिजिटल न्यूनतमवादी मानते हैं कि ढेर सारे डिजिटल उपकरणों, सेवाओं और एप्स पर अनावश्यक गतिविधियों में व्यस्त रहने से हम न सिर्फ अपने कीमती समय बल्कि ध्यान केंद्रित करने की अपनी क्षमता का भी नाश कर रहे होते हैं, जो वास्तव में हमें महँगा पड़ता है। इन डिजिटल साधनों से मिलनेवाले छोटे-मोटे लाभ इस नुकसान के आगे बौने साबित होते हैं।

दूसरा सिद्धांतः अनुकूलन महत्वपूर्ण है।

डिजिटल न्यूनतमवादी मानते हैं कि यह तय करना सिर्फ पहला कदम है कि जो चीज़ उनके लिए सचमुच मायने रखती है, कोई तकनीक उसका समर्थन करती है या नहीं। किसी तकनीक का पूरा लाभ उठाने के लिए इस बारे में सावधानी से सोच-विचार करना जरूरी है कि वे उसका उपयोग किस तरह करेंगे।

तीसरा सिद्धांतः स्पष्ट इरादे संतुष्टि प्रदान करते हैं।

नई तकनीकों के साथ कैसे जुड़ना है, इसके बारे में स्पष्ट इरादे रखने के लिए प्रतिबद्ध होना, डिजिटल न्यूनतमवादियों को गहरी संतुष्टि देता है। उनकी इस संतुष्टि का स्रोत उनके अन्य विशिष्ट निर्णयों से अलग होता है। यह उन सबसे बड़े कारणों में से एक है, जिसके चलते न्यूनतमवाद अपने अनुयायियों के लिए इतना सार्थक सिद्ध होता है।

एक बार जब आप इन तीन सिद्धांतों को स्वीकार कर लेते हैं तो डिजिटल न्यूनतमवाद की वैधता आपके सामने स्वत: ही स्पष्ट हो जाती है। इस बात को ध्यान में रखते हुए, इस अध्याय का आगे का हिस्सा इन्हीं सिद्धांतों की सत्यता सिद्ध करने की ओर केंद्रित होगा।

पहले सिद्धांत के पक्ष में एक तर्क: थोरो का नया अर्थशास्त्र

मार्च १८४५ के आखिरी दिनों की बात है, जब हेनरी डेविड थोरो ने किसी से एक कुल्हाड़ी माँगी और वॉल्डेन तालाब के पास के जंगलों की ओर निकल पड़े। उन्होंने सफेद देवदार के कुछ पेड़ काटे और फिर उनकी लकड़ी से चौखटें बनानेवाले

लट्ठे, छत टाँगनेवाली बल्लियाँ और फर्श बनाने में काम आनेवाली लकड़ी की चादरें तैयार कीं। इसके बाद उन्होंने अपने परिचित लोगों से कुछ और औज़ार लिए। फिर उन औज़ारों की मदद से लकड़ी के लट्ठों, बल्लियों और चादरों को आपस में जोड़कर खुद के रहने लायक एक केबिन का फ्रेम तैयार कर दिया।

थोरों ने यह सारा काम बिना किसी जल्दबाज़ी के धीरे-धीरे पूरा किया। वे हर रोज अपने साथ अखबार में लपेटकर ब्रेड और मक्खन लाते थे, जिसे खाने के बाद वे उसी अखबार को बैठकर पढ़ते थे। इस इत्मीनान भरी निर्माण प्रक्रिया के दौरान उन्होंने अपने आसपास के परिवेश के बारे में विस्तृत नोट्स भी तैयार किए। उन्होंने तालाब के ऊपर जमी बर्फ और पाइन पिच की खुशबू पर गौर किया। एक बार जब उन्होंने लकड़ी के एक टुकड़े को भिगोने के लिए तालाब के ठंडे पानी में डुबोया था, तभी एक धारीदार साँप को उन्होंने तालाब के पानी में जाते देखा। उन्होंने गौर किया कि वह साँप तालाब की तली में जाकर शांति से बैठ गया है। वे करीब सवा घंटे तक उस साँप को निहारते रहे।

जुलाई के महीने में थोरो अपने हाथों से बनाए लकड़ी के केबिन में जाकर रहने लगे और फिर अगले दो साल तक वहीं रहे। अपनी किताब वॉल्डेन में उन्होंने अपने इस अनुभव को साझा किया है। ये सब करने के पीछे उनकी प्रेरणा क्या थी, इसके बारे में वे लिखते हैं, 'मैं जंगल में बने उस केबिन में जाकर इसलिए रहा क्योंकि मैं विचारपूर्वक ढंग से जीना चाहता था और सिर्फ जीवन की अनिवार्य सच्चाईयों का सामना करना चाहता था और देखना चाहता था कि क्या मैं इस अनुभव से कोई सीख ले सकता हूँ। मैं नहीं चाहता था कि जीवन के अंतिम क्षणों में मुझे यह एहसास हो कि अरे, मैंने तो जीवन जीकर देखा ही नहीं।'

आगामी दशकों में जैसे-जैसे थोरो के विचार मशहूर होकर पॉप-कल्चर का हिस्सा बने और लोगों द्वारा उनकी लिखी किताब को असल में पढ़ने की संभावना कम होती गई, वैसे-वैसे वॉल्डेन तालाब के पास रहकर किए गए उनके प्रयोगों को एक किस्म की काव्यात्मकता मिल गई। (तभी तो 1989 की फिल्म डेड पोएट्स सोसायटी में जूनूनी चीज़ों की तलाश में भटकते युवा छात्र जब छुपकर की जानेवाली अपनी पोएट्री रीडिंग मीटिंग शुरू करते हैं तो सबसे पहले थोरो की किताब वॉल्डेन के 'विचारपूर्वक ढंग से जीना चाहता था' वाले उद्धरण को पढ़कर सुनाते हैं।) हमें लगता है कि थोरो विचारपूर्वक ढंग से जीने का व्यक्तिपरक अनुभव करके खुद को रूपांतरित करने की कोशिश कर रहे थे - ताकि जब वे उस जंगल से बाहर निकलें

तो इस बदलाव से बेहतर होकर निकलें। इस व्याख्या में कुछ सच्चाई भी है लेकिन यह थोरो के इस अनोखे प्रयोग के एक पूरे पक्ष को अनदेखा कर देती है। थोरो उस समय अर्थशास्त्र के एक नए सिद्धांत पर भी काम कर रहे थे, जिसका उद्देश्य था, औद्योगीकरण के सबसे बदतर अमानवीय प्रभावों के विरोध में एक नया विचार देना। अपने सिद्धांत को प्रामाणिक बनाने के लिए उन्हें और ज़्यादा डाटा की जरूरत थी और वे जंगल में वॉल्डेन तालाब के पास केबिन में इसलिए रहे ताकि अपने अनुभवों को इस डाटा के स्रोत की तरह इस्तेमाल कर सकें। ये थोरो के प्रयोग का वह व्यावहारिक पहलू है, जिसे समझना जरूरी है क्योंकि थोरो का आर्थिक सिद्धांत, जिसे अक्सर अनदेखा कर दिया जाता है, बड़े ही सशक्त ढंग से न्यूनतमवाद के पहले सिद्धांत – जिसका सार है कि जो ज़्यादा है, उसे कम किया जा सकता है – का समर्थन करता है।

. . .

वॉल्डेन के पहले और सबसे लंबे अध्याय का शीर्षक है, 'इकोनॉमी' या अर्थव्यवस्था। इसमें थोरो के चिर-परिचित अंदाज में प्रकृति और मानव-स्थिति के बारे में की गईं कई काव्यात्मक अभिव्यक्तियाँ हैं। लेकिन साथ ही इस अध्याय में केबिन-प्रवास के दौरान उनके खर्च की पाई-पाई का हिसाब देनेवाली, उबाऊ किस्म की ढेर सारी तालिकाएँ भी हैं। ऐसी ही एक तालिका नीचे दी जा रही है:

घर	28 डॉलर 12.5 सेंट्स
खेत – एक साल	14 डॉलर 72.5 सेंट्स
खाना – आठ महीने	8 डॉलर 74 सेंट्स
कपड़े इत्यादि – आठ महीने	8 डॉलर 40.7 सेंट्स
तेल इत्यादि – आठ महीने	2 डॉलर
कुल	61 डॉलर 99.7 सेंट्स

इन तालिकाओं के पीछे थोरो का उद्देश्य था, सटीक रूप से (न कि काव्यात्मक या दार्शनिक रूप से) यह समझना कि इस जीवनशैली के साथ जीने का खर्च कितना आया। यह एक ऐसी जीवनशैली है, जिसमें इंसानी जीवन की सभी बुनियादी जरूरतें पूरी होती हैं, जैसे भोजन, घर और ठंडे मौसम में गर्माहट की उपलब्धता। इस बारे में उन्होंने किताब के पहले अध्याय में विस्तार से लिखा है।

इसके बाद थोरो इस खर्च या लागत की तुलना मजदूरी करके होनेवाली प्रति घंटे की कमाई से करते ताकि उस अंतिम मूल्य का पता लगा सकें, जो उनके लिए सबसे महत्वपूर्ण था: अपनी न्यूनतमवादी जीवनशैली के साथ जीने के लिए उन्हें अपना कुल कितना समय खर्च करना पड़ेगा? अपने इस प्रयोग से उन्हें जो भी आँकड़े मिले, उनके आधार पर वे इस निष्कर्ष पर पहुँचे कि ऐसी जीवनशैली के लिए सप्ताह में एक दिन मजदूरी करना पर्याप्त होगा।

थोरो के इस सिद्धांत को दार्शनिक फ्रेडरिक ग्रो ने 'न्यू इकोनॉमिक्स' या नया अर्थशास्त्र कहा। इसका सबसे चमत्कारी और सबसे नया पहलू ये है कि इसमें धन के बजाय समय को गणना की इकाई बनाया गया है। इस सिद्धांत की बुनियाद है: 'किसी चीज़ की लागत, आपके जीवन की वह समय अवधि होती है, जो उसे पाने के लिए खर्च की जाती है, तत्काल या दीर्घकालिक रूप से।' इस विचार को थोरो ने वॉल्डेन के शुरुआती भाग में ही स्पष्ट भी किया है।

यह नया अर्थशास्त्र उपभोक्तावादी संस्कृति पर क्रांतिकारी ढंग से पुर्नविचार का अवसर प्रदान करता है, जो थोरो के समय उभरना शुरू ही हुआ था। एक आदर्श आर्थिक सिद्धांत, मौद्रिक परिणामों पर केंद्रित होता है: 'अगर एक किसान के रूप में एक एकड़ के खेत में काम करके आप सालाना एक डॉलर और 60 एकड़ के खेत में काम करके सालाना साठ डॉलर का लाभ कमाते हैं तो आपको चाहिए – अगर संभव हो – कि आप 60 एकड़वाले खेत पर काम करें। क्योंकि इससे ज़्यादा कमाई होगी।'

थोरो का नया अर्थशास्त्र इस गणित को निराशाजनक रूप से अपूर्ण मानता है क्योंकि इसमें 59 डॉलर का अतिरिक्त लाभ कमाने के लिए लगाया गया जीवन का समय गिना ही नहीं जाता। जैसा कि उन्होंने वॉल्डेन में लिखा भी है कि एक बड़े आकार के खेत में काम क़रने – जैसा कि उनके कॉनकॉर्ड के कई पड़ोसी करते भी थे – के लिए बहुत कुछ दांव पर लगाना होगा, बहुत सारे उपकरणों का रख–रखाव करना होगा, अंतहीन ढंग से भारी श्रम करना होगा। थोरो के पड़ोसी किसान, जो ठीक यही कर रहे थे, उन्हें 'काम के बोझ से दबे, थके–हारे लोग' बताते हुए थोरो ने कहा था कि 'चुपचाप हताशापूर्ण जीवन जीनेवाले ऐसे लोगों की संख्या बहुत बड़ी है।'

फिर थोरो पूछते हैं कि ये थके–हारे लोग जो अतिरिक्त आर्थिक लाभ कमाते हैं, उससे इन्हें कौन–कौन से फायदे होते हैं। जैसा कि उन्होंने अपने वॉल्डेन प्रयोग

द्वारा साबित किया था, यह अतिरिक्त काम उन किसानों को क्रूर परिस्थितियों से बचने में सक्षम नहीं बनाता: थोरो सप्ताह में सिर्फ एक दिन यही काम करके अपनी सभी बुनियादी जरूरतों को आसानी से पूरा करने में सक्षम थे। अपने जीवन के एक बड़े हिस्से को इस भारी मेहनतवाले काम में न्यौछावर करके ये किसान वास्तव में जो हासिल कर रहे थे, वह क्या था? जवाब है, बस कुछ अच्छा सामान, जैसे वेनिस शैलीवाले पर्दे, बेहतर गुणवत्तावाले तांबे के बर्तन और संभवत: ठीक से आने-जाने के लिए एक फैंसी गाड़ी।

थोरो के 'नए अर्थशास्त्र' द्वारा विश्लेषण करने पर ये लेन-देन व्यर्थ महसूस होता है। भला बेहतर पर्दों के बदले तनाव और कमरतोड़ श्रम को कौन उचित करार देगा? क्या घर की खिड़की की साज-सज्जा जैसी चीज़ों के लिए अपना पूरा जीवन न्यौछावर करना सार्थक है, इसी तरह, एक गाड़ी के लिए आप खेत में और देर तक काम क्यों करेंगे? ये सच है कि गाड़ी से आने-जाने के बजाय पैदल आने-जाने में ज़्यादा समय खर्च होता है लेकिन यह समय, खेत में देर तक काम करने में लगनेवाले समय से कम ही होता है। बस, ऐसी ही गणनाओं के चलते थोरो ने व्यंगात्मक अंदाज में कहा था, 'मैं बहुत से युवाओं को देखता हूँ, जो मेरे कस्बे के ही रहवासी हैं। उनका दुर्भाग्य है कि उन्हें खेत-खलिहान, खेती के औज़ार, मवेशी और घर विरासत में मिले हैं; क्योंकि इन चीज़ों से छुटकारा पाना, इन्हें हासिल करने से कहीं ज़्यादा मुष्किल है।'

थोरो का नया अर्थशास्त्र एक औद्योगिक युग में विकसित हुआ था लेकिन उनकी बुनियादी अंतर्दृष्टियाँ हमारे वर्तमान डिजिटल दौर पर भी लागू होती हैं। डिजिटल न्यूनतमवाद का पहला सिद्धांत - जो इस अध्याय में पहले प्रस्तुत किया गया था - कहता है कि अनावश्यक डिजिटल गतिविधियाँ महँगी पड़ती हैं। थोरो का नया अर्थशास्त्र यह समझने में हमारी मदद करता है कि ऐसा क्यों है।

जब लोग अपने डिजिटल जीवन से जुड़े विभिन्न उपकरणों या व्यवहारों पर विचार करते हैं तो अक्सर केवल उनके सकारात्मक पक्ष को ही देखते हैं। उदाहरण के लिए ट्विटर पर सक्रिय रहने से आप किसी दिलचस्प व्यक्ति के संपर्क में आ सकते हैं या फिर आपको ऐसे नए विचार के बारे में पता चल सकता है, जिसके बारे में आपने पहले कभी सुना भी न हो। आदर्श आर्थिक सोच कहती है कि ऐसे लाभ अच्छे हैं और ये लाभ जितने ज़्यादा मिलें, उतना बेहतर होगा। इस सोच के चलते ही, थोड़ा-बहुत लाभ देनेवाली, ज़्यादा से ज़्यादा अनावश्यक डिजिटल गतिविधियों

में उलझे रहना हमें उचित लगने लगता है। ठीक वैसे ही जैसे कॉनकॉर्ड के किसानों को बहुत कुछ दांव पर लगाकर ज़्यादा से ज़्यादा जमीन पर खेती करना उचित लगता था।

थोरो का नया अर्थशास्त्र यह माँग करता है कि आप इस लाभ की तुलना, उस लागत से करें, जिसकी गणना की इकाई 'आपके जीवन की वह समय-अवधि' है, जो आप उस लाभ को पाने में खर्च करते हैं। इस पर थोरो का सवाल होता कि 'किसी दिलचस्प व्यक्ति के संपर्क में आने और नए विचारों को जानने जैसे साधारण लाभ - जो सिर्फ कभी-कभी ही मिलते हैं - के लिए आपको ट्विटर पर अपना कितना समय और ध्यान न्यौछावर करना पड़ता है?' मान लीजिए कि आपकी ट्विटर की आदत पर हर सप्ताह दस घंटे का समय खर्च होता है। इस पर थोरो कहते कि ये खर्च इससे होनेवाले सीमित लाभों की तुलना में बहुत ज़्यादा है। उनका सवाल ये होता कि अगर आप नए लोगों के संपर्क में आने और नए विचारों की जानकारी मिलने को महत्त्व देते हैं तो फिर मासिक रूप से किसी दिलचस्प चर्चा या कार्यक्रम का हिस्सा बनने और वहाँ कम से कम तीन लोगों के साथ बातचीत शुरू करने के लिए खुद को मजबूर करने की आदत क्यों नहीं डाल लेते? इससे आपको समान लाभ मिलेगा, जबकि इसमें हर महीने आपके जीवन के सिर्फ कुछ घंटे ही खर्च होंगे। तब आपके पास 37 घंटे का अतिरिक्त समय बचेगा, जिन्हें आप अपने अन्य सार्थक उद्देश्यों की पूर्ति में लगा सकते हैं।

बेशक ये खर्च या लागत अक्सर मिश्रित होते हैं। जब आप ट्विटर पर सक्रिय रहने के साथ-साथ ऐसी ही ध्यान खींचनेवाली एक दर्जन अन्य ऑनलाइन गतिविधियों से जुड़े होते हैं तो इसका आपके जीवन पर अतिवादी प्रभाव पड़ता है, जो एक तरह का खर्च या लागत ही है। थोरो के किसानों की तरह आप भी अपने समय और ध्यान की माँग के बोझ तले दबे और थके-हारे व्यक्ति बन जाते हैं और अपने जीवन का इतना कुछ न्यौछावर करने के बाद अंत में आपको क्या मिलता है, कुछ बेहतर नुमाइशी डिजिटल फायदे - जो किसानों के वेनिसवाले पर्दों या बेहतर बर्तनों के बराबर हैं। इनमें से अधिकांश, जैसा कि ट्विटर के उदाहरण में आपको पहले भी बताया गया था, अपेक्षाकृत बहुत कम खर्च या लागत पर हासिल किए जा सकते हैं और किसी बड़े नकारात्मक प्रभाव के बिना उनसे छुटकारा भी पाया जा सकता है।

इसीलिए अनावश्यक डिजिटल गतिविधियाँ खतरनाक होती हैं। किसी नए एप या डिजिटल सर्विस के छोटे-मोटे फायदों से आकर्षित होना और फिर उस पर खर्च

होनेवाले समय – जो हमारे जीवन का सबसे मूल्यवान संसाधन है – का महत्त्व भूल जाना बहुत आसान है। ये चीज़ आज के समय में थोरो के नए अर्थशास्त्र को और प्रासंगिक बना देती है। फ्रेडरिक ग्रोस ने कहा भी है कि :

> 'थोरो ने जो तर्क पेश किया है, उसमें कुछ भी चौंकानेवाला नहीं है क्योंकि आदिकाल से ही सारे विद्वानों ने धन-संपत्ति जुटाने को व्यर्थ बताया है... लेकिन थोरो ने अपना तर्क जिस तरह सामने रखा है, वह सचमुच प्रभावित करता है। गणनाओं के प्रति थोरो का जुनून बहुत गहरा है... इसीलिए वे ज़ोर देकर कहते हैं: ये हिसाब लगाते रहो कि वास्तव में तुम्हें कितना फायदा या कितना नुकसान होगा!'

गणनाओं के प्रति थोरो का जुनून हमें इस अस्पष्ट और अव्यक्त एहसास को पीछे छोड़ने में मदद करता है कि अनावश्यक डिजिटल गतिविधियों में भी एक किस्म का आदान-प्रदान निहित है। उनका ये जुनून हमें बड़े ही सटीक ढंग से इस एहसास का सामना करने के लिए मजबूर कर देता है। वे हमसे कहते हैं कि हमें हमारे जीवन के समय को एक ठोस और मूल्यवान चीज़ के तौर पर देखना चाहिए – जो निश्चित ही हमारे जीवन की सबसे मूल्यवान चीज़ है – और इस बात पर हमेशा विचार करना चाहिए कि हम जिन विभिन्न गतिविधियों को अपने जीवन में जगह दे रहे हैं, उन पर अपना कितना समय खर्च करते हैं। जब हम अपनी आदतों को इस नज़रिए से देखेंगे तो आज भी उसी निष्कर्ष पर पहुँचेंगे, जिस पर थोरो उस समय पहुँचे थे कि हम अपने जीवन में जो अनावश्यक चीज़ें जुटाते रहते हैं, उनकी निरंतर बढ़ती लागत, उन छोटे-मोटे फायदों पर अक्सर भारी पड़ती है, जिनका वादा हर अनावश्यक गतिविधि हमसे करती है।

दूसरे सिद्धांत के पक्ष में एक तर्क: फायदा दर्शानेवाली रेखा

अर्थशास्त्र का अध्ययन करनेवाला हर व्यक्ति घटते फायदे के नियम से जरूर परिचित होता है। यह नियम उत्पादन प्रक्रियाओं के सुधार पर लागू होता है और कहता है कि किसी प्रक्रिया में अधिक संसाधनों का निवेश करने से उसका उत्पादन हमेशा के लिए बढ़ नहीं जाता – अंततः आप एक स्वाभाविक सीमा तक पहुँच ही जाते हैं और निरंतर निवेश के बावजूद अतिरिक्त लाभ में कमी का अनुभव करते हैं।

अर्थशास्त्र की किताबों में इसका उत्कृष्ट उदाहरण है, एक काल्पनिक ऑटोमोबाइल

असेंबली लाइन पर काम करनेवाले श्रमिक। सबसे पहले, जैसे–जैसे आप श्रमिकों की संख्या बढ़ाएँगे, वैसे–वैसे ऑटोमोबाइल उत्पादन की दर बढ़ेगी। अगर आप श्रमिकों की संख्या इसी तरह बढ़ाते रहेंगे तो एक समय के बाद उत्पादन की दर में हुई बढ़ोत्तरी घटने लगेगी। इसके पीछे कई कारण हो सकते हैं। उदाहरण के लिए श्रमिकों के पास काम करने की जगह कम पड़ने लगेगी या फिर ऐसे ही अन्य कारण, जैसे कन्वेयर बेल्ट की अधिकतम गति–सीमा, जिसके चलते काम पूरा होने की गति सीमित हो जाएगी।

अगर आप इस नियम को किसी ऐसी प्रक्रिया व संसाधन पर लागू करें, जहाँ उसका फायदा एक तरफ और निवेश किए गए संसाधन दूसरी तरफ हों तो फायदा दर्शानेवाली रेखा में आपको एक जाना–पहचाना बदलाव देखने को मिलेगा। पहले तो, संसाधनों में की गई बढ़ोत्तरी के चलते उत्पादन तेजी से बढ़ेगा और फायदा दर्शानेवाली रेखा ऊपर उठती जाएगी लेकिन जैसे–जैसे फायदा घटेगा, उसे दर्शानेवाली रेखा भी समतल होती जाएगी। फायदा दर्शानेवाली रेखा के मापदंड विभिन्न प्रक्रियाओं और संसाधनों के अनुसार अलग–अलग हो सकते हैं लेकिन इसका सामान्य रूप कई परिदृश्यों में दिखाई पड़ता है – इसी तथ्य के चलते यह नियम आधुनिक आर्थिक सिद्धांत का मूलभूत घटक बन गया है।

मैं जिस कारण से अर्थशास्त्र के इस विचार को डिजिटल न्यूनतमवाद के इस अध्याय में प्रस्तुत कर रहा हूँ, वह ये है कि : अगर आप 'उत्पादन प्रक्रिया' की अपनी परिभाषा को लेकर थोड़ा लचीलापन दिखाएँ तो हमारे व्यक्तिगत जीवन में नई तकनीक के उपयोग द्वारा फायदा पाने के विभिन्न तरीकों पर, घटते फायदे का नियम लागू हो सकता है। जब हम इन व्यक्तिगत तकनीकी प्रक्रियाओं को घटते फायदे के दृष्टिकोण से देखेंगे तो हमें वह सटीक शब्दावली मिल जाएगी, जो न्यूनतमवाद के दूसरे सिद्धांत की वैधता को समझने के लिए जरूरी है। यह दूसरा सिद्धांत कहता है कि हम तकनीक का उपयोग कैसे करते हैं, यह भी उतना ही महत्वपूर्ण है, जितना ये कि हम अपने उपयोग के लिए किस तकनीक का चुनाव करते हैं।

. . .

आइए अब व्यक्तिगत तकनीकी प्रक्रियाओं पर विचार करते समय, उस ऊर्जा पर विशेष ध्यान दें, जो आप इन प्रक्रियाओं द्वारा मिलनेवाले फायदे में संशोधन या सुधार करने के लिए खर्च करते हैं। उदारहण के लिए, बेहतर उपकरणों का चयन करने या उन उपकरणों के इस्तेमाल के लिए बेहतर रणनीतियाँ अपनाने में खर्च की

गई ऊर्जा। अगर आप इस बदलाव पर ज़्यादा ऊर्जा खर्च करते हैं तो इस प्रक्रिया से होनेवाला लाभ बढ़ेगा। शुरुआत में ये बढ़ोत्तरी ज़्यादा होगी। हालाँकि घटते लाभ के सिद्धांत के अनुसार अंततः जैसे-जैसे आप स्वाभाविक अधिकतम सीमा के करीब पहुँचेंगे, ये बढ़ोत्तरी घटने लगेगी।

इसे और अधिक ठोस बनाने के लिए एक छोटा सा काल्पनिक उदाहरण लेते हैं। मान लीजिए आपको समसामयिक घटनाओं की खबर रखना महत्वपूर्ण लगता है। नई तकनीकें आपके इस लक्ष्य को पूरा करने में निश्चित ही मददगार सिद्ध हो सकती हैं। इसके लिए सबसे पहले आप शायद अपने सोशल मीडिया फीड्स पर आनेवाले पॉप-अप लिंक्स पर नज़र रखना शुरू करेंगे। इस प्रक्रिया से कुछ फायदा जरूर होगा क्योंकि इसके चलते आपके पास कुछ बेहतर खबरें होंगी लेकिन साथ ही इसमें सुधार की भी काफी गुंजाइश होगी।

इसी बात को ध्यान में रखते हुए, मान लीजिए कि आप सावधानी से चुनी गई कुछ न्यूज साइट्स को फॉलो करने में और इंस्टापेपर जैसा कोई एप ढूँढ़ने में अपना कुछ समय खर्च करते हैं, जो आपको इन न्यूज साइट्स के लेखों को एक साथ जोड़कर रखने और फिर उन्हें एक ऐसे बढ़िया इंटरफेस में पढ़ने की सुविधा देता है, जो ध्यान भटकानेवाले विज्ञापनों को आपसे दूर रखता है। खबरें पढ़ने की यह संशोधित और व्यक्तिगत तकनीकी प्रक्रिया आपके व्यक्तिगत जीवन में और अधिक फायदेमंद सिद्ध होगी। संभवतः इस प्रक्रिया के अंत में आपको एहसास होगा कि सप्ताहभर तमाम जटिल लेखों को एक साथ जोड़कर रखने के बाद जब आप शनिवार को सुबह-सुबह कॉफी की चुस्कियों के साथ आराम से एक-एक करके सारे लेख पढ़ते हैं तो उनसे मिलनेवाली खबरों को पहले से कहीं बेहतर ढंग से समझ और आत्मसात कर पाते हैं।

तकनीक के इस्तेमाल के अपने तरीकों में सुधार करने की ऐसी कोशिशों के चलते, खबरें पढ़ने की व्यक्तिगत तकनीकी प्रक्रिया से आपको काफी फायदा होगा। क्योंकि आपको खबरें तो पढ़ने को मिलेंगी लेकिन इससे पूरे सप्ताह के दौरान न तो आपका समय बर्बाद होगा और न ही ध्यान भटका रहेगा। हालाँकि घटते फायदे के सिद्धांत के अनुसार, इस बिंदु पर आकर आप संभवतः इसकी स्वाभाविक सीमा तक पहुँच चुके होंगे, जिसके बाद इस प्रक्रिया में और सुधार या संशोधन कर पाना बेहद मुष्किल होगा। तकनीकी भाषा में कहें तो आप फायदा दर्शानेवाली रेखा के आखिरी भाग तक पहुँच चुके होंगे।

न्यूनतमवाद का दूसरा सिद्धांत इतना महत्वपूर्ण इसलिए है क्योंकि अधिकांश लोग इस प्रकार के सुधारों में अपनी ऊर्जा कम ही लगाते हैं। अगर उपयुक्त अर्थिक शब्दावली के अनुसार कहें तो आज के समय में अधिकांश लोगों की व्यक्तिगत तकनीकी प्रक्रियाएँ, फायदा दर्शानेवाली रेखा के शुरुआती भाग में ही अटकी हुई हैं - यह वो बिंदु है, जहाँ से सुधार के अतिरिक्त प्रयास करके बड़े पैमाने पर सकारात्मक प्रभाव डाला जा सकता है। इस वास्तविकता के चलते ही डिजिटल न्यूनतमवादी दूसरे सिद्धांत को अपनाते हुए, न सिर्फ अपने उपयोग में आनेवाली तकनीकों पर ध्यान केंद्रित करते हैं बल्कि इस बात को लेकर भी सतर्क रहते हैं कि वे इन तकनीकों का इस्तेमाल किस प्रकार कर रहे हैं।

ऊपर मैंने जो उदाहरण दिया, वह तो काल्पनिक था लेकिन जब आप असली डिजिटल न्यूनतमवादियों की कहानियों पर गौर करेंगे तो आपको इस सुधार से होनेवाले भारी फायदों के ऐसे ही उदाहरण देखने को मिलेंगे। उदाहरण के लिए गैब्रिएला ने नेटफ्लिक्स पर ये सोचकर साइन-अप किया कि केबल टीवी के मुकाबले ये उसके लिए मनोरंजन का एक बेहतर और सस्ता जरिया बनेगा। लेकिन फिर धीरे-धीरे उसे बिंज-वॉचिंग (किसी टीवी प्रोग्राम के एक के बाद एक लगातार एपिसोड्स देखना) की आदत पड़ गई। इससे उसकी पेशेवर उत्पादकता पर नकारात्मक प्रभाव पड़ा और वह असंतुष्टि के एहसास से घिर गई। इस स्थिति से निकलने के लिए उसने कुछ तरीके आज़माए और एक महत्वपूर्ण सुधार किया: उसने तय किया कि वह अकेले बैठकर नेटफ्लिक्स नहीं देखेगी।[1] खुद पर ऐसी सख्ती करने के बावजूद उसे नेटफ्लिक्स से मिलनेवाला फायदा तो हो रहा था लेकिन अब वह इस मामले में खुद पर नियंत्रण रखने में सक्षम हो गई थी। इस तरह उसने न सिर्फ नेटफ्लिक्स के दुरुपयोग की संभावना कम कर दी बल्कि वह अपने सामाजिक जीवन को बनाए रखने में भी सक्षम हो गई, जो उसके लिए बहुत मायने रखता था। उसने मुझे बताया कि 'अब नेटफ्लिक्स पर कुछ देखने के लिए मैं दूसरों से अलग-थलग नहीं होती बल्कि अब ये मेरे लिए एक सामाजिक गतिविधि है, जिसमें मैं अपने किसी करीबी व्यक्ति के साथ बैठकर मनोरंजक कार्यक्रमों का आनंद लेती हूँ।'

मैंने जिन डिजिटल न्यूनतमवादियों का अध्ययन किया है, उसके बीच एक

[1] यह सुधार करनेवाली गैब्रिएला अकेली नहीं है। मैं यह जानकर आश्चर्यचकित था कि बहुत से डिजिटल न्यूनतमवादी (जिनमें से अधिकांश युवा हैं) ऐसे हैं, जिन्होंने अकेले बैठकर स्ट्रीमिंग साइट्स पर कुछ देखने के बजाय, इसे एक सामाजिक गतिविधि बना लिया है और अन्य लोगों के साथ बैठकर मनोरंजक कार्यक्रम देखना शुरू कर दिया है।

और सुधार आम था – अपने फोन से सोशल मीडिया एप्स डिलीट करना। चूँकि वे अपने कंप्यूटर ब्राउजर के जरिए भी इन सोशल मीडिया साइट्स पर जा सकते हैं, इसलिए वे इन साइट्स से मिलनेवाले किसी भी फायदे से वंचित नहीं रहते। चूँकि अब वे पहले की तरह ज़रा सी बोरियत महसूस होने पर तत्काल सोशल मीडिया पर नहीं जाते, इसलिए अब इन साइट्स पर उनका उतना समय बर्बाद नहीं होता, जितना पहले होता था। जबकि इनसे मिलनेवाले फायदे में अब भी कोई खास कमी नहीं आई है – बिना कुछ सोचे–समझे दिनभर फोन पर टैप करके सोशल मीडिया साइट्स पर समय बर्बाद करने और अपना ध्यान भटकाकर रखने के मुकाबले यह संशोधित व्यक्तिगत तकनीकी प्रक्रिया कहीं बेहतर है।

सोशल मीडिया का उपयोग सीमित करनेवाले अन्य न्यूनतमवादियों ने या गैब्रिएला ने जिस तरह तकनीक का इस्तेमाल करने के अपने तरीकों में सुधार किया, वैसा अधिकांश लोग क्यों नहीं करते, इसके पीछे दो प्रमुख कारण हैं। पहला कारण तो ये है कि यहाँ जिन भी तकनीकों की बात हो रही है, उनमें से अधिकांश काफी नई हैं। इसलिए आपके जीवन में उनकी भूमिका मजेदार लगती है और नए अनुभव का एहसास कराती है। जिसके चलते इन तकनीकों से मिलनेवाले स्पष्ट फायदों से जुड़े गंभीर सवाल काफी पीछे छूट जाते हैं। बेशक, जैसे–जैसे स्मार्टफोन और सोशल मीडिया का उपयोग पहले की तुलना में बढ़ रहा है, वैसे–वैसे इन तकनीकों से जुड़ा नएपन का एहसास भी कम होने लगा है। इसका परिणाम ये है कि लोग अपनी असंशोधित व्यक्तिगत तकनीकी प्रक्रियाओं की कमियों के चलते और ज़्यादा अधीर महसूस करने लगे हैं। इसीलिए लेखक मैक्स ब्रूक्स ने 2017 में एक टीवी कार्यक्रम में कहा था, 'जिस प्रकार 80 के दशक में हमने 'मुक्त प्रेम' के अपने विचार का पुर्नमूल्यांकन किया था, ठीक उसी तरह आज हमें ऑनलाइन सूचनाओं के साथ अपने वर्तमान संबंधों का पुनर्मूल्यांकन करने की जरूरत है।'

तकनीक के अपने इस्तेमाल में सुधार न लाने का दूसरा प्रमुख कारण और भी अधिक निंदक प्रकृति का है। अटेंशन इकॉनॉमी पर चलनेवाली बड़ी–बड़ी कंपनियाँ (सोशल मीडिया और टेक्नोलॉजी कंपनियाँ, जो लोगों का ज़्यादा से ज़्यादा ध्यान खींचकर मुनाफा कमाने के अर्थिक मॉडल पर चलती हैं।) जिन्होंने इन तमाम नई–नई तकनीकों से लोगों का परिचय कराया, वे नहीं चाहतीं कि हम ऐसे किसी भी सुधार के बारे में सोचें। आप इन कंपनियों के उत्पादों और सेवाओं को जितना ज़्यादा समय देते हैं, वे उतना ही ज़्यादा मुनाफा कमाती हैं। इसीलिए वे चाहती हैं कि वे आपके

सामने जो भी परोसती हैं, उसे आप बस एक मजेदार अनुभव की तरह देखें, जहाँ आप मस्ती करते हैं और जहाँ आपके साथ दिलचस्प चीज़ें होती रहती हैं। तकनीक के आम इस्तेमाल की इस मानसिकता के चलते ही इन कंपनियों के लिए आपकी मनोवैज्ञानिक कमजोरियों का फायदा उठाना आसान हो जाता है।

इसके विपरीत, अगर आप मानते हैं कि डिजिटल सेवाओं के जरिए आपको कुछ ऐसी सुविधाएँ मिल रही हैं, जिनका इस्तेमाल सावधानी के साथ करते हुए आप कोई विशेष लाभ ले सकते हैं तो निश्चित ही आप इनका इस्तेमाल करने में बहुत ज़्यादा समय खर्च नहीं करेंगे। इसीलिए सोशल मीडिया कंपनियाँ जानबूझकर अपने प्रोडक्ट्स का वर्णन अस्पष्ट ढंग से करती हैं। उदाहरण के लिए फेसबुक के मिशन स्टेटमेंट में उनके लक्ष्य का वर्णन कुछ इस प्रकार है, 'लोगों को समुदाय बनाने और दुनिया को नज़दिक लाकर एकजुट होने की शक्ति देना।' यह लक्ष्य सामान्य रूप से सकारात्मक है लेकिन इसे हासिल करने के लिए आपको फेसबुक का इस्तेमाल कैसे करना चाहिए, यह स्पष्ट नहीं किया गया है। वे आपको यह संकेत दे रहे हैं कि आपको बस इस ईकोसिस्टम में आकर अपनी चीज़ें साझे करते हुए लोगों के साथ जुड़ना शुरू करना है और इस तरह अंतत: अच्छी चीज़ें होने लगेंगी।

हालाँकि एक बार जब आप इस मानसिकता से मुक्त होकर, नई तकनीकों को बस एक ऐसे औज़ार की तरह देखने लगेंगे, जिनका आप अपनी इच्छा अनुसार उपयोग कर सकते हैं तो न्यूनतमवाद के दूसरे सिद्धांत को पूर्णत: अपना सकेंगे और डिजिटल सेवाओं को अपने लिए तेजी से अनुकूल बना सकेंगे – इस तरह आप फायदा दर्शानेवाली रेखा के ऊपर उठने का भरपूर लाभ उठा सकेंगे। नई व उपयोगी तकनीकों का पता लगाना, अपने जीवन को बेहतर बनाने की दिशा में पहला कदम है। इसका असली फायदा तब होता है, जब आप इन तकनीकों का सर्वश्रेष्ठ उपयोग करने के लिए नए-नए प्रयोग करने लगते हैं।

तीसरे सिद्धांत के पक्ष में एक तर्क : एमिश हैकर का सबक

एमिश समुदाय, हमारी संस्कृति पर आधुनिक तकनीक के प्रभाव से जुड़ी किसी भी गंभीर चर्चा को और जटिल बना देता है। इस समूह के बारे में आम समझ ये है कि ये लोग एक ऐसे दौर में अटके हुए हैं, जो बहुत पहले ही बीत चुका है – ऐसी किसी भी चीज़ को अपनाने में उनकी कोई रुचि नहीं है, जो अठारहवीं सदी के

मध्य के बाद के दौर में सामने आई हो। यही वह समय था, जब उन्होंने पहली बार अमेरिका में बसना शुरू किया था। इस नज़रिए से देखें तो इस समुदाय की दिलचस्पी अब सिर्फ बीते दौर के एक जीते-जागते म्यूजियम के तौर पर जीने में ही है।

लेकिन अगर आप ऐसे विद्वानों और लेखकों से बात करें, जिन्होंने एमिश समुदाय का गंभीर अध्ययन किया है तो आपको कई ऐसी चीज़ें सुनने को मिलेंगी, जो आपको भ्रमित कर देंगी और आपकी समझ पर सवाल उठाएँगी। उदाहरण के लिए जॉन हॉस्टेटलर - जो इस समुदाय के बारे में एक किताब लिख चुके हैं - दावा करते हैं कि 'एमिश समुदाय किसी बीते दौर का अवशेष नहीं है बल्कि यह आधुनिकता के एक अलग रूप को प्रदर्शित करता है।' तकनीक विज्ञानी केविन केली - जो लैंकेस्टर काउंटी एमिश में काफी समय बिता चुके हैं - यहाँ तक कहते हैं कि 'एमिश समुदाय किसी भी लिहाज से तकनीक-विरोधी नहीं है बल्कि उनके साथ मेरा अनुभव तो ये कहता है कि वे बड़े ही चतुर हैकर, सब-कुछ खुद करनेवाले और जुगाड़ू किस्म के लोग होते हैं। हैरानी की बात ये है कि आमतौर वे तकनीक के समर्थक भी होते हैं।'

2010 में प्रकाशित अपनी किताब व्हाट टेक्नोलॉजी वॉन्ट्स में केली विस्तार से बताते हैं कि जैसे ही आप किसी एमिश खलिहान में प्रवेश करते हैं तो एमिश समुदाय को लुडाइट्स (आधुनिक तकनीकों के विभिन्न स्वरूपों के विरोधी) के रूप में देखने की आपकी धारणा तत्काल बदल जाती है। इन खलिहानों में आपको 'टोपी और सस्पेंडर्स पहने किशोर उम्र के एमिश बच्चे स्केटिंग करते हुए दिखाई देंगे।' कुछ एमिश समूह ट्रैक्टर का उपयोग भी करते हैं लेकिन सिर्फ धातु के पहियोंवाले ट्रैक्टर्स का ताकि उन्हें कारों की तरह सड़क पर चलाना संभव न हो। कुछ लोग गेहूँ छानने के लिए ईंधन से चलनेवाली थ्रेशर मशीन का उपयोग भी करते हैं लेकिन शोर मचानेवाली मशीन को चलाने के लिए घोड़ों की जरूरत पड़ती है। निजी फोन (मोबाइल या लैंडलाइन) का उपयोग लगभग हमेशा मना होता है लेकिन इनके कई समूहों में सामुदायिक फोन बूथ मौजूद हैं।

आमतौर पर कोई भी एमिश समूह अपने सदस्यों को निजी ऑटोमोबाइल रखने की इजाज़त नहीं देता लेकिन दूसरों द्वारा चलाई जानेवाली कारों में यात्रा करना उनके लिए आम है। केली के अनुसार, एमिश समुदाय में बिजली का उपयोग भी आम है लेकिन आमतौर पर नगर-प्रबंधन की बड़ी पॉवर ग्रिड से जुड़ने की मनाही होती है। डिस्पोजेबल डायपर्स और केमिकल फर्टिलाइजर का उपयोग भी आम बात है। अपनी किताब के एक यादगार अंश में केली एक ऐसे एमिश परिवार से अपनी मुलाकात

का जिक्र करते हैं, जो समुदाय की जरूरतें पूरी करने के लिए 4 लाख डॉलर की कीमतवाली कंप्यूटर नियंत्रित मिलिंग मशीन का उपयोग करता था। और इस मशीन को चलाने की जिम्मेदारी थी, बॉनट पहननेवाली दस साल की बेटी पर। परिवार ने इस मशीन को अपने घोड़ों के अस्तबल के पीछे लगा रखा था और सारा काम वहीं से होता था।

तकनीक के साथ एमिश समुदाय के जटिल संबंधों पर गौर करनेवाले केली अकेले व्यक्ति नहीं है। एलिजाबेथटाउन कॉलेज के प्रोफेसर डोनाल्ड क्रेबिल - जिन्होंने एमिश समुदाय पर आधारिक एक किताब का सह-लेखन किया है - उन बदलावों पर जोर देते हैं, जो इसलिए हो रहे हैं क्योंकि इस समुदाय के अधिक से अधिक लोग खेती के बजाय ऑन्ट्रप्रनरशिप (उद्यमिता) को अपना रहे हैं। वे एक एमिश व्यक्ति द्वारा चलाई जानेवाली बढ़ईगीरी की दुकान के बारे में बताते हैं, जहाँ 19 कर्मचारी काम करते हैं। सारे कर्मचारी ड्रिल मशीन, नेल गन और आरी जैसे औज़ारों का इस्तेमाल करते हैं लेकिन बिजली के लिए इलेक्ट्रिक ग्रिड के बजाय सोलर पैनल और जनरेटर्स का उपयोग करते हैं। एक अन्य एमिश उद्यमी ने अपने व्यवसाय के लिए वेबसाइट शुरू की है लेकिन वेबसाइट को खुद मेन्टेन करने के बजाय वह एक बाहरी फर्म की मदद लेता है। ये एमिश स्टार्ट-अप्स जिस बारीकी या जिस असामान्य तरीके से तकनीक का उपयोग करते हैं, उसे क्रेबिल ने एक नाम दिया है - 'एमिश हैकिंग।'

ये टिप्पणियाँ इस आम धारणा को खारिज करती हैं कि एमिश समुदाय के लोग हर नई तकनीक को अस्वीकार कर देते हैं। तो वास्तविकता क्या है? दरअसल एमिश समुदाय के लोग कुछ ऐसा करते हैं, जो हमारे आज के आवेगी और जटिल उपभोक्तावादवाले युग में आश्चर्यजनक रूप से विलक्षण और सरल है: वे उन चीज़ों से शुरुआत करते हैं, जो उनके लिए सबसे ज़्यादा मूल्यवान हैं। वे दो कदम पीछे हटकर इस बात पर विचार करते हैं कि इन मूल्यों के संदर्भ में कोई नई तकनीक जितनी फायदेमंद है, उससे ज़्यादा नुकसानदायक तो नहीं है। क्रेबिल विस्तार से बताते हैं कि एमिश समुदाय इस बारे में निर्णय लेने से पहले इन सवालों पर विचार करता है: 'यह सहायक सिद्ध होगा या हानिकारक? क्या यह एक समुदाय के तौर पर हमारे जीवन को बेहतर बनाएगा या फिर समुदाय को किसी न किसी तरह छिन्न-भिन्न कर देगा?'

जब भी कोई नई तकनीक सामने आती है तो एमिश समूह का कोई 'अल्फा

गीक' (एमी के अनुसार) आकर पैरिश बिशप से उसे आजमाने की अनुमति माँगता है। आमतौर पर बिशप अनुमति दे देता है। फिर पूरा समूह बड़े 'ध्यान से' उस पहले उपयोगकर्ता पर गौर करता है ताकि यह देखा जा सके कि तकनीक उन चीज़ों पर कैसा प्रभाव डालती है, जो समूह के लिए सबसे ज़्यादा मूल्यवान हैं। फिर अगर यह प्रभाव सहायक से ज्यादा नकारात्मक लगता है तो समूह के लिए वह तकनीक वर्जित करार दे दी जाती है, वरना उसके उपयोग की अनुमति मिल जाती है लेकिन साथ ही उपयोग करने से पहले ध्यान रखने योग्य कुछ चेतावनियाँ भी दी जाती हैं ताकि उसके सकारात्मक प्रभावों को बढ़ाकर नकारात्मक प्रभावों को कम किया जा सके।

उदाहरण के लिए अधिकांश एमिश लोगों को निजी कार रखने की मनाही है लेकिन समुदाय के बाहर के ड्राइवर के साथ कार में यात्रा करने की अनुमति है। इसका कारण निश्चित ही, निजी कार रखने पर समुदाय के सामाजिक ताने-बाने पर पड़नेवाले प्रभाव से संबंधित है। केली बताते हैं: पिछली शताब्दी की शुरुआत में जब कारों का उपयोग शुरू हुआ तो एमिश समुदाय ने गौर किया कि ड्राइवर परिवार से मिलने जाने या छुट्टी के दिन बीमार करीबियों के हाल-चाल पूछने या फिर समय मिलने पर स्थानीय दुकानों की ओर जाने के बजाय अक्सर अपने समुदाय को छोड़कर पिकनिक पर या फिर घूमने-फिरने के लिए दूसरे शहर चले जाते थे।' क्रेबिल की रिसर्च के दौरान एमिश समुदाय के एक सदस्य ने उन्हें बताया कि 'जो लोग एमिश छोड़कर जाते हैं, वे सबसे पहले वे अपने लिए एक कार खरीदते हैं।' इसलिए अधिकांश पैरिशों में निजी कार रखने की मनाही है।

इस प्रकार की सोच से स्पष्ट है कि एक एमिश किसान पॉवर ग्रिड से बिजली क्यों नहीं ले सकता, जबकि बिजली के लिए वह सोलर पैनल या जनरेटर का उपयोग कर सकता है। यहाँ समस्या बिजली नहीं है; बल्कि ये तथ्य है कि पॉवर ग्रिड उन्हें उनके समुदाय से बाहर की दुनिया के साथ मजबूती से जोड़ देगी। इससे बाइबल के उस सिद्धांत प्रति एमिश की प्रतिबद्धता भंग होती है कि 'दुनिया में रहो लेकिन उसके प्रति समर्पित मत हो।'

एक बार जब आप तकनीक को इस सूक्ष्मता के साथ देखने के दृष्टिकोण से परिचित हो जाते हैं तो फिर आप एमिश जीवनशैली को सिर्फ एक विचित्र जिज्ञासा कहकर खारिज नहीं कर सकते। जॉन हॉस्टेटलर समझाते हैं, 'उनका दर्शन आधुनिकता को खारिज नहीं करता बल्कि वह तो आधुनिकता का एक अलग रूप है।' केविन केली तो यहाँ तक कहते हैं कि 'यह आधुनिकता का वह रूप है, जिसे

अपने वर्तमान संघर्षों को देखते हुए हम कतई नज़रअंदाज नहीं कर सकते।' वे लिखते हैं, 'तकनीक की लत से बचने के महत्त्व पर चर्चा हो तो एमिश एक सम्मानजनक विकल्प के रूप में उभरकर सामने आते हैं।' यहाँ इस बात को समझना महत्वपूर्ण है कि वह क्या है, जो इस विकल्प को सम्मानजनक बनाता है। क्योंकि इन फायदों में ही हम न्यूनतमवाद के तीसरे सिद्धांत के पक्ष में एक ठोस तर्क का पता लगाएँगे, जो कहता है कि किसी निर्णय से पड़नेवाले प्रभाव के मुकाबले, एक ठोस इरादे के साथ निर्णय लेना ज़्यादा महत्वपूर्ण होता है।

. . .

तकनीक के मामले में एमिश दर्शन के मूल में यह सौदा है कि कुछ तकनीकों का इस्तेमाल न करने का निर्णय लेने से जो नुकसान होता है, उससे ज़्यादा महत्वपूर्ण वे फायदे हैं, जो तकनीक का इस्तेमाल सोच-समझकर और ठोस इरादों के साथ करने से मिलते हैं। उनका मानना है कि सुविधा से ज़्यादा महत्वपूर्ण इरादे होते हैं - ये एक ऐसा जुआ है, जो इस समुदाय के लिए सचमुच फायदेमंद साबित होता दिख रहा है। पिछले दो सौ सालों में अमेरिका में आई तीव्र आधुनिकता और सांस्कृतिक उथल-पुथल के बावजूद एमिश समुदाय ने यहाँ बड़ी ही स्थिरता के साथ अपनी उपस्थिति बनाकर रखी है। अपने सदस्यों को धमकियाँ देकर या जबर्दस्ती बाहरी दुनिया से काटकर रखनेवाले कुछ धार्मिक संप्रदायों के विपरीत, एमिश समुदाय आज भी रमस्प्रिंगा का अपना धार्मिक संस्कार निभाता है। इस धार्मिक संस्कार की अवधि - जो १६ साल की उम्र से शुरू होती है - में एमिश युवाओं को समुदाय के नियम-कानूनों और रोक-टोक से दूर, बाहर की दुनिया का अनुभव करने के लिए घर छोड़कर जाने की अनुमति होती है। फिर ये उनका अपना निर्णय होता है कि वे एमिश चर्च के बैप्टिज़्म (ईसाई दीक्षा) को स्वीकार करेंगे या नहीं क्योंकि इस उम्र तक आते-आते वे अच्छी तरह समझ चुके होते हैं कि यहाँ से जाने के लिए उन्हें क्या-क्या त्यागना होगा। एक समाजविज्ञानी की गणना के अनुसार, रमस्प्रिंगा के दौरान समुदाय के 80 से 90 फीसदी युवा सब कुछ छोड़कर जाने के बजाय वहीं रहने का निर्णय लेते हैं।

हालाँकि एक सार्थक जीवन की केस स्टडी के तौर पर हमें एमिश के उदाहरण पर जरूरत से ज़्यादा ज़ोर नहीं देना चाहिए। एमिश समुदाय के विभिन्न समूहों को रास्ता दिखानेवाले नियम-कानूनों - जिन्हें ऑर्डनॉन्ग कहते हैं - को आमतौर पर चार लोगों का एक समूह तय और लागू करता है। इस समूह में एक बिशप, दो

मिनिस्टर्स और एक डेकॉन होता है – जो जीवनभर अपनी सेवाएँ देते हैं। साल में दो बार सामुदायिक भोज कार्यक्रम होता है, जिसमें हिस्सा लेकर समुदाय के सदस्य ऑर्डनॉन्ग से जुड़ी अपनी शिकायतें सामने रखते हैं और उन पर आम–सहमति बनाई जाती है। लेकिन इसके बावजूद कई लोग – जिनमें खासतौर महिलाओं की संख्या काफी ज़्यादा है – अपना मत सामने रखने के अधिकार से वंचित रह जाते हैं।

इस दृष्टिकोण से, एमिश समुदाय इस सिद्धांत पर जोर देता है कि तकनीक का इस्तेमाल सोच–समझकर करना फायदेमंद हो सकता है। लेकिन इस उदारहण से ये सवाल जरूर खड़ा होता है कि अगर हम इस तरह के समुदायों की अथॉरटेरियन (सत्तावादी) सोच से दूर रहकर ऐसा करें तो क्या ये तब भी फायदेमंद होगा। हमारा विश्वास है कि इस स्थिति में भी ये फायदेमंद होगा और सौभाग्य से, इसके पीछे कई ठोस कारण भी हैं।

इसी दिशा में अगर हम एमिश समुदाय के करीबी मेनोनाइट चर्च पर विचार करें तो यह एक वैचारिक प्रयोग सिद्ध होगा। एमिश समुदाय की ही तरह मेनोनाइट चर्च के अनुयायियों ने भी बाइबल के इस सिद्धांत को अपनाया कि 'दुनिया में रहो लेकिन उसके प्रति समर्पित मत हो।' जिसका परिणाम, एमिश समुदाय जैसा ही सादगीपूर्ण जीवन जीने और उन विभिन्न सांस्कृतिक रुझानों के प्रति संदेहभरा रवैया रखने के रूप में सामने आया, जो एक सशक्त समुदाय बनाकर रखने और सदाचारी जीवन जीने जैसे मूल्यों को खतरे में डालते हैं। लेकिन एमिश से विपरीत मेनोनाइट चर्च के अनुयायियों में कहीं ज़्यादा उदारवादी लोग मिलते हैं, जो बाहरी समाज के साथ जुड़े रहते हैं और इस बात की व्यक्तिगत जिम्मेदारी लेते हैं कि वे अपने सारे निर्णय अपने चर्च के सिद्धांतों के अनुसार ही लेंगे। इस तरह आपको सत्तावादी ऑर्डनॉन्ग के बिना तकनीक के प्रति एमिश शैली के मूल्यों को लागू होते देखने का मौका मिलता है।

इस दर्शन को क्रियान्वित करने की उत्सुकता के साथ मैं मेनोनाइट चर्च की एक उदारवादी अनुयायी लॉरा से मिला ताकि उनके साथ इस विषय पर विस्तृत चर्चा कर सकूँ। लॉरा एक स्कूल टीचर हैं, जो अपने पति और बेटी के साथ न्यू मेक्सिको के एल्बाकर्की में रहती हैं। वे मेनोनाइट चर्च जाती हैं और एक ऐसे इलाके में रहती है, जहाँ कम से कम एक दर्जन अन्य मेनोनाइट परिवार रहते हैं, जिसके चलते लॉरा इस समुदाय के मूल्यों के साथ जुड़ी रहती है। हालाँकि, जीवनशैली संबंधी सारे निर्णय उनके अपने होते हैं लेकिन इससे तकनीक का इस्तेमाल सोच–समझकर करने में उन्हें कोई बाधा नहीं आती। इस बात पर जोर देने के लिए उनके सबसे मौलिक

निर्णय का उदाहरण दिया जा सकता है – उन्होंने अपने लिए कभी कोई स्मार्टफोन नहीं लिया और न ही भविष्य में लेने का कोई इरादा है।

'मुझे नहीं लगता कि मैं स्मार्टफोन का अच्छा उपयोग कर सकती हूँ,' उन्होंने मुझे बताया। 'मुझे खुद पर इतना विश्वास नहीं है कि स्मार्टफोन होने पर भी मैं उसमें उलझी नहीं रहूँगी। अभी जब मैं घर से निकलती हूँ तो मेरे साथ ऐसी कोई चीज़ नहीं होती, जो मेरा ध्यान भटकाए। मैं इन सब चीज़ों से मुक्त हूँ।' अधिकांश लोग यह कहकर अपना फोन छोड़ने की संभावना खारिज कर देंगे कि ये उनके जीवन को (कुछ हद तक) आसान बनाता है – जैसे किसी नए शहर में जीपीएस का उपयोग करके रास्तों का पता लगाना या किसी इलाके में अच्छा रेस्त्रां ढूँढ़ने के लिए उनके ऑनलाइन रीव्यूज देखना। लॉरा को इस बात से कोई फर्क नहीं पड़ता कि वे इस तरह के छोटे-मोटे फायदों से वंचित रह जाती हैं। 'घर से निकलने से पहले रास्तों के बारे में जरूरी जानकारी नोट करके रख लेना मेरे लिए कोई मुश्किल काम नहीं है,' वे कहती हैं। असल में लॉरा को जिस चीज़ से सचमुच फर्क पड़ता है, वह ये है कि तकनीक के इस्तेमाल के मामले में सोच-समझकर लिया गया उनका निर्णय, उन चीज़ों के लिए सहयोग सिद्ध होता है या नहीं, जो उनके लिए सचमुच मायने रखती हैं – जैसे करीबी लोगों के साथ जुड़ने की उनकी क्षमता और जीवन के हर क्षण का आनंद लेना। हमारी चर्चा के दौरान लॉरा ने अपनी बेटी के लिए हर समय उपलब्ध रहने पर जोर दिया, भले ही वे इसके चलते कभी-कभी ऊब जाती हों। साथ ही उन्होंने बिना ध्यान भटकाए अपने करीबी दोस्तों के साथ समय बिताने को भी अपने लिए महत्वपूर्ण बताया। इसके अतिरिक्त उन्होंने सामाजिक न्याय से जुड़े मुद्दों के मामले में एक उपभोक्ता के तौर पर ईमानदारी बरतने और विवेक से काम लेने के महत्व को भी रेखांकित किया क्योंकि मेनोनाइट चर्च में सामाजिक न्याय एक बड़ी भूमिका निभाता है।

आधुनिकता के बिना भी संतुष्ट रहनेवाले एमिश समुदाय की तरह ही, अपने स्मार्टफोन-मुक्त जीवन में लॉरा की संतुष्टि का एक महत्वपूर्ण स्रोत, उनका अपना यह निर्णय ही है। 'मेरे इस निर्णय (स्मार्टफोन इस्तेमाल न करना) से मुझे आज़ादी का एहसास होता है,' उन्होंने मुझे बताया। 'मेरे जीवन में तकनीक क्या भूमिका निभाएगी, यह तय करने का हक सिर्फ मुझे है।' पलभर की झिझक के बाद वे आगे कहती हैं, 'हालाँकि इसके कारण मैं कभी-कभी खुद को आत्मसंतुष्ट और अभिमानी महसूस करती हूँ।' यहाँ लॉरा विनम्रतापूर्वक जिसे आत्मसंतुष्टि या अभिमान कह रही हैं, वह

निश्चित ही मानव उत्कर्ष की मौलिक जरूरत है – जीवन में हर चीज़ का चुनाव सोच–समझकर करने से आनेवाला सार्थकता का एहसास।

. . .

इन सभी पक्षों को देखने के बाद अब हम जिस बिंदु पर आ चुके हैं, वहाँ न्यूनतमवाद के तीसरे सिद्धांत का औचित्य प्रबलता के साथ स्पष्ट होता है। यह दर्शन इतना प्रभावी इसलिए है क्योंकि अपने उपयोग में आनेवाले उपकरणों के चुनाव में सावधानी बरतना ही आपको खासी संतुष्टि देगा। आपने जिन उपकरणों से दूर रहने का निर्णय लिया है, उनके न होने से जो कमी रह गई होगी, उसके मुकाबले ये संतुष्टि कहीं ज़्यादा होगी।

मैंने इस सिद्धांत पर सबसे आखिर में चर्चा की क्योंकि इससे मिलनेवाला सबक यकीनन सबसे महत्वपूर्ण है। अपनी घोड़ेवाली बग्गी खुशी–खुशी दौड़ानेवाले किसी ओल्ड ऑर्डर एमिश किसान या फिर पुरानी शैलीवाले अपने फोन से संतुष्ट मेनोनाइट चर्च के किसी शहरी अनुयायी को देखकर स्पष्ट रूप से समझा जा सकता है कि उनकी संतुष्टि के पीछे दरअसल न्यूनतमवाद के प्रति उनकी प्रतिबद्धता है। ज़्यादा से ज़्यादा सुविधाएँ हासिल करने की सुखद अनुभूति क्षणभर ही ठहरती है लेकिन और ज़्यादा हासिल करने की छटपटाहट से पैदा होनेवाला खालीपन लगातार बना रहता है। वहीं दूसरी ओर, अपना समय और ध्यान किन चीज़ों पर लगाना है, इसका नियंत्रण अपने हाथ में लेने से जीवन में जो सार्थक आभा आती है, वह स्थाई होती है।

पुरानी सलाह पर नया नज़रिया

न्यूनतमवाद का केंद्रीय विचार, जितना कम है, उतना काफी है, कोई नया विचार नहीं है। जैसा कि इस किताब के परिचय में उल्लेख किया गया है कि यह अवधारणा बहुत प्राचीन समय से चली आ रही है और हर दौर में बार–बार इसका समर्थन होता रहा है। इसीलिए इसमें कोई आश्चर्य नहीं कि ये विचार उन नई तकनीकों पर भी लागू हो सकता है, जो वर्तमान युग को काफी हद तक परिभाषित करती हैं।

हालाँकि पिछले कुछ दशकों में तकनीकी–अधिकतमवाद एक बार फिर से जोर पकड़ने लगा है, जो कहता है कि जब बात तकनीक की हो तो जितना ज़्यादा होगा,

उतना बेहतर होगा - ज़्यादा संपर्क, ज़्यादा सूचनाएँ और ज़्यादा विकल्प। यह दर्शन बड़ी ही चतुराई से स्वयं को उदार मानवतावाद के मुख्य उद्देश्य - प्रत्येक व्यक्ति को और अधिक आज़ादी देना - के समान बनाकर पेश करता है। यही कारण है कि किसी मशहूर सोशल मीडिया प्लेटफॉर्म से बचने या फिर किसी गरमा-गरम ऑनलाइन बहस में न पड़ने जैसे निर्णयों को काफी हद तक अनुदार प्रवृत्ति या संकुचित मानसिकता के तौर पर देखा जाता है।

नि:संदेह ये चीज़ें सिर्फ ऊपरी तौर पर आकर्षक होती हैं। अटेंशन इकोनॉमी पर चलनेवाली बड़ी-बड़ी कंपनियों के भरोसे और ज़्यादा आज़ाद होने की कोशिश करना आज़ादी के बिलकुल विपरीत है, जो संभवत: आपकी इंडीविजुएलिटी (वैयक्तिकता) को बुरी तरह कमजोर कर देगा। सिलिकॉन वैली के वेंचर कैपिटलिस्ट समुदाय द्वारा प्रस्तुत नई-नई प्रचलित की गई सर्विस पर साइन-अप करते समय आप दरअसल यही कर रहे होते हैं। लेकिन अधिकतमवाद के तर्क की वर्तमान ताकत को देखते हुए, मुझे इस अध्याय में न्यूनतमवाद के बचाव में जोरदार तर्क देना जरूरी लगा। पुराने विचारों की वर्तमान प्रासंगिकता को रेखांकित करने के लिए उन्हें नए नज़रिए से देखना और परखना भी जरूरी होता है।

जब बात नई तकनीकों की हो तो जितना कम होता है, उतना निश्चित ही काफी होता है। उम्मीद करता हूँ कि इस अध्याय को पढ़कर अब आपके सामने यह स्पष्ट हो गया होगा कि ऐसा क्यों है।

3

अनावश्यक डिजिटल गतिविधियों से छुटकारा पाना

तेजी से न्यूनतमवादी बनना

अगर मैं मान लूँ कि आपको डिजिटल न्यूनतमवाद की सार्थकता पर विश्वास हो गया है तो अब हमारा अगला कदम होगा – यह चर्चा करना कि इस जीवनशैली को सर्वोत्तम तरीके से कैसे अपनाया जाए। मेरा अनुभव कहता है कि इस मामले में धीरे-धीरे, एक-एक करके अपनी आदतें बदलना काम नहीं आता – अटेंशन इकोनॉमी के प्रति आपका आकर्षण (जिसे बड़ी चालाकी से आपके अंदर पैदा किया गया है) और डिजिटल माध्यमों से आपको मिलनेवाली कुछेक सुविधाएँ – इन दोनों चीज़ों का घालमेल, आपकी स्थिरता को तब तक प्रभावित करता रहेगा, जब तक आप वापस वहीं नहीं पहुँच जाते, जहाँ से आपने शुरुआत की थी।

इसीलिए मैं इसके बजाय तत्काल बदलाव की वकालत करता हूँ – इसमें समय कम लगता है और इसका कार्यान्वयन इतने दृढ़ विश्वास के साथ होता है कि स्थाई नतीजे मिलने की संभावना बढ़ जाती है। इसके लिए मेरे पास जो विशिष्ट तीव्र प्रक्रिया है, मैं उसे अनावश्यक डिजिटल गतिविधियों से छुटकारा पाना कहता हूँ। यह प्रक्रिया कुछ इस तरह काम करती है :

अनावश्यक डिजिटल गतिविधियों से छुटकारा पाने की प्रक्रिया

1 इसके लिए तीस दिनों की अवधि तय करें, जिस दौरान आप अपने जीवन में मौजूद सभी वैकल्पिक तकनीकों से ब्रेक लेंगे।

2 जो गतिविधियाँ और व्यवहार आपके लिए संतुष्टिदायक और सार्थक हैं, तीस दिनों के इस ब्रेक के दौरान उनका पता लगाएँ या फिर उन्हें दोबारा अपनाएँ।

3 इस ब्रेक के अंत में उन वैकल्पिक तकनीकों को एक बार फिर से अपने जीवन में जगह दें और एक नई शुरुआत करें। यह निर्धारित करें कि हर वैकल्पिक

तकनीक, जिसे आप फिर से अपने जीवन में आने की अनुमति दे रहे हैं, वह आपको क्या लाभ दे रही है और उससे अधिकतम लाभ लेने के लिए आप उसका विशेष उपयोग कैसे करेंगे।

अपने अव्यवस्थित घर को व्यवस्थित बनाने के लिए जिस तरह आप फालतू सामान से छुटकारा पा लेते हैं, उसी तरह जीवनशैली संबंधी यह प्रयोग भी आपको अपने डिजिटल जीवन की नई शुरुआत करने का मौका देता है। समय के साथ बेतरतीब ढंग से जमा हुए ध्यान भटकानेवाले उपकरणों व बाध्यकारी आदतों से छुटकारा पाकर - उनकी जगह सोच-समझकर और स्पष्ट इरादों के साथ अपनाए गए व्यवहारों को अपनाकर और न्यूनतमवादी सोच के साथ उन्हें अपने अनुकूल बनाकर भरपूर लाभ उठा सकते हैं।

जैसा कि पहले भी उल्लेख किया गया है, इस किताब के दूसरे खंड में आपको ऐसे विचार और रणनीतियाँ उपलब्ध कराई जाएँगी, जो आपकी डिजिटल न्यूनतमवादी जीवनशैली को दीर्घकालिक रूप से एक स्थाई आकार देंगी। हालाँकि मेरा सुझाव है कि आप अनावश्यक डिजिटल गतिविधि से छुटकारा पाकर इसकी शुरुआत करें। एक बार यह बदलाव शुरू हो जाए तो फिर आगे के कदम उठाकर, इसे अपने अनुसार अनुकूलित कर लें। जीवन की अन्य चीज़ों की तरह ही, इसका भी सबसे महत्वपूर्ण कदम है, अपनी शुरुआत करना। हम इसी बात को ध्यान में रखते हुए आगे बढ़ेंगे और अनावश्यक डिजिटल गतिविधियों से छुटकारा पाने की प्रक्रिया को विस्तार से एवं करीब से देखना जारी रखेंगे। सौभाग्य से, जैसा कि मैं आपको आगे बताऊँगा, इस प्रक्रिया को सर्वश्रेष्ठ ढंग से सफल कैसे बनाया जाए, यह परखने के लिए हमें शून्य से शुरुआत करने की जरूरत नहीं है। हमसे पहले बहुत से लोग इस रास्ते को आज़माकर देख चुके हैं।

. . .

दिसंबर 2017 की शुरुआत में मैंने अपनी मेलिंग लिस्ट में मौजूद हर व्यक्ति को एक ई-मेल भेजा, जिसमें इस प्रक्रिया से जुड़े प्रमुख विचारों का सारांश प्रस्तुत किया गया था: मैंने लिखा कि 'मुझे ऐसे वॉलेंटियर्स की तलाश है, जो अनावश्यक डिजिटल गतिविधियों से छुटकारा पाने के लिए जनवरी में 30 दिन तक चलनेवाले एक प्रयोग का हिस्सा बनना चाहते हों और इस दौरान मुझे इसका अपडेट देने के लिए तैयार हों। मेरा अंदाज़ा था कि ज़्यादा से ज़्यादा चालीस से पचास साहसी प्रवृत्तिवाले लोग ही वॉलेंटियर बनने के लिए राजी होंगे। लेकिन मेरा अंदाज़ा

बिलकुल गलत निकला: 1600 से भी ज़्यादा लोगों ने इसके लिए साइन-अप किया। यहाँ तक कि इसे राष्ट्रीय स्तर पर न्यूज कवरेज भी मिला।

फरवरी आते-आते इन वॉलेंटियर्स से मुझे विस्तृत रिपोर्ट्स मिलने लगीं। मैं जानना चाहता था कि तकनीक का इस्तेमाल सीमित करने लिए उन्होंने कौन-कौन से नियम लागू किए हैं और तीस दिनों के इस प्रयोग के बाद उनका प्रदर्शन कैसा रहा। मैं खासतौर पर ये जानना चाहता था कि तीस दिन बाद जब उन्होंने इन तकनीकों को वापस अपने जीवन में जगह देना शुरू किया तो इसके लिए उन्होंने कैसे निर्णय लिए।

वॉलेंटियर्स से मिले ऐसे सैकड़ों गहन विश्लेषण प्राप्त करने और उनकी समीक्षा करने के बाद, दो निष्कर्ष सामने आए। पहला ये कि अनावश्यक डिजिटल गतिविधियों से छुटकारा पाने की प्रक्रिया कारगर है। लोग ये जानकर हैरान थे कि उनका डिजिटल जीवन कितने सारे रिफ्लेक्सिव व्यवहारों और कम्पल्सिव टिक्स से घिरा हुआ है। इन फालतू चीज़ों से छुटकारा पाने और अपने डिजिटल जीवन की एक नई शुरुआत करने जैसा साधारण सा कार्य करने के बाद उन्हें एहसास हुआ कि वे एक ऐसा मनोवैज्ञानिक बोझ ढो रहे थे, जिसके बारे में उन्हें पता ही नहीं था और अब उन्होंने उस बोझ से छुटकारा पा लिया है। अनावश्यक डिजिटल गतिविधियों से छुटकारा पाकर अब उनका डिजिटल जीवन व्यवस्थित और एक लिहाज से 'उचित' लग रहा था।

इसके अलावा दूसरा निष्कर्ष ये सामने आया कि अनावश्यक डिजिटल गतिविधियों से छुटकारा पाने की प्रक्रिया ज़रा पेचीदा है। क्योंकि बहुत से वॉलेंटियर्स ने तीस दिनों की अवधि पूरी होने से पहले ही इस प्रक्रिया को छोड़ दिया। दिलचस्प बात ये है कि इनमें से अधिकांश वॉलेटियर्स के मामले में इसकी वजह इच्छाशक्ति की कमी नहीं थी - ये तो ऐसे लोग थे, जिनका चयन आत्म-सुधार के लिए उनकी इच्छाशक्ति को देखते हुए ही किया गया था। दरअसल सबसे आम समस्या थी, डिजिटल गतिविधियों से छुटकारा पाने की प्रक्रिया को लागू करने में वॉलेंटियर्स से हुई छोटी-मोटी गलतियाँ। उदाहरण के लिए तकनीक के इस्तेमाल को सीमित करने के लिए बनाए गए नियमों में या तो स्पष्टता का अभाव था या फिर वे कुछ ज़्यादा ही सख्त थे। एक और गलती थी, इस बात की स्पष्ट योजना न बनाना कि तीस दिनों की अवधि के दौरान त्यागी गई डिजिटल गतिविधियों की जगह और क्या अपनाया जाए - इसके चलते वॉलेटियर्स को ऊब, नीरसता और बेताबी का सामना

करना पड़ा। जिन लोगों ने इस प्रयोग को पूरी तरह डीटॉक्स (शुद्धि–प्रक्रिया) के रूप में लिया और यह उद्देश्य रखा कि वे इस दौरान अपने डिजिटल जीवन से एक ब्रेक लेंगे – और तीस दिन के बाद वापस पहले की तरह जीना शुरू कर देंगे – उन्हें भी समस्याओं का सामना करना पड़ा। अपने जीवन को स्थाई रूप से बदलने के मुकाबले, अस्थाई रूप से डीटॉक्स करना कोई ठोस समाधान नहीं है। इसीलिए जब आपको यह प्रक्रिया मुश्किल लगती है या आपको समस्याओं का सामना करना पड़ता है तो आपका ध्यान बड़ी आसानी से भटक जाता है।

इस दूसरे निष्कर्ष को देखते हुए मैं इस अध्याय के शेष भाग में आपको उपरोक्त प्रक्रिया के तीन चरणों के बारे में स्पष्टता से बताऊँगा एवं कुछ सुझाव भी दूँगा। तीनों चरणों में मैं अपने वॉलेंटियर्स के उदाहरण आपके सामने रखूँगा ताकि आप इस प्रक्रिया के दौरान होनेवाली आम गलतियों से बच सकें और अधिकतम सफलता पाने के लिए अपने इस अनुभव में जरूरी बदलाव ला सकें।

पहला कदम: अपने तकनीक संबंधी नियमों को परिभाषित करें

अनावश्यक डिजिटल गतिविधियों से छुटकारा पाने की तीस दिनों की अवधि में आपको अपने जीवन की 'वैकल्पिक तकनीकों' से एक ब्रेक लेना होगा। इसीलिए, इस प्रक्रिया का पहला चरण है, यह परिभाषित करना कि कौन सी तकनीकें 'वैकल्पिक' की श्रेणी में आती हैं।

इस संदर्भ में तकनीक से मेरा मतलब है, सामान्य श्रेणी की वे चीज़ें, जिन्हें हम इस किताब में अब तक 'नई तकनीकें' कहते आए हैं। इसमें एप्स, वेबसाइट्स और वे सारी डिजिटल सुविधाएँ शामिल हैं, जो एक कंप्यूटर स्क्रीन या मोबाइल के माध्यम से मिलती हैं और उनका इस्तेमाल मनोरंजन करने, सूचनाएँ देने या आपसी संपर्क बनाने के लिए होता है। अपनी अनावश्यक डिजिटल गतिविधियों से छुटकारा पाने की तैयारी शुरू करने से पहले आपको टेक्स्ट मैसेजिंग, इंस्टाग्राम और रेडिट जैसी तकनीकी सुविधाओं का मूल्यांकन करना होगा, न कि माइक्रोवेव, रेडियो या इलेक्ट्रिक टूथब्रश जैसी तकनीकी चीज़ों का।

अनावश्यक डिजिटल गतिविधियों से छुटकारा पाने के लिए बड़े पैमाने पर किए गए मेरे प्रयोग के दौरान कुछ वॉलेंटियर्स एक दिलचस्प चीज़ मेरे ध्यान में लाए – और वह थी वीडियो गेम्स। हम वीडियो गेम्स को सीधे तौर पर 'नई तकनीक'

नहीं कह सकते क्योंकि ये कई दशकों से चलन में हैं, जबकि डिजिटल नेटवर्क और मोबाइल क्रांति तो सिर्फ पिछले बीस सालों में हुई है। लेकिन आज बहुत से लोग – खासकर युवा पुरुष – इनके प्रति वैसा ही आकर्षण महसूस करते हैं, जैसा नई तकनीकों के मामले में करते हैं। यह बिलकुल किसी लत की तरह है: एक उनतीस वर्षीय व्यवसायी जोसेफ ने मुझे बताया कि 'अगर खाली समय में मेरे पास वीडियो गेम्स न हो तो मुझे बेताबी महसूस होने लगती है।' अंततः उसने वीडियो गेम्स खेलने और अंतहीन रूप से इंटरनेट ब्लॉग्स पर समय बिताने को अपने डिजिटल जीवन की दो ऐसी गतिविधियाँ करार दिया, जो उसे कमजोर और अस्थिर बना रही हैं। अगर जोसेफ की तरह आप भी अब तक यह मानते आए हैं कि वीडियो गेम्स आपके जीवन का एक असाधारण भाग बन चुके हैं तो आप इन्हें उन तकनीकों की सूची में डालने के लिए स्वतंत्र हैं, जिनका आप – अपनी अनावश्यक डिजिटल गतिविधियों से छुटकारा पाने की प्रकिया के नियम तय करने के बाद – मूल्यांकन करेंगे।

ऐसी ही एक और चीज़ है, टीवी – जो आज वीडियो स्ट्रीमिंग के दौर में एक अस्पष्ट सा शब्द हो गया है क्योंकि इसके तहत कई किस्म का विजुअल मनोरंजन आता है। अपने इस प्रयोग से पहले मैं नेटफ्लिक्स और ऐसे ही अन्य स्ट्रीमिंग प्लेटफॉर्म्स को लेकर इस दुविधा में था कि क्या इन्हें वैकल्पिक तकनीकों के तौर पर देखना चाहिए। हालाँकि मेरे प्रयोग में भाग लेनेवाले वॉलेंटियर्स से मुझे जो फीडबैक मिला, वह बिलकुल स्पष्ट था: 'जी हाँ, आपको इन्हें वैकल्पिक तकनीकों के रूप में ही देखना चाहिए।' पेशे से मैनेजमेंट कंसल्टेंट केट ने मुझे बताया: 'मेरे पास ऐसे कई विचार हैं, जिन्हें मैं आज़माना चाहती हूँ लेकिन जब भी मैं उन विचारों पर काम करने बैठती हूँ तो किसी न किसी तरह नेटफ्लिक्स तक पहुँच जाती हूँ।' केट की तरह ही मेरे प्रयोग के कई अन्य वॉलेंटियर्स ने भी जोर देकर कहा कि अनावश्यक डिजिटल गतिविधियों से छुटकारा पाने की प्रक्रिया के नियम तय करते समय इन तकनीकों को भी वैकल्पिक तकनीकों की श्रेणी में शामिल किया जाना चाहिए।

अपने लिए प्रासंगिक तकनीकों की पहचान करने के बाद आपको यह तय करना होगा कि उनमें से कौन सी तकनीकें इस हद तक 'वैकल्पिक' हैं कि आप तीस दिनों की इस प्रक्रिया के दौरान उनसे ब्रेक ले सकते हैं। मेरा अनुमान कुछ इस प्रकार है: अगर किसी तकनीक का उपयोग अस्थाई रूप से बंद करने से आपके निजी एवं पेशेवर जीवन के दैनिक कार्यों में कोई बाधा नहीं आती और कोई बड़ा नुकसान नहीं होता है तो आप उसे 'वैकल्पिक' तकनीकों की श्रेणी में डाल सकते हैं।

अगर आप मेरे इस अनुमान को ही वैकल्पिक तकनीकों की पहचान करने का मानक मान लेते हैं तो बहुत सी व्यावसायिक तकनीकों को इस श्रेणी में आने से छूट मिलेगी। उदाहरण के लिए अगर आप अपने ऑफिस का ई-मेल चेक करना बंद कर देते हैं तो इससे आपके कॅरियर को हानि पहुँच सकती है - इसलिए आप मेरे दिए हुए सबक को बहाना बनाकर अपने ऑफिस के इनबॉक्स को तीस दिनों के लिए बंद नहीं कर सकते। इसी तरह अगर आपको अपने काम के सिलसिले में कभी-कभी फेसबुक मैसेंजर का उपयोग करना पड़ता है क्योंकि इससे आपको छात्रों की भर्ती करने में मदद मिलती है (मेरे प्रयोग में भाग लेनेवाले म्यूजिक प्रोफेसर ब्रायन के मामले में ठीक ऐसा ही था) तो फिर इसे भी वैकल्पिक करार नहीं दिया जा सकता।

व्यक्तिगत जीवन की बात करें तो ये छूट आमतौर पर उन तकनीकों पर लागू होती है, जो एक महत्वपूर्ण सहकारी भूमिका निभाती हैं। जैसे अगर आपकी बेटी आपको यह बताने के लिए टेक्स्ट मैसेज का उपयोग करती है कि उसकी सॉकर प्रैक्टिस कब खत्म होती है और उसके बाद आप उसे लेने कब आ सकते हैं तो फिर टेक्स्ट मैसेज का उपयोग करना ठीक है। यही छूट तब भी लागू होती है, जब किसी तकनीक से ब्रेक लेने के चलते आपके रिश्तों में दरार पड़ने की संभावना हो: उदाहरण के लिए किसी दूसरे देश में तैनात अपने फौजी जीवनसाथी से बात करने के लिए फेसटाइम का उपयोग करना।

लेकिन इसका मतलब ये भी नहीं है कि आप 'सुविधाजनक' को 'महत्वपूर्ण' मानकर भ्रमित हों। जैसे कैंपस के कार्यक्रमों की घोषणा करनेवाले फेसबुक ग्रुप से दूर होना असुविधाजनक तो होगा लेकिन तीस दिनों के लिए इस ग्रुप से दूरी बना लेने से आपके सामाजिक मेलजोल पर कोई बड़ा प्रभाव नहीं पड़ेगा। ये भी संभव है कि इस दौरान आपको कुछ ऐसी दिलचस्प गतिविधियों का पता चले, जिन्हें आप अपना सकते हों। जैसे मेरे प्रयोग में भाग लेनेवाले कुछ वॉलेंटियर्स ने दावा किया कि उन्हें व्हाट्सएप और फेसबुक मैसेंजर जैसी इंस्टेंट मैसेज सुविधाओं का उपयोग जारी रखना होगा क्योंकि विदेशों में रहनेवाले अपने दोस्तों के संपर्क में रहने का यह सबसे सुविधाजनक तरीका है। उनकी ये बात शायद सच भी थी लेकिन आमतौर पर तीस दिनों तक एक-दूसरे के संपर्क में न रहने से दोस्ती पर कोई आँच नहीं आती है।

इससे भी महत्वपूर्ण ये कि यह असुविधा उपयोगी साबित हो सकती है। अपने अंतर्राष्ट्रीय दोस्तों के साथ कुछ दिनों के लिए संपर्क टूटने से आपके सामने यह स्पष्ट हो सकता है कि उनमें से कौन आपका असली दोस्त है। इस तरह उसके साथ

आपके रिश्ते और मजबूत हो सकते हैं। मेरे प्रयोग में भाग लेनेवाली एक वॉलेंटियर अन्या के साथ ठीक ऐसा ही हुआ था। अन्या मूल रूप से बेलारूस की है लेकिन फिलहाल एक अमेरिकी यूनिवर्सिटी में पढ़ती है। न्यू यॉर्क टाइम्स के एक लेख में मेरे प्रयोग के बारे में बात करते हुए अन्या ने कहा कि 'अपने अंतर्राष्ट्रीय दोस्तों के साथ ऑनलाइन मेलजोल से ब्रेक लेने के कारण अन्य लोगों के साथ आमने-सामने समय बिताकर मुझे महसूस हुआ कि मैं उनके साथ अधिक गहनता से जुड़ रही हूँ... चूँकि हमारा मिलना-जुलना कम ही होता है इसलिए हमारा ऐसा मानना था, हमें इस अनुभव का ज़्यादा से ज़्यादा लाभ लेना है।' कॉलेज के दूसरे साल की छात्रा खुशबू का अनुभव भी कुछ ऐसा ही था और उसने इस बात को और आसान ढंग से सामने रखा। उसने मुझे बताया, 'संक्षेप में कहूँ तो मेरा संपर्क सिर्फ उन्हीं लोगों से टूटा, जिनके साथ निरंतर संपर्क में रहने की मुझे कोई जरूरत नहीं थी (और उनमें से कुछ लोग तो ऐसे थे, जिनके साथ मैं संपर्क बनाकर रखना चाहती भी नहीं थी।)'

मेरा अंतिम सुझाव ये है कि जब आपका सामना किसी ऐसी तकनीक से हो, जो काफी हद तक वैकल्पिक हो तो संचालन प्रक्रियाओं का उपयोग करें। इसमें सिर्फ कुछ महत्वपूर्ण मामले ही अपवाद हों तो बेहतर होगा। ये प्रक्रियाएँ स्पष्ट करती हैं कि आप कौन सी तकनीक का उपयोग कैसे करेंगे। इससे आपको पहले की तरह उसके असीमित उपयोग में उलझे बिना, गहनता पूर्वक जरूरी उपयोग करने में मदद मिलेगी। मैंने अपने प्रयोग में वॉलेंटियर्स द्वारा लागू की गई संचालन प्रक्रियाओं के ऐसे कई उदाहरण देखे हैं।

उदाहरण के लिए मैरी – जो पेशे से एक फ्रीलांस लेखिका हैं – अपने फोन में आनेवाले ढेर सारे टेक्स्ट मैसेज से ब्रेक लेना चाहती थी। ('मेरा परिवार बहुत बड़ा है और हर कोई एक-दूसरे को टेक्स्ट मैसेज भेजता रहता है,' उसने मुझे बताया।) समस्या ये भी थी कि जब उसका पति अपने काम के सिलसिले में यात्राएँ करता – जो कि अक्सर होता था – तो कभी-कभी वह मैरी को ऐसे मैसेज भेजता, जिनका जवाब तत्काल देना जरूरी होता था। इस समस्या के लिए मैरी ने यह समाधान निकाला: उसने अपने पति के मैसेज के लिए अपने फोन पर स्पेशल अलर्ट सेट किया, जबकि बाकी के मैसेज के नोटिफिकेशंस को बंद कर दिया। इसी तरह माइक – जो एक पर्यावरण सलाहकार है – ई-मेल चेक करने की अपनी आदत से छुटकारा पाना चाहता था। इसीलिए उसने अपने लिए यह नियम बनाया कि वह सिर्फ अपने डेस्कटॉप कंप्यूटर से ही अपने ई-मेल अकाउंट पर लॉग-इन करेगा, न कि अपने फोन से।

इसी तरह पेशे से कंप्यूटर वैज्ञानिक केलेब ने निर्णय लिया कि वह अपने पसंदीदा पॉडकास्ट सुन सकता है लेकिन सिर्फ अपनी 2 घंटे की दैनिक यात्रा के दौरान। ('मेरे लिए यह निर्णय लेना बड़ा कठिन था कि अपने पसंदीदा पॉडकास्ट सुनना बंद करके मैं सिर्फ वही सुनूँ, जो रेडियो पर आ रहा है। इसीलिए पूरी तरह बंद करने के बजाय मैंने पॉडकास्ट सुनना सीमित कर लिया,' उसने मुझे बताया।) इसी तरह ब्रूक - जो एक स्वघोषित लेखिका, शिक्षिका और माँ हैं - उसने इंटरनेट से पूरी तरह दूरी बनाने का निर्णय लिया लेकिन यह सचमुच संभव हो सके इसलिए उसने यह भी तय किया कि वह दो चीज़ों के लिए अपवाद स्वरूप इंटरनेट का उपयोग करेगी - एक, जरूरी ई-मेल भेजने के लिए और दूसरा, अमेजॉन पर घर का सामान खरीदने के लिए।

मैंने देखा है कि जब लोग अनावश्यक डिजिटल गतिविधियों से छुटकारा पाने की इस प्रक्रिया में, वीडियो स्ट्रीमिंग को पूरी तरह बंद नहीं करना चाहते तो वे इसके लिए बड़े ही रचनात्मक तरीके ईजाद कर लेते हैं। कॉलेज के पहले साल के छात्र रेमेल ने अकेले वीडियो स्ट्रीमिंग करना बंद कर दिया लेकिन ये भी तय किया कि जब वह दूसरों के साथ होगा तो अपवाद स्वरूप ऐसा कर सकता है। अपने इस तरीके के बारे में समझाते हुए वह कहता है: 'मैं नहीं चाहता था कि जब मेरे दोस्त या सहकर्मी मनोरंजन के लिए एक-साथ मिलकर वीडियो स्ट्रीमिंग कर रहे हों तो मैं अलग-थलग होकर बैठा रहूँ।' वहीं दूसरी ओर पेशे से प्रोफेसर नथानिएल को उच्च गुणवत्तावाले इस मनोरंजन से कोई समस्या नहीं थी, वह तो बस बिंज-वॉचिंग से चिंतित था इसलिए उसने इससे बचने का एक चतुर तरीका अपनाया: 'सप्ताह में किसी सीरीज के दो एपिसोड्स से ज़्यादा न देखना।'

मेरा अनुमान है कि मेरे प्रयोग में भाग लेनेवाले वॉलेंटियर्स ने अपने लिए तय किए जिन नियमों का वर्णन किया, उनमें से करीब 30 फीसदी नियमों पर संचालन प्रक्रियाएँ लागू की गईं। जबकि बाकी के 70 फीसदी नियम किसी एक तकनीक पर लगाए गए संपूर्ण प्रतिबंध संबंधी नियम थे। आमतौर पर जरूरत से ज़्यादा संचालन प्रक्रियाएँ लागू करना, अनावश्यक डिजिटल गतिविधियों से छुटकारा पाने के प्रयोग को बेढंगा बना सकता है। हालाँकि अधिकांश लोगों को कम से कम कुछ ऐसे प्रतिबंधों की जरूरत तो पड़ती ही है, जिन्हें छोटे-छोटे पहलुओं का ध्यान रखते हुए परिभाषित किया गया हो।

इस चरण के मुख्य बिंदु संक्षेप में:

* अनावश्यक डिजिटल गतिविधियों से छुटकारा पाने की प्रक्रिया मुख्य रूप से नई तकनीकों पर केंद्रित है – इसमें एप्स, वेबसाइट्स और वे सारी डिजिटल सुविधाएँ शामिल हैं, जो एक कंप्यूटर या मोबाइल फोन के माध्यम से मिलती हैं। संभवत: आपको वीडियो गेम्स और स्ट्रीमिंग वीडियोज को भी इस श्रेणी में शामिल कर लेना चाहिए।

* आप इनमें से उन तकनीकों से तीस दिनों का ब्रेक लें, जिन्हें आप अपने लिए ''वैकल्पिक'' मानते हों – यानी ऐसी तकनीकें जिनका उपयोग अस्थाई रूप से बंद करने से आपके निजी एवं पेशेवर जीवन के दैनिक कार्यों में कोई बाधा नहीं आएगी और कोई बड़ा नुकसान नहीं होगा। कुछ मामलों में आप ''वैकल्पिक'' तकनीकों के इस्तेमाल को पूरी तरह बंद करेंगे, जबकि अन्य मामलों में आप कुछ ऐसी संचालन प्रक्रियाएँ तय कर सकते हैं, जो यह निर्धारित करेंगी कि आप इस प्रक्रिया के दौरान उन तकनीकों का उपयोग कब और कैसे कर सकते हैं।

* अंत में आपके पास कुछ प्रतिबंधित तकनीकें होंगी और साथ ही कुछ प्रासंगिक संचालन प्रक्रियाएँ भी होंगी। अब इनकी एक सूची बनाकर किसी ऐसी जगह पर लगा लें, जहाँ आप इसे हर रोज देख सकें। अनावश्यक डिजिटल गतिविधियों से छुटकारा पाने की इस प्रक्रिया के दौरान आपको क्या करने की अनुमति है और क्या नहीं, इसके बारे में स्पष्टता रखना इस प्रक्रिया को सफल बनाने का सबसे कारगर तरीका है।

दूसरा कदम: तीस दिनों का ब्रेक लें

अपने तकनीक संबंधी नियमों को परिभाषित करने के बाद अनावश्यक डिजिटल गतिविधियों से छुटकारा पाने की इस प्रक्रिया में आपका अगला कदम है, तीस दिनों तक इन नियमों का पालन करना।[1] शुरुआत में वैकल्पिक तकनीकों के बिना आपको

---

[1] जाहिर है कि अनावश्यक डिजिटल गतिविधियों से छुटकारा पाने की आपकी प्रक्रिया तीस दिनों की ही हो, यह जरूरी नहीं है। इस अवधि का निर्धारण अपनी सुविधा के अनुसार भी किया जा सकता है, उदाहरण के लिए, आप जिस महीने में यह प्रक्रिया शुरू करनेवाले हैं, अगर वह 31 दिनों का है तो आप यह प्रयोग 31 दिनों तक कर सकते हैं। जबकि अगर वह महीना 28 दिनों का है तो इस प्रक्रिया के लिए 28 दिन भी काफी हैं।

अपना जीवन चुनौतीपूर्ण लग सकता है। तमाम डिजिटल तकनीकों का निरंतर उपयोग करते-करते आपका दिमाग ध्यान बँटाने और मनोरंजन पाने के लिए आपसे कुछ अपेक्षाएँ रखना सीख गया है। जब आप अपने दैनिक अनुभवों से इन वैकल्पिक तकनीकों को हटा देंगे तो आपके दिमाग की ये अपेक्षाएँ पूरी होना बंद हो जाएँगी। संभव है कि यह बदलाव आपको अप्रिय लगेगा।

हालाँकि अनावश्यक डिजिटल गतिविधियों से छुटकारा पाने के लिए मैंने वॉलेंटियर्स के साथ जो सामूहिक प्रयोग किया था, उसमें सामने आया कि असुविधा की यह भावना एक या दो सप्ताह में स्वत: ही विलीन हो जाती है। ब्रूक - जिसका उल्लेख पहले भी हो चुका है - ने इस अनुभव का वर्णन कुछ इस प्रकार किया:

> हैरानी की बात ये थी कि तीस दिनों की इस अवधि के पहले कुछ दिन काफी मुश्किल थे। लत बन चुकीं मेरी आदतें पूरी स्पष्टता के साथ सामने आ रही थीं: किसी लाइन में लगकर इंतजार करते समय, दो कार्यों के बीच के कुछ क्षण, ऊब महसूस होने पर, अपने पसंदीदा लोगों की ऑनलाइन गतिविधियाँ देखने की इच्छा मन में उठने पर, किसी चीज़ से बचने की कोशिश के दौरान या बस कुछ ''नया देखने की छटपटाहट'' वाले क्षण और वह समय, जब मुझे अपना ध्यान बँटाने की जरूरत महसूस होती थी - मैं अपना फोन तलाशने लगती और फिर अचानक याद आता कि अरे, फिलहाल तो फोन मेरे पास है ही नहीं।

लेकिन फिर हालात बेहतर होने लगे। ''जैसे-जैसे समय बीता, डीटॉक्स के लक्षण कम होने लगे और अपने फोन का खयाल आना कम होने लगा,'' उसने बताया।

इसी तरह पेशे से एक युवा मैनेजमेंट कंसल्टेंट डारिया ने स्वीकार किया कि इस प्रयोग के शुरुआती दिनों में आदत के अनुसार वह कई बार जेब से फोन निकालती और तब उसे एहसास होता कि उसने तो सारे सोशल मीडिया और न्यूज एप्स पहले ही डिलीट कर दिए हैं। अब उसके फोन में बस एक चीज़ ऐसी बची थी, जिससे वह कोई नई जानकारी प्राप्त कर सकती थी - और वह चीज़ थी, मौसम की जानकारी देनेवाला एप। उसने मुझे बताया, ''प्रयोग के पहले सप्ताह में मुझे तीन से चार अलग-अलग शहरों के प्रति घंटे के मौसम की जानकारी होती थी - क्योंकि फोन पर कुछ न कुछ ब्राउज करने की उत्कंठा इतनी तीव्र थी कि उसे अनदेखा करना मुश्किल था। चूँकि फोन में कोई और एप नहीं था तो मौसम की जानकारी ही ब्राउज कर लेती

थी।'' डारिया ने आगे बताया: ''हालाँकि, दो सप्ताह बीतते-बीतते ऑनलाइन जाकर कुछ भी देखने में मेरी दिलचस्पी खत्म हो गई।''

डीटॉक्स का यह प्रयोग मायने रखता है क्योंकि इससे आपको बेहतर निर्णय लेने में मदद मिलेगी, खासकर अनावश्यक डिजिटल गतिविधियों से छुटकारा पाने की प्रक्रिया के अंत में, जब आप कुछ वैकल्पिक तकनीकों को वापस अपने जीवन में जगह देंगे। अपने डिजिटल जीवन में स्थाई परिवर्तन लाने की कोशिश करने से पहले मैं हर किसी को एक लंबा ब्रेक लेने की सलाह इसीलिए देता हूँ क्योंकि डीटॉक्स से मिलनेवाली स्पष्टता के बिना, लती बनानेवाली तकनीकों के चलते, आपके निर्णय पूर्वाग्रहों से ग्रस्त होंगे। अगर आप आज ही इंस्टाग्राम के अपने उपयोग में सुधार लाना चाहते हैं तो यह तय करने का आपका निर्णय अपेक्षाकृत कमजोर होगा कि इंस्टाग्राम की आपके जीवन में क्या भूमिका होनी चाहिए। जबकि अगर आप तीस दिनों तक इंस्टाग्राम से दूर रहने के बाद ये निर्णय लेंगे तो वह कहीं बेहतर और कारगर सिद्ध होगा।

हालाँकि मैंने पहले भी उल्लेख किया था कि अनावश्यक डिजिटल गतिविधियों से छुटकारा पाने की प्रक्रिया को सिर्फ डीटॉक्स के रूप में देखना गलत होगा। इसके पीछे आपका लक्ष्य सिर्फ डिजिटल तकनीकों से कुछ दिनों का ब्रेक लेना मात्र नहीं है बल्कि अपने डिजिटल जीवन में स्थाई परिवर्तन लाने की शुरुआत करना भी है। डीटॉक्स तो सिर्फ इस बदलाव की ओर उठाया गया एक कदम है।

इसी बात को ध्यान में रखते हुए याद रखें कि अनावश्यक डिजिटल गतिविधियों से छुटकारा पाने की प्रक्रिया के दौरान तकनीक संबंधी नियमों का पालने करने के अलावा भी आपकी कुछ जिम्मेदारियाँ होंगी। प्रक्रिया की सफलता सुनिश्चित करने के लिए इस अवधि के दौरान ही आपको एक बार फिर से यह पता लगाना होगा कि हमेशा चालू रहनेवाली चमचमाती डिजिटल मशीनों से परे आपके लिए क्या महत्वपूर्ण और आनंददायक है। प्रक्रिया के अंत में वैकल्पिक तकनीकों को वापस अपने जीवन में जगह देने से पहले इसका पता लगाना बहुत जरूरी है। इस किताब के भाग-२ में मैं अपने इस तर्क को और विस्तार से सामने रखूँगा कि अगर आप आसानी से ध्यान भटकानेवाली डिजिटल मशीनों की जगह लेने के लिए, अपने जीवन में उच्च गुणवत्तावाले विकल्प खोज लेते हैं तो जीवन में डिजिटल मशीनों की भूमिका सीमित करने के मामले में आपकी सफलता की संभावना और बढ़ जाएगी। कई लोगों के लिए आदतन फोन का उपयोग करना, दरअसल एक किस्म के खालीपन को भरने

की कोशिश होती है। यह खालीपन अपने फुरसत के पल बिताने के बेहतर तरीके विकसित न कर पाने के चलते पैदा होता है। आसानी से ध्यान भटकानेवाली चीज़ों का उपयोग कम करना लेकिन उससे पैदा होनेवाले खालीपन को न भरना, आपके जीवन को अप्रिय और उबाऊ बना सकता है – यह ऐसी चीज़ है, जो न्यूनतमवाद अपनाने की आपकी कोशिशों को खोखला कर सकती है।

तीस दिनों की इस प्रक्रिया के दौरान यह पता लगाना कि आपके लिए क्या महत्वपूर्ण और आनंददायक है इसलिए भी मायने रखता है क्योंकि प्रक्रिया के अंत में वैकल्पिक तकनीकों को वापस अपने जीवन में जगह देने के दौरान यह जानकारी आपका मार्गदर्शन करेगी। जैसा कि पहले भी कहा जा चुका है, इसका उद्देश्य ये है कि आपके जीवन में जो चीज़ें सचमुच मायने रखती हैं, उनके निमित्त तकनीक को काम में लाया जा सके। इसका अर्थ ये हुआ कि तकनीक के प्रति इस दृष्टिकोण को अपनाने के लिए यह स्पष्टता बहुत जरूरी है कि वास्तव में असली लक्ष्य क्या है।

अच्छी ख़बर ये है कि तीस दिनों के मेरे सामूहिक प्रयोग में भाग लेनेवाले ढेरों वॉलेंटियर्स ने पाया कि अपनी डिजिटल मशीनों की लत लगने से पहले वे जिन अन्य गतिविधियों का आनंद उठाया करते थे, उन्हें दोबारा अपनाना अपेक्षा से अधिक आसान है। उनायज़ा नामक एक छात्रा हर रोज अपनी शाम रेडिट को ब्राउज करते हुए बिताती थी। लेकिन फिर अनावश्यक डिजिटल गतिविधियों से छुटकाने पाने की अपनी प्रक्रिया के दौरान वह पहले की तरह एक बार फिर अपना समय कॉलेज या स्थानीय लाइब्रेरी से ली गई किताबें पढ़ने में बिताने लगी। उसने मुझे बताया, ''उन तीस दिनों में मैंने साढ़े आठ किताबें पढ़ डालीं। जबकि इससे पहले मैं सोच भी नहीं सकती थी कि यह संभव हो सकता है।'' इसी तरह पेशे से बीमा एजेंट मेलिसा ने इन तीस दिनों की अवधि में सिर्फ तीन किताबें ही पढ़ीं, पर इसके साथ-साथ उसने अपने घर की अलमारियों को फिर से व्यवस्थित किया, दोस्तों के साथ कई बार डिनर पर गई और अपने भाई के साथ आमने-सामने बैठकर पहले की तुलना में ज्यादा बातचीत की। वह बताती है, ''काश मेरे भाई ने भी इस प्रयोग में हिस्सा लिया होता क्योंकि जब भी हम बातचीत करते थे तो वह बस अपने फोन के साथ उलझा रहता था, जिससे मुझे बड़ी झुंझलाहट होती थी।'' इसके अलावा मेलिसा ने इसी अवधि के दौरान अपने लिए एक नया घर ढूँढ़ना भी शुरू कर दिया था, जबकि इससे पहले वह लंबे समय से इसे टाल रही थी क्योंकि उसे लगता था कि उसके पास इसके लिए समय ही नहीं है। अनावश्यक डिजिटल गतिविधियों से छुटकारा पाने की

प्रक्रिया के तीस दिन पूरे होते-होते अंततः उसने अपने लिए एक मनचाहा घर ढूँढ़ लिया।

तीस दिनों की इस प्रक्रिया में खुशबू ने पाँच किताबें पढ़ डालीं। उसके लिए यह एक बड़ी बात थी क्योंकि पिछले तीन साल में पहली बार ऐसा हुआ था, जब उसने खुद अपनी मर्जी से किताबें पढ़ी हों। इसके साथ ही उसने पेंटिंग और कोडिंग जैसे अपने पुराने शौक फिर से अपना लिए थे। उसने बताया, ''मुझे पेंटिंग और कोडिंग करना हमेशा से पसंद था। लेकिन जब मैंने कॉलेज जाना शुरू किया तो ये सब बंद हो गया क्योंकि मुझे लगने लगा कि मेरे पास इतना समय नहीं है कि ये सब जारी रख सकूँ।'' इसी तरह जब केलेब ने इच्छानुरूप की जानेवाली एनालॉग गतिविधियों को आज़माना शुरू किया तो उसने डायरी लिखना और रात को सोने से पहले किताब पढ़ना शुरू कर दिया। इसके अलावा उसने रिकॉर्ड प्लेयर पर रिकॉर्ड्स सुनना भी शुरू कर दिया और वह भी शुरू से लेकर अंत तक, बिना इयरबड्स लगाए और बिना स्किप बटन के, जिसे अधीर होने पर दबाया जा सकता हो - उसके लिए यह अनुभव - स्पॉटीफाय खोलकर सबसे अच्छा गीत ढूँढ़ने की सामान्य आदत की तुलना में - कहीं ज़्यादा समृद्ध साबित हुआ। वहीं मारियाना नामक एक गृहिणी और माँ, अपनी तीस दिनों की इस प्रक्रिया के दौरान रचनात्मक कार्यों के साथ इतनी गहनता से जुड़ी कि उसने तय किया कि वह अपनी रचनाओं को दुनिया को सामने रखने और अन्य कलाकारों के साथ जुड़ने के लिए एक ब्लॉग शुरू करेगी। इसी तरह पेशे से इंजीनियर केग्र ने बताया, ''पिछले हफ्ते मैं लंबे समय बाद स्थानीय लाइब्रेरी में गया। जब से मेरे बच्चे बड़े हुए, तब से मेरा लाइब्रेरी जाना बंद हो गया था... मैं ये देखकर खुश था कि वहाँ की ढेर सारी किताबों में से सात किताबें मुझे बड़ी दिलचस्प लगीं।''

मेरे सामूहिक प्रयोग में भाग लेनेवाले कई अभिभावकों की तरह ही टैराल्ड ने भी अपना समय और ध्यान अपने परिवार पर केंद्रित करना शुरू कर दिया। इससे पहले वह इस बात से परेशान था कि जब वह अपने बेटों के साथ समय बिताता है तो उसका ध्यान कितना ज़्यादा भटका रहता है। उसने बताया कि पार्क में खेलते समय जब उसके बच्चों को कोई नई चीज़ पता चलती और वे दौड़े-दौड़े उसके पास आकर उसे बताते तो वह उन पर ठीक से गौर तक नहीं कर पाता था क्योंकि उसका सारा ध्यान अपने फोन पर केंद्रित रहता था। टैराल्ड के अनुसार, ''मुझे एहसास होने लगा कि बार-बार फोन पर न्यूज अपडेट्स देखने की अपनी अंतहीन आदत के चलते,

कैसे मैं अपने बच्चों की छोटी-छोटी खुशियों का हिस्सा ही नहीं बन पाया। तीस दिनों की इस अवधि के दौरान उसने अपने बच्चों के साथ सचमुच समय बिताने से मिलनेवाली संतुष्टि का दोबारा अनुभव किया, जो इससे पहले बच्चों के पास होकर भी फोन पर आँखें गड़ाकर रखने के चलते उसे नहीं मिल रही थी। उसके लिए यह देखना सचमुच एक अनोखा अनुभव होता है कि पार्क में मौजूद सारे अभिभावकों में से वह इकलौता ऐसा है, जो अपने फोन में नहीं उलझा है।

इसी तरह ब्रूक ने भी पाया कि अब वह अपने बच्चों से अपेक्षाकृत अधिक स्पष्ट इरादों के साथ बातचीत करने लगी है। उसके लिए यह कोई इंजीनियर किया हुआ बदलाव नहीं था। बल्कि यह तो उसके लिए अनावश्यक डिजिटल गतिविधियों से छुटकारा पाने की प्रक्रिया का सहज परिणाम था। जिसके चलते अब उसे अपना जीवन कहीं ज़्यादा शांत लगने लगा और उसका ध्यान भटकना कम हो गया। इसलिए अब वह उन चीज़ों पर ध्यान केंद्रित कर सकती थीं, जो उसके लिए सचमुच मायने रखती थी। अब वह फिर से अपना पियानो बजाने लगी थी और एक बार फिर सिलाई-कढ़ाई करना सीखने लगी थी - स्पष्ट है कि जब आप अनावश्यक डिजिटल गतिविधियों से छुटकारा पाकर अपने आपको प्राथमिकता देने लगते हैं तो आपका कीमती समय बचने लगता है, जिसे आप अपने जीवन की महत्वपूर्ण चीज़ों के लिए उपयोग कर सकते हैं।

तीस दिनों की इस प्रक्रिया के अपने अनुभव के बारे में बताते हुए ब्रूक ने मुझसे जो कहा, वह दरअसल उसके जैसे कई अन्य लोगों के समान अनुभव को बयाँ करता है। ब्रूक के अनुसार, ''महीनेभर के लिए अनावश्यक डिजिटल गतिविधियों से दूरी बनाने से मुझे वह स्पष्टता मिली, जिसका मुझे एहसास तक नहीं था... अब मैं एक ऐसे बिंदु पर पहुँच गई हूँ, जहाँ से देख सकती हूँ कि दुनिया के पास मुझे देने के लिए डिजिटल गतिविधियों के अलावा भी बहुत कुछ है!''

. . .

इस चरण के मुख्य बिंदु संक्षेप में इस प्रकार हैं:

* अनावश्यक डिजिटल गतिविधियों से छुटकारा पाने की प्रक्रिया के पहले एक या दो सप्ताह आपको संभवत: काफी मुश्किल लगेंगे और बार-बार मन में उन डिजिटल तकनीकों के उपयोग की इच्छा उठेगी, जो मना हैं। लेकिन जल्द ही ये भावनाएँ विलीन होने लगेंगी, जिसके परिणामस्वरूप आपके अंदर यह

भाव आएगा कि आपका डीटॉक्स हो रहा है। यह आपके लिए तब उपयोगी सिद्ध होगा, जब तीस दिनों की इस अवधि के बाद स्पष्ट निर्णय लेने का समय आएगा।

* हालाँकि अनावश्यक डिजिटल गतिविधियों से छुटकारा पाने की प्रक्रिया का उद्‍देश्य सिर्फ उन तकनीकों से दूरी बनाकर आनंददायी समय बिताना भर नहीं है, जिन्होंने आपके जीवन में घुसपैठ कर रखी है। महीनेभर चलनेवाली इस प्रक्रिया के दौरान आपको जितना हो सके, उच्च-गुणवत्तावाली गतिविधियों को आज़माना चाहिए ताकि अपने उस समय का उचित उपयोग कर सकें, जो वैकल्पिक तकनीकों से दूरी बनाने के कारण खाली बच रहा है। यह आपके लिए ऐसी अवधि होनी चाहिए, जिसमें आप ज़ोरदार ढंग से तमाम गतिविधियों का हिस्सा बनेंगे और नई-नई चीज़ें आज़माएँगे।

* आप यही चाहेंगे कि इस प्रक्रिया के अंत में उन गतिविधियों को फिर से पहचान लें, जो आपको सच्ची संतुष्टि देती हैं ताकि पूरे आत्मविश्वास के साथ एक बेहतर जीवन जी सकें - ऐसा जीवन जिसमें तकनीक अपेक्षाकृत अधिक सार्थक लक्ष्यों को हासिल करने में केवल सहायक भूमिका निभाती हो।

तीसरा कदम: तकनीक को अपने जीवन में दोबारा जगह दें

तीस दिन के ब्रेक के बाद आता है, इस प्रक्रिया का अंतिम चरण यानी ''वैकल्पिक तकनीकों को अपने जीवन में दोबारा जगह देना।'' यह आपकी अपेक्षा से ज़्यादा मुश्किल कार्य है।

अनावश्यक डिजिटल गतिविधियों से छुटकारा पाने के मेरे सामूहिक प्रयोग में भाग लेनेवाले कुछ वॉलेंटियर्स ने इसे एक आम डिजिटल डीटॉक्स की तरह लिया - तीस दिन की अवधि पूरी होने के बाद उन्होंने सारी वैकल्पिक तकनीकों को अपने जीवन में दोबारा जगह दे दी। लेकिन ऐसा करना गलत है। प्रक्रिया के इस आखिरी कदम का उद्‍देश्य होता है, एक नई शुरुआत करना और सिर्फ उन्हीं तकनीकों को दोबारा अपनाना, जो आपके सख्त न्यूनतमवादी मापदंडों में खरी उतरती हों। यहाँ आप जो सावधानी बरतेंगे, उसी से तय होगा कि इस प्रक्रिया से आपके जीवन में स्थाई परिवर्तन की शुरुआत होगी या नहीं।

इसे ध्यान में रखते हुए, आपको हर उस तकनीक को लेकर एक महत्वपूर्ण सवाल पूछना होगा, जिसे आप अपने जीवन में दोबारा जगह देने की सोच रहे हैं। ये सवाल है: ''क्या यह तकनीक सीधे तौर पर किसी ऐसी चीज़ में सहायक है, जो मेरे लिए सचमुच मायने रखती है?'' इस एक शर्त पर ही आपको इन डिजिटल सुविधाओं को दोबारा अपनाना चाहिए। यहाँ यह तथ्य बेमानी हो जाता है कि इन तकनीकों से आपको कुछ फायदा भी होता है - एक डिजिटल न्यूनतमवादी, तकनीक का उपयोग उन चीज़ों को कारगर बनाने के लिए करता है, जो उसके जीवन में सबसे ज़्यादा महत्वपूर्ण हैं और उसे इस बात से कोई शिकायत नहीं होती कि इसके चलते वह बाकी चीज़ों से वंचित रह जाता है। उदाहरण के लिए, यहाँ पहला सवाल पूछते समय अपना ध्यान बँटाने की कोशिश में ट्विटर ब्राउज करने से कोई लाभ नहीं होता है। जबकि दूसरी ओर इंस्टाग्राम पर अपने चचेरे भाई के नन्हे बच्चे की तस्वीरें देखने और उन पर प्रतिक्रिया देने का लाभ ये है कि इससे आप अपने परिवार को दिए जानेवाले महत्त्व को रेखांकित करते हैं।

एक बार जब कोई तकनीक, इस सवाल द्वारा की जानेवाली जाँच में उचित सिद्ध हो जाती है तो फिर उसे एक और कठिन मापदंड से गुज़रना चाहिए यानी आपको एक और सवाल पूछना चाहिए: ''क्या इस तकनीक को अपनाना उस चीज़ को सहयोग करने का सर्वश्रेष्ठ तरीका है, जो मेरे लिए सचमुच महत्वपूर्ण है?'' आज हम ऐसी कई तकनीकों को उचित ठहराने लगे हैं, जो हमारा कीमती समय नष्ट करती हैं और ध्यान भटकाती हैं, जबकि जिन चीज़ों की हम सचमुच परवाह करते हैं, उनके साथ उन तकनीकों का बड़ा ही सतही संबंध होता है। इसके विपरीत एक न्यूनतमवादी इन संबंधों के महत्त्व का आंकलन करता है और सबसे सुदृढ़ संबंधों को छोड़कर बाकी सबसे प्रभावित नहीं होता। इंस्टाग्राम पर अपने चचेरे भाई के नन्हे बच्चे की तस्वीरें देखने और उन पर प्रतिक्रिया देने के उपरोक्त उदाहरण पर विचार करें। गौर कीजिए कि यह गतिविधि इस तथ्य के चलते एक हद तक उचित समझी जा सकती है कि आप अपने परिवार को बहुत महत्त्व देते हैं। लेकिन इस बारे में अगला महत्वपूर्ण सवाल यह है कि क्या इंस्टाग्राम पर तस्वीरें ब्राउज करना परिवार के महत्त्व को रेखांकित करने का सर्वश्रेष्ठ तरीका है? इसके बारे में थोड़ा सोच-विचार करने के बाद संभवत: इस सवाल का जवाब ''ना'' ही होगा। वास्तव में इसके बजाय अपने चचेरे भाई को महीने में एक बार फोन करना या ऐसा ही कोई अन्य साधारण का कार्य, आपसी संबंध बनाकर रखने का कहीं ज़्यादा प्रभावी तरीका होगा।

अगर कोई तकनीक इन दोनों सवालों पर खरी उतरती है तो उसे वापस अपने जीवन में जगह देने से पहले आपको एक आखिरी सवाल पूछना होगा, ''आगे मैं इस तकनीक का उपयोग कैसे करूँगा कि मुझे इसका अधिकतम फायदा और न्यूनतम नुकसान हो?'' मैंने इस किताब के दूसरे भाग में इस बिंदु पर चर्चा की है कि अटेंशन इकोनॉमी पर चलनेवाली कई कंपनियाँ ये चाहती हैं कि आप उनकी सर्विस को सिर्फ इसी तरीके से देखें कि या तो आप उसका उपयोग करते हैं या फिर नहीं। इससे उन्हें कुछ ऐसे फीचर्स के जरिए आपको अपने ईकोसिस्टम की ओर आकर्षित करने का मौका मिलता है, जो आपको उपयोगी लगते हैं। और फिर एक बार जब आप उनके ''यूजर'' बन जाते हैं तो फिर अटेंशन इंजीनियरिंग का इस्तेमाल करके, वे आपके सामने ढेर सारे विकल्प पेश करती रहती हैं ताकि आपने जिस उद्देश्य से उस डिजिटल सर्विस का उपयोग शुरू किया था, वह पूरा होने के बाद भी आप उनकी सर्विस में उलझे रहें।

डिजिटल न्यूनतमवादी इसका सामना उन मानक संचालन प्रक्रियाओं को बनाए रखते हुए करते हैं, जिनसे यह निर्धारित किया जाता है कि वे अपने जीवन में डिजिटल उपकरणों का उपयोग कब और कैसे करेंगे। एक डिजिटल न्यूनतमवादी कभी भी यह नहीं कहेगा कि ''मैं फेसबुक का उपयोग इसलिए करता हूँ क्योंकि यह मेरे सामाजिक जीवन में सहायक है।'' इसके बजाय वह कोई स्पष्ट बात सामने रखेगा, जैसे ''मैं हर शनिवार को अपने कंप्यूटर पर फेसबुक चेक करता हूँ ताकि देख सकूँ कि मेरे रिश्तेदार और दोस्त क्या कर रहे हैं; मैं अपने फोन में फेसबुक एप नहीं रखता; मैंने अपनी फ्रेंड लिस्ट को छोटा कर सिर्फ उन्हीं लोगों को रखा है, जिनके साथ मेरे सार्थक संबंध हैं,'' वगैरह।

इस न्यूनतमवादी जाँच-प्रक्रिया का सारांश

अनावश्यक डिजिटल गतिविधियों से छुटकारा पाने की प्रक्रिया के अंत में किसी वैकल्पिक तकनीक को दोबारा अपने जीवन में जगह देने के जरूरी है कि वह :

1. किसी ऐसी चीज़ में सहयोगी हो, जो आपके लिए बहुत मायने रखती है (सिर्फ कुछेक फायदे मिलना काफी नहीं है।)
2. उसका उपयोग, उस चीज़ को सहयोग करने का सर्वश्रेष्ठ तरीका हो, जो आपके लिए सचमुच महत्वपूर्ण है? (अगर ऐसा नहीं है तो फिर कुछ ऐसा

आज़माएँ जो उससे बेहतर हो।)

3. उसकी आपके जीवन में एक स्पष्ट भूमिका हो, जो उन मानक संचालन प्रक्रियाओं द्वारा निर्धारित हो, जो यह स्पष्ट करती हैं कि आपको उसका उपयोग कब और कैसे करना है।

आप इस जाँच-प्रक्रिया को ऐसी किसी भी तकनीक पर लागू कर सकते हैं, जिसे आप अपनाने की सोच रहे हैं। हालाँकि जब आप अनावश्यक डिजिटल गतिविधियों से छुटकारा पाने की प्रक्रिया के अंत में इसे लागू करते हैं तो यह खासतौर पर प्रभावी सिद्ध होती है क्योंकि तकनीकी गतिविधियों से तीस दिन का ब्रेक लेने के चलते आपके अंदर इस बात को लेकर एक खास किस्म की स्पष्टता आ जाती है कि आपके लिए जीवन में क्या मायने रखता है और क्या नहीं। साथ ही आपके अंदर यह आत्मविश्वास भी पैदा होता है कि आप हमेशा डिजिटल यथास्थिति में अटके रहें, इसकी आपको कोई जरूरत नहीं है। अगर आप भी मेरे सामूहिक प्रयोग में भाग लेनेवाले वॉलेंटियर्स जैसे ही हैं तो उपरोक्त जाँच-प्रक्रिया के अनुसार वैकल्पिक तकनीकों को दोबारा अपनाने के लिए जरूरी कदम उठाने के बाद, आपको अपने जीवन में तकनीक की भूमिका बिलकुल अलग नज़र आएगी।

उदाहरण के लिए डे नामक एक इलेक्ट्रिकल इंजीनियर को अनावश्यक डिजिटल गतिविधियों से छुटकारा पाने की प्रक्रिया के दौरान एहसास हुआ कि वह बार-बार ऑनलाइन जाकर न्यूज अपडेट्स चेक करने का कितना आदी हो गया है और इसके चलते हमेशा कितना बेचैन रहने लगा है – खासकर राजनीतिक रूप से आक्रामक लेख पढ़ने पर वह कितना बेचैन हो जाता है। ''मैंने अपनी तीस दिनों की इस प्रक्रिया में ऑनलाइन न्यूज से पूरी तरह दूरी बना ली और यह मुझे सचमुच बहुत अच्छा लगा,'' उसने मुझे बताया। ''अज्ञानता कभी-कभी वाकई बड़ी आनंददायक होती है।'' प्रक्रिया पूरी होने के बाद, उसे यह एहसास भी हुआ कि न्यूज से पूरी तरह दूर रहना संभव नहीं है लेकिन साथ ही उसे ये भी समझ आ गया कि दर्जनों ई-मेल न्यूजलेटर्स को सब्सक्राइब करके रखना और लगातार ब्रेकिंग न्यूज साइट्स को चेक करना, जानकारी हासिल करने का सर्वश्रेष्ठ तरीका नहीं है। अब वह दिन में सिर्फ एक बार AllSides.com पर जाता है, जो महत्वपूर्ण खबरें देनेवाली एक वेबसाइट है। खास बात ये है कि यह वेबसाइट अपनी हर खबर के साथ तटस्थ रूप से तीन अलग-अलग लेखों के लिंक भी उपलब्ध कराती है: जिसमें से एक वामपंथी स्रोत से जुड़ा होता है, दूसरा दक्षिणपंथ स्रोत से, जबकि तीसरा केंद्रवादी स्रोत से। असल

में अपने पाठकों को खबरें उपलब्ध कराने का यह प्रारूप राजनीतिक खबरों की उस भावनात्मक आक्रामकता को कम करने का एक तरीका है, जो आजकल काफी आम हो गई है। इस प्रारूप की मदद से डे को सारी खबरें भी मिल जाती हैं और उसकी बेचैनी भी नहीं बढ़ती।

इसी तरह केट ने भी लगातार न्यूज चेक करने की अपनी समस्या को सुलझाया। उसने बार-बार न्यूज पढ़ना बंद करके, हर सुबह प्रमुख खबरों का एक पॉडकास्ट सुनना शुरू कर दिया - इससे उसे खबरें भी मिल जातीं और वह यूँ ही बेवजह लगातार बेकार की न्यूज ब्राउज करने से भी बच जाती। इसके विपरीत माइक को एहसास हुआ कि लगातार ऑनलाइन न्यूज चेक करने से बचने के लिए एक पुरातन तकनीक – यानी रेडियो को अपनाना ज़्यादा प्रभावी होगा। उसे समझ आया कि कोई काम करते समय अगर वह अपने पीछे रेडियो पर एनपीआर स्टेशन लगा दे तो उसके काम की गति बनी रहती है और साथ ही वह इंटरनेट न्यूज के कई सारे बुरे पहलुओं से प्रभावित होने से बच जाता है। इसी तरह रेमेल ने भी एक पुरातन तकनीक को अपनाया: खबरों पर नज़र रखने के लिए बार-बार अपनी सोशल मीडिया फीड चेक करने के बजाय अब वह न्यूयॉर्क यूनिवर्सिटी के अपने हॉस्टल में रोज का अखबार मँगवाने लगा है।

अनावश्यक डिजिटल गतिविधियों से छुटकारा पाने के मेरे सामूहिक प्रयोग में भाग लेनेवाले बहुत से वॉलेंटियर्स ने अपेक्षा के अनुसार सोशल मीडिया का उपयोग पूरी तरह बंद कर दिया, जबकि इससे पहले सोशल मीडिया पर उनका बहुत सा कीमती समय खर्च हो रहा था। सोशल मीडिया आपके जीवन में अक्सर सामाजिक दबाव के चलते और साथ ही अस्पष्ट फायदे देने के नाम पर प्रवेश करता है, इसीलिए जब इसे उपरोक्त जाँच-प्रक्रिया से गुजरना पड़ता है तो यह टिक नहीं पाता। हालाँकि मेरे प्रयोग में भाग लेनेवालों के बीच एक चीज़ और आम थी - 'कुछ विशेष उद्‌देश्यों के लिए सोशल मीडिया को सीमित रूप से दोबारा अपने जीवन में जगह देना।' पर ये वॉलेंटियर्स संचालन प्रक्रिया के जरिए बड़ी कठोरता के साथ सोशल मीडिया को अपने वश में रखते थे, न कि खुद उसके गुलाम बनते थे।

उदाहरण के लिए मरियाना ने खुद को, सप्ताह में सिर्फ एक बार अपनी सोशल मीडिया फीड चेक करने की अनुमति दे रखी है। इसी तरह एनरिक नामक एक सेल्स इंजीरियर ने मुझे बताया कि "मुझे सबसे ज़्यादा नुकसान ट्विटर से हुआ," इसलिए अब उसने भी खुद को सप्ताह में सिर्फ एक बार अपनी सोशल मीडिया फीड चेक

करने की अनुमति दी हुई है। जबकि रेमेल और टाराल्ड ने तय किया कि अपने फोन से सोशल मीडिया एप्स डिलीट कर देना ही काफी होगा। क्योंकि उन्हें महसूस हुआ कि मोबाइल एप के बजाय, अपने डेस्कटॉप कंप्यूटर पर वेब ब्राउजर के जरिए सोशल मीडिया का उपयोग करने में जो अतिरिक्त झंझट होती है, उसके चलते, उनका उपयोग सिर्फ कुछ विशेष उद्देश्यों की पूर्ति तक ही सीमित रहेगा।

इस प्रयोग में भाग लेनेवाले कुछ लोगों का एक दिलचस्प अनुभव ये था कि वे वैकल्पिक तकनीकों को अपने जीवन में वापस जगह देने के लिए बड़े उत्सुक थे, पर जब उन्होंने ऐसा किया तो उन्हें एहसास हुआ कि अब उनकी इन तकनीकों में कोई रुचि नहीं रह गई है। उदाहरण के लिए केट ने अपना अनुभव कुछ इस तरह साझा किया:

> ''जिस दिन मेरी तीस दिनों की यह प्रक्रिया पूरी हुई, मैं बड़ी खुशी के साथ तत्काल फेसबुक, डिस्कॉर्ड और अपने पुराने ब्लाग्स की ओर लौटी ताकि फिर से उनका भरपूर उपयोग कर सकूँ – लेकिन फिर करीब ३० मिनट तक बिना किसी उद्देश्य के ब्राउज करने के बाद मैंने खुद से पूछा कि आखिर मैं ये क्यों कर रही हूँ? ये तो सचमुच बड़ा ही... ऊबाऊ है? और इससे मुझे वास्तव में कोई खुशी भी नहीं मिल रही है। अनावश्यक डिजिटल गतिविधियों से छुटकारा पाने की इस प्रक्रिया से गुजरने के बाद ही मुझे इस बात का एहसास हुआ कि ये तकनीकें मेरे जीवन को कोई लाभ नहीं पहुँचा रही हैं।''

यह एहसास होने के बाद केट ने दोबारा कभी सोशल मीडिया का उपयोग नहीं किया।

मेरे इस प्रयोग में भाग लेनेवाले कुछ वॉलेंटियर्स ने ये भी पाया कि अगर दोस्तों से रिश्ते निभाने के लिए सोशल मीडिया पर अपनी निर्भरता को कम करना है तो दोस्तों से जुड़े रहने के वैकल्पिक तरीके खोजने होंगे। उदहरण के लिए पेशे से डिजिटल एडवर्टाइजर इलोना ने अपने दोस्तों को कॉल करने और टेक्स्ट मैसेज भेजने के लिए एक नियमित शिड्यूल तय किया – इस तरह उसके लिए अपने गंभीर रिश्तों को निभाना आसान हो गया और इसके लिए उसे बस थोड़ा सा समय देकर दोस्ताना रवैया अपनाना पड़ा। ''अंततः मैंने बस इस तथ्य को स्वीकार कर लिया कि कभी न कभी ऐसा होगा, जब मैं उनके जीवन की कुछ महत्वपूर्ण चीज़ों का हिस्सा नहीं बन पाऊँगी लेकिन फिर भी यह मेरे लिए सार्थक था क्योंकि इस बहाने मेरी वह मानसिक

ऊर्जा बच रही थी, जो पहले सोशल मीडिया पर खर्च हो जाती थी।''

इस प्रयोग में भाग लेनेवाले अन्य वॉलेंटियर्स ने वैकल्पिक तकनीकों को वापस अपने जीवन में जगह देने के दौरान संचालन प्रक्रियाओं को अपनाया। ट्रैवेल इंडस्ट्री में काम करनेवाली लंदनवासी एबी ने अपने फोन से वेब ब्राउजर हटा दिया – जबकि ऐसा करना कोई साधारण बात नहीं है। एबी का कहना था, ''मुझे एहसास हुआ कि मुझे हर चीज़ का जवाब तुरंत जानने की जरूरत नहीं है।'' इसके बाद उसने मेट्रो के सफर के दौरान होनेवाली ऊब से बचने के लिए वह तरीका अपनाया, जो बहुत पुराना है – एक नोटबुक निकालकर उसमें अपने विचार दर्ज करना। इसी तरह केलेब ने अपने फोन के इस्तेमाल को कुछ इस तरह प्रतिबंधित किया – रात 9 बजे से सुबह 7 बजे के बीच फोन का इस्तेमाल मना है। वहीं पेशे से कंप्यूटर इंजीनियर रॉन ने अपने लिए सिर्फ दो वेबसाइट्स का कोटा तय कर लिया – जिन्हें वह नियमित रूप से विजिट कर सकता है – यह उसके लिए एक बड़ा सुधार था क्योंकि इससे पहले वह 40 से भी अधिक वेबसाइट्स को बार-बार विजिट करने के लिए निरंतर चक्र में उलझा रहता था। दूसरी ओर 19 साल की रेबेका ने अपने लिए एक घड़ी खरीदी और इस तरह अपने रोज के अनुभव को पूरी तरह बदल दिया। हो सकता है कि बड़ी उम्र के पाठकों को ये एक साधारण बात लगे लेकिन 19 साल की रेबेका के लिए यह एक ऐसा कदम था, जो सोच-समझकर और स्पष्ट इरादों के साथ उठाया गया था। ''मेरा अनुमान है कि 75 फीसदी मौकों पर अनुत्पादकता के अंधे कुंए में गिरने के पीछे कारण यही था कि मैं हर समय अपने फोन में ही उलझी रहती थी।''

. . .

इस चरण के मुख्य बिंदु संक्षेप में इस प्रकार हैं:

* वैकल्पिक तकनीकों से महीनेभर का ब्रेक लेने से आप अपने डिजिटल जीवन का अगला दौर शुरू करने के लिए तैयार हो जाते हैं। अब आप न्यूनतमवादी दृष्टिकोण रखते हुए सोच-समझकर, स्पष्ट इरादों के साथ अपने डिजिटल जीवन की एक नई शुरुआत कर सकते हैं। इसके लिए आपको हर उस वैकल्पिक तकनीक को तीन चरणों की जाँच-प्रक्रिया द्वारा परखना है, जिसे आप अपने जीवन में दोबारा जगह देने की सोच रहे हैं।
* इस प्रक्रिया से आपको एक ऐसा डिजिटल जीवन विकसित करने में मदद मिलेगी, जिसमें नई तकनीकें आपके गहन मूल्यों को आपकी अनुमति के

बिना नष्ट नहीं कर पाएँगी बल्कि उन्हें लाभ पहुँचाने के लिए काम करेंगी। वैकल्पिक तकनीकों को अपने जीवन में दोबारा जगह देते समय सावधानी बरतने के चलते, आपको सोच-समझकर और स्पष्ट इरादों के साथ निर्णय लेने में भी मदद मिलेगी और इस तरह लिए गए निर्णय ही आपको एक डिजिटल न्यूनतमवादी के रूप में परिभाषित करेंगे।

भाग २

दस्तूर

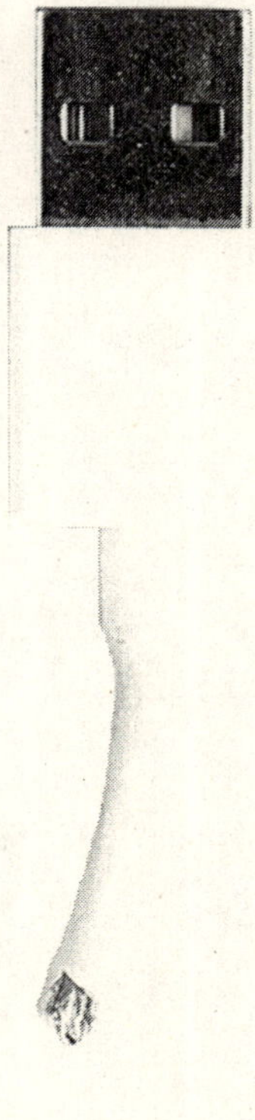

4

अकेले समय बिताएँ

जब एकांत ने देश को बचाया

वॉशिंग्टन डीसी में नेशनल मॉल से उत्तर की ओर सेवेन्थ स्ट्रीट पर आगे बढ़ते हुए आपको फ्लैट्सवाली इमारतें और स्मारकीय शिलाओं से निर्मित वास्तुकला देखने को मिलती है। फिर करीब दो मील तक आगे चलने के बाद एक कतार में ईंटों से बने घर दिखाई पड़ने लगते हैं। साथ ही शहर के निकटवर्ती इलाकों - शॉ, फिर कोलंबिया हाइट्स और अंत में पेटवर्थ - के भीड़भरे रेस्त्रां भी नज़र आने लगते हैं। पेटवर्थ होते हुए इस रास्ते से आने-जानेवाले अधिकांश लोगों को इस बात का एहसास तक नहीं होता कि यहाँ से पूर्व दिशा की ओर बस कुछेक ब्लॉक्स आगे जाकर कंक्रीट की बाउंड्री वॉल से घिरा एक विशेष स्थान है, जिसके दरवाजे पर हमेशा एक सैनिक तैनात रहता है - यहाँ के माहौल में एक अद्‌भुत शांति का एहसास होता है।

यह दरअसल आर्म्ड फोर्सेस (सशस्त्र बल) का रिटायरमेंट होम है। ऊँचाई पर स्थित इस भवन से देखने पर वॉशिंग्टन डीसी का शहरी इलाका साफ नज़र आता है। सन 1851 में इसका निर्माण तब हुआ, जब काँग्रेस के दबाव के चलते सरकार ने बैंकर जार्ज रिग्स से यह जमीन खरीदी ताकि यहाँ देश के हालिया युद्धों में विकलांग हुए पूर्व सैनिकों के लिए निवास स्थान बनाया जा सके। उन्नीसवीं शताब्दी के उस दौर में इस सोल्जर्स होम (जो इसका मूल नाम था) के चारों ओर सिर्फ ग्रामीण इलाका था। जबकि आज इसके चारों ओर का इलाका एक व्यस्त शहर में तब्दील हो चुका है। फिर भी जब आप इस भवन के मुख्य दरवाजे से अंदर आते हैं तो यहाँ आपको मुक्ति का एहसास होता है - मुझे भी ठीक यही एहसास हुआ था, जब मैं इस किताब की रिसर्च के सिलसिले में गर्मियों की एक दोपहर में यहाँ आया था। इसके परिसर में आने के बाद, मैं जितना आगे बढ़ता गया, शहर का शोर उतना ही

कम होता गया: यहाँ हरे-भरे बगीचे थे, सालों पुराने पेड़ थे, चहचहाते पक्षी थे और पास ही स्थित एक चार्टर स्कूल के मैदान में खेलते बच्चों के ठहाकों की आवाजें थीं। मैंने जैसे ही अपनी गाड़ी को विजिटर्स पार्किंग लॉट की ओर मोड़ा, मुझे उसकी पहली झलक नज़र आई, जिसे देखने के लिए मैं यहाँ तक आया था - गॉथिक रिवाइवल शैलीवाली पैंतीस कमरों की विशाल ''कॉटेज,'' जिसे मूल रूप से जॉर्ज रिग्स ने बनवाया था। हाल ही में इसका कायाकल्प किया गया था ताकि इसे फिर से वही रूप दिया जा सके, जैसी यह 1860 के दौर में नज़र आती होगी।

यह कॉटेज अब एक राष्ट्रीय ऐतिहासिक स्थल है क्योंकि किसी ज़माने में यहाँ एक प्रसिद्ध हस्ती का अक्सर आना होता था: दरअसल 1862 से 1864 के बीच हर बार गर्मी और पतझड़ के मौसम में राष्ट्रपति अब्राहम लिंकन यहाँ आया करते थे। वे घोड़े की सवारी करते हुए यहाँ से व्हाइट हाउस तक आया-जाया करते थे। लेकिन यह भवन सिर्फ इसलिए महत्वपूर्ण नहीं है क्योंकि किसी जमाने में यहाँ राष्ट्रपति आकर ठहरते थे। असल में इसका महत्त्व कहीं ज़्यादा है। रिसर्च से पता चलता है कि इस कॉटेज के एकांत में रहकर शांति से सोच-विचार करने का जो माहौल मिलता है, उसके चलते संभवत: राष्ट्रपति लिंकन को भी, अमेरिकी गृहयुद्ध के आघात को समझने और उससे निपटने के लिए मुश्किल निर्णय लेने में इस स्थान की महत्वपूर्ण भूमिका रही होगी।

एकांत जैसी साधारण सी चीज़ ने हमारे देश के इतिहास को आकार दिया, यह विचार ही मुझे राष्ट्रपति लिंकन की इस कॉटेज तक खींचकर लाया था ताकि मैं इसके बारे में और ज़्यादा जान सकूँ।

. . .

व्हाइट हाउस से दूर जाकर मुक्त महसूस करने की लिंकन की प्रवृत्ति को समझने के लिए आपको पहले यह समझना होगा कि सिर्फ एक बार काँग्रेसमैन रहे इस अनुभवी व्यक्ति का जीवन तब कैसा रहा होगा, जब उसे सबसे मुश्किल समय में अप्रत्याशित रूप से देश चलाने की जिम्मेदारी मिली थी। शपथ-ग्रहण समारोह में अपना मशहूर भाषण ''बेटर एंजेल ऑफ अवर नेचर'' देकर उन्होंने टूटकर बिखर रही यूनियन को यह भरोसा दिलाने का प्रयास किया था कि मौजूदा कठिनाईयों को सहा जा सकता है। पर इसके तत्काल बाद लिंकन देश के प्रति अपने कर्तव्यों को पूरा करने और लगातार अपनी एकाग्रता भंग होने के बवंडर में उलझ गए। इतिहासकार विलियम मिलर लिखते हैं, ''राष्ट्रपति लिंकन को साँस लेने की भी फुरसत नहीं थी।

अपने कार्यकाल के शुरुआती दिनों में उन्हें राष्ट्रपति कार्यालय में सहज होकर यह विचार-विमर्श करने का अवसर भी नहीं मिला कि देश के लिए उन्हें जो कुछ भी हासिल करना है, उस दिशा में सावधानीपूर्वक कदम कैसे बढ़ाए जाएँ।'' इसके बजाय – जैसा कि मिलर अपने विशेष अंदाज में कहते हैं – ''अपने कार्यकाल के पहले क्षण में ही उनके कंधों पर बड़े-बड़े निर्णय लेने का बोझ आ पड़ा, जिसमें वे दबकर रह गए।'' यहाँ मिलर अपनी बात बढ़ा-चढ़कर नहीं कह रहे हैं। बाद में लिंकन ने खुद अपने दोस्त सीनेटर ऑरविल ब्राउनिंग को बताया था: ''शपथ-ग्रहण समारोह के बाद अपने ऑफिस के इस कमरे में कदम रखते ही मुझे जो पहली चीज़ दी गई, वह थी, मेजर एंडरसन की एक चिट्ठी, जिसमें लिखा था कि उनकी रसद का सामान खत्म होनेवाला है।'' दरअसल मेजर एंडरसन चार्ल्सटन स्थित सम्टर के उस किले के कमांडर थे, जिसे चारों ओर से घेर लिया गया था – यह वो आखिरी बिंदु था, जहाँ गृह युद्ध का खतरा मंडरा रहा था। ऐसे में तत्काल यह निर्णय लेना जरूरी था कि सम्टर का बचाव करना है या उसे खाली करके वहाँ मौजूद अपने लोगों को सकुशल वापस लाना है। यह उन तमाम विकट संकटों में से पहला संकट था, जिनका सामना लिंकन को उस यूनियन के नेता के रूप में हर रोज करना पड़ रहा था, जो टूटने की कगार पर थी।

ऐसे कठिन दौर में लिंकन के पास जो थोड़ा-बहुत समय बचता, वह एक नेता के तौर पर देश के प्रति अन्य दायित्वों को निभाने में खर्च हो जाता। लिंकन से जुड़े मामलों के जानकार हेरॉल्ड होल्ज़र लिखते हैं, ''अपने कार्यकाल के पहले दिन से ही लिंकन के ऑफिस में जनता की भीड़ लगने लगी। व्हाइट हाउस की सीढ़ियों और कॉरिडोर में बड़ी तादाद में लोग आकर जमा हो जाते। कुछ लोग तो खिड़कियों से चढ़कर अंदर आ धमकते और कई लोग राष्ट्रपति के ऑफिस के बाहर तंबू लगाकर बैठ जाते। ये सब अपने लिए रोज़गार की अर्ज़ी लगाने या अन्य व्यक्तिगत कामों के लिए आते थे। इन लोगों में लिंकन की पत्नी मैरी के दोस्त और ढेरों रिश्तेदार भी शामिल थे। व्हाइट हाउस हिस्टॉरिकल एसोसिएशन के अभिलेखागार में पत्थर पर उकेरा हुआ एक चित्र इस दौर के रिकॉर्ड के रूप में खासतौर पर संभालकर रखा गया है। लिंकन द्वारा राष्ट्रपति पद की शपथ लेने के एक महीने बाद इस चित्र को मूलत: एक अखबार में प्रकाशित किया गया था। यह चित्र दरअसल उस दौर की वास्तविकता का सारांश है। इसमें ऊँचे हैट पहने दो दर्जन लोग उस कमरे के दरवाजे के ठीक बाहर इकट्ठा दिखाए गए हैं, जहाँ लिंकन अपनी कैबिनेट के सदस्यों के साथ बैठकें किया करते थे। चित्र के शीर्षक में बताया गया है कि ये लोग यहाँ

इसलिए पहुँचे थे ताकि जैसे ही राष्ट्रपति लिंकन सामने आएँ तो वे उनसे तत्काल अपने लिए रोज़गार की माँग कर सकें।

हालाँकि अंततः लिंकन ने इस स्थिति को बेहतर बनाने का प्रयास भी किया। उन्होंने यह व्यवस्था कराई कि लोग बारी-बारी से आकर अपनी माँग रख सकें। लिंकन मज़ाक में कहते थे, ''यह वैसा ही है, जैसे नाई की दुकान पर बाल कटवाने या हजामत बनवाने के लिए लोग अपनी बारी आने का इंतजार करते हैं।'' हालाँकि फिर भी – जैसा कि होल्ज़र कहते हैं – लिंकन से आकर मिलनेवालों की तादाद इतनी अधिक थी कि उनका सबसे ज़्यादा समय और ऊर्जा इसी में खर्च होता था।'' इस पूरी हलचल के बीच राष्ट्रपति लिंकन अपना आधा समय सोल्जर्स होम की शांत कॉटेज में बिताते थे। इसके लिए वे हर रोज रात में व्हाइट हाउस से निकलकर घोडे की सवारी करते हुए लंबा सफर तय करके सोल्जर्स होम की कॉटेज तक पहुँचते थे। आप समझ सकते हैं कि वे ऐसा क्यों करते थे। दरअसल यहाँ आकर उन्हें वह मिलता था, जो व्हाइस हाउस में मिलना असंभव था – शांत वातावरण में सोच-विचार करने का समय।

राष्ट्रपति लिंकन की पत्नी मैरी और उनका बेटा टैड सोल्जर्स होम में उनके साथ ही रहते थे। (दूसरी ओर उनका बड़ा बेटा रॉबर्ट परिवार से दूर कॉलेज में पढ़ाई कर रहा था।) लेकिन लिंकन का परिवार अक्सर यात्राएँ करता रहता था इसलिए लिंकन इस कॉटेज में ज़्यादातर अकेले ही होते थे। हालाँकि वे यहाँ कभी पूरी तरह अकेले नहीं रहे; उनके परिवार के स्टाफ के अलावा 150वें पेंसिल्वेनिया वॉलेंटियर्स की दो कंपनियाँ उनकी सुरक्षा के लिए सोल्जर्स होम के लॉन में तंबू लगाकर तैनात रहा रहती थी। कॉटेज में बिताया जानेवाला समय खास इसलिए था क्योंकि यहाँ लगातार उनके समय और ध्यान की माँग करनेवाले लोग नहीं थे; हालाँकि सुरक्षाबलों के साथ होने के चलते वे असल में कभी अकेले नहीं होते थे लेकिन सोल्जर्स होम में उन्हें अपने विचारों के साथ एकांत में रहने का मौका जरूर मिल जाता था।

आज हम जानते हैं कि लिंकन ने सोच-विचार करने के लिए इस एकांत और शांत वातावरण का पूरा लाभ उठाया क्योंकि कॉटेज में उनसे मिलने आनेवाले बहुत से लोगों ने इस बात का उल्लेख किया है कि उनके आने से लिंकन के एकांत में खलल पड़ता था। उदाहरण के लिए जॉन फ्रेंच नामक एक ट्रेजरी कर्मचारी ने अपने एक पत्र में इस बात का वर्णन किया है कि एक बार जब वह गर्मियों के मौसम में अपने दोस्त कर्नल स्कॉट ड्युरिंग के साथ शाम के समय बिना बताए लिंकन से

मिलने जा पहुँचा तो वहाँ क्या हुआ। जॉन फ्रेंच ने अपने पत्र में उस दृश्य का वर्णन कुछ इस तरह किया है:

> हमने दरवाजे की घंटी बजाई। एक नौकर आया और हमें अंदर एक छोटे से वेटिंग-रूम की ओर ले गया, जहाँ हल्के प्रकाश में श्रीमान लिंकन अपना कोट और जूते उतारकर अकेले बैठे हुए थे। उनके हाथ में एक ताड़ के पत्तेवाला पंखा था... वे एक विशाल कुर्सी पर आराम से फैलकर बैठे हुए थे और उन्होंने अपना एक पैर कुर्सी के हत्थे पर रखकर लटका रखा था। उन्हें देखकर यह समझना मुश्किल नहीं था कि वे गहन सोच-विचार में डूबे हुए हैं।

राजधानी से निकलकर ग्रामीण इलाकों से गुजरते हुए कॉटेज तक पहुँचने की अपनी यात्रा में भी लिंकन को सोच-विचार करने का समय मिल जाता था। आज हम जानते हैं कि लिंकन के लिए एकांत का यह स्रोत बहुत महत्वपूर्ण था क्योंकि वे कभी-कभी अपनी सुरक्षा के लिए नियुक्त घुड़सवार सैनिकों की कंपनी के बिना ही कॉटेंज से राजधानी की ओर वापस निकल पड़ते थे। लेकिन यह कोई ऐसा निर्णय नहीं था, जो वे यूँ ही हल्के में ले लिया करते हों। क्योंकि इससे पहले एक बार सेना ने इसी रास्ते पर उनकी हत्या की साजिश का पर्दाफाश भी किया था। इसके अलावा, एक बार इसी रास्ते पर उनके ऊपर गोली भी चलाई गई थी।

हो सकता है कि सोच-विचार के लिए मिलनेवाले इस समय से लिंकन को यह लाभ हुआ हो कि उनके कार्यकाल के दौरान महत्वपूर्ण मौकों पर उनकी प्रतिक्रिया और परिष्कृत होकर सामने आई हो। उदाहरण के लिए लोककथाओं से पता चलता है कि गृहयुद्ध के दौरान एक बार जब वे भाषण देने के लिए ट्रेन से पेन्सिलवेनिया स्थित गेटीसबर्ग जा रहे थे तो उन्होंने अपना भाषण ट्रेन में ही लिखा था। बाद में उनका यह भाषण बहुत लोकप्रिय हुआ और आज इसे गेटीसबर्ग भाषण के नाम से याद किया जाता है। हालाँकि आमतौर पर वे अपने भाषणों को इस तरह तैयार नहीं करते थे: महत्वपूर्ण मौकों पर दिए जानेवाले भाषणों के लिए वे अक्सर कई सप्ताह पहले ही काम शुरू कर देते थे। आज जो गैर-लाभकारी संस्था सोल्जर्स होम की उस कॉटेज की देखरेख करती है, उसके कार्यकारी निर्देशक एरिक कार्लसन मास्ट ने मुझे बताया कि गेटीसबर्ग भाषण से कुछ सप्ताह पहले...

> लिंकन जब इस कॉटेज में आकर ठहरे हुए थे तो रात के समय वे अक्सर सेना के शमशान में अकेले टहलने निकल जाया करते थे। चूँकि वे अपने

साथ कोई डायरी या जर्नल नहीं रखते थे इसलिए ये कहना मुश्किल है कि उस समय उनके मन में कैसे विचार उठते होंगे लेकिन हम इतना जरूर जानते हैं कि अपना वह यादगार भाषण लिखने से पहले वे यहाँ आए थे और इस भयावह सच्चाई से जूझ रहे थे कि न जाने कितने सैनिकों ने इस युद्ध की कीमत अपनी जान देकर चुकाई है।

इसी कॉटेज में रहकर लिंकन ने अमेरिका में दास-प्रथा का अंत करने की घोषणा पर भी सोच-विचार किया था। दक्षिणी दासों को आज़ाद करने की आवश्यकता और उनकी यह आज़ादी कैसी होगी, ये दोनों ही ऐसे जटिल सवाल थे, जिनसे लिंकन प्रशासन जूझ रहा था - खासकर ऐसे समय में, जब हर किसी पर यह डर हावी था कि कहीं वे कन्फेडरेट स्टेट्स (सात गुलाम राज्यों का समूह) से पराजित होकर सीमावर्ती गुलाम-राज्यों को खो न दें। महत्वपूर्ण मुद्दों पर चर्चा करने के लिए सीनेटर ऑरवेल ब्राउनिंग जैसे आगंतुकों को लिंकन इस कॉटेज में आमंत्रित भी करते थे। यह भी मशहूर है कि यहाँ के मैदानों में टहलते समय राष्ट्रपति अपने विचारों का रिकॉर्ड रखने के लिए उन्हें कागज के टुकड़ों पर लिखकर अपनी हैट की लाइनिंग में रख लिया करते थे।

अंततः लिंकन ने दास-प्रथा के अंत की घोषणा का शुरुआती मसौदा इस कॉटेज में ही तैयार किया। जब मैंने सोल्जर्स होम का दौरा किया तो मुझे उस डेस्क को देखने का मौका मिला, जिस पर बैठकर लिंकन ने उन महत्वपूर्ण शब्दों को लिखा था। यह डेस्क ऊँची छतवाले उनके बेडरूम में दो ऊँची खिड़कियों के बीच रखी हुई थी। इन खिड़कियों से भवन के पीछे का लॉन नज़र आता था। जब लिंकन वहाँ बैठते होंगे तो उन्हें उस लॉन में डेरा डाले यूनियन के सैनिकों के तंबू लगे हुए नज़र आते होंगे। और वहाँ से कुछ मील की दूरी पर देश की राजधानी का गुंबद भी नज़र आता होगा, जो उस समय, देश की तरह ही, निर्माणाधीन था।

हालाँकि मैंने उस कॉटेज में जो डेस्क देखी थी, वह लिंकन की मूल डेस्क की प्रतिकृति थी। क्योंकि मूल डेस्क को वहाँ से हटाकर व्हाइट हाउस में लिंकन के बेडरूम में रख दिया गया था। यह भी अपने आपमें एक विडंबना ही है क्योंकि अगर उन्हें अपने आधिकारिक निवास की हलचल के बीच - जहाँ ध्यान केंद्रित करना असंभव था - इस ऐतिहासिक कार्य को पूरा करने के लिए मजबूर किया जाता तो इसके लिए उन्हें निश्चित ही और अधिक संघर्ष करना पड़ता।

. . .

युद्ध के कठिन समय में राष्ट्रपति जैसा महत्वपूर्ण पद संभालने की लिंकन की क्षमता, एकांत में सोच-विचार करने से बढ़ी। इसलिए हम ज़रा अतिशयोक्ति के साथ कह सकते हैं कि एक लिहाज से देखा जाए तो एकांत ने देश को बचाने में मदद की।

इस अध्याय का लक्ष्य है, यह तर्क सामने रखना कि एकांत में समय बिताकर लिंकन को जो लाभ मिला, वह सिर्फ ऐतिहासिक हस्तियों या बड़े-बड़े निर्णय लेनेवालों तक ही सीमित नहीं है। क्योंकि एकांत की नियमित खुराक से हर किसी को लाभ होता है। यहाँ इस बात का उल्लेख करना भी जरूरी है कि जो व्यक्ति लंबे समय तक ऐसा करने से बचता है, वह उसी तरह कष्ट सहता रहता है, जिस तरह व्हाइट हाउस में अपने शुरुआती समय में लिंकन ने सहा था। उम्मीद है कि आगे के पन्नों में अपनी बातों से मैं आपको यह यकीन दिला सकूँगा कि भले ही आप अपने डिजिटल ईकोसिस्टम को कैसा भी रूप देने का निर्णय लें, पर आपको लिंकन के उदाहरण का अनुसरण करना चाहिए और अपने दिमाग को एकांत की नियमित खुराक देनी चाहिए क्योंकि एक महत्वपूर्ण जीवन जीने के लिए यह जरूरी है।

एकांत का महत्व

एकांत पर उपयोगी ढंग से चर्चा करने से पहले हमें यह समझना होगा कि इस शब्द का असल मतलब क्या है। इस मामले में मदद के लिए हम मार्गदर्शकों की एक जोड़ी की ओर रुख कर सकते हैं: रेमंड केथलेज और माइकल इरविन।

केथलेज यूनाइटेड स्टेट्स कोर्ट ऑफ अपील्स के छठे सर्किट में सेवारत एक सम्मानीय जज हैं।[1] जबकि इरविन एक पूर्व सेना-अधिकारी हैं, जो ईराक और अफगानिस्तान, दोनों देशों में तैनात रह चुके हैं। ये दोनों पहली बार 2009 में मिले थे। तब इरविन एन आर्बर में तैनात थे और ग्रेजुएशन की पढ़ाई कर रहे थे। हालाँकि उम्र और जीवन के अनुभवों के मामले में केथलेज और इरविन के बीच कोई समानता नहीं थी लेकिन इसके बावजूद एकांत के प्रति एक-दूसरे की दिलचस्पी को पहचानने में उन्हें ज़्यादा समय नहीं लगा। केथलेज लंबी अवधि तक एकांत में सोच-विचार करके ही अपनी प्रसिद्ध व तीखी कानूनी राय लिखा करते हैं। इसके लिए वे अक्सर एक खलिहान में देवदार की लकड़ीवाली साधारण सी डेस्क का उपयोग करते है,

---

[1] संभवत: आपको रेमंड केथलेज का नाम जाना-पहचाना लगेगा। क्योंकि 2018 में एंथनी केनेडी की जगह सुप्रीम कोर्ट के जज के पद के लिए राष्ट्रपति डोनाल्ड ट्रम्प द्वारा चयनित चार उम्मीदवारों की लिस्ट में एक नाम केथलेज का भी था।

जहाँ कोई इंटरनेट कनेक्शन नहीं होता। वे कहते हैं, ''अपने उस 'ऑफिस' में बैठकर मेरा आईक्यू 20 अंक बढ़ जाता है।''

वहीं दूसरी ओर इरविन को युद्धक्षेत्र में अपनी सेवाएँ देकर लौटने पर जिन कठिन भावनाओं का सामना करना पड़ा, उनसे निपटने के लिए वे मिशिगन के मक्के के खेतों के किनारे लंबी दौड़ लगाया करते थे। वे मज़ाक में कहते हैं, ''मैं ऐसा इसलिए करता था क्योंकि लंबी दौड़ लगाना थेरेपी लेने से ज़्यादा सस्ता होता है।''

अपनी शुरुआती मुलाकात के बाद जल्द ही केथलेज और इरविन ने तय किया कि वे एकांत के विषय पर एक किताब लिखेंगे। यह किताब लिखने में उन्हें सात साल का समय लगा और 2017 में 'लीड योरसेल्फ फर्स्ट' शीर्षक के साथ इसका प्रकाशन हुआ। यह किताब एक ठोस तर्क के साथ - एक फेडरल जज और एक पूर्व सैन्य अधिकारी से ठोस तर्क की उम्मीद करना स्वाभाविक ही है - एकांत में सोच-विचार करने के महत्त्व को रेखांकित करती है। अपनी यह बात सामने रखने से पहले दोनों लेखक एकांत की एक सटीक परिभाषा भी देते हैं, जो निश्चित ही उनका सबसे मूल्यवान योगदान है। दरअसल बहुत से लोग यह मान लेते हैं कि 'एकांत' का अर्थ है, दूसरों से भौतिक रूप से अलग-थलग रहना - यानी उनके अनुसार 'एकांत' के लिए आपको दूसरों से मीलों दूर जाकर किसी निर्जन स्थान पर बने केबिन में रहना होगा। 'एकांत' का ऐसा गलत अर्थ निकालने के चलते इसका एक अलग ही मानक तय हो जाता है - और वह मानक है 'अलगाव,' जिस पर नियमित रूप से खरा उतरना अधिकांश लोगों के लिए अव्यवहारिक होता है। जबकि केथलेज और इरविन के अनुसार 'एकांत' का संबंध इस बात से है कि आपके दिमाग में क्या चल रहा है, न कि इस बात से कि आपके चारों ओर का वातावरण कैसा है। वे एकांत को एक व्यक्तिपरक अवस्था के रूप में परिभाषित करते हैं, जिसमें आपका दिमाग, दूसरे दिमागों से आनेवाले इनपुट से मुक्त होता है।

आप एक भीड़-भाड़वाली कॉफी शॉप या मेट्रो ट्रेन की बोगी में भी एकांत का आनंद उठा सकते हैं। इसी तरह आप राष्ट्रपति लिंकन की तरह एक ऐसी कॉटेज में भी एकांत अनुभव कर सकते हैं, जिसके लॉन में यूनियन सैनिकों की दो कंपनियाँ तैनात हों। बस इसके लिए जरूरी है कि आपका दिमाग अपने स्वयं के विचारों के अलावा किसी और चीज़ से न जूझ रहा हो। वहीं दूसरी ओर अगर आप दूसरे दिमागों के इनपुट को घुसपैठ करने की अनुमति देते हैं तो एक बेहद शांत स्थान में रहकर भी एकांत का अनुभव करना असंभव हो सकता है। किसी अन्य व्यक्ति के

साथ बातचीत के दौरान उसकी ओर से आनेवाले इनपुट के अलावा, किताब पढ़ते समय, टीवी देखते समय, पॉडकास्ट सुनते समय या मोबाइल स्क्रीन की ओर ध्यान आकर्षित करनेवाली किसी गतिविधि के दौरान भी ऐसे इनपुट आ सकते हैं। एकांत के लिए जरूरी है कि दूसरों द्वारा पैदा की जा रही सूचना पर प्रतिक्रिया देने के बजाय आप सिर्फ अपने विचारों और अनुभवों पर ध्यान केंद्रित करें – फिर चाहे जगह कोई भी हो।

एकांत मूल्यवान क्यों है? केथलेज और इरविन इसके कई लाभों के बारे में विस्तार से बताते हैं। इनमें से अधिकांश लाभ उस अंतर्दृष्टि और भावनात्मक संतुलन से संबंधित हैं, जो बिना किसी जल्दबाजी के शांत मन से किए गए आत्म-चिंतन से आता है। इन दोनों लेखकों ने जो भी केस-स्टडीज सामने रखी हैं, उनमें से सबसे गहन केस-स्टडी मार्टिन लूथर किंग जूनियर से जुड़ी हुई थी। केथलेज और इरविन के अनुसार किंग मॉन्टगॉमरी बस बहिष्कार[2] में किंग की भागीदारी बड़े ही बेतरतीब ढंग से शुरू हुई थी। मार्टिन लूथर किंग जूनियर शहर के एक पढ़े-लिखे और करिश्माई नेता थे। उसी समय में एनएएसीपी की स्थानीय इकाई ने सार्वजनिक बसों में श्वेत अमेरिकियों और अफ्रीकी-अमेरिकियों को अलग-अलग बिठाए जाने की अलगाववादी नीतियों के खिलाफ आवाज उठाने का निर्णय लिया। इसके बाद 1955 में किंग को नवगठित मॉन्टगॉमरी इम्प्रूवमेंट एसोसिएशन का नेता बनाने के लिए नामांकित कर दिया गया, जबकि उस समय किंग इसके लिए तैयार नहीं थे। इसीलिए उन्होंने अनिच्छा से हामी भरते हुए कहा था, ''अगर आपको सचमुच लगता है कि मैं आपके काम आ सकता हूँ तो ठीक है।''

जैसे-जैसे दिन बीते, यह बहिष्कार भी बढ़ता गया, जिसके चलते किंग के नेतृत्व और उनकी व्यक्तिगत सुरक्षा, दोनों पर दबाव बढ़ने लगा। यह दबाव खासतौर पर इसलिए भी इतना तीव्र था क्योंकि किंग ज़्यादा सोचे-समझे बिना ही इस बहिष्कार से जुड़ गए थे। अंततः यह दबाव खत्म हुआ 27 जनवरी 1956 को, जब किंग को जेल से रिहा किया गया। किंग के जीवन में यह पहला मौका था, जब उन्हें जेल जाना पड़ा। उन्हें संगठित तरीके से किए गए पुलिस उत्पीड़न के तहत जेल भेजा गया था। जेल से रिहा होने के बाद जब किंग रात को अपने घर पहुँचे, तब तक उनकी पत्नी और नन्हीं बेटी सो चुके थे। उन्हें एहसास हुआ कि अब वह

[2] नस्लीय भेदभाव के खिलाफ किया गया वह बहिष्कार, जिसने अमेरिका में अफ्रीकी-अमेरिकी नागरिक अधिकार आंदोलन की नींव रखी।

समय आ गया है, जब उन्हें यह स्पष्ट करना होगा कि वे असल में क्या हैं। हाथ में कॉफी का मग लिए किचन टेबल पर अकेले बैठकर सोच-विचार करते हुए किंग ने ईश्वर से प्रार्थना की। उन्होंने उस एकांत को अपना लिया, जो उनसे की जा रही माँगों को समझने के लिए जरूरी था। यही वह जगह थी, जहाँ उन्हें अपने सवालों के जवाब मिले। इन जवाबों से ही उन्हें वह साहस मिल सका, जो आनेवाली चुनौतियों से जूझने के लिए जरूरी था :

> और उस क्षण मुझे ऐसा लगा, जैसे मैं अपनी अंतरात्मा की आवाज सुन सकता हूँ, जो मुझसे कह रही है कि ''मार्टिन, नेकी के लिए उठ खडे हो। न्याय के लिए आवाज उठाओ। सच के लिए लड़ो।''

बाद में जीवनी लेखक डेविड गैरो ने इसका वर्णन किंग के जीवन की सबसे महत्वपूर्ण रात के तौर पर किया।

. . .

निस्संदेह इरविन और केथलेज ऐसे पहले टिप्पणीकार नहीं हैं, जिन्होंने एकांत के महत्त्व पर ध्यान दिया हो। वास्तव में इसके लाभों को एनलाइटेनमेंट (यूरोपीय ज्ञानोदय का युग) के शुरुआती वर्षों से ही पहचाना जाने लगा था।[3] सत्रहवी सदी के उत्तरार्ध में ब्लेज पास्कर की यह बात काफी प्रसिद्ध रही कि ''मानवता की सारी समस्याएँ इसलिए पैदा होती हैं क्योंकि मनुष्य किसी एकांत कमरे में जाकर अकेले बैठने में अक्सर असमर्थ होता है।'' इसके आधी सदी बाद, वहाँ से एक महासागर बराबर दूरी पर बैठे बेंजामिन फ्रैंकलिन ने अपनी डायरी में यह मुद्दा उठाया, ''मैंने एकांत के बारे में बहुत सारी अच्छी चीज़ें पढ़ी हैं... मेरे लिए एकांत का अर्थ है - एक व्यस्त दिमाग को आराम देकर तरोताज़ा करनेवाला सुखद अल्पाहार।''

एकांत में सोच-विचार करने का महत्त्व अकादमी ने देर से पहचाना। विख्यात अंग्रेज मनोचिकित्सक एंथनी स्टॉर ने 1988 में सॉलीट्यूड: ए रिटर्न टू द सेल्फ शीर्षक से प्रकाशित अपनी प्रभावशाली किताब के जरिए इस चूक को सुधारने में अपना योगदान दिया। स्टॉर के अनुसार, 1980 का दशक आते-आते मनोविश्लेषण पर अंतरंग व्यक्तिगत संबंधों के महत्त्व का जुनून सवार हो गया और इसे मानवीय खुशी

---

[3] एकांत का अध्ययन प्राचीन काल से ही धार्मिक संदर्भ में विभिन्न रूपों में किया जाता रहा है, जहाँ यह लंबे समय तक परमात्मा से जुड़ने और नैतिक अंतर्ज्ञान को बढ़ाने में मददगार सिद्ध हुआ है। मैंने इस सूत्र को इतिहास के बाद के दौर से जोड़कर मुख्यत: संक्षिप्त जानकारी देने की कोशिश की है।

का सबसे महत्वपूर्ण स्रोत माना जाने लगा। लेकिन स्टॉर ने इतिहास का जो अध्ययन किया था, वह इस परिकल्पना का समर्थन करता नज़र नहीं आ रहा था। स्टॉर ने अपनी किताब की शुरुआत एडवर्ड गिबन के इस उद्धरण से की थी कि ''दूसरों से होनेवाली बातचीत हमारी समझ को समद्ध करती है लेकिन प्रतिभा एकांत में ही निखरती है।'' इसके बाद स्टॉर ने बड़े ही साहस के साथ लिखा, ''गिबन की यह बात निश्चित ही सच है।''

एडवर्ड ने हमेशा एक एकांतवासी का जीवन जीया लेकिन उन्होंने न सिर्फ बेहद प्रभावशाली किताबें लिखीं बल्कि उन्हें देखकर यह भी लगता है कि वे अपने जीवन में काफी खुश रहे होंगे। स्टॉर कहते हैं कि ''अधिकांश कवियों, उपन्यासकारों और संगीतकारों'' का लंबे समय तक अकेले रहना आम बात थी। वे डेस्कार्टेस, न्यूटन, लॉक, पास्कल, स्पिनोज़ा, कान्ट, लैबनिट्ज, शोपेनहॉवर, नीत्शे, किर्केगार्ड और विट्गेन्स्टाइन जैसी महान हस्तियों का उदाहरण देते हैं, जिनका न कोई परिवार था और न ही कभी उन्होंने घनिष्ट व्यक्तिगत संबंधों को ज़्यादा बढ़ावा दिया, फिर भी उनका जीवन उल्लेखनीय रहा। स्टॉर का निष्कर्ष है कि अंतरंग संबंधों को मानव समृद्धि की अनिवार्य शर्त मान लेना गलत है। क्योंकि खुशी और उत्पादकता, दोनों के लिए एकांत भी उतना ही महत्वपूर्ण हो सकता है।

''यह ध्यान देने योग्य है कि फ्रैंकलिन ने एकांत के महत्त्व को रेखांकित करनेवाली अपनी इस बात के बाद यह चेतावनी भी दी कि एक ''सामाजिक व्यक्ति'' के लिए अकेले बहुत लंबा समय बिताना अच्छा नहीं होता। उन्होंने चुटकी लेते हुए कहा था, ''अगर ये विचारशील लोग (जो एकांत को महत्त्व देते हैं) हमेशा अकेले रहने के लिए बाध्य होते तो मुझे लगता है कि उन्हें जल्द ही यह महसूस हो जाता कि उनका अपना अस्तित्व ही उसके लिए असहनीय हो गया है।''

यहाँ इस तथ्य को नज़रअंदाज नहीं किया जा सकता कि उल्लेखनीय जीवन जीनेवाली हस्तियों की जो सूची स्टॉर ने प्रस्तुत की है या ऊपर जो अन्य ऐतिहासिक उदाहरण दिए गए हैं, वे सिर्फ पुरुषों की बात करते हैं। इस पर वर्जीनिया वुल्फ ने 1929 के अपने फेमिनिस्ट मनिफेस्टो ए रूम ऑफ वन्स ओन में कहा था – ''इस असंतुलन पर हमें आश्चर्य नहीं होना चाहिए।'' आज अगर वुल्फ जीवित होतीं तो स्टॉर की इस बात से सहमत होतीं कि मौलिक और सृजनात्मक विचारों के लिए एकांत पहली शर्त है लेकिन फिर वे यह भी कहतीं कि महिलाओं को जानबूझकर कभी यह गुंजाइश दी ही नहीं गई कि उन्हें एकांत नसीब हो और वे इस मानसिक

अवस्था तक पहुँच सकें। वुल्फ के लिए एकांत सिर्फ एक सुखद बदलाव नहीं बल्कि उस मानसिक उत्पीड़न से आज़ादी पाने जैसा है, जो एकांत न मिलने से पैदा होता है।

वुल्फ के दौर में पुरुष-प्रधान समाज द्वारा महिलाओं को इस आज़ादी से वंचित रखा गया। जबकि वर्तमान दौर में हम ध्यान भटकानेवाली डिजिटल स्क्रीन को प्राथमिकता देकर खुद ही अपना मानसिक उत्पीड़न करते हैं। कनाडाई सामाजिक आलोचक माइकल हैरिस ने 2017 में प्रकाशित अपनी किताब में इसी मुद्दे को उठाया है। स्टॉर की तरह हैरिस की किताब का शीर्षक भी सॉलीट्यूड ही है। हैरिस की चिंता ये है कि नई तकनीकें एक ऐसी संस्कृति का निर्माण कर रही हैं, जो एकांत में बैठकर सोचने-समझने के विचार को ही कमजोर कर देती है। वे कहते हैं, ''जब संसाधन पर हमला होने लगे तो उससे निपटना जरूरी हो जाता है।'' हैरिस ने इस विषय से जुड़े प्रासंगिक साहित्य का अवलोकन करने के बाद एकांत के तीन महत्वपूर्ण लाभ गिनाए हैं: ''नए विचार; स्वयं के बारे में एक समझ; और दूसरों से निकटता।''

हम इस सूची के पहले दो लाभों के बारे में पहले ही चर्चा कर चुके हैं लेकिन तीसरा लाभ कुछ हद तक अप्रत्याशित है और इसलिए इसे संक्षेप में समझना निश्चित ही सार्थक होगा - खासकर यह देखते हुए कि ये तब कितनी वास्तविक होगी, जब हम कनेक्टिविटी के प्रभावों के साथ एकांत के तनावपूर्ण संबंधों का पता लगाएँगे। हैरिस तर्क देते हैं - जो कॉमन सेंस के विपरीत लगता है - कि ''अकेले रहने में सक्षम होने का अर्थ... करीबी संबंधों को खारिज करना नहीं बल्कि उन्हें स्वीकार करना है।'' हैरिस के अनुसार, रिश्तों में अलगाव के अनुभव को शांतिपूर्वक स्वीकार करने के बाद जब किसी के साथ आपके पारस्परिक संबंध बनते हैं तो उसके प्रति आपके अंदर सराहना का भाव बढ़ जाता है। हालाँकि इस पर गौर करनेवाले हैरिस पहले व्यक्ति नहीं हैं। कवि और निबंधकार मे सार्टन ने 1972 में अपनी डायरी में इस बिंदु की विचित्रता पर गौर करते हुए लिखा था:

> मैं कई सप्ताह बाद पहली बार यहाँ अकेला हूँ ताकि आखिरकार अपने 'वास्तविक' जीवन को एक बार फिर से जी सकूँ। अजीब बात ये है - कि दोस्तों का साथ और भावुक प्रेम की अंतरंगता भी मुझे तब तक अपने वास्तविक जीवन जैसी नहीं लगती, जब तक मेरे पास अकेले रहकर यह जानने और अनुभव करने का समय न हो कि जो हुआ, वह

क्या था या जो हो रहा है, वह क्या है। पोषित करने के साथ-साथ पागल कर देनेवाला यह जीवन असल में रुकावटों के बिना बिलकुल नीरस हो जाएगा। फिर भी मैं इसका भरपूर अनुभव सिर्फ तभी लेता हूँ, जब मैं अकेला होता हूँ...

वेंडेल बेरी ने इस बिंदु का सारांश और अधिक सारगर्भित ढंग से कुछ इस तरह प्रस्तुत किया, ''हम एकांत में आते हैं और फिर वहाँ अपना अकेलापन भी खो देते हैं।''

. . .

ऊपर दिए गए उदाहरणों जैसे और भी कई उदाहरण हैं, जो एक स्पष्ट निष्कर्ष की ओर संकेत देते हैं: एक मनुष्य के तौर पर समृद्ध होने के लिए एकांत की नियमित खुराक के साथ सामाजिकता की अपनी सहज प्रवृत्ति को बनाए रखना भी जरूरी है। आज इस तथ्य को पहचानना और भी जरूरी हो गया है क्योंकि मानव इतिहास में ऐसा पहली बार हो रहा है, जब एकांत धीरे-धीरे पूरी तरह खत्म होने लगा है। आगे भी मैं इसी पर चर्चा करूँगा।

एकांत का अभाव

यह चिंता नई नहीं है कि आधुनिकता का एकांत के साथ कोई लेना-देना नहीं है। एंथनी स्टॉर 1980 के दशक में ही अपने लेखन के जरिए इस शिकायत को दुनिया के सामने रख चुके हैं कि ''वर्तमान पश्चिमी संस्कृति एकांत की शांति को हासिल करना मुश्किल बना देती है।'' स्टॉर ने जीवन के हर हिस्से में शोर की घुसपैठ के नए प्रमाण के रूप में सार्वजनिक स्थानों पर बजनेवाले हल्के पार्श्व संगीत और ''कार टेलीफोन'' जैसी चीज़ों की ओर इशारा किया, जिसका आविष्कार उस समय नया-नया हुआ था। आज से सौ से भी अधिक वर्षों पहले अमेरिकी प्रकृतिवादी और निबंधकार हेनरी डेविड थोरो ने भी यही चिंता व्यक्त की थी। अपनी मशहूर किताब वॉल्डेन में वे लिखते हैं कि ''हमें मेन से टेक्सस के बीच मैग्नेटिक टेलीग्राफ स्थापित करने की बड़ी जल्दी है लेकिन हो सकता है कि मेन और टेक्सस के पास टेलीग्राफ द्वारा एक-दूसरे से साझा करने के लिए कुछ महत्वपूर्ण हो ही नहीं।'' तो अब हमारे सामने सवाल ये है कि ''क्या हमारा वर्तमान दौर एकांत के लिए एक नया खतरा है, जो उन चीज़ों से कहीं ज़्यादा महत्वपूर्ण हैं, जिन्हें लेकर तमाम टिप्पणीकार दशकों से

शोक मनाते रहे हैं?'' मेरा मानना है कि इस सवाल का जवाब निश्चित ही 'हाँ' है।

आइए अब मेरी इस चिंता को समझने के लिए आईपॉड क्रांति की बात करते हैं, जो इक्कीसवीं सदी के शुरुआती वर्षों में शुरू हुई थी। हालाँकि आईपॉड से पहले भी हमारे पास सोनी के वॉकमैन और डिस्कमैन (और उनके प्रतिस्पर्धी उत्पादों) के रूप में पोर्टेबल म्यूजिक की सुविधा मौजूद थी लेकिन अधिकांश लोगों के जीवन में इन उपकरणों का उपयोग सीमित ही था – यानी ये ऐसी चीज़ें थीं, जिनका इस्तेमाल आप कसरत करते समय या परिवार के साथ लंबी रोड ट्रिप के दौरान अपने मनोरंजन के लिए करते थे। अगर आप 1990 के दशक के शुरुआती दौर में शहर की किसी व्यस्त सड़क पर खड़े होते थे तो आपको ऐसे लोग बहुत कम ही दिखते थे, जो काले रंग के फोमवाला सोनी का इयरफोन पहने काम पर जा रहे हों।

लेकिन अगर 2000 के दशक के शुरुआती दौर की बात करें तो आपको शहर की उसी व्यस्त सड़क पर ढेरों लोग सफेद रंग के इयरबड्स पहने दिख जाते थे। ऑईपॉड ने यह सफलता सिर्फ ढेर सारी यूनिट्स बेचकर हासिल नहीं की बल्कि उसने पोर्टेबल म्यूजिक की पूरी संस्कृति को ही बदलकर रख दिया था। आईपॉड के जरिए अपने पूरे दिन को एक म्यूजिकल बैकड्रॉप देना आम हो गया था, खासकर युवा पीढ़ी के बीच। तभी तो उस ज़माने में अधिकांश युवा घर से निकलते ही कानो में ईयरबड्स पहन लेते थे और फिर तभी उतारते थे, जब किसी दूसरे इंसान के साथ बातचीत करने से बचना असंभव हो जाए।

इस संदर्भ में देखें तो पिछली तकनीकें, जिनके चलते एकांत पर संकट आया – थोरो के टेलीग्राफ से लेकर स्टॉर के कार टेलीफोन तक – उन्होंने ऐसे नए तरीके पेश किए, जिनसे एकांत में सोच-विचार करने में कभी-कभार बाधा डाली जा सके। जबकि आईपॉड ने आकर पहली बार यह स्थिति बनाई कि अपने मन के विचारों से हमारा ध्यान लगातार भटकने लगा। थोरो के समय में तो किसी किसान को जब शाम के टेलीग्राफ डिस्पैच चेक करने होते थे तो उसे बस कुछ देर के लिए ही अपने ग्रामीण इलाके की शांति को पीछे छोड़कर थोड़ी दूर कस्बे तक पैदल जाना पड़ता था। यह ऐसी तकनीक नहीं थी, जो काम में जुटे उस किसान का ध्यान दिनभर भटकाती रहे। जबकि आईपॉड हमें एक ऐसे दौर में धकेल रहा था, जहाँ हम अपने दिमाग से ही विमुख रहने लगें।

आईपॉड से शुरू हुआ ये बदलाव, अपने शिखर पर तब पहुँचा, जब इसका सक्सेसर आईफोन आया – दूसरे शब्दों में कहें तो इक्कीसवीं सदी के दूसरे दशक में

इंटरनेट से जुड़े आधुनिक स्मार्टफोन्स के प्रसार के बाद इस बदलाव का सबसे तीव्र रूप देखने को मिला। हालाँकि आईपॉड हर किसी के हाथों में पहुँच चुका था लेकिन फिर भी ऐसे मौके आते रहते थे, जब या तो इसकी इयरबड्स को कान में लगाकर रखना झंझटभरा होता था (उदाहरण के लिए किसी मीटिंग के लिए अपने बुलावे का इंतज़ार करते समय) या फिर सामाजिक मौकों पर कानों में इयरबड्स लगाकर रखना ज़रा अजीब लगता था (उदाहरण के लिए चर्च सर्विस में चल रहे धीमे भजन के दौरान ऊब महसूस करने पर) लेकिन स्मार्टफोन ने आकर एकांत के इन बचे-खुचे क्षणों को भी हमारे जीवन से खत्म करने के लिए एक नई तकनीक प्रदान की। अब ज़रा सी भी ऊब होने पर आप अपने फोन में उन तमाम एप्स या वेबसाइट्स पर नज़र डाल सकते हैं, जिन्हें इस तरह तैयार किया गया है कि वे आपको अन्य लोगों से आनेवाले इनपुट की त्वरित और संतोषजनक खुराक उपलब्ध कराएँ।

हालाँकि एकांत को आपके जीवन से पूरी तरह खत्म करना संभव नहीं है। थोरो और स्टॉर की चिंता ये थी कि लोगों को अपने जीवन में एकांत का आनंद उठाने का मौका कम मिलेगा। लेकिन आज हमें यह सोचना चाहिए कि क्या एक दिन लोग इस अवस्था को पूरी तरह भूल भी सकते हैं।

. . .

स्मार्टफोन के इस युग में दुर्लभ होते जा रहे एकांत पर होनेवाली चर्चा जिन चीज़ों के चलते जटिल हो जाती है, उनमें से एक यह है कि इस घटना की तीव्रता को कम करके आँकना बहुत आसान है। हालाँकि बहुत से लोग यह तो स्वीकार करते हैं कि वे अपने फोन का इस्तेमाल जरूरत से ज़्यादा करते हैं लेकिन फिर भी उन्हें अक्सर इस तकनीक के प्रभाव की भयावहता का एहसास नहीं होता। न्यू यॉर्क यूनिवर्सिटी के प्रोफेसर एडम ऑल्टर - जिनका परिचय मैं इस किताब में पहले ही दे चुका हूँ - अपनी किताब इरिजिस्टबल में इसकी तीव्रता को कम करके आँकने से जुड़ा एक किस्सा बताते हैं। अपनी किताब के लिए रिसर्च करते समय ऑल्टर ने यह पता लगाने का निर्णय लिया कि वे खुद स्मार्टफोन का कितना इस्तेमाल करते हैं। इसके लिए उन्होंने मोमेन्ट नामक एक एप डाउनलोड किया, जो यह ट्रैक करता है कि आप कितनी बार और कितनी देर तक अपनी मोबाइल स्क्रीन को देखते हैं। एप डाउनलोड करने से पहले ऑल्टर ने अनुमान लगाया कि संभवत: वे दिन में दस बार अपना फोन चेक करते होंगे और उनका स्क्रीन टाइम हर दिन लगभग एक घंटे का होगा।

एक महीने बाद मोमेन्ट एप ने ऑल्टर को सच्चाई से परिचित कराया: ऑल्टर दिन में औसतन चालीस बार अपना फोन चेक करते थे और उनका स्क्रीन टाइम हर दिन लगभग तीन घंटे का होता था। यह ऑल्टर के लिए सचमुच हैरानी की बात थी। उन्होंने मोमेन्ट के एक एप डेवलपर केविन होलेश से संपर्क किया। होलेश ने खुलासा किया कि मोबाइल का इतना अधिक इस्तेमाल आम बात है और ऐसा करनेवाले ऑल्टर अकेले व्यक्ति नहीं है: मोमेन्ट एप का एक औसत यूजर अपने स्मार्टफोन की स्क्रीन देखते हुए हर रोज करीब तीन घंटे खर्च करता है। जबकि सिर्फ 12 फीसदी यूजर्स ही ऐसे हैं, जो हर रोज मोबाइल पर 1 घंटे से कम समय बिताते हैं। मोमेन्ट एप का एक औसत यूजर दिन में 39 बार अपना मोबाइल चेक करता है।

होलेश ने ऑल्टर को यह भी बताया कि ये आँकड़े संभवत: कम ही हैं। क्योंकि जो लोग मोमेन्ट जैसा एप डाउनलोड करते हैं, वे पहले से ही अपने मोबाइल के इस्तेमाल को लेकर थोड़े सावधान होते हैं। ऑल्टर कहते हैं, ''ऐसे स्मार्टफोन यूजर्स की संख्या लाखों में है, जो या तो इतनी परवाह ही नहीं करते कि अपने मोबाइल उपयोग को ट्रैक करें या फिर वे इसकी गंभीरता से अंजान हैं। इसीलिए हो सकता है कि वे हर दिन तीन घंटे से भी ज़्यादा समय अपने फोन पर बिताते हों।''

स्मार्टफोन के उपयोग से जुड़े उपरोक्त आँकड़े सिर्फ यह बताते हैं कि अपने फोन की स्क्रीन देखते हुए आपने कितना समय बिताया। अगर आप इसमें यह भी जोड़ लें कि मोबाइल में म्यूजिक, ऑडियोबुक्स या पॉडकास्ट सुनते हुए आपने कितना समय बिताया – मोमेन्ट एप इनमें से किसी भी किस्म के उपयोग को ट्रैक नहीं करता है – तो यह और स्पष्ट हो जाएगा कि आज लोग एकांत के क्षणों को अपने दैनिक अनुभवों से किस तरह खत्म करने लगे हैं।

आइए अब अपनी चर्चा को और सरल बनाने के लिए इस रुझान को एक नाम दे देते हैं।

एकांत का अभाव

ऐसी अवस्था जिसमें आप दूसरों की ओर से आनेवाले इनपुट से मुक्त रहकर एकांत में सोच–विचार करने में बिलकुल समय नहीं बिताते।

ज़्यादा पुरानी बात नहीं है, जब 1990 के दशक में एकांत के अभाव की स्थिति लाना मुश्किल हुआ करता था। दैनिक जीवन में ऐसी ढेरों परिस्थितियाँ बनती थीं, जहाँ आपको एकांत में सोच–विचार करने का मौका मिल ही जाता था, फिर चाहे

आप चाहें या न चाहें – जैसे किसी कतार में अपनी बारी का इंतजार करते समय, भीड़ भरी मेट्रो में सफर करते समय, सड़क पर पैदल चलते समय या घर के बगीचे में काम करते समय। लेकिन आज, जैसा कि मैंने बताया, एकांत का अभाव सर्वव्यापी हो गया है।

निःसंदेह, यहाँ मुख्य सवाल ये है कि क्या एकांत का यह बढ़ता अभाव हमारे लिए चिंता की बात है? इस सवाल को अमूर्त ढंग से देखने पर इसका जवाब तत्काल स्पष्ट नहीं होता। ''अकेले'' होने का विचार अनाकर्षक लग सकता है और पिछले दो दशकों में हम इस विचार को स्वीकार कर चुके हैं कि अधिक कनेक्टिविटी, कम कनेक्टिविटी के मुकाबले कहीं बेहतर है। उदाहरण के लिए फेसबुक के सह-संस्थापक मार्क जुकरबर्ग ने 2012 में अपनी कंपनी के आईपीओ की घोषणा के आसपास बड़े ही विजयी भाव के साथ लिखा था, ''फेसबुक इस सामाजिक मिशन को पूरा करने के लिए शुरू किया गया कि दुनिया को और अधिक खुला व कनेक्टेड बनाया जा सके।''

कनेक्टिविटी के प्रति यह जुनून साफ तौर पर कुछ ज़्यादा ही आशावादी है और इसकी दिखावटी व आडंबरपूर्ण महत्वाकांक्षा को गंभीरता से न लेना बड़ा आसान है। लेकिन जब एकांत के अभाव को उन विचारों के संदर्भ में देखा जाता है, जिन पर इस अध्याय में पहले ही चर्चा हो चुकी है तो संचार को सोच-विचार से अधिक प्राथमिकता देना चिंता का विषय बन जाता है। जैसे जब आप एकांत से बचने लगते हैं तो इससे मिलनेवाले सकारात्मक लाभों से वंचित रह जाते हैं – जैसे कठिन समस्याओं से निपटने की क्षमता, अपनी भावनाओं को नियंत्रित करने की क्षमता, नैतिक साहस का विकास और रिश्तों में मजबूती। अगर आप एकांत के अभाव से पीड़ित हैं तो आपके जीवन की गुणवत्ता पर नकारात्मक प्रभाव पड़ना तय है।

एकांत को खत्म करने से कुछ ऐसे नए नकारात्मक परिणाम भी सामने आते हैं, जिन्हें हमने हाल ही में समझना शुरू किया है। किसी भी व्यवहार के प्रभाव की जाँच करने का एक अच्छा तरीका है, उन लोगों की आबादी का अध्ययन करना, जो उस व्यवहार को उसकी चरम सीमा तक ले जाते हों। अगर निरंतर कनेक्टिविटी की बात करें तो इसकी चरम सीमाएँ 1995 के बाद पैदा हुए लोगों में बड़ी आसानी से स्पष्ट हो जाती हैं – यह दरअसल वह पहली पीढ़ी है, जिसके पास किशोरावस्था से पहले ही स्मार्टफोन्स, टेबलेट्स और निरंतर मिल रही इंटरनेट कनेक्टिविटी थी। अधिकांश माता-पिता और टीचर्स इस बात के साक्षी रहे हैं कि यह पीढ़ी इन उपकरणों का

लगातार स्थाई उपयोग करती हैं। (यहाँ 'स्थाई' शब्द का उपयोग कोई अतिश्योक्ति नहीं है: कॉमन सेंस मीडिया के 2015 के अध्ययन के अनुसार किशोर उम्र के लोग हर दिन 9 घंटे मीडिया का उपभोग करते हैं, इसमें टेक्स्ट मैसेज और सोशल मीडिया भी शामिल है।) इस लिहाज से यह पीढ़ी दरअसल मानसिक रूप से कोयले की खदान में उस कैनेरी जैसी है, जिन्हें देखकर आनेवाले खतरे का अनुमान लगाया जा सकता है। अगर लगातार एकांत के अभाव से सचमुच समस्याएँ खड़ी हो सकती हैं तो इस पीढ़ी में वे समस्याएँ सबसे पहले नज़र आएँगी।

और वास्तव में हमें यही नज़र आ रहा है।

यह किताब लिखना शुरू करने से कुछ साल पहले मुझे इस बात का पहला संकेत मिला कि यह हाइपर-कनेक्टेड पीढ़ी सचमुच कष्ट में है। मैं एक मशहूर यूनिवर्सिटी में मानसिक स्वास्थ्य सेवाओं की प्रमुख के साथ बातचीत कर रहा था। मुझे वहाँ भाषण देने के लिए आमंत्रित किया गया था। इस अधिकारी ने मुझे बताया कि अब उन्हें छात्रों के मानसिक स्वाथ्य में भारी बदलाव देने को मिल रहा है। हालिया समय तक, यूनिवर्सिटी परिसर में स्थित इस मानसिक स्वास्थ्य केंद्र में किशोर उम्र की वही समस्याएँ देखने को मिलती थीं, जो कई दशकों से हर पीढ़ी के किशोरों में आम थीं, जैसे घर की याद आना, खान-पान संबंधी विकार, थोड़ा अवसाद और कभी-कभार आनेवाले ओसीडी के मामले। लेकिन फिर अचानक सब कुछ बदल गया। मानसिक स्वास्थ्य परामर्श के लिए आनेवाले छात्रों की संख्या रातों-रात बहुत ज़्यादा बढ़ गई और अब उनकी समस्याओं में सबसे ऊपर थी एंग्जायटी (चिंता), जो इससे पहले किशोर उम्र के छात्रों के बीच काफी दुर्लभ हुआ करती थी।

उस अधिकारी ने बताया कि ऐसा लगता है, मानों अचानक हर कोई एंग्जायटी या उससे संबंधित विकारों से ग्रस्त हो गया हो। जब मैंने उनसे पूछा कि उनके अनुसार इस बदलाव के पीछे की वजह क्या है तो उन्होंने बेझिझक कहा, 'कहीं न कहीं इसका संबंध स्मार्टफोन से है।' एंग्जायटी-संबंधी समस्याओं में अचानक हुई यह वृद्धि, उन नए छात्रों के आने के साथ ही देखने को मिली, जो स्मार्टफोन और सोशल मीडिया के साथ बड़ी होनेवाली पहली पीढ़ी के लोग हैं। उस अधिकारी ने पाया कि ये नए छात्र व्यग्रता के साथ लगातार मैसेज भेजते और प्रॉसेस (संसाधित) करते हैं। स्पष्ट था कि निरंतर संचार, छात्रों के दिमाग की रासायनिक क्रियाओं के साथ किसी न किसी तरह का खिलवाड़ जरूर कर रहा है।

कुछ सालों बाद इस अधिकारी के अनुमान की पुष्टि सैन डियाओ स्टेट

यूनिवर्सिटी की मनोविज्ञान की प्रोफेसर जीन ट्वेंज ने भी कर दी, जो अमेरिकी युवाओं में आनेवाली पीढ़ीगत भिन्नताओं के विषय में दुनिया की अग्रणी विशेषज्ञों में से एक हैं। सितबंर 2017 में अटलांटिक में प्रकाशित अपने एक लेख में ट्वेंज ने कहा था: वे पिछले पच्चीस सालों से भी ज़्यादा समय से इन रुझानों का अध्ययन कर रही हैं, जो करीब-करीब हमेशा ही सामने आते हैं और फिर क्रमिक ढंग से धीरे-धीरे बढ़ते रहते हैं। लेकिन 2012 के बाद किशोरों की भावनात्मक अवस्था में आनेवाले जिन बदलावों को देखा है, उन्हें किसी भी लिहाज से क्रमिक बदलाव नहीं कहा जा सकता।

> जन्म-वर्ष के साथ व्यवहार संबंधी लक्षणों के बदलावों को दर्शानेवाले ग्राफ का अध्ययन करने से पता चलता है कि मिलेनियल पीढ़ी की बहुत सी मूल विशेषताएँ गायब होने लगी हैं। मैंने पीढीगत डाटा के अपने सारे विश्लेषणों में ऐसा कुछ पहले कभी नहीं देखा था, जिनमें से कुछ 1930 के दौर तक के हैं।

सन 1995 से 2012 के बीच पैदा हुए युवाओं में – जिन्हें एक समूह के रूप में ट्वेंज इंटरनेट-पीढ़ी या 'आई-जेन' कहती हैं – इससे पहले आई मिलेनियल पीढ़ी की तुलना में उल्लेखनीय अंतर देखने को मिले। सबसे बड़े और गंभीर बदलावों में से एक था, आई-जेन का मनोवैज्ञानिक स्वास्थ्य। ट्वेंज लिखती हैं, ''किशोरों में अवसाद और आत्महत्या की दरें आसमान छू रही हैं,'' जिसकी मुख्य वजह लगती है – एंग्जायटी डिस्ऑर्डर (चिंता-संबंधी विकार) में हुई भारी बढ़ोत्तरी। ''आई-जेन के बारे में यह कहना अतिश्योक्ति नहीं होगा कि यह पीढ़ी वास्तव में पिछले कई दशकों में आए सबसे गंभीर मानसिक-स्वास्थ्य संकट की कगार पर खड़ी है।''

इन बदलावों के पीछे क्या है? ट्वेंज ने भी पाया कि मानसिक स्वास्थ्य में आनेवाले इस बदलाव की शुरुआत ठीक उसी समय हुई थी, जब हर अमेरिकी के हाथ में स्मार्टफोन आया। स्पष्ट है कि ट्वेंज भी मानसिक स्वास्थ्य केंद्र की अधिकारी से सहमत हैं, जिसने ठीक यही बात मुझसे कही थी। ट्वेंज के अनुसार, आई-जेन की सबसे स्पष्ट विशेषता ये है कि यह पीढ़ी आईफोन और सोशल मीडिया के साथ बड़ी हुई है और लगातार मिलनेवाली इंटरनेट कनेक्टिविटी के पहले का दौर उन्हें याद भी नहीं है। यह पीढ़ी दरअसल अपने मानसिक स्वास्थ्य से इसी अंतर की कीमत चुका रही है। ट्वेंज का निष्कर्ष है कि ''इस पीढ़ी के मानसिक स्वास्थ्य में आनेवाली गिरावट की अधिकांश जड़ें उनके फोन में छिपी हुई हैं।''

पत्रकार बेनोइट डेनिजेट–लुईस ने जब न्यू यॉर्क टाइम्स मैग्जीन के लिए अमेरिकी किशोरों के बीच महामारी की तरह फैल रही एंग्जायटी संबंधी समस्याओं की पड़ताल की तो उन्होंने भी यही पाया कि इसके लिए जिन कारणों का अनुमान लगाया जा रहा है, उनमें स्मार्टफोन बार–बार उभरकर सामने आता है। वे लिखते हैं, ''यूँ तो इंस्टाग्राम से पहले भी कुछ बच्चों में एंग्जायटी की समस्या देखने को मिलती थी लेकिन मैंने इस उम्र के जितने बच्चों के माता–पिता से बात की, उन सबका कहना था कि उनके बच्चों की डिजिटल आदतें – चौबीसों घंटे टेक्स्ट मैसेजों में उलझे रहना, सोशल मीडिया पर पोस्ट करना, दोस्तों के फिल्टर किए हुए कारनामों को पागलों की तरह फॉलो करना – कहीं न कहीं इस समस्या के लिए जिम्मेदार हैं।''

डेनिजेट लुईस को लगता था कि किशोर उम्र के लोग निश्चित ही इस बात को अपने माता–पिता की फालतू बड़बड़ कहकर खारिज कर देंगे। लेकिन ऐसा नहीं हुआ। ''आश्चर्य की बात ये थी कि एंग्जायटी से जूझ रहे कई किशोर इस बात से खुद भी सहमत दिखे।'' कॉलेज के एक छात्र – जिसका इंटरव्यू डेनिजेट लुईस ने एंग्जायटी के एक स्थानीय उपचार केंद्र में लिया था – ने इस बात को प्रभावी अंदाज़ में कुछ इस तरह सामने रखा, ''सोशल मीडिया अपने आपमें सिर्फ एक सुविधा है लेकिन अब यह एक ऐसी चीज़ बन गई है, जिसके बिना हम रह नहीं सकते और जिसकी वजह से हम पागल होते जा रहे हैं।''

अपनी रिपोर्टिंग के दौरान डेनिजेट लुईस ने जीन ट्वेंज का इंटरव्यू लिया, उन्होंने स्पष्ट कहा कि वे स्मार्टफोन को दोषी ठहराने नहीं निकलीं थीं: ''दरअसल स्मार्टफोन को किशोरों की मानसिक–स्वास्थ्य संबंधी समस्याओं के लिए दोषी मानना कुछ ज़्यादा ही आसान नज़र आता था, मानों इस निष्कर्ष पर पहुँचते समय गंभीरता न बरती गई हो। लेकिन अंतत: जो स्पष्ट हुआ, उससे पता चला कि वास्तव में दोष सिर्फ स्मार्टफोन का ही है।'' क्योंकि तनावपूर्ण घटनाएँ और पढ़ाई का दबाव जैसे कारण तो 2011 से पहले भी मौजूद थे, जबकि किशोरों की एंग्जायटी में 2011 के आसपास ही अचानक तेजी आई थी। यही वह समय था, जब स्मार्टफोन रखनेवाले युवाओं की संख्या में अचानक नाटकीय रूप से बढ़ोत्तरी हुई थी।

''किशोरों की मानसिक–स्वास्थ्य संबंधी समस्याओं के पीछे निश्चित तौर पर सोशल मीडिया और स्मार्टफोन ही दोषी लगते हैं,'' उन्होंने डेनिजेट लुईस से कहा। ''इसके लिए जिम्मेदार लोगों को गिरफ्तार करने के लिए इतनी जानकारी काफी है। जैसे–जैसे और अधिक डाटा सामने आएगा, वह इन अपराधियों को सज़ा दिलाने के

लिए काफी होगा।'' इस जाँच-पड़ताल की तात्कालिकता पर ज़ोर देने के लिए ट्वेंज ने अटलांटिक में लिखे अपने लेख में एक स्पष्ट सवाल उठाया: ''क्या स्मार्टफोन्स ने एक पूरी पीढ़ी को बर्बाद कर दिया है?''

अगर हम अपनी ''कोयले की खदान में कैनेरी''वाली उपमा को ध्यान में रखते हुए विचार करें तो स्पष्ट होगा कि आई-जेन यानी इंटरनेट-पीढ़ी की दुर्दशा दरअसल एकांत के अभाव से पैदा होनेवाले खतरे की गंभीर चेतावनी है। जब एक पूरा समूह अनजाने में ही अपने जीवन से एकांत में सोच-विचार करने की सारी स्थितियों को खत्म कर देता है तो उसके मानसिक-स्वास्थ्य पर नाटकीय प्रभाव पड़ता है। इस बारे में गहन विचार करने पर समझ में आता है कि वास्तविकता कैसी है। किशोरों की यह पीढ़ी अपनी भावनाओं को संसाधित करने, उन्हें समझने और यह विचार करने की क्षमता खो चुकी है कि वे असल में कौन हैं और वास्तव में उनके लिए क्या महत्वपूर्ण है। साथ ही ये किशोर मजबूत रिश्ते बनाने और अपने दिमाग के उन महत्वपूर्ण सोशल सर्किट्स (सामाजिक परिपथों) को शांत करने की क्षमता भी खो चुके हैं, जिनका उपयोग निरंतर नहीं किया जाता और इससे बचनेवाली ऊर्जा को अन्य कार्यों में लगाया जाता है। इसलिए हमें इस बात पर आश्चर्य नहीं होना चाहिए कि इन क्षमताओं को खोने के चलते लगातार गड़बड़ियाँ हो रही हैं।

अधिकांश वयस्क आई-जेन की तरह निरंतर कनेक्टेड नहीं रह पाते। लेकिन अगर आप ज़रा और विस्तार से देखें तो अलग-अलग आयु-समूहों में एकांत का अभाव आम हो गया है - जो भले ही आई-जेन जितना तीव्र न हो लेकिन इसके परिणाम भी चिंताजनक हैं। अपने पाठकों के साथ बातचीत करके मुझे पता चला कि उनमें से कई ऐसे हैं, जिन्होंने इस हल्की एंग्जायटी को अपने जीवन की एक स्थाई चीज़ के तौर पर स्वीकार कर लिया है, जिसका सामना उन्हें अपने रोज़मर्रा के जीवन में निरंतर करना पड़ता है। इसके लिए वे हालिया संकटों को जिम्मेदार मान सकते हैं - जैसे 2009 में आई भारी मंदी या 2016 का विवादास्पद राष्ट्रपति चुनाव - या फिर इसे वयस्कता के साथ आनेवाले तनावों पर अपनी प्रतिक्रिया के रूप में भी देखा जा सकता है। लेकिन एक बार जब आप एकांत में सोच-विचार करने के सकारात्मक प्रभावों का अध्ययन करने लगते हैं और उन कष्टप्रद प्रभावों का सामना करते हैं, जो एकांत में सोच-विचार की सारी संभावनाओं को खत्म करनेवाली आबादी पर नज़र आता है तो एक आसान स्पष्टीकरण उभरता है: एक इंसान के रूप में फलने-फूलने के लिए एकांत जरूरी है। जबकि हालिया समय में, हम अपने

जीवन के इस महत्वपूर्ण तत्व को अनजाने में ही खत्म करते जा रहे हैं।

सीधे शब्दों में कहें तो हम इंसान, एक-दूसरे के साथ लगातार कनेक्टेड (जुड़े) रहने के लिए मानसिक रूप से तैयार नहीं हैं।

कनेक्टेड केबिन

अगर मैं यह मान लूँ कि आप मेरी इस बात को स्वीकार करते हैं कि एक इंसान के रूप में फलने-फूलने के लिए एकांत जरूरी है तो अगला सहज सवाल यही होगा कि इस हाइपर-कनेक्टेड 21वीं सदी में आप यह एकांत कैसे पा सकते हैं? इसका जवाब पाने के लिए हमें वॉल्डेन तालाबवाले थोरो के केबिन की ओर वापस जाना होगा, जहाँ से हमें एक अप्रत्याशित अंतर्दृष्टि मिल सकती है।

विचारपूर्वक ढंग से जीने के इरादे से थोरो का मेसाच्युसेट्स स्थित कॉन्कॉर्ड के जंगलों में जाकर रहना, आज एकांत के क्लासिक उदाहरणों में से एक माना जाता है। दरअसल इस अवधारणा का प्रचार-प्रसार करने में थोरो काफी सहायक सिद्ध हुए। इस अनुभव पर लिखी उनकी किताब वॉल्डेन उन तमाम लंबे अंशों से समृद्ध है, जिनमें थोरो ने अकेले रहते हुए प्रकृति की सहज-शांत लय का अवलोकन करने के बारे में लिखा है। (अगर आप इस किताब में थोरो का वह लंबा अंश पढ़ेंगे - जिसमें उन्होंने बताया है कि सर्दियों के मौसम में तालाब में जमी बर्फ के गुण समय के साथ कैसे बदलते हैं - तो तालाब की बर्फ को देखने का आपका नज़रिया हमेशा के लिए बदल जाएगा।)

हालाँकि वॉल्डेन के प्रकाशन के बाद के दशकों में तमाम समीक्षक वॉल्डेन की इस गाथा को एक अलग अनुभव ठहराकर लगातार खारिज करने की कोशिश करते रहे हैं। इतिहासकार डब्ल्यू. बार्क्सडेल मेनार्ड ने 2005 के अपने एक लेख में उन तमाम चीज़ों का जिक्र किया था, जिनके हवाले से कहा जा सकता है कि असल में थोरो वॉल्डेन के उस केबिन में एकांत में नहीं रह रहे थे। मेनार्ड के अनुसार, थोरो का केबिन जंगल में स्थित नहीं था बल्कि जंगल के पास स्थित था, जिससे थोड़ी ही दूरी पर एक सड़क जाती थी और उस सड़क पर लोगों की आवाजाही लगी रहती थी। वहाँ से थोरो का होमटाउन कॉनकॉर्ड भी सिर्फ 30 मिनट की पैदल दूरी पर स्थित था। थोरो भोजन के लिए और सामाजिक बुलावों पर नियमित रूप से वहाँ जाया भी करते थे। उनके केबिन में उनके दोस्तों और परिवार के सदस्यों का आना-जाना भी

लगा रहता था। इसके अलावा वॉल्डेन तालाब के आसपास का जंगल कोई ऐसा स्थान नहीं था, जो लोगों से बिलकुल अछूता हो। आज की ही तरह, उस समय भी यह पर्यटकों का पसंदीदा स्थल था, जो सैर या तैराकी करने के लिए वहाँ जाया करते थे।

लेकिन जैसा कि मेनार्ड बताते हैं, एकांत और जुड़ाव का यह जटिल मिश्रण कोई ऐसा रहस्य नहीं था, जिसे थोरो छिपाने की कोशिश कर रहे हों। एक लिहाज से कहें तो इस पूरे प्रयोग के पीछे का अर्थ ही यही था। वे लिखते हैं, ''थोरो का इरादा जंगल में जाकर बसने का नहीं था बल्कि उपनगरीय परिवेश में अपने लिए एक अरण्य (जंगल) ढूँढ़ना था।''

पिछले वाक्य में अगर हम अरण्य (जंगल) की जगह एकांत शब्द का उपयोग करें, तब भी उसका अर्थ नहीं बदलेगा। थोरो को पूरी तरह डिस्कनेक्टेड होने में कोई दिलचस्पी नहीं थी। उन्नसवीं सदी के मध्य का बौद्धिक परिवेशवाला कॉनकॉर्ड आश्चर्यजनक रूप से काफी विकसित था और थोरो इस ऊर्जा से पूरी तरह कटकर कहीं दूर नहीं जाना चाहते थे। वॉल्डेन में अपने प्रयोग द्वारा थोरो दरअसल एकांत अवस्था से जुड़ाव की अवस्था में जाने और फिर वापस एकांत अवस्था में लौटने की क्षमता की पड़ताल कर रहे थे। वे - बर्फ को निहारते हुए - एकांत में सोच-विचार करने को महत्त्व देते थे लेकिन इसके साथ ही वे लोगों से जुड़ाव को और बौद्धिक प्रेरणा पाने को भी महत्त्व देते थे। उस दौर में उन्होंने जिस तीव्रता के साथ औद्योगिक युग की शुरुआत में पनपे विचारहीन उपभोक्तावाद का विरोध किया था, उसी तीव्रता के साथ वे सन्यासियों और तपस्वियों जैसा एकाकी जीवन जीने का भी विरोध ही करते।

एकांत और जुड़ाव का यह चक्र एक ऐसा समाधान है, जो अक्सर उन लोगों के जीवन का अध्ययन करने पर सामने आता है, जो सफलतापूर्वक एकांत के अभाव से बच निकले; उदाहरण के लिए अब्राहम लिंकन, जो गर्मियों की रातें अपनी कॉटेज में बिताते थे और सुबह-सुबह वापस व्हाइट हाउस की हलचल की ओर लौट जाते थे। इसी तरह रेमंड केथलेज, जो अपने व्यस्त कोर्टहाउस से ब्रेक लेकर शांत खलिहान में जाकर समय बिताते थे ताकि कुछ देर के लिए मानसिक रूप से शांत महसूस कर सकें। पियानोवादक ग्लेन गोल्ड ने एक बार एक पत्रकार से बातचीत करते हुए एकांत और जुड़ाव के इस चक्र के लिए एक गणितीय सूत्र भी सामने रखा था: ''मुझे हमेशा ऐसा महसूस होता है कि लोगों के साथ बिताए गए हर एक घंटे के बदले आपको

X (एक्स) घंटे एकांत में बिताने चाहिए। अब यह एक्स किस संख्या को दर्शाता है, यह तो मुझे नहीं पता... लेकिन मेरे हिसाब से यही अनुपात (रेशो) होना चाहिए।''

मेरा भी यही मानना है कि एक ऐसी संस्कृति में – जो दूसरों के साथ जुड़ाव बनाकर रखने की माँग करती है – एकांत के अभाव से बचने के लिए नियमित एकांत और नियमित जुड़ाव के बीच संतुलन बिठाना ही एक कारगर विकल्प है। जैसा कि थोरो का उदाहरण स्पष्ट करता है, दूसरों के साथ जुड़ाव बनाकर रखने में कोई बुराई नहीं है लेकिन अगर आप इसे एकांत की नियमित खुराक के साथ संतुलित नहीं करेंगे तो इसके लाभ कम होते जाएँगे।

अपने आधुनिक जीवन में आप भी इस संतुलित चक्र को अपना सकें, इसके लिए इस अध्याय के अंत में कुछ अभ्यास दिए गए हैं – हर अभ्यास आपकी दिनचर्या में एकांत को एकीकृत करने का एक विशिष्ट और प्रभावी तरीका बताता है। ये अभ्यास न तो अनिवार्य हैं और न ही इतने कठिन हैं कि आपको थका दें। आप इन अभ्यासों को उन विभिन्न तरीकों के रूप में देख सकते हैं, जिन्हें अपनाकर कई लोग इस शोरगुलभरे संसार में अपना एक ''तालाब किनारेवाला केबिन'' बनाने में सफल रहे हैं।

अभ्यास: अपना फोन घर पर छोड़कर जाएँ

टेक्सास के ऑस्टिन में स्थित अलामो ड्राफ्टहाउस सिनेमाघर फिल्म शुरू होने के बाद अपने दर्शकों को फोन का उपयोग करने की अनुमति नहीं देता। फोन की चमकती स्क्रीन से फिल्म देख रहे अन्य दर्शकों का सिनेमाई अनुभव प्रभावित होता है और अलामो ड्राफ्टहाउस सिनेमा एक ऐसा स्थान है, जहाँ सिनेमाई अनुभव का सम्मान किया जाता है। हालाँकि अधिकांश सिनेमाघर दर्शकों से विनम्रतापूर्वक अपना फोन बंद करने के लिए कहते हैं लेकिन यह सिनेमाघर इस बात को बहुत गंभीरता से लेता है। ये रही उनकी आधिकारिक नीति, जो उनकी वेबसाइट से ली गई है:

> हम फिल्मों के दौरान मोबाइल फोन पर बातचीत करने या किसी भी अन्य उपयोग को कतई बर्दाश्त नहीं करते। अगर फिर भी आप फिल्म देखते समय मोबाइल का इस्तेमाल करते पाए गए तो हमारा वादा है, हम आपको तत्काल बाहर निकाल देंगे। ऐसा करने के लिए हमारे पास लोग भी हैं।

यह नीति कुछ हद तक उल्लेखनीय है क्योंकि सिनेमा के व्यवसाय में यह सचमुच असाधारण चीज़ है। आम मल्टीप्लेक्सों ने तो अब यह विचार लागू करने की कोशिश ही बंद कर दी है कि लोग बीच में फोन का इस्तेमाल किए बिना भी पूरी फिल्म देख सकते हैं। कुछ सिनेमाघर तो फिल्म के बीच में फोन पर बात करने के लिए औपचारिक रूप से अलग से स्थान उपलब्ध कराने पर विचार करने लगे हैं। तभी तो एएमसी थिएटर चेन के सीईओ ने 2016 में वैरायटी पत्रिका को दिए अपने एक इंटरव्यू में कहा था कि ''आप एक 22 वर्षीय युवा से यह नहीं कह सकते कि वह अपना फोन बंद कर ले। वे इस तरह जिंदगी नहीं जीते हैं।''

इसके बाद उन्होंने खुलासा किया कि उनकी कंपनी फिल्म के दौरान फोन पर बात करने पर लगे अपने मौजूदा प्रतिबंध (जिसे अधिकांश दर्शक नज़रअंदाज कर देते हैं) में कुछ ढील देने की सोच रही है।

सिनेमाघर में मोबाइल फोन के इस्तेमाल के खिलाफ यह असफल लड़ाई वास्तव में पिछले एक दशक में आए एक आम बदलाव का नतीजा है: मोबाइल फोन, जो इससे पहले सिर्फ कभी-कभी काम आनेवाला उपकरण था, अब एक ऐसी चीज़ बन चुका है, जिससे हम थोड़े समय के लिए भी दूर नहीं हो सकते। हमेशा साथ रहनेवाले एक महत्वपूर्ण उपकरण के रूप मोबाइल फोन के उदय का समर्थन कई अलग-अलग व्याख्याओं द्वारा किया जाता है। उदाहरण के लिए युवा की चिंता ये होती है कि अगर वे अपने फोन से कुछ समय के लिए भी दूर होंगे तो कुछ बेहतर करने से चूक सकते हैं। माता-पिता की चिंता ये होती है कि अगर बच्चों के पास मोबाइल फोन नहीं होगा तो किसी आपातकालीन स्थिति में वे उनसे संपर्क नहीं कर पाएँगे। यात्रियों को रास्ते जानने और रेस्त्रां वगैरह की जानकारी लेने के लिए स्मार्टफोन की जरूरत होती है। वहीं कामगारों का डर ये होता है कि अगर फोन उनके पास नहीं होगा तो अचानक जरूरत पड़ने पर उनका अधिकारी उनसे संपर्क नहीं कर पाएँगा। और हर कोई फोन के बिना बोर होने से घबराता है।

इन चिंताओं की सबसे उल्लेखनीय बात ये है कि असल में हमने हाल ही में इनकी परवाह करना शुरू किया है। 1980 के दशक के मध्य से पहले पैदा हुए लोगों को बिना मोबाइल फोनवाली दुनिया अच्छी तरह याद होगी। ऊपर जिन चिंताओं का उल्लेख किया गया है, वे सैद्धांतिक रूप से उस दौर में भी मौजूद हुआ करती थीं लेकिन लोग उन्हें लेकर परेशान नहीं होते थे। उदाहरण के लिए, अपना ड्राइविंग लाइसेंस मिलने से पहले जब मुझे खेल के अभ्यास के बाद स्कूल से वापस घर आना

होता था तो मैं पेफोन के जरिए अपने माता-पिता से संपर्क करके उन्हें बता देता था कि अब वे मुझे लेने आ सकते हैं। कभी-कभी तो मेरे माता-पिता घर पर ही होते थे लेकिन कभी-कभी जब ऐसा नहीं होता था तो मैं पेफोन से कॉल करके उनके लिए मैसेज छोड़ देता था और उम्मीद करता था, उन्हें ये मैसेज मिल जाएगा। किसी नए शहर में जाने पर रास्ते भूलना और दूसरों से रास्ता पूछना आम था और इसमें कोई बड़ी बात नहीं थी - ड्राइविंग सीखने के बाद मैंने जो सबसे पहला काम किया था, वह था, यह सीखना कि नक्शे कैसे देखे जाते हैं। माता-पिता के लिए यह बात बिलकुल सहज थी कि जब वे सिनेमाघर में फिल्म देख रहे होंगे या बाहर डिनर पर गए होंगे तो घर पर बच्चे को संभाल रही बेबीसिटर के पास किसी आपातकालीन स्थिति में उनसे संपर्क करने का कोई आसान तरीका उपलब्ध नहीं होगा।

यहाँ मेरा इरादा मोबाइल फोन से पहलेवाले दौर की यादों के लिए कोई झूठी भावना पैदा करने का नहीं है। बेहतर संचार साधनों के आने से उपरोक्त सभी बातों में अब काफी हद तक सुधार आ चुका है। लेकिन मैं इस बात पर निश्चित ही ज़ोर देना चाहूँगा कि इनमें से अधिकांश सुधार मामूली हैं। दूसरे शब्दों में कहें तो आपका 90 फीसदी दैनिक जीवन ऐसा है, जिसमें मोबाइल फोन का होना कोई मायने नहीं रखता या फिर बस चीज़ों को थोड़ा सुविधाजनक बना देता है। ये निश्चित ही एक उपयोगी उपकरण है लेकिन ये मान लेना पूरी तरह अतिश्योक्ति ही होगा कि हर समय मोबाइल फोन उपलब्ध होना बेहद महत्वपूर्ण है।

अपने इस दावे को मान्यता देने के लिए हमें उन लोगों की व्यवसायिक उपसंस्कृति की ओर देखना होगा, जो लंबी अवधि तक सेलुलर संचार माध्यमों का उपयोग नहीं करते। हम इस समूह के बारे में इसलिए जानते हैं क्योंकि उनमें से कई लोग ऐसे हैं, जो अपने इन अनुभवों का वर्णन करने के लिए लेख प्रकाशित करते हैं। अगर आप उनके इन लेखों को पढ़ें तो उन सभी में आपको एक समान थीम उभरती हुई नज़र आएगी: मोबाइल फोन के बिना जीवन भले ही कभी-कभी खिझाऊ हो जाता है लेकिन यह अपेक्षा से कहीं अधिक सशक्त भी होता है।

उदाहरण के लिए, अपना आईफोन चोरी होने के बाद होप किंग नामक एक युवा महिला ने अगले चार महीने का समय बिना किसी फोन के बिताया। हालाँकि वह अपने लिए नया फोन खरीद सकती थी लेकिन ऐसा करने में वह जो देरी कर रही थी, उस समय वह उसे प्रतीकात्मक रूप से किसी चोर की खिलाफत करने जैसा लग रहा था - जो संभवत: यह कहने का एक अलग और नेक तरीका है कि

''देखा! तुम मुझे नुकसान नहीं पहुँचा सकते।'' अपने अनुभवों के बारे में लिखते हुए किंग ने फोन न होने के चलते जीवन में होनेवाली ''परेशानियों'' को अपनी डायरी में लिखा - जैसे किसी नए स्थान पर जाने से पहले वहाँ का नक्शा देखना और अपने परिवार के साथ बातचीत करने में होनेवाली परेशानी। (क्योंकि अब उसे अपने परिवार से स्काइप पर बात करने के लिए लैपटॉप का उपयोग करना पड़ता था।) इसके अलावा उसने कुछ ऐसी परेशानियों के बारे में भी लिखा, जिनकी संख्या बहुत ज़्यादा नहीं थी - जैसे एक बार वह टैक्सी से ऑफिस जा रही थी और बॉस के साथ उसकी मीटिंग होनेवाली थी, जिसके लिए उसे पहले ही काफी देर हो चुकी थी। उस समय वह बस यह उम्मीद कर रही थी कि उसके आई-पैड को रास्ते में कहीं किसी स्टारबक्स से वाई-फाई सिग्नल मिल जाए ताकि वह अपने बॉस को एक नोट भेज सके। लेकिन यह पूरा अनुभव उसकी उम्मीद से कम डरावना था। जैसा कि वह लिखती है, स्मार्टफोन के बगैर जीने के दौरान उसे जिन चीज़ों की चिंता हो रही थी, वे आश्चर्यजनक रूप से बड़ी आसान सी चीज़ें थीं और आखिरकार जब उसे एक नया फोन खरीदने के लिए मजबूर होना पड़ा (उसकी नई नौकरी में फोन होना जरूरी था) तो वह फिर से हर समय कनेक्टेड रहने को लेकर चिंतित हो उठी।

इन अवलोकनों के पीछे का उद्देश्य इस बिंदु का रेखांकित करना है कि हमें हमेशा एक फोन रखने की जो जरूरत महसूस होती रहती है, वह अतिश्योक्तिपूर्ण है। हालाँकि ऐसे डिजिटल उपकरणों को हमेशा के लिए त्याग देना यानी अपने जीवन में बेवहज मुसीबतों को आमंत्रण देने जैसा है। लेकिन अगर आप हर रोज कुछ घंटों के लिए इन उपरकणों से दूर रहते हैं तो इससे आपका जीवन रुक नहीं जाएगा। यह जरूरी है कि मेरे तर्कों के जरिए आप इस वास्तविकता से सहमत हो जाएँ क्योंकि अब मैं आपसे यही कहनेवाला हूँ कि आपको और ज़्यादा समय अपने फोन से दूर रहना चाहिए।

. . .

मैंने इस अध्याय में पहले भी यह तर्क दिया था कि एकांत के अभाव के लिए मुख्य रूप से स्मार्टफोन्स जिम्मेदार हैं। ऐसे में इस स्थिति से बचने के लिए यह जरूरी हो जाता है कि हम नियमित रूप से कुछ समय के लिए इन उपकरणों को दूर रखे। इससे हमें एक बार फिर उस एकांत में समय बिताने का मौका मिलेगा, जो कुछ समय पहले तक हमारे दैनिक जीवन का अपरिहार्य हिस्सा हुआ करता था। मेरी सिफारिश यही है कि आप करीब-करीब हर रोज कुछ समय अपने फोन से दूर रहें। फिर इस

बचे हुए समय का उपयोग आप अपनी सुविधानुसार किसी भी तरह कर सकते हैं, जैसे सुबह-सुबह घर के लिए कोई जरूरी खरीदारी निपटाना या पूरी शाम बाहर बिताना वगैरह।

इस रणनीति को सफल बनाने के लिए अपनी इस धारणा को त्यागना जरूरी है कि फोन पास में न होने का अर्थ है, संकट आना। जैसा कि मैंने ऊपर भी कहा, यह एक नई धारणा है, जिसका आविष्कार हाल ही में हुआ है लेकिन हो सकता है कि इस सच को स्वीकार करने के लिए आपको जरा अभ्यास की जरूरत पड़े। अगर शुरू-शुरू में आपको ऐसा करने में कुछ ज़्यादा ही परेशानी महसूस हो रही हो तो आप समझौता भी कर सकते हैं और कहीं जाते समय फोन साथ लेकर जा सकते हैं। लेकिन फिर गंतव्य तक पहुँचने के बाद फोन को कार में ही छोड़ दें। इस तरह किसी आपातकालीन स्थिति में फोन की जरूरत पड़ने पर, आप तत्काल उसे अपनी कार से निकालकर उपयोग कर सकते हैं और इस तरह यह आपके एकांत को नुकसान भी नहीं पहुँचा सकेगा। अगर आप अकेले जाने के बजाय किसी के साथ जा रहे हैं तो अपने साथवाले व्यक्ति को अपना फोन रखने को कह सकते हैं। (मैं मान लेता हूँ कि आप उसे इसके लिए राजी कर लेंगे।) इस तरह आपका फोन आसानी से आपकी पहुँच में नहीं होगा लेकिन आपातकालीन स्थिति में आप तत्काल उसका उपयोग भी कर सकेंगे।

आशा है कि अब यह स्पष्ट हो गया होगा कि इस अभ्यास का उद्देश्य अपने फोन से छुटकारा पाना नहीं है - अधिकांश समय तो आपका फोन आपके पास ही रहेगा और आप उसकी सारी सुविधाओं का उपयोग करते रहेंगे। इस अभ्यास का उद्देश्य तो बस आपको यह समझाना है कि कभी-कभी अपने पास फोन न होना सामान्य है और इसमें कोई बड़ी बात नहीं है। इस तरह की जीवनशैली न सिर्फ उचित है बल्कि यह व्यवहार में आए एक छोटे से बदलाव को भी दर्शाती है, जो आपको एकांत के अभाव से पड़नेवाले बुरे प्रभावों से बचाता है। यह आपके लिए बहुत लाभदायक सिद्ध हो सकता है।

अभ्यास: लंबी सैर पर पैदल निकल जाएँ

1889 में जब फ्रेडरिक नीत्शे की प्रसिद्धी बढ़ने लगी तो उन्होंने अपने दर्शन का संक्षिप्त परिचय प्रकाशित किया। इसका शीर्षक उन्होंने ट्वाइलाइट ऑफ द आईडल्स रखा और इसे लिखने में उन्हें सिर्फ दो सप्ताह का समय लगा। इस किताब के एक

शुरुआती अध्याय में उन प्रसंगों पर आधारित सूत्रवाक्य प्रस्तुत किए गए थे, जिनमें नीत्शे को गहरी दिलचस्पी थी। इस अध्याय के 34वें वचन में यह दावा किया गया है: ''**हमारे मन में आनेवाले सिर्फ वही विचार सचमुच मूल्यवान होते हैं, जो हमें पैदल सैर करते हुए हुए आते हैं।**'' पैदल सैर करने के प्रति अपनी दिलचस्पी को रेखांकित करते हुए नीत्शे ने लिखा: ''एक गतिहीन जीवन परमात्मा के विरुद्ध सबसे बड़ा अपराध है।''

नीत्शे ने ये बात अपने व्यक्तिगत अनुभवों के आधार पर कही थी। फ्रेंच दार्शनिक फ्रेडरिक ग्रॉस ने भी 2009 में प्रकाशित अपनी किताब में दार्शनिकता और पैदल सैर के बीच के संबंधों के बारे में विस्तार से बताया है। 1889 तक नीत्शे अपने जीवन का एक बहुत ही उत्पादक दशक पूरा कर चुके थे, जिसमें उन्होंने अपनी स्वास्थ्य समस्याओं से उबरकर अपनी कुछ महानतम किताबें लिखीं। नीत्शे का यह दौर दस साल पहले शुरू हुआ था, जब उन्हें बार-बार होनेवाले माइग्रेन सहित अन्य स्वास्थ्य समस्याओं के चलते यूनिवर्सिटी प्रोफेसर की नौकरी छोड़नी पड़ी। उन्होंने अपना इस्तीफा मई 1879 में दिया था और इसके बाद की गर्मियों में वे एंगटाइन ढाल के ऊपरी हिस्से में बसे एक गाँव में जाकर रहने लगे। इस्तीफा देने के बाद ट्वाइलाइट ऑफ द आईडल्स के प्रकाशन के बीच के दस सालों में नीत्शे ने छोटी-छोटी ग्रांट्स पर अपना गुज़ारा किया। इन ग्रांट्स से मिलनेवाली राशि एक मामूली आवास में रहने और पहाड़ी इलाकों (जहाँ वे गर्मी से बचने के लिए जाते रहते थे) व समुद्री इलाकों (जहाँ वे सर्दियों से बचने के लिए जाते थे) के बीच ट्रेन यात्राएँ करने के लिए काफी थी।

यही वह दौर था, जब यूरोप के कुछ सबसे सुंदर इलाकों में समय बिताते हुए नीत्शे ''किंवदंतियों (legend) के अद्वितीय पथिक'' बन गए। जैसा कि ग्रॉस बताते हैं, एंगटाइन के ऊपरी इलाके में अपनी पहली गर्मियाँ बिताते हुए नीत्शे ने प्रतिदिन करीब आठ घंटे पैदल सैर करना शुरू कर दिया। इस तरह सैर के दौरान सोच-विचार करते हुए उन्होंने अपने वाक्यों से छह छोटी नोटबुक्स भर डालीं, जो बाद में द वांडरर एंड हिज शैडो शीर्षक के साथ प्रकाशित हुई। नियमित पैदल सैरवाले इस एक दशक में नीत्शे ने जो कई प्रभावी किताबें लिखीं, यह उनमें से पहली किताब थी।

नि:संदेह नीत्शे ऐसी इकलौती ऐतिहासिक हस्ती नहीं हैं, जिन्होंने एक चिंतनशील जीवन जीने के लिए पैदल सैर का सहारा लिया। ग्रॉस ने अपनी किताब में फ्रेंच कवि आर्थर रिमबंड का भी उदाहरण दिया है, जो बड़े ही बेचैन व्यक्ति थे और कई लंबी

तीर्थयात्राओं पर पैदल ही निकल पड़ते थे। उनके पास अक्सर पैसे की कमी रहती थी लेकिन उनका जुनून भरपूर था। इसी तरह जिनेवन दार्शनिक और लेखक जीन-जैकस रूसो लिखते हैं: ''मैं कुछ और नहीं करता, बस पैदल सैर पर निकल जाता हूँ और उस दौरान पूरा ग्रामीण इलाका मेरा अध्ययन कक्ष बन जाता है।'' रूसो की बात को आगे बढ़ाते हुए ग्रॉस जोड़ते हैं, ''कुर्सी और मेज नज़र आते ही मुझे विरक्ति महसूस होने लगती थी।''

पैदल सैर करना अमेरिकी संस्कृति के मूल्यों में भी निहित है। पैदल सैर करने के एक और समर्थक वेंडल बेरी अपने ग्रामीण मूल्यों की स्पष्टता बनाकर रखने के लिए केंटुकी के देहाती इलाकों के खेतों और जंगलों की ओर लंबी सैर पर निकल जाते थे। वे लिखते हैं:

> जब मैं पैदल सैर कर रहा होता हूँ तो मुझे हमेशा जंगली इलाकों में धीरे-धीरे, सब्र के साथ आकार लेती मिट्टी याद आने लगती हैं। साथ ही मुझे याद आते हैं, अपने साथी और अपने जीवन की घटनाएँ - मेरी पैदल सैर किसी सांस्कृतिक कार्यक्रम से कम नहीं होती हैं।

संभवत: वेंडल बेरी थोरो से प्रेरित थे, जो अमेरिका में पैदल सैर के सबसे बड़े समर्थक थे। अपने एक प्रसिद्ध लेक्चर - जो उनके मरणोपरांत अटालांटिक मंथली में वॉकिंग शीर्षक के साथ प्रकाशित हुआ था - में थोरो ने इसे एक ''महान कला'' बताया है। अपनी इस बात को स्पष्ट करते हुए वे कहते हैं, 'मैं जिस पैदल सैर की बात करता हूँ, उसमें व्यायाम करने जैसा कुछ नहीं है... लेकिन वह अपने आपमें एक उपक्रम और दिन का सबसे रोमांचक कार्य है।'

. . .

पैदल सैर करनेवाली इन ऐतिहासिक हस्तियों ने इस गतिविधि को अलग-अलग कारणों से अपनाया। नीत्शे ने इसके जरिए अपना स्वास्थ्य सुधारा और एक मौलिक दार्शनिक अभिव्यक्ति विकसित की। बेरी ने इसके जरिए अपने अतीत की सहज यादों को एक औपचारिक रूप दिया। थोरो ने उस प्रकृति के साथ एक जुड़ाव विकसित किया, जिसे वे एक संपन्न मानव जीवन की मौलिक जरूरत मानते थे। इन सारे कारणों के पीछे प्रमुख विचार पैदल सैर ही है: यह एकांत का बेहतरीन स्रोत है और दूसरों के इनपुट से आज़ादी पाने का शानदार जरिया भी। इस बिंदु पर यह याद रखना जरूरी है कि एकांत की हमारी तकनीक परिभाषा क्या है - दूसरों से आनेवाले इनपुट की

अनुपस्थिति। क्योंकि सभ्यता के शोर में दूसरों की प्रतिक्रियाओं से मुक्त होना ही ये सारे लाभ पाने में हमारा सहायक होता है। जब नीत्शे ने पैदल सैर के दौरान मन में उठनेवाले अपने विचारों की मौलिकता की तुलना, किसी लाइब्रेरी में बैठकर दूसरों के कार्य पर प्रतिक्रिया देनेवाले किताबी विद्वानों के विचारों से की तो वे दरअसल इसी बिंदु पर जोर दे रहे थे। वे लिखते हैं, ''हमारा उन लोगों से कोई संबंध नहीं है, जो सिर्फ किताबों के बीच रहकर और उन किताबों को पढ़कर ही अपने विचार दे पाते हैं।''

इन ऐतिहासिक सबकों से प्रेरित होकर, हमें भी पैदल सैर को एकांत के उच्च गुणवत्तावाले स्रोत के रूप में अपना लेना चाहिए। हालाँकि ऐसा करते समय हमें थोरो की यह चेतावनी भी याद रखनी चाहिए कि हम यहाँ एक छोटी-मोटी मनोरंजक सैर या हल्के-फुल्के व्यायाम की बात नहीं कर रहे हैं बल्कि पूरी ईमानदारी के साथ जंगल में नीत्शे की तरह पहाड़ों की ढलान पर लंबी पैदल यात्रा जैसी चीज़ की बात कर रहे हैं – जो दरअसल उत्पादक एकांत का सार है।

मैंने इस दर्शन को बहुत पहले ही अपना लिया था। जब मैं पीएचडी करने के बाद एमआईटी में कार्यरत था, तब मैं और मेरी पत्नी बेकन हिल के एक छोटे से किराए के घर में रहने आए, जो लॉन्गफेलो पुल के पार पूर्व की ओर मेरे कैंपस से लगभग एक मील की पैदल दूरी पर स्थित था। मैं हर रोज इस रास्ते पर पैदल यात्रा करता था, फिर चाहे मौसम कैसा भी हो। काम के बाद कभी-कभी मैं और मेरी पत्नी सीधे चार्ल्स नदी के किनारे मिला करते थे। अगर मैं वहाँ जल्दी पहुँच जाता तो बैठकर कुछ पढ़ने लगता। चार्ल्स नदी के इसी किनारे पर थोरो और इमर्सन जैसे महारथियों के लेखन से मेरा पहला परिचय हुआ था।

फिलहाल मैं वॉशिंगटन डीसी की परिधि में बसे एक छोटे से कस्बे टकोमा पार्क, मैरीलैंड में रहता हूँ। लेकिन यहाँ मैं नदी किनारे पैदल सैर करते हुए हर रोज काम पर नहीं जा सकता। हालाँकि इस कस्बे की जिस चीज़ ने मुझे सचमुच आकर्षित किया था वह है, सड़क किनारे बड़ा लंबा फुटपाथ, जो हरे-भरे पेड़ों की छाँव से ढका रहता है। यहाँ के लोगों के बीच मैं एक ऐसे अजीब प्रोफेसर के रूप में ख्याति प्राप्त कर रहा हूँ, जो हमेशा टकोमो पार्क की सड़कों पर टहलता रहता है।

इस तरह पैदल सैर करने से मेरे कई उद्‌देश्य पूरे होते हैं। इनमें से सबसे प्रमुख हैं, किसी पेशेवर समस्या का हल निकालना (जैसे एक कंप्यूटर वैज्ञानिक के रूप

में अपने काम के लिए गणितीय प्रमाण ढूँढ़ना या किसी किताब के अध्याय की रूपरेखा पर विचार करना) और अपने जीवन के किसी ऐसे पहलू पर विचार करना, जिस पर सबसे अधिक ध्यान देने की जरूरत है। कभी-कभी मैं अपनी पैदल सैर को ''आभारपूर्ण सैर'' भी कहता हूँ क्योंकि तब मैं सिर्फ अच्छे मौसम का या किसी पसंदीदा इलाके में घूमने-फिरने का आनंद उठा रहा होता हूँ। और अगर मैं बहुत व्यस्त हूँ या फिर तनावपूर्ण परिस्थितियों का सामना कर रहा हूँ तो इस सैर के दौरान अपने अंदर यह भाव पैदा करने की कोशिश करता हूँ कि आनेवाला समय इससे कहीं बेहतर होगा और मुझे उसकी प्रतीक्षा है। तो कभी-कभी मैं इन्हीं इरादों के साथ अपनी पैदल सैर पर निकलता हूँ और जल्द ही मुझे समझ आने लगता है कि मुझे असल में क्या करने की जरूरत है। ऐसे मौकों पर मैं उन चीज़ों को टालने का प्रयास करता हूँ, जिनकी ओर मेरा मानसिक झुकाव है और खुद को यह याद दिलाता हूँ कि जब एकांत का अभाव होता है और शोर हावी होता है, तब इन संकेतों को समझना कितना कठिन होता है।

संक्षेप में कहूँ तो अगर मैं पैदल सैर पर निकलना बंद कर दूँ तो मैं कहीं का नहीं रहूँगा क्योंकि प्रतिदिन की ये पैदल सैर ही मेरे एकांत का सबसे बड़ा स्रोत है। यह अभ्यास कहता है कि आप भी प्रतिदिन पैदल सैर पर जाकर ऐसे ही लाभ उठा सकते हैं। यह अभ्यास बड़ा ही आसान है: नियमित रूप से लंबी सैर पर पैदल निकलें और कोशिश करें कि सैर का रास्ता दर्शनीय हो। और हो सके तो अपनी पैदल सैर पर अकेले जाएँ। यहाँ अकेले का अर्थ है कि अपने फोन को साथ न ले जाना। अगर सैर के दौरान आपने हेडफोन्स पहन रखे हैं या फिर अगर आप अपने टेक्स्ट मैसेज चेक कर रहे हैं या फिर इंस्टग्राम पर अपनी सैर को रिकॉर्ड करते हुए उसका ब्यौरा दे रहे हैं तो ईश्वर के लिए, ऐसा न करें - क्योंकि ये सब करने का अर्थ है कि आप वास्तव में सैर नहीं कर रहे हैं और इसीलिए आपको इस अभ्यास के सबसे महत्वपूर्ण लाभ नहीं मिलेंगे। अगर किसी कारण से फोन को साथ लेकर जाना जरूरी है तो उसे जेब में रखने के बजाय अपने हैंडबैग में रखें। ताकि किसी आपातकालीन स्थिति में उसका उपयोग कर सकें लेकिन ऊब महसूस होने पर अपनी आदत के अनुसार उसे आसानी से निकाल न सकें। (अगर फोन पास न होना आपके लिए चिंता का विषय है तो इस विषय पर हुई चर्चा के लिए पिछले अभ्यास को देखें।)

इस आदत को विकसित करने का सबसे मुश्किल पहलू है, इसके लिए समय निकालना। मेरा अनुभव कहता है कि आपको अपने शेड्यूल से कुछ घंटे का समय

निकालने के लिए गंभीर प्रयास करना होगा – क्योंकि आपको स्वत: ही यह समय नहीं मिलनेवाला। उदाहरण के लिए अपने कैलेंडर में पहले से ही वे दिन तय कर लें, जब आप पैदल सैर पर निकलेंगे (पैदल सैर पर जाना अपने दिन की शुरुआत या अंत करने का सबसे अच्छा तरीका है।) या फिर अपने परिवार से चर्चा करके इसके लिए रोज शाम को या फिर सप्ताहांत में थोड़ा समय निकालें। इसके अलावा अगर आप ''अच्छे मौसम'' की अपनी परिभाषा को ज़रा विस्तार दें तो आपको पैदल सैर के लिए समय निकालने में काफी मदद मिल सकती हैं। भले मौसम ठंडा हो या बर्फ गिर रही हो या फिर भले ही हल्की-फुल्की बारिश हो रही हो। (एमआईटी के दिनों में काम पर पैदल आने-जाने के दौरान मुझे रेन कोटवाले खास पैंटों का महत्त्व समझ आया।) एक बार तो मैं अपने पालतू कुत्ते को भी अपनी पैदल सैर पर साथ ले गया था, जबकि उस समय वॉशिंगटन डीसी में आंधी आई हुई थी। हालाँकि आज मुझे लगता है कि यह कोई समझदारीभरा निर्णय नहीं था।

ये सारे प्रयास करना थोड़ा मुश्किल होता है लेकिन इनसे आपको बड़े लाभ भी मिलते हैं। जब मैं नियमित रूप में पैदल सैर पर जाता हूँ तो कहीं ज़्यादा खुश रहता हूँ और मेरी उत्पादकता बढ़ी रहती है। ऐसे बहुत से लोग हैं, जो अपने व्यस्त जीवन में एकांत के ये क्षण बिताकर ऐसे ही लाभ प्राप्त कर रहे हैं। थोरो लिखते हैं:

> मुझे लगता है कि अगर मैं सांसारिक व्यस्तताओं से मुक्त होकर हर दिन कम से कम चार घंटे जंगलों, पहाड़ों और खेतों में पैदल सैर न करूँ तो मैं अपना स्वास्थ्य और उत्साह बनाकर नहीं रख सकता। सच तो ये है कि मैं हर रोज अपनी सैर में चार घंटे से ज़्यादा ही बिताता हूँ।

थोरो की इस महत्वाकांक्षी प्रतिबद्धता को हममें से अधिकांश लोग खुद पूरा नहीं कर सकते। पर अगर हम उनके इस दृष्टिकोण से प्रेरित होकर इस ''महान कला'' को अपनाएँ और जितना हो सके, उतना समय पैदल सैर करते हुए बिताएँ तो हम भी अपने स्वास्थ्य और उत्पादकता को बनाकर रखने में सफल रहेंगे।

अभ्यास: खुद को पत्र लिखें

मेरे पास इतालवी कंपनी मोल्सकिन की काले रंग की बारह ऐसी पॉकेट-साइज नोटबुक्स हैं, जिन्हें मैंने अपने होम-ऑफिस की बुकशेल्फ में लगाकर रखा हुआ है। इनके अलावा तेरहवीं नोटबुक मेरे बैग में रखी होती है। अपनी पहली मोल्सकिन

नोटबुक मैंने 2004 की गर्मियों में खरीदी थी और अभी मैं ये शब्द अपनी तेरहवीं नोटबुक में लिख रहा हूँ तो इस हिसाब से मैंने हर साल एक नई नोटबुक खरीदी है।

इन नोटबुक्स का मेरा उपयोग समय के साथ बेहतर हुआ है। मैंने अपनी पहली नोटबुक में सबसे पहली एंट्री 7 अगस्त 2004 को की थी। एक ग्रेजुएट स्टूडेंट के तौर पर अपना जीवन शुरू करने के लिए कैम्ब्रिज आने के कुछ समय बाद मैंने इसे एमआईटी कूप के बुकस्टोर से खरीदा था। इसीलिए मैंने इसकी पहली एंट्री को स्वाभाविक तौर पर ''एमआईटी'' शीर्षक दिया था। इस नोटबुक की शुरुआती एंट्रीज़ मुख्य रूप से पेशेवर विषयों पर केंद्रित थीं। इसमें मैंने ग्रेजुएट स्टूडेंट्स की समस्याओं के अलावा अपनी पहली किताब हाउ टू विन एट कॉलेज की मार्केटिंग से जुड़े कई सारे नोट्स भी दर्ज कर रखे थे। यह किताब सन 2005 में प्रकाशित हुई थी। इस नोटबुक की ये एंट्रीज आज मुख्य रूप से इसलिए दिलचस्प हैं क्योंकि इनमें उस ज़माने के सांस्कृतिक संदर्भों को हास्यपूर्ण ढंग से दर्ज किया गया है। (ऐसी ही एक एंट्री में बड़े ही गंभीर अंदाज में लिखा है, ''हार्वर्ड के डीन के अभियान को अपनाते हुए: लोगों को सशक्त बनाओ,'' जबकि एक अन्य एंट्री - और मैं कसम खाता हूँ कि मैं गप्पे नहीं हांक रहा - यूजीजी बूट्स के अलावा 2000 के दशक के मशहूर रियलिटी शो द ऑसबॉर्न्स का संदर्भ देती है।)

हालाँकि सन 2007 की शुरुआत में मेरी नोट्बुक्स की सामग्री पेशेवर प्रोजेक्ट्स पर केंद्रित होने के बजाय विकसित होते हुए अपने जीवन और विचारों पर चिंतन की ओर केंद्रित होने लगी। ऐसी ही एक एंट्री का शीर्षक था ''इस सेमेस्टर में ध्यान देने योग्य 5 चीज़ें,'' जबकि एक अन्य एंट्री में ''ब्लैंक पेज प्रोडक्टिविटी'' पर विस्तार से कुछ विचार व्यक्त किए गए थे। ''ब्लैंक पेज प्रोडक्टिविटी'' दरअसल एक संगठनात्मक प्रणाली थी, जिसे मैं उस समय एक प्रयोग के तौर पर उपयोग कर रहा था। वहीं 2008 आते-आते ''बेटर'' शीर्षकवाली एक एंट्री को पढ़कर यह समझा जा सकता है कि गहन आत्मनिरीक्षण की ओर मेरा झुकाव बढ़ रहा था। इस एंट्री में मेरे पेशेवर और व्यक्तिगत जीवन के लिए एक दृष्टिकोण प्रस्तुत किया गया है और यह ''खुद से केवल उत्कृष्टता की उम्मीद'' करने के विचार के साथ समाप्त होती है।

उसी साल दिसंबर में मैंने ''द प्लान'' शीर्षक के साथ एक एंट्री डाली, जिसमें मैंने अपने जीवन-मूल्यों की एक सूची दर्ज की, जो ''रिश्ते-नाते,'' ''विशेषता'', और ''गुणवत्ता'' जैसी श्रेणियों में आते थे। मुझे आज भी याद है कि हार्वर्ड स्क्वायर के बाहर चौथी मंजिल के अपने कमरे के पलंग पर बैठकर मैंने इस एंट्री को अपनी

नोटबुक में दर्ज किया था। इससे कुछ समय पहले ही मैं एक दोस्त को सांत्वना देकर लौटा था क्योंकि उसके पिता की मृत्यु हो गई थी। इसके बाद मुझे अचानक महसूस हुआ कि मेरे लिए जो कुछ भी सचमुच मायने रखता है, उसे अपने नियंत्रण में लेना बहुत जरूरी है।'' इस एंट्री को मेरी एक महत्वपूर्ण आदत को शुरू करने का श्रेय भी जाता है – और यह आदत थी, अपनी हर नई मोल्सकिन नोटबुक की शुरुआत करने के तौर पर पहले पेज में ''द प्लान'' शीर्षक से अपने वर्तमान मूल्यों की सूची दर्ज करना।

सन 2010 की नोटबुक-एंट्रीज खासतौर पर दिलचस्प हैं क्योंकि मेरी पिछली तीन किताबों में विस्तार से प्रस्तुत किए गए विचारों का मूल उन्हीं एंट्रीज में समाहित था। ये तीन किताबें हैं, सो गुड दे कांट इग्नोर यू, डीप वर्क और यह किताब जो आप अभी पढ़ रहे हैं। हाल ही में जब मैंने अपनी इन नोटबुक्स को फिर से पढ़ा तो यह देखकर हैरान था कि कुछ विषयों पर मेरी सोच पहले ही कितनी विकसित हो चुकी थी जैसे – 'कॅरियर की योजना बनाने में पैशन के खतरे,' 'आम उद्देश्यों की पूर्ति के लिए की जानेवाली कंप्यूटिंग के इस दौर में विशिष्ट कौशल की शक्ति' और 'तकनीक-केंद्रित न्यूनतमवाद के एक नए ब्रांड का आकर्षण,' जिसे मैं उस समय 'सादगी 2.0' कहा करता था।

मेरी पहली संतान का जन्म 2012 के अंत में हुआ था। कोई आश्चर्य नहीं कि 2013 की मेरी नोटबुक इन विचारों और तात्कालित योजनाओं से भरी हुई थी कि – ''एक अच्छा पिता कैसे बना जाए।'' वहीं अब मेरी हालिया नोटबुक एंट्रीज यह समझने पर केंद्रित हैं कि एक स्थायी प्रोफेसर और लेखक बनने के बाद अब मेरे आगे का समय कैसा होगा और मुझे क्या करना चाहिए। भले ही अभी मुझे इन सवालों का जवाब पाने के लिए कुछ और नोटबुक्स लिखने की जरूरत हो लेकिन अगर व्यक्तिगत अतीत को एक विश्वसनीय मार्गदर्शक के रूप में देखें तो ऐसा लगता है कि मैं अपने उद्देश्यों को पूरा कर लूँगा।

. . .

मेरी मोल्सकिन नोटबुक्स को डायरी नहीं कहा जा सकता क्योंकि मैं उनमें अपना नियमित शेड्यूल दर्ज नहीं करता। अगर आप इन नोटबुक्स के पन्ने पलटकर देखें तो पाएँगे कि उनमें लिखने की मेरी गति एक समान नहीं है। कभी-कभी मैं सिर्फ एक सप्ताह की अवधि में दर्जनों पेज लिख डालता हूँ तो कभी-कभी कई महीने निकल जाते हैं और मैं एक नया नोट तक नहीं लिखता। जैसे 2006 के पूरे साल

में मेरी नोटबुक में एक भी एंट्री दर्ज नहीं है। क्योंकि उस अवधि में मेरे जीवन में कुछ खास नहीं हुआ। दरअसल मैं पूरे साल बस काम में व्यस्त रहा क्योंकि मैं अपने कोर्सवर्क से आगे बने रहने की कोशिश में जुटा हुआ था।

ये नोटबुक्स एक अलग ही भूमिका निभाती हैं: जब भी मैं कोई मुश्किल निर्णय लेने की चुनौती से जूझ रहा होता हूँ या कठिन भावनाओं का सामना कर रहा होता हूँ या फिर किसी वजह से बहुत प्रेरित महसूस करता हूँ तो ये नोटबुक्स मुझे खुद को पत्र लिखने का एक तरीका प्रदान करती हैं। तो जब तक मैं अपने विचारों को एक ठोस रूप देता हूँ – जो दरअसल लेखन की पहली शर्त है – तब तक मुझे काफी स्पष्टता मिल चुकी होती है। मैंने अपनी नोटबुक एंट्रीज की नियमित समीक्षा करने की आदत भी विकसित की है लेकिन यह आदत अक्सर निरर्थक ही होती है। वास्तव में लेखन कार्य अपने आपमें ही ऐसी चीज़ है, जो सबसे ज़्यादा लाभकारी होती है।

इस अध्याय की शुरुआत में मैंने रेमंड केथलेज और माइकल इरविन की एकांत की परिभाषा बताई थी, जिसके अनुसार एकांत एक ऐसी व्यक्तिपरक अवस्था है, जिसमें आपका दिमाग दूसरों की ओर से आनेवाले इनपुट से मुक्त होता है और आप अकेले में सोच-विचार करते हुए समय बिताते हैं। इस किस्म का एकांत पाने का एक शानदार तरीका है खुद को पत्र लिखना। यह न सिर्फ आपको बाहरी इनपुट से मुक्त कर देता है बल्कि इसके साथ-साथ आपको एक ऐसा वैचारिक ढाँचा भी उपलब्ध कराता है, जिस पर आप अपनी सोच को क्रमबद्ध ढंग से व्यवस्थित कर सकते हैं।

इसीलिए इस बात पर आश्चर्य नहीं होना चाहिए कि एकांत संबंधी यह युक्ति निकालनेवाला मैं पहला व्यक्ति नहीं हूँ। केथलेज और इरविन अपनी किताब में बताते हैं कि यूएसए के ३४वें राष्ट्रपति ड्वाइट आजनहावर ने मुश्किल निर्णयों को समझने और तीव्र भावनाओं को नियंत्रित करने के लिए अपने पूरे कॅरियर के दौरान ''लेखन द्वारा सोच-विचार करने की पद्धति'' का भरपूर उपयोग किया। हालाँकि इस आदत को विकसित करनेवाले वे पहले नेता नहीं थे। इस अध्याय में पहले ही यह उल्लेख किया गया है कि व्हाइट हाउस से सोल्जर्स होम की कॉटेज तक के अपने सफर के दौरान अब्राहम लिंकन आदत के अनुसार अपने विचारों को कागज के टुकड़ों पर दर्ज करके अपनी हैट में संभालकर रख लिया करते थे। (अमेरिका में दास-प्रथा का अंत करने के घोषणा-पत्र का पहला ड्राफ्ट दरअसल जिन विचारों का व्यवस्थित दस्तावेज था, वे विचार इन्हीं तमाम कागज के टुकड़ों पर लिखे गए थे। आज लिंकन की उस कॉटेज को एक ऐतिहासिक स्थल के रूप में संचालित

करनेवाली गैर-लाभकारी संस्था इसी से प्रेरणा लेकर एक कार्यक्रम चलाती है, जिसमें युवा छात्रों को ज़्यादा से ज़्यादा दृढ़ता और मौलिकता के साथ सोच-विचार करने का प्रोत्साहन दिया जाता है। अपने इस कार्यक्रम को उन्होंने ''लिंकन्स हैट'' का नाम दिया है।)

कठिन और अनिश्चितता भरी परिस्थितियाँ आने पर समय निकालकर खुद को एक पत्र लिखने के लिए प्रेरित करके, यह अभ्यास आपको यह मान्य रणनीति अपनाने के लिए कहता है। आप भी मेरी तरह इस उद्‌देश्य के लिए अपने पास एक खास नोटबुक रख सकते हैं या फिर अब्राहम लिंकन की तरह जरूरत पड़ने पर कागज के टुकड़ों का इस्तेमाल कर सकते हैं। यहाँ महत्वपूर्ण ये है कि आप लिखें। यह तरीका आपको उत्पादक एकांत की स्थिति में ले जाता है - और आकर्षक डिजिटल खिलौनों से व ध्यान भटकाकर लत में तब्दील होनेवाले डिजिटल कंटेट से दूर रखता है। इस तरह यह आपको अपने जीवन में फिलहाल हो रही सबसे महत्वपूर्ण चीज़ों को समझने का एक ठोस तरीका प्रदान करता है।

यह एक आसान सा अभ्यास है, जिसे व्यवहार में लाना ज़रा भी मुश्किल नहीं है और साथ ही यह बेहद प्रभावी भी है।

5

'लाइक' पर क्लिक न करें

खेलकूद की दुनिया का सबसे बड़ा मुकाबला

सन 2007 में ईएसपीएन पर खेलकूद की दुनिया की सबसे अजीब प्रतियोगिता का प्रसारण हुआ। यहाँ बात हो रही है, यूएसए रॉक पेपर सिज़र्स लीग के नेशनल चैम्पियनशिप की। इसके टाइटल मैच - जो यूट्यूब पर उपलब्ध है - की शुरुआत में एक अनाउंसर ने बड़े उत्साह से माइक पर आरपीएस (रॉक पेपर्स सिज़र्स) के दो सबसे प्रतिभाशाली सितारों का नाम लिया, जो इस मैच में एक-दूसरे से मुकाबला करनेवाले थे। अनांउसर ने बड़ी गंभीरता से कहा कि "आज दर्शकों को खेलकूद की दुनिया का सबसे बड़ा मुकाबला" देखने को मिलेगा।

अपने हाथ से सांकेतिक आकार बनानेवाले इस खेल का यह मुकाबला एक मिनी बॉक्सिंग रिंग में रखा गया था, जहाँ बीच में एक छोटा सा मंच बना हुआ था। पहले प्रतियोगी ने खाकी पैंट के साथ हाफ शर्ट पहन रखी थी। उसने अपनी शर्ट की सारी बटनें बंद रखने के साथ-साथ चश्मा भी पहन रखा था। रस्सियों को पार करके बॉक्सिंग रिंग में आते समय वह फिसलकर गिर पड़ा। हमें बताया गया कि उसका उपनाम लैंड शार्क है। इसी तरह दूसरा प्रतियोगी भी खाकी पैंट पहनकर आया और उसका उपनाम था, द ब्रेन। हालाँकि वह बिना फिसले ही रिंग के अंदर आ गया, जिसे देखकर अनांउसर ने कहा, "यह शुभ संकेत है।"

फिर एक रेफरी ने रिंग में प्रवेश करके मैच शुरू होने का इशारा किया। दोनों खिलाड़ियों ने अपनी चाल चलने के लिए एक हाथ की मुटठी बांधकर तीन तक गिनती गिनी और फिर मुट्ठी खोलकर अपने-अपने सांकेतिक आकार बनाए। द ब्रेन नामक खिलाड़ी ने पेपर का सांकेतिक आकार बनाया, जबकि लैंड शार्क ने सिजर्स का। इस तरह लैंड शार्क को एक अंक मिला! दर्शकों की भीड़ ने उसकी वाह-वाही की। इसके बाद तीन मिनट से भी कम समय के अंदर, लैंड शार्क ने अपने ऊँचे

स्कोर के कारण यह चैम्पियनशिप और 50 हज़ार डॉलर का ईनाम जीत लिया। इस पर अनाउंसर ने कहा कि ''लैंड शार्क ने द ब्रेन को खेल में रौंद डाला और इसकी गूँज पूरी दुनिया ने सुनी।''

हालाँकि पहले-पहले रॉक पेपर सिज़र्स जैसे खेल को गंभीरता से खेलने का विचार मूर्खतापूर्ण लग सकता है। पोकर या शतरंज की तरह इस खेल में रणनीति बनाने की कोई गुंजाइश तक नज़र नहीं आती और अगर वाकई ऐसा है तो फिर इसकी किसी भी चैम्पियनशिप का नतीजा वास्तव में एक संयोग से ज़्यादा और कुछ भी नहीं होगा। लेकिन यूएसए रॉक पेपर सिज़र्स लीग की नेशनल चैम्पियनशिप में ऐसा नहीं हुआ था। 2000 के दशक की शुरुआत में – जब इस लीग की लोकप्रियता अपने चरम पर थी – बार-बार वही प्रतिभाशाली खिलाड़ी चैम्पियनशिप की टॉप रैंक के आसपास पहुँचते रहे। और जब कुशल खिलाड़ियों का सामना इस खेल के नौसिखियों से होता तो उनकी कुशलता की भूमिका और अधिक स्पष्ट होने लगती। इस लीग द्वारा निर्मित एक प्रमोशनल-वीडियो में साफ देखा जा सकता है कि कैसे मास्टर रोशमबुल्लाह[1] नामक एक बड़े खिलाड़ी ने लॉस वेगास के एक होटल की लॉबी में अजनबियों को अपने साथ मुकाबला करने की चुनौती दे डाली और फिर उसने करीब-करीब हर मुकाबले में जीत हासिल की।

इन परिणामों के पीछे क्या है? दरअसल आम धारणा के विपरीत, रॉक पेपर सिज़र्स में भी जीत हासिल करने के लिए एक रणनीति की ज़रूरत होती है। लेकिन द ब्रेन, लैंड शार्क और मास्टर रोशमबुल्लाह जैसे बड़े खिलाड़ियों को जो चीज़ अन्य खिलाड़ियों से अलग करती है, वह कोई मुश्किल से याद होनेवाला खेल-क्रम या सांख्यिकी की प्रतिभा नहीं है। दरअसल इसके पीछे है, इंसानी मनोविज्ञान की उनकी समझ।

रॉक पेपर सिज़र्स के एक मजबूत खिलाड़ी के पास अपने प्रतिद्वंदी की बॉडी लैंग्वेज और हालिया चालों से जुड़ी अच्छी-खासी जानकारी होती है। वह प्रतिद्वंदी खिलाड़ी की मानसिक स्थिति का अनुमान लगाकर उसकी अगली चाल का सही अंदाज़ा लगाने के लिए इस जानकारी का इस्तेमाल करता है। इसके अलावा मजबूत खिलाड़ी बड़ी चालाकी से ऐसी गतिविधियों या वाक्यों का उपयोग भी करते हैं, जिनसे प्रतिद्वंद्वी को कोई खास चाल चलने के लिए उकसाया जा सके। हालाँकि हो

---

[1] यह उपनाम दरअसल फ्रेंच नाम रोशेम्बेउ का ही बदला हुआ रूप है, जो वास्तव में रॉक पेपर सिज़र्स का एक अशिष्ट संस्करण है।

सकता है कि प्रतिद्वंद्वी समझ जाए कि पहला खिलाड़ी उसे अपने फायदे के लिए उकसाने की कोशिश कर रहा है और फिर वह उस हिसाब से अपनी चाल बदल ले। वहीं दूसरी ओर, ये भी हो सकता है कि पहला खिलाड़ी पहले से ही प्रतिद्वंद्वी से यही उम्मीद कर रहा हो और उसी हिसाब से अपनी अगली चाल तय करे। यह सिलसिला इसी तरह चलता रहता है। आश्चर्य नहीं कि रॉक पेपर सिज़र्स के खिलाड़ी इस खेल को एक थका डालनेवाला अनुभव बताते हैं।

ये सब कैसे होता है, ये समझने के लिए आइए एक बार फिर ऊपर वर्णित 2007 के उस मैच के पहले थ्रो पर वापस लौटते हैं। दोनों खिलाड़ी मुटठी बाँधकर तीन तक गिनते, इससे ठीक पहले द ब्रेन नामक खिलाड़ी ने कहा, ''लेट्स रोल!'' उसका ऐसा बोलना सामान्य सी बात लगती है लेकिन जैसा कि अनाउंसर ने कहा, यह प्रतिद्वंद्वी के लिए किया गया एक ''अचेतन आह्वान'' था ताकि वह रॉक खेले (रोलिंग का विचार उसके दिमाग को रॉक के बारे में सोचने के लिए उकसाएगा) प्रतिद्वंद्वी को रॉक खेलने के लिए उकसाने के बाद द ब्रेन ने पेपर खेला। लेकिन उसकी अचेतन आह्वान की रणनीति उल्टी पड़ गई। लैंड शार्क ने तत्काल उसकी ये हरकत पकड़ ली और वह समझ गया कि द ब्रेन क्या करनेवाला है। इसीलिए उसने रॉक के बजाय सिज़र्स खेला और द ब्रेन के पेपर को हराकर थ्रो जीत लिया।

. . .

हमारे लिए रॉक पेपर सिज़र्स चैम्पियनशिप को समझना इसलिए जरूरी है क्योंकि इसके खिलाड़ियों की रणनीतियाँ एक मूलभूत बात को उजागर करती है, जो इस संसार के हर इंसान से जुड़ी हुई है: जटिल सामाजिक चिंतन करने की क्षमता। रॉक पेपर सिज़र्स का थ्रो जीतने जैसे संकीर्ण उद्देश्य के लिए भी अगर इस क्षमता का उपयोग करना है तो इस खेल का विशिष्ट अभ्यास करना होगा। लेकिन अधिकांश लोगों को इस बात का एहसास नहीं होता कि वे अपने दैनिक जीवन में भी अन्य लोगों के साथ संवाद के दौरान सामाजिक चिंतन करते रहते हैं और यह अनुमान लगाते रहते हैं कि सामनेवाले के मन में क्या चल रहा है। तो इस लिहाज से हम अपने दिमाग को कई मायनों में एक परिष्कृत सामाजिक-कंप्यूटर की तरह देख सकते हैं।

इस सच्चाई से यही निष्कर्ष निकलता है कि हमें हर उस नई तकनीक के साथ बहुत सावधानी बरतनी चाहिए, जिसके इस्तेमाल से दूसरों के साथ हमारे जुड़ाव और संवाद करने के तरीकों के भंग होने का जोखिम हो। जो चीज़ हमारी प्रजाति की

सफलता का केंद्र है, जब आप उसके साथ खिलवाड़ करते हैं तो गंभीर समस्याएँ खड़ी होने लगती हैं।

आगे के पन्नों में, मैं आपको विस्तार से बताऊँगा कि हमारा दिमाग इतना विकसित कैसे हुआ कि सामाजिक संवाद की लालसा करने लगा। इसके बाद हम इस संवाद के बजाय अत्यधिक आकर्षक लेकिन कम संतोषजनक 'इलेक्ट्रॉनिक पिंग' को अपनाने से पैदा होनेवाली गंभीर समस्याओं पर चर्चा करेंगे। फिर मैं एक क्रांतिकारी रणनीति बताते हुए अपनी बात पूरी करूँगा, जो उन डिजिटल न्यूनतमवादियों के लिए है, जो नए संवाद साधनों के लाभ पाते हुए इन हानियों से बचना चाहते हैं – यह एक ऐसी रणनीति है, जो संवाद के इन नए तरीकों को, पुराने तरीकों का समर्थन करने की दिशा में सक्रिय कर देती है।

सामाजिक प्राणी

यह कोई नया विचार नहीं है कि मनुष्यों में संवाद और संचार के प्रति एक विशेष आकर्षण होता है। अरस्तु ने भी इसका उल्लेख किया था – ''मनुष्य स्वभाव से एक सामाजिक प्राणी है।'' हालाँकि आश्चर्य की बात ये है कि मनुष्यों के इतने लंबे इतिहास के बावजूद हमें हाल ही में ये पता चला कि यह दार्शनिक अंतर्ज्ञान जैविक रूप से किस हद तक सच है।

हमारी इस नई समझ का एक महत्वपूर्ण क्षण 1997 में आया, जब वॉशिंगटन यूनिवर्सिटी की एक रिसर्च टीम ने प्रतिष्ठित जर्नल ऑफ कॉग्निटिव न्यूरोसाइंस में कुछ रिसर्च पेपर्स प्रकाशित किए। इस दौरान पीईटी स्कैनर्स न्यूरोसाइंस रिसर्च के क्षेत्र में महत्वपूर्ण साबित हो रहे थे, जो मूल रूप में चिकित्सा संबंधी उद्देश्यों को पूरा करने के लिए विकसित किए गए थे। पीईटी स्कैनर्स ने रिसर्चर्स को दिमाग की गतिविधियों का निरीक्षण करने में सक्षम बना दिया था, जो अपने आपमें बहुत ही महत्वपूर्ण बात थी। ब्रेन इमेजिंग संबंधी इन नए अध्ययनों का सहारा लेकर वॉशिंगटन यूनिवर्सिटी ने एक साधारण सवाल की पड़ताल की, ''क्या इंसानी दिमाग के कुछ हिस्से ऐसे भी हैं, जो हर तरह की दिमागी गतिविधि में शामिल होते हैं?''

2013 में प्रकाशित अपनी किताब सोशल में मनोवैज्ञानिक मैथ्यू लिबरमैन बताते हैं कि इस प्रारंभिक विश्लेषण के परिणाम ''निराशाजनक'' थे और इनसे ये पता चला कि ''दिमाग के सिर्फ कुछ ही हिस्से ऐसे हैं, जहाँ हर कार्य के दौरान दिमागी गतिविधियाँ देखने को मिलती हैं और ये सारे हिस्से बहुत ही दिलचस्प थे।''

लेकिन अभी रिसर्च टीम का काम पूरा नहीं हुआ था। इस असफलता के बाद टीम ने तय किया कि अब वे अपने पिछले सवाल से विपरीत सवाल पूछेंगे, ''जब एक व्यक्ति कोई काम करने की कोशिश नहीं कर रहा होता, तब उसके दिमाग का कौन सा हिस्सा सक्रिय होता है?'' लिबरमैन कहते हैं, ''यह एक असामान्य किस्म का सवाल था।'' लेकिन हमें खुश होना चाहिए कि उस रिसर्च टीम ने यह सवाल पूछा क्योंकि इसके चलते एक उल्लेखनीय बात सामने आई: टीम ने पाया कि दिमाग में कुछ ऐसे विशेष हिस्से होते हैं, जो उस समय लगातार सक्रिय रहते हैं, जब आप कोई मानसिक कार्य करने की कोशिश नहीं कर रहे होते। और जैसे ही आप किसी विशिष्ट चीज़ पर ध्यान केंद्रित करते हैं तो वे हिस्से निष्क्रिय हो जाते हैं।

चूँकि दिमाग का यह नेटवर्क किसी भी कार्य के चलते निष्क्रिय हो जाता था इसलिए रिसर्च टीम इसे मूल रूप से ''द टास्क इन्ड्यूस्ड डीएक्टीवेशन नेटवर्क'' (कार्य-प्रेरित निष्क्रियकरण नेटवर्क) का नाम दिया। पर चूँकि यह नाम बहुत लंबा था इसलिए बाद में इसे छोटा करके ''डिफॉल्ट नेटवर्क'' कहा जाने लगा।

शुरुआत में वैज्ञानिकों को कोई अंदाज़ा नहीं था कि ये डिफॉल्ट नेटवर्क आखिर क्या करता है। उनके पास ऐसे कार्यों की एक लंबी सूची थी, जिनके चलते ये नेटवर्क निष्क्रिय हो जाया करता था (जिससे ये स्पष्ट होता था कि ये नेटवर्क क्या नहीं करता है) लेकिन इसका असली उद्देश्य क्या है, यह साबित करने के लिए वैज्ञानिकों के पास कोई ठोस सबूत नहीं थे। लेकिन ठोस सबूत न होने के बावजूद, अपने अनुभवों के आधार पर वैज्ञानिकों का अंर्तज्ञान विकसित होने लगा। मैथ्यू लिबरमैन इन्हीं अग्रणी विचारकों में से हैं और इस रिसर्च के गाइड होने के साथ-साथ, अब इस कहानी का एक प्रमुख हिस्सा भी हैं।

लिबरमैन याद करते हैं कि डिफॉल्ट नेटवर्क की इमेज तैयार करने के लिए, पीईटी स्कैनर पर काम कर रहे व्यक्ति को कहा जाता था कि वह इस प्रयोग के लिए जो भी गतिविधि कर रहा है, उसे बंद करके एक ब्रेक ले। जब वह व्यक्ति कोई कार्य नहीं कर रहा होता था तो रिसर्च टीम के लिए डिफॉल्ट नेटवर्क को एक ऐसी चीज़ के रूप में देखना आसान होता था, जो तभी सक्रिय होती है, जब आप किसी चीज़ के बारे में कुछ नहीं सोच रहे होते। हालाँकि थोड़े आत्मचिंतन से स्पष्ट हो जाता है कि शायद ही कभी ऐसा हो, जब हमारा दिमाग कुछ न सोच रहा हो। कोई विशिष्ट कार्य न करते हुए भी हमारा दिमाग हमेशा सक्रिय रहता है और लगातार तमाम विचार उठते रहते हैं। थोड़ा और आत्मचिंतन करने पर लिबरमैन को एहसास

हुआ कि दिमागी गतिविधियों की यह गूँज, जो पृष्ठभूमि में चलती रहती है, अक्सर कुछ ही लक्ष्यों की ओर केंद्रित होती है: ''अपने, दूसरों के या फिर दोनों के बारे में उठते विचारों पर।'' दूसरे शब्दों में कहें तो ऐसा लगता है कि यह डिफॉल्ट नेटवर्क वास्तव में सोशल कॉग्निशन (सामाजिक बोध) से संबंधित है।

इस बिंदु पर लिबरमैन की रिसर्च एक दिलचस्प मोड़ लेती है। जब उन्हें पहली बार पता चला कि डिफॉल्ट नेटवर्क सामाजिक होता है तो वे इस निष्कर्ष से प्रभावित नहीं हुए। अपने क्षेत्र के अन्य दिग्गजों की तरह ही, उन्होंने भी पाया कि हमें अपने सामाजिक जीवन में सहज रूप से गहरी दिलचस्पी होती है इसलिए यह कोई आश्चर्य की बात नहीं है कि ऊब महसूस करने पर हम इसी के बारे में सोचते हैं। हालाँकि सामाजिक बोध के विभिन्न पहलुओं का अध्ययन करते हुए लिबरमैन की राय बदल गई। ''मुझे विश्वास होने लगा कि मेरे पास जो है, वह इन नेटवर्क्स के बीच के संबंधों की उल्टे ढंग से की गई व्याख्या है। और यह उलटफेर बेहद महत्वपूर्ण है।'' अब उन्हें यह विश्वास है कि ''हम सामाजिक दुनिया में इसलिए दिलचस्पी रखते हैं क्योंकि हमारी रचना ही इस प्रकार हुई है कि हम खाली समय में अपने डिफॉल्ट नेटवर्क को सक्रिय कर देते हैं।'' दूसरे शब्दों में कहें तो हमारे दिमाग का अनुकूलन कुछ इस तरह हुआ है कि मानसिक निष्क्रियता के क्षणों में यह स्वचालित रूप से सामाजिक सोच-विचार करने लगता है और यही वह अभ्यास है, जिससे हमें अपनी सामाजिक दुनिया में सच्ची दिलचस्पी लेने में मदद मिलती है।

इस परिकल्पना की पुष्टि करने के लिए लिबरमैन और उनके सहयोगियों ने बड़ी निपुणता से कुछ प्रयोगों की एक श्रृंखला तैयार की। उदाहरण के लिए अपने एक अध्ययन में उन्होंने पाया कि नवजात शिशुओं के दिमाग का डिफॉल्ट सिस्टम भी उस वक्त सक्रिय रहता है, जब वे कुछ नहीं कर रहे होते। नवजात शिशुओं के दिमाग में इस गतिविधि का पता लगाना सचमुच महत्वपूर्ण है क्योंकि इस उम्र में सामाजिक दुनिया के प्रति कोई दिलचस्पी विकसित नहीं हुई होती है... ''नवजात शिशु (जिनका अध्ययन किया गया) तो इस उम्र में अपनी आँखों को एक बिंदु पर फोकस तक नहीं कर सकते।'' इसलिए निश्चित ही उनका यह व्यवहार सहज ही है।

एक अन्य अध्ययन में, शोधकर्ताओं ने प्रयोग में हिस्सा ले रहे वयस्कों को एक स्कैनर पर रखकर उनसे गणित के सवाल हल करने को कहा। शोधकर्ताओं ने पाया कि जब उन्होंने इन वयस्कों को दो सवालों के बीच तीन सेकेंड का ब्रेक दिया, तब भी उनके दिमाग का डिफॉल्ट नेटवर्क सक्रिय हो गया – जबकि किसी एक चीज़ को

छोड़कर दूसरी चीज़ के बारे में सोचने के लिए तीन सेकेंड की अवधि बहुत छोटी है। इतनी छोटी अवधि में भी डिफॉल्ट नेटवर्क का सक्रिय होना यही संकेत देता है कि सामाजिक मामलों के बारे में सोचने की सहज प्रवृत्ति दरअसल इंसानों में एक प्रतिक्रिया की तरह उभरकर सामने आती है।

वास्तव में यह खोज इस बात को रेखांकित करती है कि सामाजिक संबंध हमारी सेहत के लिए कितने महत्वपूर्ण हैं। लिबरमैन कहते हैं, ''लाखों वर्षों में विकसित हुआ इंसान का दिमाग आज इस परिपक्व अवस्था तक इसलिए नहीं पहुँचा है कि खाली समय मिलने पर कुछ ऐसा करे, जो हमारे जीवन के लिए कोई मायने न रखता हो।'' लेकिन ये डिफॉल्ट नेटवर्क की पूरी कहानी बयाँ नहीं करता। लिबरमैन और उनके सहयोगियों द्वारा किए गए अन्य अध्ययनों से पता चला कि क्रमिक विकास की प्रक्रिया ने अपनी जरूरतों को पूरा करने के लिए अन्य बहुमूल्य प्रणालियों को अपनाकर दरअसल सामाजिकता के महत्त्व पर बड़ा दांव लगाया है।

उदाहरण के लिए सामाजिक संपर्क समाप्त होना इस प्रणाली को ट्रिगर कर देता है, जो कभी-कभी शारीरिक कष्ट के रूप में सामने आता है - इससे स्पष्ट होता है कि परिवार के किसी सदस्य की मृत्यु होने, प्रेम-संबंध टूटने या फिर समाज में अपमान होने जैसे अनुभव इतने कष्टकारी क्यों होते हैं। एक साधारण से प्रयोग से ये पता लगा कि पेनकिलर दवाएँ सामाजिक कष्ट को कम करती हैं। हमारे व्यवहार को प्रभावित करने में इस कष्ट-प्रणाली की सशक्त भूमिका और हमारे सामाजिक जीवन से इसका संबंध दरअसल इस बात को रेखांकित करता है कि हमारी प्रजाति की सफलता के लिए सामाजिक संबंध कितने महत्वपूर्ण होते हैं।

लिबरमैन ने यह भी पता लगाया कि इंसानी दिमाग के महत्वपूर्ण संसाधन दो प्रमुख लेकिन अलग-अलग नेटवर्क्स को समर्पित होते हैं। ये नेटवर्क्स एक साथ मिलकर यह समझने में हमारी मदद करते हैं कि अन्य लोगों के दिमाग में क्या चल रहा है, उनके इरादे क्या हैं और वे कैसा महसूस कर रहे हैं।

किसी स्टोर के क्लर्क से होनेवाली अनौपचारिक बातचीत जैसी साधारण सी चीज़ के लिए भी अनगिनत मानसिक गणनाएँ करने की भारी क्षमता जरूरी होती है। ताकि उस क्लर्क के दिमाग में क्या चल रहा है, इससे जुड़े तमाम संकेतों को संसाधित किया जा सके। हालाँकि यह ''माइंड रीडिंग'' हमें बड़ी सहज लगती है लेकिन वास्तव में यह एक जटिल कार्य है, जिसे हमारे वे दिमागी नेटवर्क्स पूरा करते हैं, जो लाखों सालों के क्रमिक विकास से प्रखर हुए हैं। इस अध्याय की शुरुआत

में रॉक पेपर सिज़र्स के जिन चैंपियन्स का जिक्र किया गया था, वे दरअसल इन्हीं अति-अनुकूलित प्रणालियों का उपयोग करते हैं।

ये प्रयोग सामाजिक संज्ञात्मक तंत्रिका-विज्ञान (सोशल कॉग्निटिव न्यूरोसाइंस) के विस्तृत साहित्य के कुछ मुख्य बिंदुओं का ही प्रतिनिधित्व करते हैं और ये सारे बिंदु एक ही निष्कर्ष की ओर इशारा करते हैं: इंसान सामाजिक जीवन जीने के लिए ही बना है। दूसरे शब्दों में कहें तो जब अरस्तु ने इंसानों को सामाजिक प्राणी कहा था तो दरअसल वे सच ही कह रहे थे। लेकिन वे इस वास्तविकता को किस हद तक समझते थे, इसका पता लगाने के लिए भी हमें आधुनिक समय के उन्नत तकनीकी क्षमतावाले ब्रेन स्कैनर्स की जरूरत पड़ी।

. . .

हज़ारों सालों के क्रमिक विकास के चलते सामाजिक संबंधों के प्रति इंसानों में विकसित हुई यह दिलचस्पी हमारे क्रमिक-विकास के इतिहास का बड़ा ही आकर्षक अंश है। हालाँकि यह एक ऐसी सच्चाई है, जिसकी चिंता हर डिजिटल न्यूनतमवादी को होनी चाहिए। ऊपर वर्णित जटिल दिमागी नेटवर्क्स लाखों सालों तक ऐसे वातावरण में विकसित हुए हैं, जहाँ इंसानों के बीच हमेशा आमने-सामने अच्छे संवाद हुए। साथ ही सामाजिक समूह आकार में छोटे और कबीलों जैसे होते थे। इसके विपरीत पिछले दो दशकों में डिजिटल संचार उपकरणों का तेजी से प्रसार हुआ – ऐसे तमाम एप्स, सेवाएँ और साइट्स, जिन्होंने डिजिटल नेटवर्क्स के जरिए आपसी संवाद को संभव बनाया, उन्हें मैंने सामूहिक रूप से डिजिटल संचार उपकरण का नाम दिया है – इन उपकरणों ने हमारे सामाजिक नेटवर्क को बहुत अधिक विशाल व बहुत कम स्थानीय बना दिया। साथ ही आपसी संवाद करने के लिए छोटे-छोटे टेक्स्ट मैसेजेस और अप्रूवल क्लिक्स जैसे माध्यमों को प्रोत्साहित किया, जिनमें बहुत कम सूचना समाहित होती है। जबकि हम एक प्रजाति के रूप में इससे कहीं अधिक सूचनावाले संवाद की अपेक्षा रखते हुए विकसित हुए हैं।

ऐसे में हमारे प्राचीन न्यूनल सिस्टम्स और मॉडर्न इनोवेशन के बीच के इस टकराव से समस्याएँ खड़ी होना शायद स्वाभाविक ही है। जिस तरह बीसवीं सदी के मध्य में प्रॉसेस्ड फूड (प्रसंस्कृत भोजन) के "इनोवेशन" से वैश्विक स्वास्थ्य संकट पैदा हुआ, ठीक उसी तरह डिजिटल संचार उपकरणों यानी एक किस्म के सामाजिक फास्ट फूड के अनपेक्षित दुष्प्रभाव भी चिंताजनक सिद्ध हो रहे हैं।

सोशल मीडिया का विरोधाभास

हमारे मनोवैज्ञानिक स्वास्थ्य पर डिजिटल संचार उपकरणों के प्रभाव का आंकलन करना एक जटिल कार्य है। हालाँकि इस विषय पर हुए वैज्ञानिक अध्ययनों की कोई कमी नहीं है लेकिन समान सामग्री के बावजूद इन अध्ययनों के निष्कर्ष एक-दूसरे से अलग हैं।

उदाहरण के लिए इस विषय पर एक-दूसरे से विपरीत दो दृष्टिकोण 2017 में लगभग एक ही समय में प्रकाशित हुए थे। इनमें से पहला उस साल मार्च में एनपीआर में प्रकाशित हुआ था, जो सोशल मीडिया के इस्तेमाल और सेहत के बीच के संबंधों की पड़ताल करनेवाले कुछ नए अध्ययनों के निष्कर्षों का सारांश था। दोनों ही अध्ययनों ने पाया कि सोशल मीडिया के इस्तेमाल और विभिन्न नकारात्मक कारकों - जैसे अकेलेपन से लेकर खराब शारीरिक स्वास्थ्य तक - के बीच सीधा संबंध होता है। एनपीआर के इस लेख का शीर्षक इन निष्कर्षों को बड़ी अच्छी तरह दर्शाता था। यह शीर्षक था: क्या आप अकेला महसूस करते हैं? शायद इसका कारण सोशल मीडिया पर ज़्यादा समय बिताना हो सकता है।

एनपीआर के इस लेख के प्रकाशन के कुछ ही समय बाद फेसबुक की इंटरनल रिसर्च टीम के दो सदस्यों ने एक ब्लॉग पोस्ट लिखी। इसमें उन्होंने 2016 के विवादास्पद चुनाव के बाद शुरू हुई गंभीर आलोचना से फेसबुक का बचाव किया। हालाँकि अपनी इस पोस्ट में दोनों ने स्वीकार किया कि सोशल मीडिया का उपयोग लोगों की खुशी में कमी ला सकता है लेकिन फिर इन दोनों ने कुछ ऐसे अध्ययनों का हवाला दिया, जिनसे पता चला कि जब लोग सोशल मीडिया सेवाओं का ''उचित उपयोग'' करते हैं तो खुश रहने लगते हैं। ब्लॉग पोस्ट के दोनों लेखकों के अनुसार, दोस्तों और प्रियजनों के संपर्क में रहने के लिए फेसबुक का उपयोग करने से हमें खुशी मिलती है और हमारी सामुदायिक भावना और प्रबल हो जाती है।

दूसरे शब्दों में कहें तो सोशल मीडिया हमें खुशी देता है या हमारे जीवन में अकेलापन लाता है, यह इस बात पर निर्भर करता है कि ये सवाल किससे पूछा जा रहा है।

आइए अब इन विरोधाभासी निष्कर्षों को बेहतर ढंग से समझने के लिए ऊपर प्रस्तुत अध्ययनों को ज़रा करीब से देखते हैं। फेसबुक की इस ब्लॉग पोस्ट में उल्लेखित सबसे प्रमुख सकारात्मक लेखों में से एक के लेखक थे मोइरा बर्क और

रॉबर्ट क्रंट। मोइरा बर्क फेसबुक में ही डाटा साइंटिस्ट के तौर पर काम करती थीं और इस ब्लॉग पोस्ट की सहलेखिका भी थीं। जबकि रॉबर्ट इंसानों और कंप्यूटर के बीच होनेवाले संवाद के विशेषज्ञ थे और कारनेगी मेलॉन यूनिवर्सिटी में कार्यरत थे। उनका यह लेख जुलाई 2016 में जर्नल ऑफ कंप्यूटर मीडिएटेड कम्यूनिकेशन में प्रकाशित हुआ था। अपने इस अध्ययन में बर्क और क्रंट ने फेसबुक इस्तेमाल करनेवाले 1900 लोगों को शामिल किया, जो जरूरत पड़ने पर खुशी के अपने वर्तमान स्तर को मापने के लिए सहमत हो गए। फिर सेहत दर्शानेवाले इस स्कोर को सोशल मीडिया की गतिविधियों से जोड़ने के लिए फेसबुक सर्वर लॉग्स का उपयोग किया गया। शोधकर्ताओं ने पाया कि जब फेसबुक यूजर्स अपने किसी परिचित व्यक्ति द्वारा लिखित ऐसी सूचनाएँ प्राप्त करते हैं, जो ''उन्हें ध्यान में रखकर तैयार की गई हो'' (जैसे परिवार के किसी सदस्य द्वारा भेजा गया कमेंट) तो वे बेहतर महसूस करने लगते हैं। जबकि दूसरी ओर अगर यूजर्स को ये सूचनाएँ किसी ऐसे व्यक्ति से मिलती है, जिससे वे अच्छी तरह परिचित नहीं हैं या यूजर्स को जो ''लाइक्स'' मिलते हैं या जब वे कई लोगों को ब्रॉडकास्ट किया गया कोई स्टेटस अपडेट पढ़ते हैं – तो इससे उनकी सेहत पर कोई सकारात्मक प्रभाव नहीं पड़ता।

इस फेसबुक ब्लॉग पोस्ट में एक और सकारात्मक लेख का उल्लेख था, जिसे लिखा था सामाजिक मनोवैज्ञानिक फेने डेटर्स और मैथियास मेहल ने। डेटर्स बर्लिन की फ्रे यूनिवर्सिटी से हैं, जबकि मेहल यूनिवर्सिटी ऑफ एरिज़ोना से। उनका यह लेख सोशल साइकोलॉजी एंड पर्सनैलिटी साइंस नामक एक जर्नल में सितंबर 2013 में प्रकाशित हुआ था। इस अध्ययन में मेहल और डेटर्स ने नियंत्रित वातावरण में एक प्रयोग किया। प्रयोग में शामिल होनेवाले कुछ लोगों से एक सप्ताह की अवधि में अपेक्षाकृत अधिक फेसबुक पोस्ट करने के लिए कहा। जबकि बाकी लोगों को ऐसा कोई निर्देश नहीं दिया गया। इसके बाद वह प्रायोगिक समूह, जिसे अधिक पोस्ट करने के लिए कहा गया था, उसने इस एक सप्ताह की अवधि में दूसरे समूह (वह नियंत्रित समूह जिसे कोई निर्देश नहीं दिए गए थे) की तुलना में कम अकेलापन महसूस किया। जब इन लोगों से गहनता के साथ सवाल-जवाब किए गए तो पता चला कि ऐसा इसलिए हुआ क्योंकि पहले समूह ने एक सप्ताह की इस अवधि में दैनिक रूप से अपने जीवन में अपने दोस्तों के साथ अधिक जुड़ाव महसूस किया।

इन दोनों अध्ययनों के निष्कर्ष तो यही कहते हैं कि सोशल मीडिया आपके अकेलेपन को कम करके खुशी का स्तर बढ़ाता है। लेकिन आइए अब उन दो प्रमुख

अध्ययनों की बात करते हैं, जिनके निष्कर्ष नकारात्मक थे। इनका उल्लेख एनपीआर के उस लेख में किया गया था, जो फेसबुक पोस्ट के दौरान ही प्रकशित हुआ था।

इनमें से पहला अध्ययन विविध विषयों के जानकार लोगों की एक विशाल टीम ने किया था। इस टीम का नेतृत्व यूनिवर्सिटी ऑफ पिट्सबर्ग के ब्रायन प्राइमैक कर रहे थे। यह अध्ययन जुलाई 2017 में प्रतिष्ठित अमेरिकी जर्नल ऑफ प्रिवेन्टिव मेडिसिन में प्रकाशित हुआ था। प्राइमैक और उनकी टीम ने लोगों के जिस सैम्पल का सर्वे किया था, वह पूरे देश का प्रतिनिधित्व करता था। इसमें देशभर के अलग-अलग क्षेत्रों के 19 से 22 की उम्र के बीच के लोग शामिल किए गए थे। चुनाव के दौरान जनता का मत जानने के लिए सर्वेक्षणकर्ता जिन रैन्डम सैंम्पलिंग तकनीकों का उपयोग करते हैं, उन्हीं तकनीकों का उपयोग इस सर्वे में भी किया गया था।

इस सर्वे में हर किसी से समान प्रश्न पूछे गए थे, जिनके जरिए सामनेवाले के कथित सामाजिक अलगाव (पीएसआई - परसीव्ड सोशल आइसोलेशन) का आंकलन किया जा सकता था। पीएसआई अकेलेपन को मापनेवाला मापन (Metric) है। इसमें 11 अलग-अलग सोशल मीडिया प्लेट्फॉर्म्स के उपयोग के बारे में भी सवाल पूछे गए थे। शोधकर्ताओं ने पाया कि जो व्यक्ति सोशल मीडिया का जितना अधिक उपयोग करता है, उसके अकेले होने की संभावना उतनी ही अधिक होती है। सोशल मीडिया का अधिकतम इस्तेमाल करनेवाला, इसका न्यूनतम इस्तेमाल करनेवाले से तीन गुना अधिक अकेला होता है। उम्र, लिंग, वैवाहिक स्थिति, आय और शिक्षा जैसे कारकों की सीमा के भीतर भी समान निष्कर्ष ही सामने आए। प्राइमैक ने एनपीआर के सामने यह स्वीकार किया कि वे इन निष्कर्षों से हैरान थे: ''यह सोशल मीडिया है तो इसका मतलब यही हुआ ना कि इसके जरिए लोग सामाजिक रूप में जुड़ेंगे?'' लेकिन रिसर्च से मिला स्पष्ट डाटा अलग ही कहानी कह रहा था। आप सोशल मीडिया के जरिए दूसरों से 'जुड़ने' में जितना अधिक समय खर्च करते हैं, आपके दूसरों से अलग-थलग होने की संभावना उतनी ही बढ़ जाती है।

एनपीआर के लेख में उल्लेखित दूसरे अध्ययन के लेखक थे, यूनिवर्सिटी ऑफ कैलीफोर्निया-सैन डिएगो की हॉली शाक्य और येल यूनिवर्सिटी के निकोलस क्रिस्टाकिस। यह अध्ययन फरवरी 2017 में अमेरिकन जर्नल ऑफ एपिडेमियोलॉजी में प्रकाशित हुआ था। शाक्य और क्रिस्टाकिस ने इसके लिए पूरे देश का प्रतिनिधित्व करनेवाले एक पैनल सर्वे के 5200 से ज़्यादा वॉलेंटियर्स के डाटा का इस्तेमाल

किया। इस डाटा को उन्होंने फेसबुक पर इन वॉलेंटियर्स के व्यवहार के साथ जोड़कर देखा। शाक्य और क्रिस्टाकिस ने शारीरिक स्वास्थ्य, मानसिक स्वास्थ्य और संतुष्ट जीवन के स्वघोषित-मानकों (जीवन की गुणवत्ता के अन्य मानकोंसहित) और फेसबुक से जुड़ी गतिविधियों के बीच के संबंधों का अध्ययन किया। जैसा कि उन्होंने रिपोर्ट किया: ''हमारे निष्कर्ष बताते हैं कि कुल मिलाकर फेसबुक का उपयोग सेहत पर नकारात्मक प्रभाव डालता है।'' उदाहरण के लिए उन्होंने पाया कि अगर आप लाइक्स की संख्या या फिर आमतौर पर क्लिक किए गए लिंक्स की संख्या बढ़ा दें तो मानसिक स्वास्थ्य में 5 से 8 फीसदी की गिरावट आती है। जब उन्होंने - प्राइमैक के अध्ययन की ही तरह - जनसांख्यिकी संबंधी कारकों को नियंत्रित किया, तब भी ये नकारात्मक जुड़ाव जस का तस ही रहा।

ये अध्ययन एक विरोधाभास प्रस्तुत करते नज़र आते हैं - सोशल मीडिया के इस्तेमाल से आप दूसरों के साथ जुड़ा हुआ भी महसूस करते हैं और अकेलापन भी, खुशी भी महसूस करते है और दुःख भी। आइए अब इस विरोधाभास को हल करने के लिए ऊपर वर्णित प्रयोगात्मक डिजाइन्स को और करीब से देखते हैं। सकारात्मक निष्कर्षोंवाले अध्ययन सोशल मीडिया यूजर्स के विशिष्ट व्यवहारों पर केंद्रित थे। जबकि नकारात्मक निष्कर्षोंवाले अध्ययन सोशल मीडिया के समग्र उपयोग पर केंद्रित थे। सहज धारणा ये है कि ये दोनों कारक एक-दूसरे से सकारात्मक रूप से संबंधित हैं: अगर सोशल मीडिया के आम इस्तेमाल से आपकी सेहत और खुशहाली पर सकारात्मक प्रभाव पड़ता है तो इसका अर्थ यही हुआ कि आप इसका जितना ज़्यादा इस्तेमाल करेंगे, अपना मिजाज़ बेहतर बनानेवाले व्यवहारों में उतना ही अधिक संलग्न होंगे और आपको उतनी ही अधिक खुशी भी मिलनी चाहिए। इसलिए सकारात्मक अध्ययनों को पढ़ने के बाद आप भी यही उम्मीद करेंगे कि सोशल मीडिया का अधिक उपयोग करने से खुशहाली बढ़ेगी - लेकिन ऐसा मानना नकारात्मक निष्कर्षवाले अध्ययनों का विपरीत था।

तो इसमें एक और कारक होना चाहिए, जो आपके सोशल मीडिया के बढ़ते इस्तेमाल से स्वयं भी बढ़ता हो और ऐसा नकारात्मक प्रभाव पैदा करता हो, जो छोटे-मोटे सकारात्मक प्रभावों को खत्म कर देता हो। सौभाग्य से, हमारी इस पड़ताल के लिए, हॉली शाक्या ने एक संभावित कारक की पहचान की है: अपने नेटवर्क से संवाद करने के लिए आप सोशल मीडिया का जितना अधिक इस्तेमाल करते हैं, ऑफलाइन संवाद में उतना ही कम समय देते हैं। ''फिलहाल हम बस इतना ही

जानते हैं,'' शाक्या ने एनपीआर को बताया कि ''हमारे पास इस बात के सबूत हैं कि सोशल मीडिया को अपनी वास्तविक दुनिया के रिश्ते-नातों की जगह देना आपकी सेहत और खुशहाली के लिए हानिकारक है।''

इस विचार की गहराई में जाने के लिए, शाक्या और किस्टाकिस ने ऑफलाइन संवाद का मापन किया और पाया कि इसका सकारात्मक प्रभाव से गहन संबंध है - इस खोज को सामाजिक मनोविज्ञान की किताबों में व्यापक रूप से दोहराया गया है। जैसा कि उस समय गौर किया गया, ''महत्ता के संदर्भ में, फेसबुक के नकारात्मक प्रभाव की तुलना, ऑफलाइन संवाद के सकारात्मक प्रभाव के साथ की जा सकती है - जो कि इस बात का संकेत है कि दोनों की अदला-बदली करना संभव है।''

फिर समस्या ये नहीं है कि सोशल मीडिया का उपयोग हमें सीधे तौर पर नाखुश बनाता है। वास्तव में, जैसा कि ऊपर वर्णित सकारात्मक अध्ययनों में पता चलता है - प्रयोग के तौर पर सोशल मीडिया की कुछ गतिविधियों को अलग करने पर पाया गया कि इनसे हमारी सेहत और खुशहाली पर कुछ हद तक सकारात्मक प्रभाव पड़ता है। मुख्य मुद्दा ये है कि सोशल मीडिया का इस्तेमाल, अक्सर लोगों को वास्तविक जीवन में सामाजिक मेल-जोल से दूर कर देता है, जो कि निस्संदेह कहीं ज़्यादा मूल्यवान होता है। नकारात्मक अध्ययन यह संकेत देते हैं कि आप सोशल मीडिया का जितना अधिक उपयोग करेंगे, ऑफलाइन संवाद को उतना ही कम समय देंगे। यह स्थिति जितनी बदतर होती जाती है, सोशल मीडिया का अधिक इस्तेमाल करनेवालों के अकेले और दु:खी होने की संभावना उतनी ही अधिक बढ़ जाती है। दोस्तों की वॉल पर कुछ पोस्ट करने या इंस्टाग्राम पर उनकी नई तस्वीर लाइक करने जैसी गतिविधियों का थोड़ा-बहुत सकारात्मक प्रभाव, उस भारी नुकसान की भरपाई नहीं कर सकता, जो वास्तविक जीवन में उन्हीं दोस्तों के साथ समय न बिताने से होता है।

इस पर शाक्या कहती हैं, ''अगर दोस्तों के साथ गपशप की जगह, आपके जीवन में सोशल मीडिया 'लाइक्स' ने ले ली है तो इसका अर्थ है कि अब सतर्क होने का समय आ गया है।''

. . .

यह कोई आश्चर्य की बात नहीं है कि वास्तविक संवाद, ऑनलाइन संवाद से कहीं ज़्यादा मूल्यवान होता है। हमारे दिमाग का क्रमिक विकास एक ऐसे दौर

में हुआ, जब संवाद सिर्फ ऑफलाइन और आमने-सामने ही होता था। जैसा कि इस अध्याय में पहले भी बताया गया है, ये सारे ऑफलाइन संवाद अविश्वसनीय रूप से समृद्ध होते हैं क्योंकि इनके लिए हमारे दिमाग को बॉडी लैंग्वेज, चेहरे के हाव-भाव और आवाज़ के स्वर जैसे सूक्ष्म एनालॉग संकेतों से जुड़ी ढेर सारी सूचना प्रॉसेस (संसाधित) करनी पड़ती है। जबकि दूसरी ओर डिजिटल संचार उपकरणों से जो कम बैंडविड्थवाली बातचीत होती है, वह भले ही सामाजिक जुड़ाव या संपर्क का प्रतिबिंब लगे, लेकिन इसमें जबर्दस्त प्रदर्शन करनेवाले सोशल प्रॉसेसिंग (सामाजिक संसाधन) नेटवर्क्स का पूरा उपयोग हो ही नहीं पाता - जिससे हमारी गहन सामाजिकता को संतुष्ट करनेवाले इन उपकरणों की क्षमता कम हो जाती है। इसीलिए एक फेसबुक कमेंट या एक इंस्टाग्राम लाइक - जो भले ही कितना भी वास्तविक हो - उसका मूल्य, आमने-सामने होनेवाले संवाद या वास्तविक दुनिया की किसी साझा गतिविधि के मुकाबले बहुत ही मामूली होता है।

आज हमारे पास इस बारे में उपयुक्त डाटा उपलब्ध नहीं है कि डिजिटल संचार उपकरण उपलब्ध होने पर लोग ऑफलाइन संवाद को छोड़कर ज़्यादा से ज़्यादा ऑनलाइन संवाद क्यों करने लगते हैं? लेकिन इसके बारे में अपने सामान्य अनुभवों पर आधारित ठोस परिकल्पनाएँ आसानी से की जा सकती हैं। इसका एक स्पष्ट कारण तो यही हो सकता है कि ऑनलाइन संवाद, वास्तविक संवाद के मुकाबले कहीं ज़्यादा आसान और तेज होता है। हम इंसान अक्सर स्वाभाविक रूप से ऐसी गतिविधियों को प्राथङ्किकता देते हैं, जिनमें छोटी अवधि में कम ऊर्जा लगती हो, भले ही वह दीर्घकालिक रूप से हानिकारक हो - इसीलिए जब हमें अपने भाई-बहनों से बातचीत करनी होती है तो फोन करने के बजाय हम अक्सर एक टेक्स्ट मैसेज भेज देते हैं या इसी तरह नए-नए माता/पिता बने अपने दोस्त से मिलने के लिए उसके घर जाने के बजाय, इंस्टाग्राम पर उसके नवजात बच्चे की तस्वीर को लाइक कर देते हैं।

इसका एक सूक्ष्म प्रभाव ये है कि आपके जीवन में जो थोड़ा-बहुत ऑफलाइन संवाद अभी भी बचा हुआ है, उसे भी डिजिटल संचार उपकरण नष्ट कर सकते हैं। क्योंकि एक-दूसरे से जुड़ने की हमारी मूल प्रवृत्ति इतनी मजबूत होती है कि किसी दोस्त से बातचीत करते समय या अपने नन्हे बच्चे को नहलाते समय भी अपने डिजिटल डिवाइस को चेक करने से बचना काफी मुश्किल काम है - परिणामस्वरूप इससे उस समृद्ध ऑफलाइन संवाद की गुणवत्ता पर नकारात्मक प्रभाव पड़ता है, जो

आप आमने–सामने कर रहे होते हैं। हमारा एनालॉग दिमाग आसानी से यह फर्क नहीं कर पाता कि हमारे सामने बैठा व्यक्ति अधिक महत्वपूर्ण है या वह व्यक्ति जिसने अभी–अभी हमें टेक्स्ट मैसेज भेजा है।

अंततः जैसा कि इस किताब के पहले भाग में विस्तार से बताया गया है, इनमें से अधिकांश उपकरण इस तरह से तैयार किए गए हैं कि ये एक लत जैसी लालसा पैदा करने के लिए हमारी सामाजिक प्रवृत्तियों पर हावी हो जाएँ। जब आप दिन के कई घंटे लगातार जबरन क्लिक करते और स्वाइप करते हुए बिताते हैं तो सहज बातचीत करने के लिए ज़्यादा समय ही नहीं बचता। और चूँकि इस तरह जबरन उपयोग करने से सामाजिकता का आभास होता है इसलिए हो सकता है कि आप यह सोचने पर मजबूर हो जाएँ कि आप अपने रिश्ते अच्छी तरह निभा रहे हैं और इस मामले में आपको इससे ज़्यादा कुछ और करने की जरूरत नहीं है।

साफ है कि इस एक बात से डिजिटल संचार उपकरणों के सारे संभावित खतरे स्पष्ट नहीं होते। आलोचकों ने भी इस बात पर प्रकाश डाला है कि हमें बहिष्कृत या अयोग्य महसूस कराने, भीषण आक्रोश भड़काने, पुरातन जाति संबंधी प्रवृत्तियों को हवा देने और संभवतः लोकतांत्रिक प्रक्रिया का दर्जा घटाने में सोशल मीडिया किस तरह सक्षम है। हालाँकि इस अध्याय के शेष भाग के लिए मैं सोशल मीडिया जगत की संभावित विकृतियों की चर्चा को नज़रअंदाज करते हुए, अपना ध्यान ऑनलाइन और ऑफलाइन संवाद के बीच के संबंधों पर ही रखना चाहूँगा। क्योंकि मेरा मानना है कि डिजिटल संवाद के कारण पैदा हुई सबसे बुनियादी समस्या यही है। सच तो यह है कि ये किसी फंदे से कम नहीं है। एक न्यूनतमवादी इन नए उपकरणों के सकारात्मक और नकारात्मक पहलुओं को समझ सके, इसके लिए जरूरी है कि वह इस फंदे को भी समझे।

संवाद को बहाल करना

अभी तक इस अध्याय में हम मोबाइल स्क्रीन या टेक्स्ट इंटरफेस से होनेवाले संवाद और अन्य एनालॉग संवाद के बीच फर्क करने के लिए एक अस्पष्ट शब्दावली का सहारा ले रहे थे। लेकिन अब आगे के पन्नों में मैं 'तकनीक के व्यक्तिपरक अनुभव' विषय की अग्रणी शोधकर्ता और एमआईटी प्रोफेसर शेरी टर्कल के कुछ उपयोगी वाक्यांश उधार लेना चाहूँगा। 2015 में प्रकाशित अपनी किताब रीक्लेमिंग कन्वर्सेशन में टर्कल ने 'संपर्क' और 'संवाद' के बीच अंतर बताया है। यहाँ उन्होंने

'संपर्क' शब्द का उपयोग उस निम्न-बैंडविड्थवाली बातचीत के लिए किया है, जो आज हमारे ऑनलाइन सामाजिक जीवन को परिभाषित करती है। वहीं दूसरी ओर उन्होंने 'संवाद' शब्द का उपयोग अपेक्षाकृत अधिक समृद्ध और उच्च-बैंडविड्थवाली बातचीत के लिए किया है, जो दरअसल वास्तविक दुनिया में इंसानों के बीच होनेवाले संवाद को परिभाषित करती है। टर्कल हमारे इस मूल-मत से सहमत हैं कि संवाद सचमुच महत्वपूर्ण होता है:

> आमने-सामने बैठकर बातचीत करना, हम इंसानों द्वारा की जानेवाली सबसे मानवीय चीज़ है। इस तरह एक-दूसरे के लिए पूरी तरह उपलब्ध होकर, हम वास्तव में सामनेवाले को सुनना और समझना सीखते हैं। इसी से हमारे अंदर सहानुभूति की क्षमता विकसित होती है। इसी के जरिए हम यह खुशी महसूस करते हैं कि हमें सुना और समझा जा रहा है।

अपनी किताब में टर्कल ऐसी एन्थ्रोपोलॉजिकल केस स्टडीज (मानव विज्ञान संबंधी अध्ययन) प्रस्तुत करती हैं, जो दरअसल ''संवाद से दूर होने'' के विचार पर प्रकाश डालती हैं। यह वही विचार है, जिस पर हम इस अध्याय में तमाम क्वांटिटेटिव स्टडीज (मात्रात्मक अध्ययनों) का उदाहरण देकर पहले ही चर्चा कर चुके हैं। अपनी किताब में ये केस स्टडीज प्रस्तुत करके वास्तव में टर्कल ने उस घटती खुशहाली को एक चेहरा दे दिया, जो दरअसल संपर्क को संवाद की जगह देने के चलते घट रही है।

उदाहरण के लिए टर्कल अपने पाठकों को मिडिल स्कूल के उन छात्रों के बारे में बताती हैं, जो सहानुभूति महसूस करने में सक्षम नहीं होते क्योंकि उन्हें आमने-सामने की बातचीत में चेहरे के हाव-भाव पढ़ने का अभ्यास नहीं होता। इसके साथ ही टर्कल अपनी एक चौंतीस वर्षीय सहकर्मी के बारे में भी बताती हैं, जिसे एहसास हुआ कि उसके सारे ऑनलाइन संवादों में एक किस्म के नकली व्यवहार का संदेह है, जो सचमुच उसके लिए थका देनेवाला अनुभव है। और लगातार ऐसा करते-करते अब वह उस बिंदु पर पहुँच चुकी है, जहाँ एक सच्चा संवाद करने और नकली व्यवहार करने के बीच का फर्क उसके लिए धुंधला होता जा रहा है। टर्कल को अपने ऑफिस में भी ऐसे युवा कर्मचारी नज़र आते हैं, जो आमने-सामने बैठकर बातचीत करने से बचते हैं और आपसी संवाद के लिए बार-बार ई-मेल का सहारा लेते हैं। ऐसा इसलिए क्योंकि सीधी बातचीत का विचार भी उनके लिए डरावना होता है। लेकिन जब सारे सहकर्मी आपस में सीधी बातचीत के बजाय अस्पष्ट संपर्क को

प्राथमिकता देने लगते हैं, इसके परिणामस्वरूप ऑफिस में अनावश्यक तनाव बढ़ने लगता है।

एक बार जब टर्कल द कोलबेर रिपोर्ट नामक टीवी कार्यक्रम में बतौर मेहमान आईं तो होस्ट स्टीफन कोलबेर ने उनसे एक 'गहन' सवाल पूछा, जो उनके अपने तर्क से ही जुड़ा हुआ था: 'क्या इन सारे छोटे-छोटे ट्वीट्स और ऑनलाइन संपर्क के छोटे-छोटे मौकों को एक-साथ मिलाकर उसे एक विस्तृत वास्तविक संवाद नहीं कहा जा सकता?' इस पर टर्कल ने स्पष्ट जवाब दिया, ''जी नहीं! आमने-सामने की बातचीत धीरे-धीरे आगे बढ़ती है। यह हमें धैर्य रखना सिखाती है और हम सामनेवाली के स्वर और बारीकियों पर ध्यान देते हैं। जबकि दूसरी ओर, जब हम अपने डिजिटल उपकरणों के जरिए संवाद करते हैं तो हमारे अंदर अलग ही किस्म की आदतें विकसित होने लगती हैं।''

एक सच्ची डिजिटल न्यूनतमवादी के रूप में टर्कल इन मुद्दों को 'डिजिटल संचार उपकरणों का उपयोग समझदारी से करने के दृष्टिकोण से देखती हैं' - न कि इन उपकरणों से पूर्णत: परहेज़ करने के तौर पर। वे लिखती हैं, ''मेरा तर्क तकनीक-विरोधी नहीं बल्कि संवाद-समर्थक है।'' टर्कल को पूरा विश्वास है कि हम उस संवाद को बहाल करने के लिए जरूरी बदलाव करने में सक्षम है, जिसका विकास हमारी जरूरत है। वे कहती हैं कि 'वर्तमान में जो गंभीर स्थिति' बनी हुई है, उसके बावजूद उन्हें पूरी आशा है कि एक बार जब हम संपर्क को संवाद की जगह देने की समस्या को पूरी तरह पहचान लेंगे तो अपने तरीकों में जरूरी बदलाव लाने के बारे में फिर से विचार कर सकेंगे।

मैं भी टर्कल की तरह ही इस मामले को लेकर आशावादी हूँ और यह मानता हूँ कि इस समस्या का कोई न कोई न्यूनतमवादी समाधान जरूर होगा। लेकिन इसके लिए जिस स्तर के प्रयासों की जरूरत है, उसे लेकर मेरा रवैया ज़रा निराशावादी है। अपनी किताब के अंत में टर्कल सिफारिशों की एक पूरी श्रृंखला प्रस्तुत करती हैं, जिसके केंद्र में मुख्यत: ये विचार है कि हमें अपने जीवन में गुणवत्तापूर्ण संवाद को और अधिक जगह देने की जरूरत है। हालाँकि इस सिफारिश का उद्देश्य तो त्रुटिहीन है लेकिन यह कितनी प्रभावी सिद्ध होगी, इसे लेकर ज़रा संदेह है। जैसा कि इस अध्याय में पहले भी कहा गया है कि अगर डिजिटल संचार उपकरणों का इस्तेमाल स्पष्ट इरादों के बिना किया जाता है तो इसके परिणामस्वरूप संपर्क, संवाद की जगह लेने लगता है। अपने जीवन में संवाद बढ़ाने का प्रयास करने से पहले अगर आप

सोशल मीडिया और टेक्स्ट मैसेजिंग जैसी सुविधाओं का उपयोग पूरी जिम्मेदारी से करना नहीं सीखते तो संभव है कि आपका यह प्रयास विफल हो जाएगा। डिजिटल उपकरणों का इस्तेमाल पहले की तरह ही जारी रखते हुए, जीवन में सच्चा संवाद बढ़ाने के लिए हाथ-पैर मारने से मनचाहे परिणाम नहीं मिलेंगे। इसके लिए आपको अपने व्यवहार में और अधिक मौलिक बदलाव लाना होगा।

डिजिटल न्यूनतमवाद के साथ सफल होने के लिए आपको संवाद और संपर्क के बीच के इस पुनर्संतुलन का सार्थक ढंग से सामना करना होगा। आपकी सोच को यह दिशा देने के लिए मैं आगे के पन्नों में एक मौलिक समाधान प्रस्तुत करूँगा - जो दरअसल आज के डिजिटल युग में लोगों से घुलने-मिलने का एक दर्शन जैसा है और मुझे व्यक्तिगत रूप से आकर्षक लगता है। मैं इस दर्शन को संवाद-केंद्रित संचार के नाम से संबोधित करता हूँ। आप अपने सामाजिक जीवन की विशिष्ट जरूरतों के अनुसार इन विचारों को स्वीकार या अस्वीकार तो कर सकते हैं - लेकिन इन उग्र मुद्दों के समाधान के बारे में सोच-विचार करने से नहीं बच सकते।

. . .

संवाद और संपर्क को बहुत से लोग दो ऐसी अलग-अलग रणनीतियों के रूप में देखते हैं, जो एक ही उद्देश्य को पूरा करती हैं, जो है - सामाजिक जीवन को बनाए रखना। इस सोच के अनुसार अपने जीवन के महत्वपूर्ण रिश्ते-नातों को निभाने के कई तरीके हैं और आज के आधुनिक समय में आपको इसके लिए सभी उपलब्ध तरीकों का उपयोग करना चाहिए - जिसमें आमने-सामने बैठकर बातचीत करने से लेकर, अपने करीबी की इंस्टाग्राम पोस्ट को लाइक करने तक, सब कुछ शामिल है।

संवाद-केंद्रित संचार का दर्शन अपेक्षाकृत अधिक कड़ा रुख अपनाता है। इसके अनुसार संवाद करना, संचार का इकलौता ऐसा तरीका है, जिसे अपने रिश्ते बनाकर रखने के तरीके के तौर पर देखा जा सकता है। यह संवाद आमने-सामने की बातचीत के रूप में भी हो सकता है या फिर एक वीडियो चैट या फोन कॉल के रूप में भी - बस इसमें शेरी टर्कल के मानदंडों के अनुसार आवाज के स्वर और चेहरे के हाव-भाव जैसे बारीक एनालॉक संकेत शामिल होना जरूरी है। और इसमें ऐसी कोई चीज़ शामिल नहीं हो सकती, जो टेक्स्ट आधारित या गैर-संवादात्मक हो - जैसे हर तरह का सोशल मीडिया, ई-मेल, टेक्स्ट मैसेज वगैरह। इन चीज़ों को सिर्फ संपर्क के उपकरणों के तौर पर ही वर्गीकृत किया जा सकता है।

इस दर्शन में संपर्क को सिर्फ सहायक भूमिका दी गई है। अब संचार के इस रूप के दो उद्देश्य हैं – संवाद स्थापित करने में मदद करना और उपयोगी जानकारी को कुशलतापूर्वक हस्तांतरित करना (उदाहरण के लिए किसी आगामी कार्यक्रम का स्थान और समय)। संपर्क अब संवाद का विकल्प नहीं है बल्कि उसका सहयोगी है।

अगर आप संवाद केंद्रित संचार का समर्थन करते हैं, तब भी संबंधित सहायक सुविधाएँ पाने के लिए अपने कुछ सोशल मीडिया अकाउंट्स जारी रख सकते हैं। लेकिन फिर आप दिनभर सोशल मीडिया ब्राउज करने, लाइक और कमेंट करने या खुद कुछ पोस्ट करके बार–बार यह चेक करने के लिए नहीं छटपटाएँगे कि उस पर किसी ने कोई लाइक या कमेंट किया या नहीं। अगर आप इन बातों को ध्यान में रखेंगे तो फिर अपने फोन में ये सारे एप्स रखने का कोई औचित्य नहीं होगा क्योंकि फिर तो वे मुख्य रूप से अपेक्षाकृत अधिक समृद्ध संवाद करने के आपके प्रयासों को हानि ही पहुँचाएँगे। इससे बेहतर यही होगा कि ये सारे एप्स आपके कंप्यूटर पर रहें क्योंकि वहाँ कभी–कभी उनका विशिष्ट उपयोग हो सकेगा और वे अधिक उत्पादक सिद्ध होंगे।

इसी तरह अगर आप संवाद केंद्रित संचार को अपनाते हैं, तब भी संभवत: आप आसानी से सूचनाएँ इकट्ठी करने, सामाजिक कार्यक्रमों का समन्वय करने या फिर तत्काल किसी से कोई सवाल पूछने के लिए टेक्स्ट मैसेजिंग सर्विस पर ही निर्भर रहेंगे। बस फर्क ये होगा कि फिर आप यूँ ही चलनेवाले टेक्स्ट आधारित संवादों में भाग नहीं लेंगे। आमने–सामने होनेवाला सच्चा संवाद ही असल सामाजिक मेल–जोल के तौर पर गिना जाता है और अब टेक्स्ट आधारित संवाद इसका उचित विकल्प नहीं रह गया है।

ज़रा ध्यान दें, सच्चे न्यूनतमवाद की शैली में, संवाद केंद्रित संचार यह नहीं कहता कि आप डिजिटल संचार उपकरणों से संभव होनेवाली चमत्कारी चीज़ों को त्याग दें। इसके विपरीत यह दर्शन स्वीकार करता है कि ये उपकरण व सुविधाएँ आपके सामाजिक जीवन में महत्वपूर्ण सुधार ला सकते हैं। तमाम अन्य फायदों के अलावा ये नई तकनीकें संवाद की व्यवस्था करने की प्रक्रिया को बेहद सरल बना देती हैं। जैसे अगर सप्ताहांत की किसी दोपहर में अप्रत्याशित रूप से आपके पास थोड़ा खाली समय हो तो फटाफट कुछ दोस्तों को टेक्स्ट भेजकर आप यह पता कर सकते हैं कि उनमें से कौन फिलहाल आपके साथ कुछ देर टहलने के लिए आ सकता है। इसी तरह सोशल मीडिया से आपको पता चल सकता है कि आपका कोई

पुराना दोस्त किसी काम से आपके शहर आया है और आप फटाफट उसे डिनट पर ले जाने की व्यवस्था कर सकते हैं।

डिजिटल संचार के क्षेत्र में हुए तमाम इनोवेशन (नवाचार), संवाद के रास्ते में बाधा बननेवाली भौतिक दूरी को दूर करने के सस्ते और प्रभावी तरीके उपलब्ध कराते हैं। जब मेरी बहन जापान में रहती थी तो हम नियमित रूप से फेसटाइम पर बातचीत किया करते थे। जब भी एक-दूसरे से बात करने का दिल करता, हम तत्काल फेसटाइम पर कॉल कर लेते, बिलकुल वैसे ही, जैसे अगर आपका कोई रिश्तेदार आपके घर के आसपास ही रहता हो तो आप जब मर्जी, तब उससे मिलने निकल पड़ें। मानव इतिहास के हर काल में यह सुविधा चमत्कारी ही मानी जाएगी। संक्षेप में कहें तो यह दर्शन किसी भी लिहाज से तकनीक के खिलाफ नहीं है - बस तकनीकी उपकरणों का उपयोग असली दुनिया में आपके सामाजिक जीवन को बेहतर बनाने के लिए हो, न कि उसे नष्ट करने के लिए।

स्पष्ट हो कि संवाद आधारित संचार के लिए बलिदान जरूरी होता है। अगर आप इस दर्शन को अपनाते हैं तो करीब-करीब तय है कि आप अपने जीवन में उन लोगों की संख्या घटा देंगे, जिनके साथ आपका एक सक्रिय संबंध है। सच्चे संवाद में समय लगता है और यह मानक आप जिन लोगों के साथ कायम रख सकते हैं, उनकी संख्या, उन लोगों के मुकाबले काफी कम होगी, जिन्हें आप फॉलो करते हैं या जिनकी पोस्ट पर लाइक या कमेंट करते हैं या जिन्हें कभी-कभी टेक्स्ट भेजकर पिंग करते हैं। एक बार जब आप सोशल मीडिया की इन गतिविधियों को सार्थक संवाद के तौर पर गिनना बंद कर देंगे तो आपको लगेगा कि आपका सामाजिक दायरा संकुचित हो रहा है।

हालाँकि संकुचन का यह भाव आभासी है। जैसा कि मैंने इस अध्याय में पहले भी कहा है, संवाद एक अच्छी चीज़ है; एक इंसान के तौर पर हम सभी को इसकी लालसा होती है और इसी से हमें एक समुदाय और अपनेपन का भाव महसूस होता है, जो जीवन में आगे बढ़ने के लिए बहुत जरूरी है। वहीं दूसरी ओर सामाजिक संपर्क क्षणिक रूप से आकर्षक तो होता है लेकिन हमें जो चाहिए, वह ये बहुत कम ही दे पाता है।

संवाद केंद्रित सोच अपनाने के शुरुआती दिनों में हो सकता है कि आप उन चीज़ों से वंचित रह जाएँ, जिन्हें स्टीफन कोलबेर ने ''ऑनलाइन संपर्क के छोटे-छोटे मौके'' कहा था। अपने सोशल नेटवर्क से अचानक दूरी बना लेने से आपको

अकेलेपन का अनुभव भी हो सकता है। लेकिन जैसे-जैसे आप अपने इस खाली बचे समय का उपयोग अधिक से अधिक संवाद करने में करेंगे तो इसका अनुभव उस पिछले अनुभव के मुकाबले कहीं अधिक समृद्ध होगा, जिसे आप पीछे छोड़ रहे हैं। शेरी टर्कल ने अपनी किताब में उस रिसर्च का सारांश प्रस्तुत किया है, जिससे यह पता चला था कि एक कैम्प में बिना फोन और इंटरनेट के सिर्फ पाँच दिन का समय बिताना भी लोगों की खुशहाली और सामाजिक जुड़ाव के एहसास में खासी बढ़ोत्तरी करने के लिए काफी सिद्ध हुआ। संवाद केंद्रित सोच अपनाने के बाद आपको इस बात पर आश्चर्य होगा कि इससे पहले आप अपने चचेरे भाई के दोस्त की इंस्टाग्राम फीड पर कमेंट करने के लिए, अचानक अपने सामने बैठे व्यक्ति से ध्यान हटाकर अपने मोबाइल में क्यों व्यस्त हो जाते थे।

. . .

भले ही आप मेरे संवाद-केंद्रित संचार के इस दर्शन को स्वीकार करें या नहीं लेकिन मुझे आशा है कि आप इसके इस प्रेरक आधार को तो जरूर स्वीकार करेंगे। हमारी गहन मानवीय-सामाजिकता और आधुनिक डिजिटल संचार उपकरणों के बीच का संबंध सचमुच भयावह है और अगर इस मामले में सावधानी न बरती जाए तो यह हमारे जीवन में बड़ी समस्याएँ खड़ी कर सकता है। जिस एप को बनाने का सपना एक हॉस्टल के कमरे में या फिर पिंग-पॉन्ग टेबल पर देखा गया हो, उससे आप यह उम्मीद नहीं कर सकते कि वह इंसानों के बीच होनेवाले उस समृद्ध संवाद की जगह ले लेगा, जिसके साथ हम इंसानों को अनुकूलित होने में कई सहस्राब्दियाँ लगी हैं। हमारी सामाजिकता इतनी जटिल है कि इसे किसी सोशल नेटवर्क को आउटसोर्स नहीं किया जा सकता और न ही इसे इंस्टेंट मैसेज या इमोजी जैसी चीज़ों में बाँधकर रखा जा सकता है।

इस वास्तविकता का सामना हर डिजिटल न्यूनतमवादी को करना होगा और साथ ही इन उपकरणों के साथ अपने संबंधों को संभालना भी होगा। इस उद्देश्य के लिए मैं एक संवाद-क्रेंद्रित दृष्टिकोण अपनाने की वकालत करता हूँ क्योंकि मुझे डर है कि संवाद के प्रति दो-स्तरीय दृष्टिकोण - डिजिटल संचार और आम एनालॉग संचार को आपस में संयोजित करना - अपनाने की कोई भी कोशिश अंततः विफल ही साबित होगी। हालाँकि हो सकता है कि इन दोनों के बीच एक स्वस्थ संतुलन बनाकर रखने के मामले में अन्य लोग मुझसे अधिक दृढ़ हों इसलिए मैं इस बिंदु पर जरूरत से ज़्यादा ज़ोर नहीं दूँगा। क्योंकि आप जो भी निर्णय लेंगे, उसके पीछे की

मंशा सबसे महत्वपूर्ण है, न कि अन्य चीज़ें।

इस न्यूनतमवादी सोच की सहायता के लिए ही इस अध्याय में कुछ ठोस अभ्यास बताए गए हैं ताकि उनकी मदद से आप संवाद को बहाल कर सकते हैं। हाँ, अब मेरी कुछ मूल चेतावनियों पर ध्यान देना जरूरी होगा – इन सारे सुझावों में न तो बहुत अधिक ब्यौरा दिया गया है और न ही इन्हें अपनाना अनिवार्य है। बल्कि ये तो बस आपको यह संकेत देते हैं कि जिस प्रकार के संवाद के लिए हम सचमुच ललायित हैं, उसकी ओर वापस लौटने के लिए हमें कैसे निर्णय लेने होंगे।

अभ्यासः ''लाइक'' पर क्लिक न करें

आम धारणा के विपरीत, सच्चाई ये है कि ''लाइक'' बटन का आविष्कार फेसबुक ने नहीं किया था। इस आविष्कार का श्रेय फ्रेंडफीड को जाता है, जिसे आज काफी हद तक भुला दिया गया है। फ्रेंडफीड ने यह फीचर अक्टूबर 2007 में पहली बार अपने यूजर्स के लिए उपलब्ध कराया था। लेकिन जब फेसबुक – जिसकी लोकप्रियता फ्रेंडफीड के मुकाबले कहीं ज्यादा थी – ने थम्सअप आइकॉन को पेश किया तो सोशल मीडिया की दुनिया हमेशा के लिए बदल गई।

सन 2009 की सर्दियों में कैथी चैन नामक एक कॉरपोरेट संचार अधिकारी ने एक पोस्ट डालकर इस फीचर की प्रारंभिक घोषणा की थी, जिससे स्पष्ट हो गया कि इनोवेशन (नवाचार) करने के लिए कंपनी बहुत अधिक प्रेरित नहीं है। जैसा कि चैन बताती हैं, ''बहुत सी फेसबुक पोस्ट ऐसी होती थीं, जिनमें लोग बड़ी संख्या में कमेंट्स करके एक जैसी बात ही कह रहे होते थे; उदाहरण के लिए ''बहुत बढ़िया!'' या ''ये जानकर बहुत अच्छा लगा!'' इसीलिए किसी पोस्ट पर अपना सहज समर्थन दर्शाने के एक आसान तरीके के तौर पर लाइक बटन को पेश किया गया था, जिससे न सिर्फ समय की बचत होने लगी बल्कि कमेंट्स को केवल अधिक रोचक बातों के लिए अलग रखना भी संभव हो गया।

जैसा कि मैंने इस किताब के पहले भाग में बताया था, इस छोटी सी शुरुआत के बाद ''लाइक'' फीचर विकसित होते हुए एक ऐसा मजबूत आधार बन गया, जिसकी मदद से फेसबुक कभी-कभी चेक की जानेवाली एक मजेदार चीज़ से बदलकर, एक डिजिटल स्लॉट मशीन (जुआ खेलनेवाली मशीन) बन गया, जो अपने यूजर्स के समय और ध्यान पर हावी होने लगा। इस बटन ने सामाजिक समर्थन

संकेतकों की एक ऐसी नई और समृद्ध धारा प्रस्तुत की, जो अप्रत्याशित ढंग से हमारे सामने आती है – जो ऐसा आकर्षक आवेग पैदा करती है कि आप बार-बार अपना अकांउट चेक करने के लिए बाध्य महसूस करने लगते हैं। इससे फेसबुक को आपकी प्राथमिकताओं के बारे में अपेक्षाकृत अधिक विस्तृत जानकारी भी मिलती है, जिससे उनकी मशीन लर्निंग एल्गोरिद्म को आपकी मानवीयता को छोटे-छोटे सांख्यिकीय डाटा के रूप में हजम करने का मौका मिल जाता है। इस डाटा को बाद में इस तरह इस्तेमाल किया जाता है ताकि आपके सामने विशिष्ट प्रचार सामग्री और ऐसी ही अन्य सामग्री जबरन पेश की जा सके। आश्चर्य नहीं कि करीब-करीब सभी सफल सोशल मीडिया कंपनियों ने जल्द ही फ्रेंडफीड और फेसबुक की देखा-देखी, अपने-अपने प्लेट्फॉर्म्स पर एक क्लिक में सहज समर्थन देनेवाले फीचर्स पेश कर दिए।

हालाँकि मैं इस अध्याय में इस बात पर ध्यान केंद्रित नहीं करना चाहता कि लाइक बटन सोशल मीडिया कंपनियों के लिए वरदान साबित हुआ। बल्कि सच्चे संवाद की हमारी मानवीय आवश्यकता को इसने जो नुकसान पहुँचाया है, मैं उस पर ध्यान केंद्रित करना चाहता हूँ। सूचना सिद्धांत की परिभाषाओं के दायरे में रहकर देखें तो ''लाइक'' बटन पर क्लिक करना वास्तव में गैर-मामूली संचार का ऐसा तरीका है, जो पोस्ट डालनेवाले को, लाइक करनेवाले के बारे में सबसे कम – सिर्फ एक बिट – जानकारी प्रदान करता है।

इससे पहले मैंने इस दावे के समर्थन में व्यापक रिसर्च का हवाला भी दिया था कि इंसानी दिमाग आमने-सामने के संवाद से प्राप्त होनेवाली व्यापक सूचनाओं को संसाधित करने के लिए विकसित हुआ है। सूचनाओं के इस समृद्ध प्रवाह की जगह मात्र एक बिट सूचना देना, हमारी सामाजिक संसाधन मशीनरी का घोर अपमान करने के बराबर है। इसके बारे में तो ये कहना भी काफी नहीं होगा कि यह एक फरारी को स्पीड-लिमिट के भीतर चलाने जैसा है। बल्कि इससे बेहतर उपमा ये होगी कि यह दरअसल एक फरारी को किसी खच्चर के पीछे बाँधकर खींचने जैसा है।

. . .

उपरोक्त टिप्पणियों से प्रेरित यह अभ्यास दरअसल सुझाव देता है कि सोशल मीडिया जगत में प्रचलित एक क्लिकवाले विभिन्न समर्थन संकेतकों के बारे में अपनी सोच बदली जाए। यानी इसे अपने दोस्तों का समर्थन करने के एक आसान और

मजेदार तरीके के तौर पर देखने के बजाय, एक ऐसे जहर की तरह देखा जाए, जो सार्थक सामाजिक संबंध बनाने के आपके प्रयासों को शुरू होने से पहले ही खत्म कर देता है। सीधे शब्दों में कहें तो आपको इसका इस्तेमाल बंद कर देना चाहिए। ''लाइक'' बटन को क्लिक न करें। कभी न करें। और इसी के साथ लोगों की सोशल मीडिया पोस्ट्स पर कमेंट करना भी बंद कर दें। न ''बहुत बढ़िया'' लिखें, न ''क्या बात है!'' लिखें। बस चुप रहें।

मैं आपको सहज नज़र आनेवाले सोशल मीडिया संपर्क के खिलाफ इतना सख्त रुख अपनाने का सुझाव इसलिए दे रहा हूँ क्योंकि इसके चलते आपका दिमाग इस ऑनलाइन संपर्क को, सच्चे संवाद के उचित विकल्प के रूप में देखने लगता है। मेरे संवाद-केंद्रित संचार के इस दर्शन का प्रेरक आधार यह है कि एक बार जब आप ऑनलाइन संपर्क और सच्चे संवाद को दो समान विकल्पों की तरह देखने लगेंगे तो आपके नेक इरादों के बावजूद, निम्न-महत्ववाले सोशल मीडिया संपर्क का विस्तार तब तक अनिवार्य रूप से होता रहेगा, जब तक यह उच्च-महत्ववाले सामाजिक मेलजोल के लिए संकट खड़ा नहीं कर देता। वहीं जब आप ऑनलाइन संपर्क के जरिए होनेवाली मामूली सोशल मीडिया बातचीत अचानक बंद कर देंगे तो आपके दिमाग को स्पष्ट संदेश जाएगा कि 'चमकती स्क्रीन पर नज़र आनेवाली चीज़ों के चक्कर में इस सच्चाई को कभी मत भूलना कि वास्तव में सिर्फ सच्चा संवाद ही मायने रखता है।' जैसा कि मैंने पहले भी बताया था, भले ही आपको लगता हो कि आप सच्चे संवाद और ऑनलाइन संपर्क से होनेवाली मामूली बातचीत के बीच संतुलन बिठा सकते हैं लेकिन वास्तविकता ये है कि अधिकांश लोग ऐसा नहीं कर पाते।

कुछ लोग इस बात से चिंतित होते हैं कि इस तरह ऑनलाइन संपर्क से अचानक दूरी बना लेना, उनके दोस्तों या करीबियों को पसंद नहीं आएगा। उदाहरण के लिए, मेरी इस रणनीति के बारे में सुनकर एक महिला ने कहा कि 'अगर उसने अपनी सहेली के नवजात बच्चे की किसी नई तस्वीर पर कमेंट नहीं किया तो इसे एक असंवेदनशील गलती के तौर पर देखा जाएगा।' पर मेरा तर्क ये है कि अगर आपकी दोस्त आपके लिए सचमुच मायने रखती है तो उसकी इस प्रतिक्रिया पर चिंतित होने के बजाय इसे सच्चे संवाद की प्रेरणा बनाएँ। यानी अगर आप समय निकालकर एक बार उससे मिलने चले जाएँगे तो इसका महत्त्व आपके सोशल मीडिया कमेंट से कहीं ज़्यादा होगा।

अगर आप सच्चे संवाद को प्राथमिकता देने के उद्‌देश्य से अपने दोस्तों और

करीबियों को पहले ही यह बता देते हैं कि ''इन दिनों आप सोशल मीडिया का ज़्यादा उपयोग नहीं कर रहे हैं'' तो फिर उनकी ओर से आपको ज़्यादा शिकायतें सुनने को नहीं मिलेंगी। उदाहरण के लिए ऊपर जिस महिला का उल्लेख किया गया है, वह हाल ही में माँ बनी अपनी उस दोस्त का पसंदीदा पकवान लेकर उससे मिलने गई। इस एक चीज़ से न सिर्फ उन दोनों का रिश्ता और मजबूत हो गया बल्कि आपसी खुशहाली में भी ऐसी बढ़ोत्तरी हुई, जो सोशल मीडिया पर हज़ार बार कमेंट्स करने पर भी नहीं होती।

अंत में, यह बात ध्यान देने योग्य है कि लोगों से संवाद करने के लिए सोशल मीडिया का उपयोग न करने का अर्थ है कि कुछ लोग निश्चित ही आपके सामाजिक दायरे से बाहर हो जाएँगे - खासकर वे लोग जिनके साथ आपके संबंध सिर्फ सोशल मीडिया पर ही कायम हैं। मेरी सलाह है कि ऐसे संबंधों को टूट जाने दें। क्योंकि ऐसे कमज़ोर सामाजिक संबंधों को बनाए रखना सचमुच मायने रखता है, यह विचार वास्तव में पिछले दशक का आविष्कार है - जो सोशल मीडिया पर सक्रिय अतिउत्साही नेटवर्क-वैज्ञानिकों की भारी बकवास के चलते प्रचलित हुआ है।

इतिहास गवाह है कि हम इंसान हमेशा से ही एक समृद्ध और संपन्न सामाजिक जीवन कायम रखने में सफल रहे हैं और इसके लिए हमें कभी सोशल मीडिया की जरूरत नहीं पड़ी। सोशल मीडिया से दूर एक सहज स्थिरता की ओर लौटने से आपके जीवन पर कोई नकारात्मक प्रभाव नहीं पड़ेगा। जैसा कि सोशल मीडिया अध्ययन और अध्यापन करनेवाले एक अकादमिक व्यक्ति ने मुझसे कहा था, ''मुझे नहीं लगता कि हम इंसान एक साथ इतने सारे लोगों से संपर्क रखने के लिए बने हैं।''

संक्षेप में कहें तो सवाल ये है कि एक डिजिटल न्यूनतमवादी के तौर पर आप सोशल मीडिया का इस्तेमाल जारी रखेंगे या नहीं। और आप किन शर्तों पर ऐसा करेंगे, ये बात कई अलग-अलग कारकों पर निर्भर करती है। अंततः आप इस बारे में जो भी निर्णय लें, आपकी खुशहाली के लिए मैं आपसे एक आग्रह करना चाहूँगा कि खुद से वादा करें कि अब आप सोशल मीडिया का इस्तेमाल, निम्न-महत्ववाले उस उपकरण के रूप में नहीं करेंगे, जिसके जरिए आप अपने सामाजिक संबंध कायम रखते हैं। सीधे शब्दों में कहें तो न क्लिक करें और न ही कमेंट करें। यह बुनियादी सख्ती सामाजिक जीवन कायम रखने के आपके तरीके में मौलिक रूप से सकारात्मक बदलाव लाएगी।

अभ्यास: टेक्स्टिंग कम कर दें

अपने सामाजिक जीवन को संपर्क से संवाद की ओर वापस लाने के रास्ते की एक बड़ी बाधा ये है कि आजकल टेक्स्ट आधारित संचार – एसएमएस से लेकर आईमैसेज, व्हाट्सएप और फेसबुक मैसेंजर तक – ही दोस्ती की परिभाषा बन गया है। स्मार्टफोन युग की शुरुआत से ही फोन के इस्तेमाल से जुड़े विभिन्न पहलुओं का अध्ययन करनेवाली शेरी टर्कल इस वास्तविकता का वर्णन कुछ इस तरह करती हैं:

> आजकल फोन, दोस्ती का दायित्व निभाने का एक अनिवार्य हिस्सा बन गया है... आज एक दोस्त होने का अर्थ है, फोन के जरिए एक-दूसरे के लिए उपलब्ध रहना और ऑनलाइन संपर्क में आने के लिए हमेशा तैयार रहना।

पिछले अभ्यास में मैंने इस बात की सिफारिश की थी कि आप अपने दोस्तों के संपर्क में रहने के लिए सोशल मीडिया लाइक्स और कमेंट्स का इस्तेमाल न करें। हो सकता है कि कुछ लोगों को इस तरीके पर हैरानी हो लेकिन अगर निम्न-महत्ववाले क्लिक्स की जगह उच्च-महत्ववाले संवाद को अपनाने की प्रतिबद्धता दिखाई जाए तो इस बदलाव को स्वीकार किया जाएगा। हालाँकि बहुत से लोगों को टेक्स्ट मैसेजिंग से दूरी बनाना कहीं ज़्यादा कष्टप्रद लगेगा। दोस्ती कायम रखने के लिए फेसबुक लाइक्स की कोई जरूरत नहीं होती लेकिन अगर आप कम उम्र के हैं तो आपको ऐसा लग सकता है कि आपके लिए टेक्स्ट मैसेज करना जरूरी है। दोस्ती निभाने को इस तरह ''फोन पर संपर्क'' तक सीमित कर लेना कोई साधारण बात नहीं है।

यह स्थिति दुविधा पैदा करती है। इस अध्याय में मैं यह तर्क भी दे चुका हूँ कि टेक्स्ट मैसेजिंग इतना समृद्ध तरीका नहीं है कि यह सच्चा संवाद करने की हमारी लालसा पूरी कर सके। आप जितने अधिक टेक्स्ट मैसेज भेजेंगे, सच्चा संवाद करने की आवश्यकता को उतना ही कम करके आँकने लगेंगे और फिर जब आप आमने-सामने संवाद करेंगे तो फोन पर टेक्स्ट मैसेज चेक करने की छटपटाहट में सच्चे संवाद का मूल्य कम हो जाएगा। फिर हमारे पास बस वही तकनीक बचेगी, जो आपके सामाजिक जीवन की जरूरत है लेकिन साथ ही इससे आपको मिलनेवाले मूल्य (लाभ) में भी कमी आएगी। इन समस्याओं से भली-भाँति परिचित होने के नाते, मैं आपके सामने एक ऐसा विकल्प रखने जा रहा हूँ, जो दोस्तों से ''फोन पर

संपर्क'' कायम रखने के आपके दायित्व को तो स्वीकार करता ही है, साथ ही सच्चे संवाद की आपकी मानवीय लालसा को भी स्वीकार करता है। यह समझौता है: टेक्स्टिंग को कम करना।

. . .

यह अभ्यास सुझाव देता है कि आप हमेशा अपना फोन डू नॉट डिस्टर्ब मोड में रखें। उदाहरण के लिए आईफोन और एंड्रायड दोनों में यह मोड टेक्स्ट मैसेज आने पर नोटिफिकेशंस बंद रखता है। अगर आप आपात स्थितियों को लेकर चिंतित हों तो सेटिंग्स में जाकर कुछ नंबरों (जैसे आपके जीवन-साथी, बच्चों और माता-पिता के नंबरों) के लिए नोटिफिकेशंस ऑन रख सकते हैं। इसके अलावा आप एक शेड्यूल भी तय कर सकते हैं ताकि एक तय समय पर यह मोड खुद ही एक्टिव हो जाए।

जब आपका फोन इस मोड पर होगा तो टेक्स्ट मैसेज भी ई-मेल जैसे हो जाएँगे: यानी जब आप यह देखना चाहेंगे कि किसी ने आपको कुछ भेजा है या नहीं तो आपको अपना फोन ऑन करके वह एप चालू करना होगा। इसके अलावा आप टेक्स्टिंग के लिए एक निश्चित समय भी तय कर सकते हैं: एक विशिष्ट सत्र, जिसमें आप वे सारे टेक्स्ट मैसेज चेक करेंगे, जो आखिरी बार चेक करने के बाद से अब तक आपको प्राप्त हुए हों। फिर जरूरत के अनुसार उनमें से कुछ का जवाब भी दे दें। इसके साथ ही टेक्स्ट पर संक्षिप्त बातचीत भी निपटा सकते हैं और कुछ देर बाद सामनेवाले से कह सकते हैं कि अब आपको जाना होगा। इसके बाद अपना फोन दोबारा डू नॉट डिस्टर्ब मोड में डाल दें और फिर अपनी आगे की दिनचर्या जारी रखें।

इस अभ्यास की दो प्रमुख प्रेरणाएँ हैं। पहली ये कि जब आप टेक्स्ट नहीं करेंगे तो जहाँ उपस्थित होंगे, वहाँ से आपका ध्यान नहीं भटकेगा। एक बार जब आप टेक्स्ट से होनेवाली बातचीत को, एक ऐसे संवाद की तरह देखना बंद कर देंगे, जिसे जारी रखना जरूरी है तो असल जीवन की उस गतिविधि पर ध्यान केंद्रित करना बहुत आसान हो जाएगा, जो फिलहाल आपके सामने है। इससे सच्चे संवाद से मिलनेवाले लाभ में भी बढ़ोत्तरी होगी। साथ ही संभव है कि इससे आपके अंदर की बेचैनी भी कम हो जाए क्योंकि हमारा दिमाग निरंतर ध्यान भटकानेवाली बातचीत पर उचित प्रतिक्रिया नहीं दे पाता (एकांत के महत्त्व को समझने के लिए पिछला अध्याय देखें।)

इस अभ्यास की दूसरी प्रेरणा है कि यह आपके संबंधों को बेहतर बनाता है। जब आपका परिवार या दोस्त आपके साथ कभी भी बेवजह छद्म (आभासी)

बातचीत शुरू करने में सक्षम होते हैं तो उनके लिए आपसी संबंधों के प्रति बेपरवाह हो जाना बहुत आसान हो जाता है। ऐसी बातचीत यह आभास कराती है कि आपके संबंधों में घनिष्टता है (जबकि वास्तव में कोई घनिष्टता नहीं होती) और सार्थक आपसी जुड़ाव बनाने के प्रति हतोत्साहित करती है।

लेकिन अगर आप अपने टेक्स्ट मैसेजों को सिर्फ कभी-कभी ही चेक करते हैं तो यह स्थिति बदल जाती है। हालाँकि इस स्थिति में भी वे टेक्स्ट मैसेज के जरिए आपसे कुछ पूछ सकते हैं और फिर थोड़े समय बाद उस पर आपकी प्रतिक्रिया की अपेक्षा भी कर सकते हैं। वे आपको कोई रिमांइडर भी भेज सकते हैं और यह सोचकर आश्वस्त हो सकते हैं कि आप उसे चेक जरूर करेंगे। लेकिन चूँकि ये मैसेज किसी न किसी काम से जुड़े होंगे और इनसे होनेवाली बातचीत में निरंतरता नहीं होगी इसलिए इनसे सच्ची बातचीत का आभास नहीं होगा। परिणामस्वरूप आप दोनों आपसी खालीपन को भरने के लिए बेहतर संवाद करने को प्रेरित होंगे क्योंकि निरंतर बातचीत के अभाव के चलते ऐसा महसूस होगा कि आपके बीच दूरी आ रही है।

दूसरे शब्दों में कहें तो टेक्स्ट मैसेज पर हमेशा उपलब्ध न रहने का विरोधाभासी प्रभाव ये होता है कि आपके आपसी संबंध बेहतर होने लगते हैं। आप जिनकी परवाह करते हैं उनके लिए हमेशा उपलब्ध न रहने के बावजूद ऐसा होता है। यह बिंदु सचमुच महत्वपूर्ण है क्योंकि अधिकांश लोगों को यह डर होता है कि अगर वे ऐसे हल्के-फुल्के आपसी संपर्क को कम कर देंगे तो उनके आपसी संबंधों में खटास आने लगेगी। मैं आपको आश्वस्त करना चाहता हूँ कि ऐसा करने से वास्तव में आपके वे संबंध और मजबूत हो जाएँगे, जिनकी आप सबसे ज़्यादा परवाह करते हैं। आप उनके जीवन में एक ऐसे व्यक्ति बन सकते हैं, जो सचमुच उनसे नियमित रूप से बातचीत करता है। यह बातचीत टेक्स्ट मैसेज या इमोजी के जरिए होनेवाली बातों की अपेक्षा, कहीं अधिक गहन होगी और आपके आपसी संबंधों को मजबूती और गहराई प्रदान करेगी।

इन सारी बातों के बावजूद, हम इस बात से इंकार नहीं कर सकते कि टेक्सटिंग कम करना संभवत: थोड़ी परेशानी जरूर खड़ी कर सकता है। अगर लोगों को आपका ध्यान खींचने की आदत है तो अचानक आपकी उपलब्धता कम होने से वे आपके लिए बेचैन हो सकते हैं लेकिन इन चिंताओं का समाधान आसान है। बस अपने करीबियों को बता दें कि आप दिनभर में कुछेक बार अपने टेक्स्ट मैसेज चेक करते हैं इसलिए अगर वे आपको कुछ भेजते हैं तो आप कुछ देर बाद उनका मैसेज

देख ही लेंगे। और अगर उन्हें तत्काल आपसे बात करनी है तो वे आपको कॉल कर सकते हैं (इस बिंदु पर आपको अपने फोन की डू नॉट डिस्टर्ब सेटिंग में थोड़ा बदलाव लाना होगा ताकि आपके चुने हुए नंबरों से कॉल आना संभव हो सके।) यह प्रतिक्रिया आपकी उपलब्धता से जुड़ी हर चिंता का निवारण कर देगी और आप हर समय फोन पर आनेवाले मैसेजों में उलझे नहीं रहेंगे।

अंततः हम सब इस बात से पूरी तरह सहमत ही होंगे कि टेक्स्ट मैसेज एक अद्‍भुत आविष्कार है, जो जीवन के कई पहलुओं को काफी सुविधाजनक बना देता है। यह तकनीक सिर्फ तभी समस्या बनती है, जब आप इसे सच्चे संवाद के उचित विकल्प के रूप में देखने लगते हैं। अपने फोन को डू नॉट डिस्टर्ब मोड पर रखने और टेक्स्ट मैसेजों को निरंतर चेक करने के बजाय, एक निश्चित अंतराल के बाद चेक करने मात्र से ही आप इन तकनीक के हानिकारक प्रभावों से बचते हुए इसका भरपूर लाभ उठा सकते हैं।

अभ्यासः ऑफिस के दौरान संवाद करें

पिछली करीब एक सदी से टेलीफोन लंबी दूरी पर मौजूद लोगों के बीच उच्च गुणवत्तावाले संवाद की सुविधा देता आया है। यह उल्लेखनीय उपलब्धि सामाजिक लालसाओं को पूरा करने में हमेशा सहायक रही है। खासकर एक ऐसे युग में, जहाँ हम अपना पूरा जीवन हमेशा एकजुट होकर रहनेवाली जनजातियों की तरह नहीं बिताते। लेकिन फोन की प्रमुख समस्या ये है कि अचानक किसी से संपर्क करने को अक्सर एक असुविधा की तरह देखा जाता है। जब हम किसी से टेक्स्ट मैसेज के जरिए संपर्क करते हैं तो हमें पता नहीं होता कि सामनेवाला उसके लिए तैयार है या नहीं। मुझे आज भी अपने बचपन का वह दौर याद है, जब अपने दोस्तों को कॉल करने से पहले, मैं इस बात से चिंतित रहता था कि पता नहीं उसके परिवार का कौन सा सदस्य मेरा फोन उठाएगा और इस तरह मेरा अचानक कॉल करना उन्हें ठीक लगेगा या नहीं। इसे ध्यान में रखते हुए, हमें इस बात से हैरान नहीं होना चाहिए कि जैसे ही इससे ज़्यादा आसान संचार तकनीकों का उदय हुआ – जैसे टेक्स्ट मैसेज और ई–मेल – तो लोग तत्काल संवाद के इस व्यावहारिक तरीके को छोड़कर, निम्न गुणवत्तावाले संपर्क की ओर मुड़ गए (शेरी टर्कल इसे ''फोन फोबिया'' का नाम देती हैं)।

सौभाग्य से, मेरे पास एक ऐसा सरल तरीका है, जिसकी मदद से इस असुविधा

से बचा जा सकता है और फोन पर नियमित रूप से समृद्ध संवाद करना आसान बनाया जा सकता है। मैंने ये तरीका सिलिकॉन वैली के एक टेक्नोलॉजी एग्जीक्यूटिव से सीखा था, जिसने परिवार और दोस्तों के साथ उच्च-गुणवत्तावाला संवाद करने में सहयोगी एक अनोखी रणनीति का आविष्कार किया था: इस रणनीति के तहत वह उनसे कह देता था कि सप्ताहांत को छोड़कर वह हर रोज शाम को 5.30 बजे फोन पर बातचीत करने के लिए उपलब्ध रहता है। इसलिए उससे बातचीत करने का समय तय करने या उसे इसके बारे में पहले से बताने की कोई जरूरत नहीं है – आप सीधे उसे कॉल कर सकते हैं। बाद में पता चला कि वास्तव में वह हर रोज शाम को 5.30 बजे ऑफिस से अपने घर के लिए निकलता है और उसके इस सफर के दौरान रोड पर जबर्दस्त ट्रैफिक जाम होता है। दरअसल उसने तय किया था कि ऑफिस से घर के रास्ते पर – जब वह अपनी कार में होता है – इस समय का सदुपयोग होना चाहिए। इसीलिए उसने अपने लिए 5.30 बजेवाला यह नियम बना लिया।

उसकी यह प्रणाली तार्किक रूप से इतनी सरल है कि ज़्यादा समय लेनेवाले पर निम्न-गुणवत्तावाले संपर्कों की जगह उच्च-गुणवत्तावाला संवाद अपनाने में आपको सक्षम बनाती है। अगर आप एक टेक्स्ट मैसेज भेजकर उस एग्जीक्यूटिव से कोई मुश्किल सवाल पूछेंगे तो उसका जवाब कुछ ऐसा होगा, ''मैं इस पर जरूर चर्चा करना चाहूँगा। इसके लिए आप मुझे किसी भी दिन शाम को 5.30 बजे पर कॉल कर सकते हैं।'' इसी तरह कुछ साल पहले जब मैं सैन फ्रांसिस्को गया था तो उससे मिलना चाहता था। मेरे मैसेज के जवाब में उसने लिखा, ''आप मुझे किसी भी दिन 5.30 बजे कॉल कर सकते हैं और हम तय कर लेंगे कि कब और कहाँ मिल सकते हैं।'' इसी तरह जब उसे किसी ऐसे व्यक्ति से संपर्क करना होता है, जिससे उसकी काफी दिनों से बात नहीं हुई है तो वह उसे एक छोटा सा नोट भेज देता है कि ''कैसे हैं आप? क्या चल रहा है? किसी दिन मुझे 5.30 बजे कॉल करिए, फिर बात करते हैं।'' मेरा मानना है कि अब उसके करीबी दोस्तों और परिवार के सदस्यों ने 5.30 बजे का यह नियम खुद भी आत्मसात कर लिया होगा और अब वे उसे अचानक 5.30 बजे फोन करने में अपेक्षाकृत अधिक सहज महसूस करते होंगे क्योंकि उन्हें पता है कि वह इस समय उपलब्ध होगा और खुशी-खुशी उनका फोन उठाएगा।

अपने इस नियम के कारण यह एग्जिक्यूटिव अन्य लोगों की तुलना में कहीं अधिक संतोषजनक सामाजिक जीवन जी रहा है। जबकि वह ऐसे टेक्नोलॉजी स्टार्ट-अप्स के लिए काम करता है, जिसमें उसका अधिकांश समय खर्च हो जाता

है और वहाँ काम करनेवाले लोग बहुत ज़्यादा व्यस्त होते हैं। उसने अपना शिड्यूल कुछ इस तरह बना लिया है कि अतिरिक्त बातचीत को किनारे करके समृद्ध संवाद करने की अपनी मानवीय जरूरत को पूरा करने में सक्षम हो गया है। कोई आश्चर्य नहीं कि मैं आपको उसका तरीका अपनाने का सुझाव दे रहा हूँ।

. . .

यह अभ्यास आपको उपरोक्त उदाहरण में प्रस्तुत ''ऑफिस के दौरान संवाद की रणनीति'' का अनुसरण करने को कहता है। इसके लिए कुछ ऐसे दिन और समय निर्धारित कर लें, जिस दौरान आप संवाद के लिए उपलब्ध रहेंगे। इस अवधि के दौरान आप जहाँ मौजूद हों, उसके आधार पर तय किया जा सकता है कि ये बातचीत फोन पर होगी या आमने-सामने। एक बार जब ये दिन और समय निर्धारित हो जाएँ तो फिर इससे उन लोगों को अवगत करा दें, जिनकी आप परवाह करते हैं। फिर जब भी कोई आपके साथ निम्न-गुणवत्तावाला संपर्क बनाने की पहल करे (जैसे टेक्स्ट मैसेज या सोशल मीडिया पिंग) तो उससे कहें कि वे अपनी सुविधा के हिसाब से किसी दिन उस समय आपसे संपर्क कर सकते हैं, जिसे आपने पहले से ही ऐसी चीज़ों के लिए आरक्षित कर रखा है। इसी तरह एक बार जब ऑफिस के दौरान संवाद करने के दिन और समय का निर्धारण हो जाए तो आप सक्रिय तौर पर उन लोगों को इसके बारे में बताएँ जिनकी आप सबसे ज़्यादा परवाह करते हैं और उन्हें उनकी सुविधा के अनुसार दिन तय करके, अपनी पूर्व-निर्धारित अवधि के दौरान बातचीत का आमंत्रण दें।

मैंने इस अभ्यास के कई अलग-अलग रूपों को कारगर होते देखा है। अगर आप हर रोज एक निश्चित समय पर ऑफिस आते-जाते हैं तो उस दौरान अपने फोन कॉल्स निपटाना एक अच्छा विचार है। इस तरह आप उस समय का सार्थक उपयोग कर सकते हैं, जो हर रोज यात्रा में बर्बाद होता है। इसी तरह कॉफी शॉप में बैठकर संवाद करना भी इसी रणनीति का एक प्रचलित रूप है। इसके लिए बस आपको हर सप्ताह एक निश्चित समय तय करना है, जब आप कोई अच्छी किताब या अखबार लेकर अपने पसंदीदा कैफे की टेबल पर जाकर बैठ जाएँगे। इस दौरान किताब या अखबार पढ़ना सिर्फ एक बैकअप गतिविधि है। आप अपने जानकार लोगों को ये बता सकते हैं कि आप किस समय कैफे में उपलब्ध रहेंगे। कैफे में बैठने के पीछे आपकी उम्मीद ये होगी कि जल्द ही उन लोगों का एक ऐसा समूह बन जाए, जो उस दौरान नियमित रूप से कैफे में मिलने-जुलने आएँगे। मैंने यह रणनीति सबसे पहले

उस कस्बे के एक कैफे में देखी थी, जहाँ मैं बड़ा हुआ। वहाँ अधेड़ उम्र के पुरुषों का एक छोटा सा समूह हुआ करता था, जो हर शनिवार सुबह-सुबह वहाँ आता था। वे सब पूरा दिन उस कैफे में बैठते और नए-नए दोस्त वहाँ आते-जाते रहते और समूह के साथ बैठकर गपशप करते। इसी तरह अगर आप ऑफिस के दौरान संवाद की रणनीति में थोड़ा फेरबदल करते हुए अंग्रेजी संस्कृति का अनुसरण करें तो सप्ताह में एक बार अपने पसंदीदा बार में बैठकर भी महत्वपूर्ण बातचीत कर सकते हैं।

मैंने लोगों को इसी उद्देश्य के साथ दैनिक सैर पर जाते भी देखा है। स्टीव जॉब्स तो सिलिकॉन वैली के जिस इलाके में रहते थे, वहाँ पेड़ों की कतारों के किनारे चलते हुए लंबी सैर पर जाने के लिए प्रसिद्ध थे। जो लोग उनके खास थे, उन्हें अक्सर इस सैर में स्टीव के साथ जाने का आमंत्रण मिलता था और इसका सिर्फ एक ही उद्देश्य होता था - गहन संवाद। स्टीव जॉब्स ने भले ही आईफोन का आविष्कार किया हो लेकिन वे ऐसे व्यक्ति नहीं थे, जो महत्वपूर्ण संबंधों को निभाने के लिए डिजिटल पिंग्स का सहारा लेने में रुचि रखते रहे हों।

मैंने अपने जीवन में एक प्रोफेसर के रूप में अपने ऑफिस के समय का व्यापक उपयोग किया है। मेरा काम ऐसा है, जहाँ सप्ताह में एक बार थोड़ा समय निकालना जरूरी होता है ताकि अगर आपके छात्र कोई सवाल पूछना चाहते हैं तो उस दौरान आपसे आकर मिल सकें। जॉर्जटाउन में अपने कॅरियर की शुरुआत में मुझे एहसास हुआ कि सप्ताह में एक बार अपने वर्तमान छात्रों से मिलना, मात्र एक संवाद-सत्र नहीं है बल्कि उससे कहीं ज़्यादा महत्वपूर्ण है। इसीलिए अब मेरी कोशिश रहती है कि मैं अपने ऑफिस में ज़्यादा देर तक उपस्थित रहूँ ताकि सभी को पता हो कि जॉर्जटाउन के हर छात्र के लिए मेरे ऑफिस के दरवाजे खुले हुए हैं। जब भी कोई छात्र मुझसे कोई सवाल पूछने के लिए समय माँगता है या किसी मसले पर मेरी सलाह लेना चाहता है या फिर मेरी कोई किताब पढ़ने के बाद अपना अनुभव मुझसे साझा करना चाहता है तो मैं उसे ऑफिस टाइम पर बुला लेता हूँ और कह देता हूँ कि ''चाहो तो मुझे कॉल भी कर सकते हो।'' फिर छात्र यही करते हैं। परिणामस्वरूप अब मैं अपनी यूनिवर्सिटी के छात्र संगठन के साथ बेहतर ढंग से जुड़ा रहता हूँ। लेकिन अगर मैं इसके बजाय हर छात्र के प्रत्येक अनुरोध के हिसाब से अपना शिड्यूल तय करने की कोशिश करने लगूँ तो यह जुड़ाव संभव नहीं होगा।

ऑफिस के दौरान संवाद की रणनीति आपके सामाजिक जीवन को बेहतर बनाती है क्योंकि यह सार्थक मेलजोल की मुख्य बाधा को दूर कर देती है - यानी

उस चिंता को, जिसका उल्लेख ऊपर किया गया है कि अनचाहे फोन कॉल्स परेशान कर सकते हैं। लोगों में सच्चे संवाद की गहन लालसा होती है लेकिन यह एक बाधा भी इस लालसा को पूरा होने से रोक सकती है। इसलिए अगर आप ऑफिस के दौरान संवाद करके इस बाधा को दूर कर लेते हैं तो सिर्फ एक सप्ताह की छोटी सी अवधि में भी इतने सारे सच्चे संवाद कर सकते हैं कि आप खुद हैरान रह जाएँगे।

6

फिर से खाली समय मिलना

खाली समय और सुखद जीवन

यूनानी दार्शनिक अरस्तू ने ईसा पूर्व चौथी शताब्दी में संकलित अपने निकोमेकियन एथिक्स में एक अति महत्वपूर्ण सवाल पर विचार किया था, जो आज भी उतना ही महत्वपूर्ण है। यह सवाल था: एक सुखी जीवन कैसे जीया जाए? निकोमेकियन एथिक्स इसके जवाब को दस किताबों में विभाजित करता है। इनमें से पहली नौ किताबों में अधिकांश रूप से जिस बारे में बात की गई है, उसे अरस्तू ''व्यावहारिक गुणों'' का नाम देते हैं, जैसे - अपने कर्तव्यों का पालन करना, अन्याय होता देख न्यायपूर्ण व्यवहार करना और खतरों का सामना साहस के साथ करना। लेकिन निकोमेकियन एथिक्स की दसवीं और आखिरी किताब में अरस्तू दाँत पीसनेवाले इन वीरतापूर्ण गुणों को छोड़कर अपने तर्क को एक नया मोड़ देते हैं: ''सबसे सुखद और सर्वोत्तम जीवन ही ज्ञान का जीवन है।'' अंत में वे कहते हैं, ''ऐसा जीवन ही सबसे खुशहाल जीवन होता है।''

अरस्तू विस्तार से बताते हैं कि गहन सोच-विचार युक्त जीवन खुशहाल होता है क्योंकि ''चिंतन एक ऐसी गतिविधि है, जो अपने आपमें सराही जाती है... इससे चिंतन की गतिविधि के सिवाय कुछ और हासिल नहीं होता।'' इस बेतुके नज़र आनेवाले दावे के जरिए संभवत: लिखित दर्शन के इतिहास में पहली बार किसी ने एक ऐसे विचार की पहचान की थी, जो अगले हज़ार वर्षों तक कायम रहा और आज भी इंसानी स्वभाव की हमारी वर्तमान समझ को प्रभावित करता है: एक सुखद जीवन के लिए ऐसी गतिविधियों की जरूरत होती है, जिनका कोई और उद्देश्य नहीं होता, सिवाय उनसे हासिल होनेवाली संतुष्टि के।

एमआईटी के दार्शनिक कीरन सेटिया निकोमेकियन एथिक्स की आधुनिक व्याख्या करते हुए बताते हैं, ''अगर आपके जीवन में सिर्फ वही कर्म शामिल हैं,

जिनका मूल्य समस्याओं, कठिनाईयों और आवश्यकताओं के अस्तित्व पर निर्भर करता है - क्योंकि उन गतिविधियों का उद्देश्य इनका समाधान निकालना ही है - तो आप उस अस्तित्ववादी हताशा के शिकार हो सकते हैं, जो इस सवाल से उपजती है कि क्या सिर्फ यही जीवन है?'' सेटिया के अनुसार, इस हताशा का एक हल भी है - अरस्तू के दिखाए मार्ग का अनुसरण करना और ऐसी गतिविधियों को अपनाना, जो आपकी ''भीतरी खुशी का स्रोत'' बन सकें।

इस अध्याय में मैंने इन आनंददायक गतिविधियों को ''उच्च-स्तरीय खाली समय'' का नाम दिया है। सुव्यवस्थित जीवन यानी एक ऐसा विचार जो वास्तव में दो हज़ार साल से भी अधिक पुराना है। ऐसे जीवन के लिए ये आनंददायक गतिविधियाँ सचमुच बहुत महत्वपूर्ण हैं। मैं आपको ये बात इसलिए याद दिला रहा हूँ क्योंकि मैं इस बात को लेकर आश्वस्त हूँ कि हमारे आधुनिक डिजिटल जीवन की समस्याओं पर सफलतापूर्वक काबू पाने के लिए आपको इस प्राचीन ज्ञान की मूल अंतर्दृष्टि को न सिर्फ समझना होगा बल्कि उसे अपने जीवन में लागू भी करना होगा।

. . .

उच्च-स्तरीय खाली समय और डिजिटल न्यूनतमवाद के बीच जो संबंध होने का दावा मैं कर रहा हूँ, उसे समझाने के लिए सबसे पहले उससे जुड़ी परिघटना के बारे में बताना भी जरूरी है। दरअसल वे लोग, जो तकनीक और संस्कृति के इंटरसेक्शन (परस्पर प्रतिच्छेदन) का अध्ययन करते हैं, वे पत्रकारिता की एक छोटी पर लोकप्रिय उपश्रेणी के भी अच्छे जानकार होते हैं। इसमें लेखक आधुनिक तकनीकों से अस्थाई ब्रेक लेने के अपने अनुभव का विस्तृत वर्णन करता है। इन बेबाक लोगों के अनुभवों से पता चलता है कि आधुनिक तकनीकों से दूरी बनाने पर वे भावनात्मक संकट से घिर जाते हैं। उदाहरण के लिए सामाजिक समालोचक माइकल हैरिस, इंटरनेट और सेलफोन सर्विस के बिना एक देहाती इलाके में बने केबिन में जाकर रहने के अपने अनुभव की व्याख्या कुछ इस प्रकार करते हैं :

> दूसरा दिन खत्म होते-होते... मुझे हर चीज़ की याद सताने लगी। मुझे मेरा आरामदायक बिस्तर, मेरा टी.वी., केनी और मेरा प्यारा गूगल, सब कुछ बार-बार याद आ रहा था। मैं एक घंटे तक यूँ ही बिना किसी उद्देश्य के समुद्र की ओर घूरता रहा, जो चमकती हुई तरल धातु जैसा नज़र आ रहा था; टी.वी. देखते समय मुझे हर दस मिनट में ऐसा लगता है कि चैनल बदल दूँ। लेकिन यहाँ समुद्र का पानी किसी अदालती

आदेश की तरह बार-बार वापस लौट आता था। ये मेरे लिए किसी यातना जैसा था।

इस भावनात्मक संकट को अक्सर लत के विचार से जोड़ दिया जाता है। इसे नशे की लत छोड़ते समय नशेड़ी में नज़र आनेवाले लक्षण के तौर पर देखा जा सकता है। (तभी तो हैरिस उस केबिन में अपने अनुभव के बारे में लिखते हैं - ''मुझे आज भी याद है कि मेरे लिए इस विचार को स्वीकार करना आसान नहीं था कि इस अनुभव के दौरान मुझे ठीक वैसा ही महसूस होनेवाला है, जैसा एक नशेड़ी को नशे की लत छोड़ते समय महसूस होता है।'') लेकिन इस अनुभव की ऐसी व्याख्या वास्तव में समस्याजनक है। जैसा कि हमने इस किताब के भाग-१ में देखा था, वे मनोवैज्ञानिक ताकतें जो हमें तकनीक का हद से ज़्यादा उपयोग करने के लिए मजबूर करती हैं, उन्हें आमतौर पर व्यवहार संबंधी हल्का व्यसन या लत माना जाता है - जो किसी भी उपलब्ध डिजिटल तकनीक को हमारे लिए बहुत आकर्षक बना देता है लेकिन यह लत, नशीले रासायनिक पदार्थों की लत जितनी गंभीर नहीं होती। इससे स्पष्ट हो जाता है कि एक नशेड़ी को अपनी लत छोड़ते समय नशे की जो गहरी तलब महसूस होती है, उसके मुकाबले तकनीक की लत से जुड़े भावनात्मक संकट का वर्णन अक्सर अधिक अमूर्त और हल्के तौर पर क्यों किया जाता है।

ऐसा नहीं है कि हैरिस किसी विशिष्ट ऑनलाइन गतिविधि में शामिल रहते थे और उसे याद कर रहे थे (जैसे धूम्रपान करनेवाले को सिगरेट उपलब्ध न होने पर तलब महसूस होती है) बल्कि हैरिस तो इसलिए असहज महसूस कर रहे थे क्योंकि डिजिटल तकनीक उनकी पहुँच से बाहर थी। यह बहुत ही सूक्ष्म फर्क है लेकिन अरस्तू और डिजिटल न्यूनतमवाद के बीच के उत्पादक संबंध को समझने के लिए यह बहुत महत्वपूर्ण है। मैं इस विषय का जितना अधिक अध्ययन करता हूँ, मेरे सामने यह बात उतनी ही स्पष्ट होती जाती है कि निम्न-स्तरीय डिजिटल गतिविधियाँ - जो हमारा ध्यान भटकाती हैं - वे लोगों के जीवन में, अपेक्षाकृत कहीं ज़्यादा महत्वपूर्ण भूमिका निभाती हैं। हालियाँ वर्षों में, जैसे-जैसे आपके कामकाज और जीवन के बीच की सीमा धुँधली हो रही है, नौकरियों में जिम्मेदारी का बोझ बढ़ रहा है और सामुदायिक परंपराओं का दर्जा कम हो रहा है, वैसे-वैसे ज़्यादा से ज़्यादा लोग उच्च-स्तरीय खाली समय से भरपूर जीवन विकसित करने में नाकाम हो रहे हैं, जबकि अरस्तू ने इसे इंसानी खुशहाली के लिए बहुत महत्वपूर्ण बताया था। यह एक ऐसा खालीपन पैदा करता है, जिसका सामना होने पर लगता है कि इसे

भरना करीब-करीब असंभव है। लेकिन डिजिटल शोर में खुद को उलझाकर लोग इस खालीपन को अनदेखा करने लगते हैं। अपना कामकाज निपटाने, पारिवारिक जिम्मेदारियाँ निभाने और नींद पूरी करने के बीच जो थोड़ा-बहुत खालीपन होता है, उसे भरना आज बहुत आसान हो गया है। इसके लिए बस आपको अपना स्मार्टफोन या टेबलेट निकालना है और फिर आप निरर्थक रूप से स्वाइप और टैप करते हुए खुद को हर चीज़ के प्रति सुन्न कर सकते हैं।

अस्तित्व के लिए बाधाएँ खड़ी करना कोई नई चीज़ नहीं है - यूट्यूब से पहले (और आज भी) अपने गहन अस्तित्ववादी सवालों से बचने के लिए हमारे पास लगातार टी.वी. देखने और बहुत ज़्यादा शराब पीने जैसी निरर्थक गतिविधियाँ मौजूद थीं। लेकिन २१वीं सदी की अटेंशन इकोनॉमी (ध्यान खींचने पर आधारित अर्थव्यवस्था) की उन्नत तकनीकें इस कार्य में विशेष रूप से प्रभावी हैं।

दूसरे शब्दों में कहें तो हैरिस इसलिए असहज महसूस नहीं कर रहे थे क्योंकि उन्हें किसी विशिष्ट डिजिटल गतिविधि की तलब महसूस हो रही थी बल्कि वे तो इसलिए असहज थे क्योंकि डिजिटल तकनीक के जरिए आपस में जुड़ी स्क्रीन्स के विशाल नेटवर्क से दूर जाने के बाद उन्हें समझ नहीं आ रहा था कि वे क्या करें।

अगर आप डिजिटल न्यूनतमवाद को सफलतापूर्वक अपनाना चाहते हैं तो इस वास्तविकता को अनदेखा नहीं कर सकते। अगर आप निम्न-स्तरीय अनावश्यक डिजिटल गतिविधियों को अपने जीवन से दूर कर देते हैं लेकिन उस खालीपन को भरने का इंतजाम पहले से करके नहीं रखते, जिसे अनदेखा करने में वे गतिविधियाँ सहायक थीं तो यह अनुभव आपको बेवजह ही अप्रिय महसूस होगा या फिर इससे भी बदतर ये कि आप ऐसा करने में असफल हो जाएँगे। इसीलिए सबसे सफल डिजिटल न्यूनतमवादी वे होते हैं, जो अपने खाली समय के लिए नई-नई गतिविधियाँ ढूँढ़ते हुए बदलाव की ये प्रक्रिया शुरू करते हैं - यानी वे अपनी सबसे बदतर डिजिटल आदतों को छोड़ने से पहले उच्च-स्तरीय खाली समयवाली गतिविधियाँ अपना लेते हैं। वास्तव में, बहुत से न्यूनतमवादी तो ऐसे हैं, जो बताते हैं कि पहले वे जिन डिजिटल आदतों को अपनी दैनिक दिनचर्या का अनिवार्य भाग मानते थे, वे अचानक बहुत ही मामूली और निरर्थक लगने लगी हैं क्योंकि अब वे इस बात को लेकर पहले से कहीं अधिक जागरूक हो गए हैं कि उन्हें अपना समय कैसे बिताना है। एक बार जब वह खालीपन भर जाता है तो फिर आपको उसे अनदेखा करने के लिए ध्यान भटकानेवाली चीज़ों की जरूरत महसूस नहीं होती।

इन अवलोकनों से प्रेरित होने के चलते, इस अध्याय का लक्ष्य है, आपके जीवन में उच्च-स्तरीय खाली समय लाने में मदद करना। आनेवाले तीनों खंड इस बारे में एक नया सबक प्रस्तुत करते हैं कि खाली समय की सर्वाधिक लाभप्रद गतिविधियों को परिभाषित करनेवाली विशेषताएँ क्या हैं। इसके बाद यह चर्चा होगी कि इन गतिविधियों में आधुनिक तकनीक कुछ हद तक विरोधाभासी भूमिका निभाती है। और अंतत: कुछ ठोस अभ्यास प्रस्तुत किए जाएँगे, जिसकी मदद से आप इन उच्च-स्तरीय गतिविधियों को अपनाना शुरू कर सकते हैं।

बेनेट का सिद्धांत

उच्च-स्तरीय खाली समय को परखना शुरू करने का सबसे उचित बिंदु है, तथाकथित एफआई समुदाय। अगर आप इसके बारे में नहीं जानते तो बता दूँ कि एफआई यानी फायनैन्शियल इंडीपेन्डेंस या वित्तीय स्वतंत्रता - जो दरअसल उस आर्थिक स्थिति की ओर इशारा करती है, जिसमें आपको अपनी संपत्ति से ही इतनी आमदनी हो जाती है कि उससे आपके जीवनयापन का खर्च निकल आता है। बहुत से लोग एफआई को एक ऐसा लक्ष्य मानते हैं, जो या तो रिटायरमेंट की उम्र के आसपास हासिल होता है या फिर विरासत में बड़ी संपत्ति मिलने पर लेकिन हालिया वर्षों में इंटरनेट ने एक नए एफआई समुदाय को बढ़ावा दिया है, जिसमें अधिकांश लोग युवा हैं और अत्यधिक किफायती जीवनयापन के जरिए वित्तीय स्वतंत्रता हासिल करने का शॉर्टकट ढूँढ़ रहे हैं।

आज सबसे ज़्यादा ध्यान, एफआई 2.0 आंदोलन में अंतर्निहित वित्तीय अंतर्दृष्टियों पर केंद्रित है[1] लेकिन ये विवरण हमारे उद्देश्यों के लिए प्रासंगिक नहीं

[1] एफआई २.० आंदोलन के बारे में जानने के इच्छुक लोगों को मैं बताना चाहूँगा कि इसकी मूल अंतर्दृष्टि ये है कि अगर आप अपने जीवनयापन का खर्च क्रांतिकारी ढंग से कम कर लें तो इसके दो लाभ हैं - (१) आप कहीं ज़्यादा तेज गति से पैसे की बचत कर सकते हैं, (५० से ७० फीसदी की बचत दर आम बात है) और (२) वित्तीय रूप से स्वतंत्र बनने के लिए आपको बहुत ज़्यादा बचत करने की जरूरत भी नहीं है क्योंकि आपके जीवनयापन का खर्च कम है। उदाहरण के लिए अगर आपको एक आरामदायक जीवन जीने के लिए ३० हज़ार डॉलर्स की जरूरत है तो अपने कम खर्चवाले इंडेक्स फंड में ७ लाख ५० हजार डॉलर्स की बचत करके (बढ़ती महँगाई का अतिरिक्त खर्च जोड़ने के बाद भी) आप संभवत: कई दशकों तक इस खर्च को पूरा कर सकते हैं। अब ज़रा कल्पना करें कि आप और आपका जीवनसाथी अभी युवा हैं और दोनों की संयुक्त सालाना कमाई एक लाख डॉलर्स है। चूँकि आपको अपने जीवनयापन के लिए सिर्फ ३० हजार डॉलर्स की ही जरूरत है तो इसका अर्थ हुआ कि हर साल ७० हज़ार डॉलर्स की बचत की जा सकती है। अब

है। हमारे लिए जो वाकई प्रासंगिक है, वो है ये तथ्य कि वित्तीय रूप से स्वतंत्र युवा, उच्च-स्तरीय खाली समय से संबंधित गतिविधियों के लिए एक अच्छी केस-स्टडी साबित हो सकते हैं। मेरे इस दावे के पीछे दो कारण हैं। पहला और शायद सबसे स्वाभाविक कारण ये है कि जब आप एफआई यानी वित्तीय स्वतंत्रता हासिल कर लेते हैं तो एक औसत व्यक्ति के मुकाबले आपके पास दैनिक रूप से कहीं ज़्यादा खाली समय उपलब्ध होता है। दूसरा कारण है कि युवा उम्र में वित्तीय स्वतंत्रता हासिल करने का क्रांतिकारी निर्णय - जो आमतौर पर जीवनशैली संबंधी उग्र निर्णयों का कारण बनता है - अपने आपमें उन युवाओं का निर्णय होता है, जो इस बात को लेकर असामान्य रूप से बड़ी स्पष्ट सोच रखते हैं कि उन्हें अपना जीवन कैसे जीना है। ढेर सारा खाली समय और स्पष्ट इरादों के साथ जीने की प्रतिबद्धता के चलते एफआई समुदाय एक ऐसे स्रोत के रूप में उभरा है, जो प्रभावी ढंग से खाली समय बिताने के बारे में गहन अंतर्दृष्टि दे सकता है।

आइए अब एफआई 2.0 आंदोलन के अनौपचारिक लीडरों की आदतों पर चर्चा करके इसमें निहित वित्तीय अंतर्दृष्टियों का पता लगाते हैं: उम्र के तीसरे दशक की शुरुआत में वित्तीय स्वतंत्रता हासिल करनेवाले पीट एडेनी इससे पहले बतौर इंजीनियर काम करते थे। अब वे अपने जीवन के बारे में ब्लॉग लिखते हैं और इसके लिए एक मज़ाकिया उपनाम मिस्टर मनी मस्टैश का उपयोग करते हैं। वित्तीय स्वतंत्रता हासिल करने के बावजूद पीट खाली समय में की जानेवाली उन निष्क्रिय गतिविधियों में नहीं उलझे - जिन्हें आमतौर पर युवा पुरुषों के आनंद उठाने के तरीकों के रूप में देखा जाता है, जैसे वीडियो गेम्स खेलना, मैच देखना, वेब सर्फिंग करना और शाम का समय बार में गुज़ारना - इसके बजाय पीट अपने खाली समय और अपनी आज़ादी का फायदा उठाकर और अधिक सक्रिय हो गए।

पीट के घर में टी.वी. नहीं है और न ही उन्होंने नेटफ्लिक्स या हुलु का सब्सक्रिप्शन ले रखा है। हाँ, कभी-कभार वे गूगल प्ले पर फिल्म किराए पर ले लेते हैं लेकिन आमतौर पर उनका परिवार मनोरंजन के लिए किसी स्क्रीन पर निर्भर नहीं रहता। तो फिर वे अपनी विभिन्न परियोजनाओं पर काम करने के लिए अपना

अगर वार्षिक वृद्धि दर को ५ से ६ फीसदी भी मान लें तो आठ से नौ सालों के अंदर आप अपना ये लक्ष्य हासिल कर सकते हैं। अगर आप यह बचत अपने जीवन के तीसरे दशक में शुरू करते हैं तो चौथा दशक पूरा होते-होते वित्तीय रूप से स्वतंत्र हो जाएँगे। स्वाभाविक रूप से एफआई २.० का अधिकांश साहित्य इसी तर्क पर केंद्रित है कि इस किस्म का किफायती जीवनयापन उतना भी कठोर नहीं होता, जितना आपको लगता है।

ज़्यादातर समय कहाँ बिताते हैं? आमतौर पर वे इसके लिए बाहर समय बिताने को प्राथमिकता देते हैं। खाली समय के बारे में वे कैसी सोच रखते हैं, इसका विवरण उन्होंने अपने ब्लॉग पर कुछ इस तरह दिया है :

> मुझे कभी समझ नहीं आया कि दूसरों को कोई खेल खेलते देखकर भला किसी को क्या आनंद आता होगा। पर्यटन स्थलों का आकर्षण भी मुझसे बर्दाश्त नहीं होता। मैं देर तक समंदर किनारे जाकर भी नहीं बैठता। हाँ, अगर वहाँ बैठकर एक बड़ा सा रेत का महल बनाना हो तो ये मेरे लिए मजेदार होता है। मुझे ये जानने में भी कोई दिलचस्पी नहीं है कि मशहूर हस्तियाँ और राजनेता क्या कर रहे हैं... बल्कि इन सब चीज़ों के बजाय मुझे संतुष्टि तभी मिलती है, जब मैं कुछ बनाता हूँ। इसी बात को बेहतर शब्दों में कहूँ तो शायद मुझे समस्याओं का हल ढूँढ़ना और चीज़ों में सुधार लाना सबसे ज़्यादा पसंद है।

हाल ही में पीट ने अपने पुश्तैनी घर की मरम्मत करके उसे एक नया रूप दिया और उसके प्रांगण में एक अलग इमारत तैयार कराई ताकि उसे अपने ऑफिस और म्यूजिक स्टूडियो के तौर पर उपयोग कर सकें। जब ये दोनों योजनाएँ पूरी हुईं तो वे फिर से कुछ नया बनाने के लिए उतावले होने लगे और उन्होंने बिना सोचे-समझे कोलोराडो स्थित अपने गृहनगर लॉन्गमोंट की मुख्य सड़क पर एक जर्जर खुदरा इमारत खरीद ली। अब वे इस इमारत की मरम्मत करके उसे नया रूप दे रहे हैं और उनका कहना है कि वे यहाँ मिस्टर मनी मस्टैश का वैश्विक मुख्यालय शुरू करेंगे। हालाँकि अभी तक ये बात पूरी तरह स्पष्ट नहीं है कि एक बार जब ये इमारत तैयार हो जाएगी, तब वे असल में यहाँ क्या करेंगे - लेकिन असली मुद्दा ये नहीं है कि इस मामले में उनका अंतिम लक्ष्य क्या है। ऐसा प्रतीत होता है कि उन्होंने इस इमारत में जो निवेश किया है, वह मुख्यत: अपनी परियोजना के लिए ही किया है। खाली समय के बारे में अपनी सोच, अपना दर्शन वे कुछ इस तरह सामने रखते हैं: ''अगर आप मुझे एक दिन के लिए अकेला छोड़ दें... तो मैं बढ़ईगीरी, व्यायाम या लेखन करके, म्यूजिक स्टूडियो में वाद्ययंत्र बजाकर, विभिन्न कार्यों की सूची बनाकर और फिर वे सारे काम पूरे करके उनका आनंद उठाता रहूँगा।''

पीट की तरह ही लिज़ टेम्स की जीवनशैली में भी कर्म करने के प्रति ऐसी ही प्रतिबद्धता नज़र आती है। लिज़ ने भी उम्र के तीसरे दशक की शुरुआत में वित्तीय स्वतंत्रता हासिल कर ली थी और अब वे मशहूर वेबसाइट फ्रूगलवुड्स पर इसके

बारे में ब्लॉग लिखती हैं। वित्तीय स्वतंत्रता हासिल करने के बाद लिज़ और उनके पति नेट आनंददायक गतिविधियों का हिस्सा बनने के मामले में चरम पर पहुँच चुके हैं – शहरी हलचल से भरपूर कैम्ब्रिज, मैचाच्युसेट्स स्थित अपना घर छोड़कर वे दोनों वरमॉन्ट के ग्रामीण इलाके में चले गए, जहाँ अब वे एक पहाड़ी के किनारे 66 एकड़ जमीन पर बने फार्महाउस में रहते हैं।

जब मैंने लिज़ से उनके इस निर्णय के बारे में पूछा तो उनका कहना था कि इतने बड़े फार्महाउस में आकर रहने का निर्णय उन्होंने यूँ ही बिना सोचे-समझे नहीं लिया है। उदाहरण के लिए फार्महाउस के मुख्य दरवाजे से अंदर की इमारत के बीच का वाहनमार्ग गिट्टी और बजरी से बना है, जिसे निरंतर रखरखाव की जरूरत पड़ती है। इसी तरह अगर फार्महाउस का कोई पेड़ गिर जाता है तो उसे काटकर वहाँ से हटाना पड़ता है, फिर चाहे बाहर कड़ाके की ठंड पड़ रही हो। जब बर्फबारी होती है तो बाहर तक रास्ता बनाने के लिए बार-बार बर्फ हटानी पड़ती है वरना इतनी ज़्यादा बर्फ इकट्ठी हो जाती है कि उसे हटाते समय ट्रैक्टर के पहिए उसमें फँस सकते हैं। फिर यह एक बड़ी समस्या बन सकती है क्योंकि उनका सबसे निकटतम पड़ोसी भी इतनी दूर रहता है कि उसके पास मदद के लिए जाने में ही काफी समय लग जाएगा। ऊपर से वहाँ सेलफोन सर्विस भी उपलब्ध नहीं है, जिससे किसी को फोन करके मदद के लिए बुलाया जा सके।

लिज़ और नेट अपने घर को गर्म रखने के लिए फार्महाउस में सँभालकर रखी हुई लकड़ी जलाते हैं। लेकिन वह लकड़ी इकट्ठा करने और उसे जलाने लायक बनाने के लिए भी काफी मेहनत करनी पड़ती है। ''गर्मी का पूरा मौसम लकड़ी काटने में ही निकल जाता है,'' लिज़ ने मुझे बताया। ''इसके लिए आपको जंगल में जाकर ऐसे पेड़ तलाशने पड़ते हैं, जिन्हें काटना आसान हो। फिर उनकी लकड़ी को टुकड़ों में काटना होता है और इसके बाद उन टुकड़ों को फार्महाउस के स्टोरेज तक लाना पड़ता है। इसके बाद उनके अलग-अलग ढेर लगाकर उन्हें एक जगह जमाना होता है और इस दौरान उस स्टोव पर भी ध्यान देना होता है, जो गर्म हो रहा होता है।'' और जैसा कि स्पष्ट ही है, अगर आपको अपने फार्महाउस की जमीन साफ-सुथरी चाहिए तो समय-समय पर उसकी घास भी काटनी पड़ती है।

. . .

पीट और लिज़ एक ऐसे अवलोकन पर जोर देते हैं, जो पहली नज़र में आश्चर्यजनक लगता है: जब वित्तीय रूप से स्वतंत्र समुदाय के लोगों को ढेर सारा

खाली समय मिलता है तो वे स्वत: ही इस समय का उपयोग कठोर परिश्रमवाली गतिविधियों में करते हैं। खाली समय में आराम करने के बजाय कर्म करने को प्राथमिकता देने की यह प्रवृत्ति कुछ लोगों को अनावश्यक रूप से थकाऊ लग सकती है लेकिन पीट और लिज़ को यह बिलकुल सही चीज़ लगती है।

इस कठोर परिश्रम को उचित ठहराते हुए पीट अपनी ओर से तीन प्रमुख तर्क देते हैं: इसमें ज़्यादा पैसे खर्च नहीं होते, इससे शारीरिक व्यायाम हो जाता है और यह उनके मानसिक स्वास्थ्य के लिए भी अच्छा है। ("निष्क्रियता मुझे एक अवसादभरी बोरियत की ओर ले जाती है," वे समझाते हुए कहते हैं।) तमाम चुनौतियों से भरा ग्रामीण जीवन जीने के पीछे लिज़ भी समान कारण गिनाती हैं। वे कठोर परिश्रमवाली इन गतिविधियों को "नेक रुचियों" का नाम देती हैं – और इस बात पर ज़ोर देती हैं कि ये गतिविधियाँ जो मुश्किल कार्यों जैसी नज़र आती हैं, वास्तव में अनेक स्तरों पर लाभप्रद हैं।

उदाहरण के लिए ज़रा विचार करें कि जंगली इलाके में स्थित फार्महाउस की सफाई करने में ही कितनी मेहनत लगती होगी। लिज़ कहती हैं, "यह फार्महाउस बहुत बड़ा है। हम यहाँ देर तक पैदल टहलना पसंद करते हैं और इसके लिए जरूरी है कि यहाँ अच्छी सफाई रहे और चारों ओर लकड़ियों के ठूंठ नज़र न आएँ। इसके लिए हमें जंजीरा (बैटरी से चलनेवाली कुल्हाड़ी) लेकर निकलना पड़ता है, पेड़ काटने पड़ते हैं और सफाई करनी होती है।" यह एक मुश्किल कार्य लगता है लेकिन इसके कई लाभ भी हैं। लिज़ कहती हैं, "यह मानसिक रूप से मुक्तिदायक अनुभव होता है क्योंकि यह ऐसी चीज़ है, जो एक कमरे में बैठकर कंप्यूटर पर काम करने से बिलकुल अलग है।" इसके अलावा, इससे अच्छा व्यायाम भी हो जाता है। साथ ही ऐसे कार्यों को प्रभावी ढंग से पूरा करने के लिए आपको नए-नए कौशल भी सीखने पड़ते हैं। लिज़ के अनुसार, "जंजीरा चलाना सीखना आसान नहीं होता। लेकिन सारी साफ-सफाई के बाद अंत में फार्महाउस की हरी घासवाली जमीन पर पैदल टहलने का जो अनुभव होता है, उसका सचमुच कोई मुकाबला नहीं है।" जैसा कि लिज़ की बातों से स्पष्ट है, अपने विशाल फार्महाउस की सफाई जैसा कठिन परिश्रमवाला कार्य भी, निष्क्रिय ढंग से ट्विटर पर स्क्रॉल करने की तुलना में, कहीं अधिक लाभप्रद लगता है।

वित्तीय रूप से स्वतंत्र समुदाय खाली समय के सक्रिय उपयोग में निहित लाभों को पहचाननेवाला पहला समुदाय नहीं है। शिकागो में सन 1899 के वसंत में

हैमिल्टन क्लब से बातचीत करते हुए थिओडोर रूज़वेल्ट ने कहा था, ''मेरी सलाह है कि लोगों को आरामतलब जीवन नहीं बल्कि कठिन परिश्रमवाला जीवन जीना चाहिए।'' रूजवेल्ट दूसरों को जो सलाह दे रहे थे, वे स्वयं भी उस पर अमल करते थे। राष्ट्रपति के रूप में रूजवेल्ट नियमित रूप से बॉक्सिंग (एक तेज प्रहार से उनका रेटिना क्षतिग्रस्त होने से पहले तक) और जुजित्सु का अभ्यास करते थे, पोटोमैक नदी के बर्फ जैसे ठंडे पानी में डुबकी लगाते थे और हर रोज एक पूरी किताब पढ़ डालते थे। वे शांति से बैठकर आराम करनेवालों में से नहीं थे।

इसके एक दशक बाद अरनॉल्ड बेनेट ने एक संक्षिप्त लेकिन प्रभावशाली सेल्फ-हेल्फ गाइड हाउ टू लिव ऑन 24 आवर्स ए डे में खाली समय के सक्रिय उपयोग पर विस्तृत चर्चा की। अपनी इस किताब में बेनेट लिखते हैं कि लंदन का एक मध्यमवर्गीय सफेदपोश कर्मी, जो हर रोज 8 घंटे काम करता है, उसके पास दिन के 16 घंटे बचते हैं, जिनमें वह किसी भी नेक गतिविधि में शामिल होने के लिए आज़ाद होता है। बेनेट तर्क देते हैं कि इन 16 घंटों में से अगर आधा समय नींद पूरी करने के लिए अलग कर दें, तब भी 8 घंटे बचते हैं, जिसका सक्रिय उपयोग किया जा सकता है लेकिन इस खाली समय को लोग अक्सर धूम्रपान करने, बेवजह मस्ती करने और पियानो पर उँगलियाँ फिराने में (न कि उसे बजाने में) और संभवत: यह पता लगाने में नष्ट कर देते हैं कि ''सचमुच अच्छी व्हिस्की कौन सी है।'' वे लिखते हैं कि इस तरह बोरियत से बचने की कोशिश में अपनी शाम बिताने के बाद (जो दरअसल आज के जमाने में आईपैड पर निष्क्रिय समय बिताने का विक्टोरियन समकक्ष है) लोग थककर बिस्तर पर चले जाते हैं और इस तरह उन्हें मिला सारा खाली समय मानो मायावी ढंग से नष्ट हो चुका होता है।

बेनेट का तर्क है कि इस खाली समय को यूँ ही नष्ट करने के बजाय कठिन परिश्रमवाली नेक गतिविधियों में लगाना चाहिए। बीसवीं सदी के शुरुआती दौर का घमंडी ब्रिटिश व्यक्ति होने के चलते, बेनेट कठिन साहित्य पढ़ने और कठोर आत्म-चिंतन करने जैसी गतिविधियों का सुझाव देते हैं। लेकिन कठिन साहित्य पढ़ने का सुझाव देते हुए वे अपनी किताब के एक पैराग्राफ में उपन्यास पढ़ने को पूरी तरह खारिज कर देते हैं और लिखते हैं कि ''उपन्यास पढ़ने के लिए आपको किसी सराहनीय मानसिक योग्यता की जरूरत नहीं पड़ती।'' बेनेट के अनुसार, खाली समय बिताने के लिए एक अच्छी गतिविधि का अर्थ है, ऐसी गतिविधि जिसका आनंद उठाने के लिए आपको अधिक ''मानसिक परिश्रम'' की जरूरत पड़ती हो (इसके लिए वे कठिन कविताएँ पढ़ने का सुझाव देते हैं।) हालाँकि इस विषय पर चर्चा करते

हुए बेनेट इस बात को अनदेखा कर देते हैं कि इस खाली समय का एक हिस्सा संभवत: बच्चों को संभालने और घर का कामकाज निपटाने जैसी गतिविधियों में भी खर्च होता होगा। संभवत: ऐसा इसलिए है क्योंकि बेनेट ने इस बारे में जो कुछ भी लिखा था, वह पुरुषों को ध्यान में रखकर लिखा था, जिन्हें बीसवीं शताब्दी के उस दौर में इन जिम्मेदारियों को निभाने की जरूरत नहीं पड़ती थी।

आज २१वीं सदी के इस दौर के उद्देश्यों को ध्यान में रखते हुए हम उन विशिष्ट गतिविधियों को अनदेखा कर सकते हैं, जिन्हें अपनाने का सुझाव बेनेट ने उस दौर में दिया था। इसके बजाय मेरी दिलचस्पी तो बेनेट के तर्क के उस अंश में है, जो सचमुच कालजयी है। इसके जरिए बेनेट दरअसल इस दावे की खिलाफत कर रहे थे कि कठोर परिश्रमवाली गतिविधियों का उनका सुझाव इतना कठिन है कि उसे आनंददायक ढंग से खाली समय बिताने के रूप में देखा ही नहीं जा सकता।

> क्या? आपका कहना है कि इन 16 घंटों में पूरी ऊर्जा के साथ विभिन्न गतिविधियों में शामिल होने का अर्थ ये है कि इससे कामकाजवाले 8 घंटों का महत्त्व कम हो जाएगा? जी नहीं। सच तो ये है कि इससे निश्चित तौर पर कामकाजवाले 8 घंटों का महत्त्व बढ़ेगा। यहाँ इस बात को समझना जरूरी है कि इंसान का दिमाग निरंतर कठोर परिश्रमवाली गतिविधियाँ करने में पूरी तरह सक्षम होता है; वह हमारे हाथों या पैरों की तरह थकता नहीं है। (नींद के सिवाय) उसे किसी आराम की नहीं, बस एक बदलाव की जरूरत होती है।

बेनेट का यह तर्क हमारी आम समझ से बिलकुल विपरीत है। बेनेट कहते हैं कि अपने खाली समय में और अधिक ऊर्जा लगाना आपको पहले से अधिक ऊर्जावान बना सकता है। इस तरह दरअसल उन्होंने उद्यमिता से जुड़ी एक पुरानी कहावत को व्यक्तिगत जीवन-शक्ति पर लागू किया है, जो कहती है, ''पैसा कमाने के लिए पैसा खर्च करना पड़ता है।''

यह विचार – जिसे हम बेनेट का सिद्धांत भी कह सकते हैं – खाली समय के सक्रिय उपयोगवाला जीवन जीने के लिए एक विश्वसनीय आधार प्रदान करता है। पीट एडनी, लिज़ टेम्स और थियोडोर रूज़वेल्ट, तीनों ने ही खाली समय में कठोर परिश्रम करने का निर्णय लिया और इस निर्णय के पीछे उन्होंने अपने-अपने तर्क भी दिए हैं। लेकिन ये सारे तर्क इस आम सिद्धांत पर ही आधारित हैं कि **कोई कार्य करने से आपको जो लाभ होता है, वह उस कार्य में लगाई गई ऊर्जा के अनुपात में ही होता**

है। हम कह सकते हैं कि दिनभर ऑफिस में मेहनत करने का सबसे अच्छा फल यही हो सकता है कि शाम के वक्त कोई काम न करना पड़े और न कोई जिम्मेदारी निभानी पड़े। लेकिन फिर पूरी शाम मोबाइल से चिपके रहने और उसकी स्क्रीन पर टैप करते रहने के बाद हम खुद को और थका हुआ महसूस करने लगते हैं। जैसा कि बेनेट आपसे कहेंगे – और पीट, लिज़ व टेडी इसकी पुष्टि करेंगे – कि भले ही यह आपको मुश्किल लगे, पर अगर आप इस खाली समय में खुद को कुछ करने के लिए प्रेरित कर लें तो रात को बिस्तर पर जाते समय आप बेहतर महसूस करेंगे।

इन विभिन्न पहलुओं को एक साथ जोड़ें तो उच्च-गुणवत्तावाला खाली समय बिताने का पहला सबक हमारे सामने स्पष्ट हो जाएगा।

हुनर और संतुष्टि

उच्च-गुणवत्तावाले खाली समय पर चर्चा करते समय हुनर की बात करना भी जरूरी है। इस संदर्भ में हुनर का अर्थ है, ऐसी कोई भी गतिविधि, जिसमें आप अच्छा परिणाम हासिल करने के लिए अपने कौशल का उपयोग करते हैं। जैसे लकड़ी के एक टुकड़े से एक अच्छी मेज़ बनाना या ऊन के गोले से स्वेटर बुनना या फिर किसी कारीगर की मदद के बिना घर के बाथरूम को एक नया रूप देना – ये सारे कार्य हुनर से ही संबंधित हैं। हुनर के लिए यह जरूरी नहीं है कि आप कोई नई चीज़ ही बनाएँ क्योंकि यह उच्च-महत्त्ववाले व्यवहारों पर भी लागू होता है। गिटार बजाते हुए कोई मोहक गीत गाना या फिर बॉस्केटबॉल जैसे किसी खेल में बाकी सारे खिलाड़ियों पर हावी हो जाना भी इसी दायरे में आता है। हुनर की ये परिभाषाएँ डिजिटल दुनिया पर भी लागू हो सकती हैं, जहाँ कंप्यूटर प्रोग्रामिंग या वीडियो गेमिंग जैसी गतिविधियों के लिए वाकई कौशल की जरूरत होती है। लेकिन इस अंतिम श्रेणी को फिलहाल के लिए किनारे रख देते हैं। इसकी जटिलताओं को उजागर करने के लिए हम जल्द ही इसकी ओर वापस लौटेंगे।

मेरा मुख्य तर्क ये है कि उच्च-गुणवत्तावाला खाली समय बिताने के लिए हुनर एक अच्छा तरीका है। सौभाग्य से मेरे इस तर्क का समर्थन करने के लिए ऐसी कई किताबें पहले से उपलब्ध हैं, जो हुनर का महत्त्व बताती हैं – अगर हम जॉन रस्किन और कला व हुनर आंदोलन से शुरू करते हुए आधुनिक निर्माता समुदाय तक की बात करें तो इस विषय पर अब तक हज़ारों किताबें और लेख लिखे जा चुके हैं। अपने उद्देश्यों को ध्यान में रखते हुए देखें तो ऑरेगॉन के पोर्टलैंड में रहनेवाले

फर्नीचर निर्माता गैरी रोगोव्स्की हमारे लिए एक अच्छा शुरुआती बिंदु सिद्ध हो सकते हैं। सन 2017 में रोगोव्स्की ने एक किताब लिखी, जिसकी शीर्षक था, 'हैंडमेड।' यह किताब एक हुनरकार का संस्मरण होने के साथ अपने आपमें हुनर के विचार की दार्शनिक पड़ताल भी करती है। हमारी इस चर्चा में हैंडमेड इसलिए प्रासंगिक है क्योंकि इसमें रोगोव्स्की ने हमारे जीवन पर हावी निम्न-कौशलवाले डिजिटल व्यवहारों के विपरीत, हुनर के महत्त्व की पड़ताल की है। यह बात उनकी किताब के इस उपशीर्षक से भी जाहिर होती है: ''भटकते ध्यानवाले इस युग में रचनात्मक फोकस।''

एक ऐसी दुनिया में, जहाँ हमारे जीवन में डिजिटल स्क्रीन का दखल तेजी से बढ़ रहा है, रोगोव्स्की ने हुनर का महत्व बताने के लिए कई तर्क दिए हैं लेकिन मैं उनके एक तर्क पर विशेष रूप से प्रकाश डालना चाहूँगा: ''औज़ारों को अपने हाथ में लेना और उनकी मदद से चीज़ों का निर्माण करना, लोगों के लिए जरूरी है। अपने अंदर संपूर्णता महसूस करने के लिए हमें इसकी जरूरत होती है।'' रोगोव्स्की बताते हैं: ''ये बहुत पुरानी बात है, जब हम इंसानों ने अपने हाथों का इस्तेमाल करते-करते सोच-विचार करना भी सीख लिया, न कि सोच-विचार करने के बाद हाथों का इस्तेमाल करना सीखा।'' दूसरे शब्दों में कहें तो जैसे-जैसे हमारा विकास हुआ, हम एक ऐसी प्रजाति के रूप में ऐसा करते गए, जो अपने चारों ओर की दुनिया को न सिर्फ अनुभव करती है बल्कि अपनी सुविधा अनुसार उसमें हेरफेर भी करती है। ये करने के मामले में हम अन्य किसी भी प्राणी से कहीं बेहतर हैं और ऐसा इसीलिए है क्योंकि समय के साथ इंसान के मस्तिष्क में ऐसी जटिल संरचनाओं का विकास हुआ, जो हमारी इस क्षमता के लिए सहयोगी सिद्ध हुईं।

हालाँकि इन संरचनाओं को ऊर्जा प्रदान करना आज जितना आसान है, उतना पहले कभी नहीं था। रोगोव्स्की लिखते हैं: ''आज बहुत से लोग स्क्रीन के जरिए ही संसार का अनुभव करते हैं। आज हम एक ऐसी दुनिया में रहते हैं, जो हमारी छह इंद्रियों में से एक 'स्पर्श' को खत्म करने और स्क्रीन पर स्क्रॉल करने के अलावा अन्य किसी भी कार्य के लिए हाथों का इस्तेमाल कम करने पर तुली हुई है।'' इसके परिणामस्वरूप, हमारे उपकरणों और हमारे अनुभवों के बीच मेल की कमी है। जब आप स्क्रीन की वर्चुअल दुनिया को छोड़ने के लिए एक हुनर का उपयोग करते हैं और अपने आसपास के भौतिक संसार के साथ अपेक्षाकृत अधिक जटिल तरीके से काम करने लगते हैं तो दरअसल आप अपनी मौलिक क्षमता के अनुसार एक सच्चा

जीवन जीने लगते हैं। हुनर हमें इंसान बनाता है और इस प्रक्रिया में यह हमें ऐसी गहन संतुष्टि प्रदान करता है, जो उन गतिविधियों के जरिए हासिल करना बहुत मुश्किल है, जिनके लिए मूल रूप से हाथों का बहुत अधिक उपयोग करने की जरूरत नहीं होती।

हुनर-केंद्रित खाली समय का महत्त्व समझने का एक और उपयोगी स्रोत हैं - दार्शनिक-हुनरकार मैथ्यू क्रॉफर्ड। शिकागो यूनिवर्सिटी से राजनैतिक दर्शन में पीएचडी हासिल करने के बाद क्रॉफर्ड ने ज्ञान-आधारित सर्वोत्कृष्ट कार्य चुना - वे वॉशिंगटन डीसी में एक थिंक टैक चलाने लगे। लेकिन जल्द ही वे अपने इस कार्य की अस्पष्ट प्रकृति से निराश हो गए। फिर उन्होंने एक अतिवादी कदम उठाया: उन्होंने यह काम छोड़कर मोटरसाइकिल की मरम्मत का व्यवसाय शुरू किया। अब वे एक साथ दो अलग-अलग किस्म के कार्यों में संलग्न रहते हैं - एक ओर वे वर्जीनिया के रिचमंड स्थित अपने गैराज में कस्टम मोटरसाइकिलें बनाते हैं और दूसरी ओर आधुनिक संसार में महत्त्व और सार्थकता के बारे में दार्शनिक किताबें लिखते हैं।

वर्चुअल और भौतिक दोनों परिवेशों का अनुभव होने के चलते उनके नज़रिए में एक किस्म का अनूठापन देखने को मिलता है। भौतिक परिवेश में किए गए कार्यों से मिलनेवाली अनूठी संतुष्टि का वर्णन वे बड़े ही वाक्पटु अंदाज में करते हैं।

इंसान को अपनी योग्यता सिद्ध करने के लिए अपने बारे में जो बकवास व्याख्याएँ प्रस्तुत करने की आवश्यकता महसूस होती है, भौतिक परिवेश के कार्य उससे छुटकारा दिलाते नज़र आते हैं। इसके लिए उसे बस इशारा करना है कि ऊँची इमारत खड़ी है, कार चल रही है, रोशनी चालू है। शेखी बघारने का काम सिर्फ किशोर उम्र के लड़के करते हैं, जिनका दुनिया में कोई सच्चा महत्त्व नहीं होता। लेकिन हुनर को वास्तविकता के अचूक आंकलन के अनुरूप होना चाहिए, जहाँ किसी की असफलताओं या कमियों की व्याख्या मात्र करके उनसे निपटा नहीं जा सकता।

क्रॉफर्ड का तर्क है कि आज हुनर का स्थान स्क्रीन ने ले लिया है और लोगों ने वह आधार खो दिया है, जो अपने कौशल का प्रदर्शन करके महसूस होनेवाले आत्मसम्मान से बनता था। हालिया वर्षों में सोशल मीडिया की लोकप्रियता में जो बढ़ोत्तरी हुई है, उसे समझने का एक तरीका है, यह याद रखना कि "सोशल मीडिया आपको उन्नति का वैकल्पिक स्रोत प्रदान करता है।" लकड़ी की बेंच बनाकर तारीफ पाने या संगीत कार्यक्रम में अच्छा प्रदर्शन कर तालियाँ पाने के बजाय अब आप

सिर्फ एक अच्छे रेस्टोरेंट में डिनर की तस्वीर पोस्ट करके भी लाइक्स, रीट्वीट्स और कमेंट्स की उम्मीद कर सकते हैं। लेकिन क्रॉफर्ड यह कहने की कोशिश कर रहे हैं कि लोगों का ध्यान आकर्षित करने की ये डिजिटल कोशिशें वास्तव में अपने हुनर से हासिल होनेवाली तारीफों का एक तुच्छ विकल्प मात्र हैं क्योंकि इन डिजिटल कोशिशों के पीछे हाथों के हुनर जैसा कोई ठोस आधार नहीं है, जो भौतिक परिवेश का ''अचूक आंकलन'' करने के लिए जरूरी होता है। इसीलिए ऐसी डिजिटल कोशिशें किशोर उम्र के लड़कों द्वारा शेखी बघारने जैसी ही प्रतीत होती हैं। हुनर आपको इस सतहीपन से दूर रखता है और गर्व का एक गहन स्रोत बन जाता है।

चूँकि इसके ये लाभ हमारे सामने स्पष्ट हो गए हैं इसलिए अब हम अपने उस दावे की ओर वापस लौट सकते हैं, जिसके अनुसार, संपूर्ण रूप से डिजिटल गतिविधियों को भी हुनर माना जा सकता है। यह तो स्पष्ट है कि कुशल डिजिटल व्यवहार से संतुष्टि प्राप्त होती है। मैंने अपनी किताब 'डीप वर्क' में भी ये तर्क दिया था, जहाँ मेरा कहना था कि किसी समस्या का समाधान देनेवाला कंप्यूटर कोड लिखना (जो एक उच्च-कौशलवाला कार्य है) भी एक गहन गतिविधि है और यह ई-मेल भेजने (जो एक निम्न-कौशलवाला कार्य) जैसी सतही गतिविधि के मुकाबले कहीं ज़्यादा सार्थक है।

हालाँकि, यह भी स्पष्ट है कि यहाँ हुनर के जिन स्पष्ट लाभों का उल्लेख किया गया है, उनका आधार भौतिक है। हालाँकि यह सच है कि जीवन में कोई सच्ची उपलब्धि हासिल करने पर जो गर्व महसूस होता है, वह एक डिजिटल रचना करने पर भी महसूस हो सकता है लेकिन रोगोव्स्की और क्रॉफर्ड दोनों का ही ये मानना है कि स्क्रीन के माध्यम से की जानेवाली गतिविधियों का चरित्र, वास्तविक दुनिया की गतिविधियों से मौलिक रूप से अलग होता है। कंप्यूटर इंटरफेस और पर्दे के पीछे चल रहा कुशल सॉफ्टवेयर इस तरह डिजाइन किए गए हैं कि वे भौतिक परिवेश का सामना करने में अंतर्निहित संभावनाओं और कमियों, दोनों को ही खत्म कर देते हैं। एकीकृत-विकासवाले एक उन्नत परिवेश में बैठकर कंप्यूटर कोड लिखना, हाथ में औज़ार लेकर चिनार की लकड़ी काटने से बिलकुल अलग है। कंप्यूटर कोड लिखने में वह भौतिकता और असीमित विकल्पों की वह संभावना मौजूद नहीं है, जो लकड़ी काटने के कार्य में अंतर्निहित है। ठीक इसी तरह डिजिटल सीक्वेंसर में गाना कंपोज करने में वह सुख नहीं है, जो एक गिटार वादक की उँगलियों और स्टील के तारों के बीच चल रहे सूक्ष्म संघर्ष में मिलता है। यह संघर्ष ही एक अच्छे गिटार वादक की परिभाषा होता है। इसी तरह रिमोट के बटन दबाते हुए कॉल ऑफ ड्यूटी जैसे

वीडियो गेम में जीत हासिल करने के दौरान कई ऐसे आयाम - सामाजिक, स्थानिक, दृढ़ता संबंधी आयाम - छूट जाते हैं, जो मैदान पर फुटबॉल खेलने में मौजूद होते हैं।

चूँकि यह अध्याय खाली समय में की जानेवाली गतिविधियों के बारे में है इसलिए मैं कहूँगा कि हमें हुनर की उस दृढ़ परिभाषा पर ही कायम रहना चाहिए, जिसका वर्णन ऊपर किया गया है। अगर आप अपने खाली समय में किसी हुनर का पूरा लाभ उठाना चाहते हैं तो इसके एनालॉग रूप को ही अपनाएँ और ऐसा करते समय रोगोव्स्की की इस सलाह को जरूर मानें: ''अपने बारे में अच्छे साक्ष्य छोड़ें। अच्छा काम करें।'' उनकी इस सलाह से हमें खाली समय में उच्च-गुणवत्तावाली गतिविधियों भरा जीवन जीने का दूसरा सबक मिलता है।

प्रबल सामाजिकता

उच्च-गुणवत्तावाले खाली समय की एक और खासियत है, समृद्ध सामाजिक संवाद का समर्थन करना। पत्रकार डेविड सैक्स ने इस खासियत की शक्ति का प्रत्यक्ष अनुभव तब किया, जब टोरंटो स्थित उनके अपार्टमेंट के पास स्नेक्स एंड लाटेज़ जैसे अजीब नामवाला कैफे खुला। इस कैफे में न तो शराब परोसी जाती थी और न हीवार्ल-फाई की सुविधा उपलब्ध थी। यहाँ का खाना भी कोई खास नहीं था और न ही कुर्सियाँ आरामदायक थीं। इसके अलावा यहाँ केवल प्रवेश करने के लिए ही पाँच डॉलर खर्च करने पड़ते थे। लेकिन 2016 में प्रकाशित अपनी किताब 'द रिवेंज ऑफ एनालॉग' में सैक्स बताते हैं कि सप्ताहांत में इस कैफे की सारी 120 सीटें भरी रहती हैं और बाहर उन लोगों की लंबी लाइन लगती है, जो सीटें खाली होने का इंतजार कर रहे होते हैं और ये इंतजार कभी-कभी तीन घंटे का होता है।

स्नेक्स एंड लाटेज़ की सफलता का रहस्य यह है कि ये एक बोर्ड-गेम कैफे है: आप अपने दोस्तों के साथ इस कैफे में आते हैं और यहाँ आपको एक टेबल मिल जाती है। फिर आप कैफे की विशाल गेम-लाइब्रेरी में से अपना मनपसंद गेम खेलने के लिए चुन सकते हैं। अगर आपको इसमें कोई मुश्किल आ रही है तो कैफे का एक प्रतिनिधि आकर आपकी पसंद के हिसाब से कुछ गेम्स की सिफारिश कर देगा, जिनमें से आप अपनी पसंद का कोई भी गेम चुन सकते हैं। इस कैफे की सफलता कुछ हद तक हैरान करनेवाली है क्योंकि एक डिजिटल दुनिया में एनालॉग गेम्स तो अब तक बाज़ार से गायब हो जाने चाहिए थे। आखिर आप एक कार्डबोर्ड के टुकड़े

पर प्लास्टिक की गोटी क्यों चलाएँगे, अगर आपके पास वर्ल्ड ऑफ वॉरक्राफ्ट जैसे मल्टीप्लेयर्स गेम्स उपलब्ध हों, जहाँ आप बिलकुल असली नज़र आनेवाले राक्षसों से लड़ सकते हैं? इसके बावजूद एनालॉग गेम्स अब तक बाज़ार से गायब नहीं हुए हैं। आज लोग अपने पड़ोसी के साथ स्क्रैबल खेलने के लिए, बेकार की गप्पें हाँकते हुए सहकर्मियों के साथ पोकर खेलने के लिए और स्नेक्स एंड लाटेज में टेबल पाने के लिए टोरंटो की कड़ाके की ठंड के बावजूद लाइन में लगने के लिए पहले से कहीं ज़्यादा उत्सुक हैं। आज के डिजिटल युग से पहले 1980 के दौर के क्लासिक गेम्स – जैसे मोनोपोली और स्क्रैब्लर – आज भी लोकप्रिय हैं और खूब बिकते हैं। इंटरनेट पर नए-नए किस्म के ढेरों गेम उपलब्ध कराए जा रहे हैं (किकस्टार्टर पर बोर्ड गेम्स की श्रेणी बहुत लोकप्रिय है) जो हमें यूरोपीय शैलीवाले रणनीति आधारित गेम्स के मामले में पुनर्जागरण की ओर ले जा रहे हैं। इस आंदोलन का सबसे अच्छा उदाहरण है – सेटलर्स ऑफ कैटन – जो बहुत लोकप्रिय हुआ था। 1990 के दशक के मध्य में जर्मनी में पहली बार बाज़ार में उतारे गए इस गेम की अब तक दुनियाभर में 22 मिलियन प्रतियाँ बिक चुकी हैं।

डेविड सैक्स का तर्क है कि इस लोकप्रियता का एक बड़ा कारण ये है कि इन गेम्स को खेलना एक सामाजिक अनुभव होता है। वे लिखते हैं, ''बोर्डगेम्स एक अनूठा सामाजिक परिवेश रचते हैं, जो डिजिटल संसार से बिलकुल अलग होता है। इस श्रेणी के गेम्स, सूचनाओं और मार्केटिंग के उस दमकते अविरल प्रवाह से बिलकुल विपरीत होते हैं, जो सोशल नेटवर्क्स पर आपसी संबंधों का नकाब पहनकर आता है।'' जब आप अन्य लोगों के साथ गेम खेलने के लिए एक टेबल पर आमने-सामने बैठते हैं तो दरअसल आप खुद को उनके सामने उजागर कर रहे होते हैं, जिसे खेल सिद्धांतकार स्कॉट निकोल्सन ने ''एक समृद्ध मल्टीमीडिया, ३डी संवाद'' कहा है। आप अपने प्रतिद्वंदी की रणनीति का सुराग पाने के लिए उसकी बॉडी लैंग्वेज पर गौर करते हैं और उसके अगले कदम को समझने के लिए उसे प्रभावित करने की कोशिश करते हैं। सैक्स के अनुसार, इस तरह आप ''सबसे जटिल भावनाओं का संकेत'' पाने की कोशिश कर रहे होते हैं।

इसी तरह हार का दंश तब ज़्यादा गहरा होता है, जब आपका प्रतिद्वंदी सामने बैठा हो और खेल के बाद गोटियों को वापस डिब्बे में डालते समय उसके चेहरे पर विजयी मुस्कान हो। लेकिन चूँकि यह हार, खेल की हार होती है इसलिए जल्द ही फीकी पड़ जाती है। इस तरह आपको जटिल अंतर-सामाजिक समीकरणों का

अभ्यास करने का मौका मिलता है, जो आपसी तनाव को कम करने के लिए आवश्यक है। यह कुछ वैसा ही है, जैसा शतरंज के महारथियों के बीच होनेवाला मुकाबला। हम स्वाभाविक रूप से ऐसे मुकाबलों के लिए ही बने हैं। ये गेम्स हमें हमारी क्षमताओं का विस्तार करने का मौका देते हैं, जो सचमुच एक रोमांचकारी अनुभव होता है।

गेम खेलना प्रबल सामाजिकता - यानी अधिक प्रबलता के साथ ऐसा संवाद करना, जो विनम्र समाज में आम है - का मौका भी देता है। सैक्स जिस तरह स्नेक्स एंड लाटेज़ में लोगों की उत्साहभरी गपशप और जोरदार ठहाकों का वर्णन करते हैं, उससे मुझे हैरानी नहीं हुई। मेरे दोस्तों का एक समूह ऐसा है, जो दो-तीन महीने में एक बार पोकर खेलने के लिए आपस में जरूर मिलता है। यह हमारे लिए दो-तीन घंटे तक हँसी-मज़ाक करने और अपनी भड़ास निकालने का एक मौका होता है। गेम के दौरान अगर किसी खिलाड़ी के चिप्स जल्दी खत्म हो जाते हैं, तब भी वह गेम खत्म होने तक वहीं रहता है। क्योंकि वास्तव में इस मुलाकात का संबंध ताश खेलने से नहीं होता। ठीक उसी तरह, जैसे स्नेक्स एंड लाटेज़ में कैटन खेलने का संबंध रोड बनाने से नहीं होता।

पुराने जमाने के अंदाज़ में आमने-सामने बैठकर गेम खेलना, यह स्पष्ट करता है कि सबसे शानदार वीडियो गेम्स और चमक-दमक भरा मोबाइल मनोरंजन आज तक बोर्डगेम उद्योग को खत्म क्यों नहीं कर पाया। जैसा कि सैक्स लिखते हैं: ''सामाजिक स्तर पर देखें तो किसी दूसरे इंसान के साथ बैठकर कोई कार्डबोर्ड गेम खेलने के मुकाबले वीडियो गेम्स खेलना एक निम्न-स्तरीय अनुभव होता है।''

बेशक, बोर्ड गेम्स खाली समय बिताने का ऐसा इकलौता तरीका नहीं हैं, जो प्रबल सामाजिक अनुभवों को बढ़ावा देते हैं। स्वास्थ्य और व्यायाम के क्षेत्र में भी खाली समय बिताने और संवाद करने के बीच एक दिलचस्प अंतर्संबंध उभर रहा है। इस क्षेत्र में उभर रहे सबसे बड़े रुझानों में से एक है, ''सामाजिक तंदुरुस्ती।'' जैसा कि खेल उद्योग के एक विश्लेषक इसका वर्णन करते हुए कहते हैं, ''अब फिटनेस, जिम में होनेवाली व्यक्तिगत गतिविधि के बजाय स्टूडियों या सड़क पर होनेवाले संवाद में तब्दील हो रही है।''

अगर आप एक शहर में रहते हैं तो संभवत: आपने ऐसे समूह जरूर देखे होंगे, जो हर रोज पार्क में इकट्ठे होते हैं और एक चीखनेवाला प्रशिक्षक उनसे बूट-कैंप शैली में कड़ी कसरत करवा रहा होता है। मैंने भी होल फूड्स के पास स्थित हरी

घासवाले मैदान में कई बार ऐसे ही एक समूह को इकट्ठा होते देखा है। इसमें नई-नई माँ बनी महिलाएँ होती हैं, जो अपने-अपने बेबी-स्ट्रॉलर के चारों ओर एक गोला बनाकर इकट्ठा हो जाती हैं। मुझे नहीं पता कि इस समूह के फिटनेस परिणाम, यहाँ से कुछ ही ब्लॉक्स दूर स्थित प्लानेट जिम के फिटनेस परिणामों से बेहतर हैं या नहीं लेकिन यह तय है कि इस समूह का सामाजिक अनुभव निश्चित तौर पर कहीं अधिक समृद्ध है। हाल ही में माँ बनने से जुड़ी एक जैसी चुनौतियों का सामना कर रही हमउम्र महिलाओं के समूह से मिलना-जुलना न सिर्फ आपसी सहयोग बढ़ाता है और एक ऐसी बातचीत के तार भी छेड़ता है, जो रोशनी से जगमगाते जिम में निश्चित ही संभव नहीं है।

एक और मशहूर सोशल फिटनेस ग्रुप है, जिसे एफ3 के नाम से जाना जाता है। एफ३ का अर्थ है, फिटनेस (तंदुरुस्ती) फेलोशिप (भाईचारा) और फेथ (भरोसा)। एफ३ सिर्फ पुरुषों के लिए है और वॉलेंटियर्स द्वारा चलाया जाता है और इसके लिए कोई फीस भी नहीं ली जाती है। यानी मूल बात ये है कि आप एक स्थानीय समूह से जुड़ें या फिर एक नया समूह शुरू करें, जो सप्ताह में दो-चार बार बाहर कसरत करने के लिए मिले - फिर चाहे मौसम कैसा भी हो। चूँकि कसरत करानेवाला लीडर हर बार समूह के सदस्यों के बीच से ही चुना जाता है और ये पद हर बार किसी नए सदस्य को ही मिलता है इसलिए यह तय है कि इसका हिस्सा बननेवाले पुरुष फिटनेस संबंधी विशेषज्ञ सलाह के लिए तो यहाँ नहीं आते होंगे। वास्तव में वे समाजिक अनुभव प्राप्त करने के प्रति आकर्षित होते हैं। यह बात समूह के सदस्यों के बीच मौजूद हास्यपूर्ण सौहार्द से स्पष्ट भी हो जाती है। एफ3 की वेबसाइट के अनुसार :

> एफ३ कसरत के दौरान प्रयोग की जानेवाली भाषा - जो वास्तव में बेसबॉल से जुड़े अनोखे शब्दों के जाल जैसी है - एफएनजी (समूह के नए सदस्यों) को भ्रमित कर सकती है। उदाहरण के लिए आपको ऐसा लग सकता है कि आखिर ये एफएनजी क्या है और हर कोई मुझे इस नाम से क्यों बुलाता है?

एफ३ में प्रयोग किए जानेवाले शब्दों को समझने के लिए ये वेबसाइट एक शब्दकोश भी उपलब्ध कराती है। इसमें विभिन्न किस्म के 100 से भी ज्यादा शब्द दिए गए हैं, जिनमें से कई शब्द, कुछ अन्य शब्दों का संदर्भ देते हैं, जिससे एक ऐसा जटिल शाब्दिक आधार तैयार होता है, जहाँ दोहराव होता रहता है। जैसे इस

शब्दकोश में दी गई यह परिभाषा :

> **बॉबी क्रेमिन्स :** यानी जब एक व्यक्ति कसरत कर रहा हो लेकिन स्टारटेक्स के बाद एक अलग एओ (AO) में चला जाए। साथ ही, इसका एक अर्थ एम (M) या सीबीडी (CBD) द्वारा शुरू किया गया कसरत-रहित लिफो (LIFO) भी है।

मेरे जैसे एक 'एफएनजी' के लिए ये परिभाषा अर्थहीन है लेकिन यही तो इसका उद्देश्य है। जब तक आपको ये पता चलेगा कि बॉबी क्रेमिन्स का अर्थ क्या है, तब तक आपको एहसास हो चुका होगा कि समूह में आपको स्वीकार कर लिया गया है। समूह का हिस्सा बनने की इस कोशिश का सबसे अच्छा उदाहरण है, आपसी भरोसा जताने के लिए एक घेरा बनाकर खड़े होने का अनुष्ठान। इस अनुष्ठान के दौरान, हर प्रतिभागी बाकी सबके सामने कृतज्ञता जताने या ज्ञान के दो शब्द कहने से पहले अपना नाम और अपना एफ३ उपनाम बताता है। अगर आप समूह में नए हैं तो आपको वहीं एक उपनाम दे दिया जाएगा – जो दरअसल दीक्षा देने जैसा होता है।

हो सकता है कि कुछ लोगों को ये कृत्रिम नियम और शब्दजाल अतिश्योक्तिपूर्ण लगें लेकिन इस बात से इंकार नहीं किया जा सकता कि ये सचमुच प्रभावी हैं। एफ३ का पहला मुफ्त व्यायाम सत्र जनवरी 2011 में चार्लटन इलाके में स्थित एक मिडिल स्कूल के परिसर में आयोजित हुआ था और इसका संचालन सह-संस्थापक डेविड रेडिंग (उपनाम 'ड्रेड') और टिम व्हिटमायर (उपनाम 'ओबीटी') ने किया था। आज सात साल बाद, पूरे देश में इसके 1200 से भी अधिक समूह सक्रिय हैं।

हालाँकि 'सोशल फिटनेस' के विचार से जुड़ी सबसे सफल कहानी निश्चित ही क्रॉसफिट की है। पहला क्रॉसफिट जिम (क्रॉसफिट की शब्दावली में इसे ''बॉक्स'' कहा जाता है) 1996 में शुरू हुआ था। आज दुनिया के 120 देशों में इसके 13 हज़ार ''बॉक्स'' मौजूद हैं। यूएस में हर दो स्टारबक्स पर एक क्रॉसफिट बॉक्स मौजूद है – जो एक फिटनेस ब्रांड के लिए बहुत बड़ी बात है और इसकी विश्वसनीयता को बढ़ाती है।

क्रॉसफिस को अचानक मिली सफलता से फिटनेस इंडस्ट्री के अंदर के लोग हैरान और भ्रमित थे। ये वे लोग थे, जो सालों से अपना ध्यान अपने जिम में दी जानेवाली सुविधाओं और उसकी फीस पर केंद्रित करके बैठे हुए थे। जबकि एक

आम क्रॉसफिट बॉक्स वास्तव में किसी खाली और मैले गोदाम में संचालित होता था। यहाँ फिटनेस के सारे उपकरण दीवार के किनारे रखे होते थे और ऐसे नज़र आते थे, मानों वे एक सदी पुराने किसी जिम के हों, जैसे- केटलबेल्स, मेडिसिन बॉल्स, पुल-अप बार, मेटल स्क्वाट रैक, रस्सियाँ और लकड़ी के बक्से। यहाँ आपको आधुनिक जिम की तरह टेलीविजन तो दूर ट्रेडमिल, फैंसी केबल मशीनें, अच्छे लॉकर रूम और दमकती लाइट्स जैसी चीज़ें भी देखने को नहीं मिलतीं। इसके अलावा ये काफी महँगा भी है। मेरे घर के पास स्थित प्लानेट फिटनेस जिम की फीस सिर्फ 10 डॉलर प्रति महीना है – जहाँ आपको मुफ्त वाईफाई की सुविधा भी मिलती है। जबकि इसी इलाके में स्थित क्रॉसफिट बॉक्स की फीस 210 डॉलर प्रति महीना है और अगर आप उनसे वाईफाई के बारे में पूछेंगे तो वे केटलबेल लेकर आपको दरवाजे के बाहर खदेड़ देंगे।

क्रॉसफिट की सफलता का रहस्य संभवत: एक आम जिम और एक क्रॉसफिट बॉक्स के बीच के सबसे उल्लेखनीय फर्क में छिपा है: क्रॉसफिट में कोई भी इयरफोन नहीं पहनता। क्रॉसफिट का फिटनेस मॉडल डब्ल्यूओडी यानी ''हर दिन एक नई कसरत'' वाला है – जो कि आमतौर पर फंक्शनल मूवमेंटवाली विभिन्न कसरतों का एक प्रबल मिश्रण होता है, जिसे आपको जल्द से जल्द पूरा करना होता है। उदाहरण के लिए आगे एक 'डब्ल्यूओडी' दिया गया है, जिसके बारे में मुझे पहली बार तब पता चला, जब मैं यह अध्याय लिख रहा था।

कुल तीन राउंड

60 स्क्वाट्स
30 नीज़-टू-एल्बोज़
30 रिंग पुश-अप्स

यहाँ आपको अपने आप ही डब्ल्यूओडी करने की अनुमति नहीं है। हर दिन पहले से तय समय पर ही आप अपने स्थानीय क्रॉसफिट बॉक्स में आकर समूह के अन्य सदस्यों के साथ एक प्रशिक्षक की देख-रेख में कसरत कर सकते हैं। इस कसरत का सामाजिक पहलू वाकई महत्वपूर्ण है: आप अपने समूह का उत्साह बढ़ाते हैं और वे आपका। इससे लोगों को अपनी सहज सीमाओं से आगे जाने में मदद मिलती है, जो सचमुच महत्वपूर्ण है। क्रॉसफिट की एक मुख्य धारणा ये है कि देर तक ढेर सारी कसरत करने के मुकाबले, कुछ देर बहुत प्रबलता के साथ कसरत करना कहीं बेहतर होता है। डब्ल्यूओडी यानी ''हर दिन एक नई कसरत''

का सामाजिक पहलू सामुदायिक भावना को दृढ़ बनाने में मदद करता है। क्रॉसफिट को अपनानेवाले एक पूर्व निजी प्रशिक्षक का अनुभव कुछ ऐसा था: क्रॉसफिट बॉक्स में डब्ल्यूओडी के दौरान जब आप बड़ी प्रबलता से कसरत करने में जुटे होते हैं और समूह के अन्य सदस्य आपका उत्साह बढ़ा रहे होते हैं ताकि आप अपनी सहज सीमा पार कर जाएँ तो इस एहसास को शब्दों में बयान नहीं किया जा सकता। मुझे आज तक किसी और फिटनेस जिम में ऐसा शानदार अनुभव नहीं मिला। क्रॉसफिट के मुख्य संस्थापक ग्रेग ग्लासमैन तंदुरुस्ती के इस आंदोलन में निहित असभ्य लेकिन गहन दोस्ती के एहसास की उपयुक्त व्याख्या करते हैं: ''क्रासफिट एक ऐसा धर्म है, जिसे बाइकर गैंग चलाता है।''

. . .

नई-नई माँ बनी महिलाओं का स्थानीय बूट कैंप, एफ३ और क्रॉसफिट जैसे समूह की सफलता और स्नेक्स एंड लाटेज की सफलता का कारण एक ही है: ये खाली समय बिताने के लिए ऐसी गतिविधियाँ उपलब्ध कराते हैं, जो बेहद ऊर्जावान और जटिल सामाजिक मेलजोल को संभव बनाती है, जबकि सामान्यत: हमारे आम जीवन में ऐसा सामाजिक मेलजोल दुर्लभ होता है। बोर्ड गेम्स या सोशल फिटनेस खाली समय की वे अकेली गतिविधियाँ नहीं हैं, जिनसे यह सामाजिक लाभ मिलता है। इसके अन्य उदाहरण है: मनोरंजक स्पोर्ट्स लीग, वॉलेंटियर गतिविधियाँ, किसी टीम का एक साथ मिलकर काम करना - जैसे किसी पुरानी बोट की मरम्मत करना या पड़ोस में एक स्केटिंग रिंग तैयार करना।

खाली समय की सबसे सफल सामाजिक गतिविधियों की दो विशेषताएँ हैं। पहली, इनके लिए आपको अन्य लोगों के साथ समय बिताना पड़ता है। जैसा कि पहले भी बताया गया था कि लोगों से आमने-सामने मिलने का अनुभव हमेशा संवेदी और सामाजिक रूप से समृद्ध होता है, जो वर्चुअल संबंधों में कहीं खो जाता है। इसीलिए वर्ल्ड ऑफ वॉरक्राफ्ट जैसे किसी वीडियो गेम में आपने अन्य खिलाड़ियों का जो वर्चुअल समूह बनाया है, उसके साथ समय बिताना इस दायरे में नहीं आता। इन गतिविधियों की दूसरी विशेषता है कि ये सामाजिक संवाद की एक ठोस संरचना उपलब्ध कराती हैं, जिसके कुछ नियम-कायदे, अंदरूनी शब्दावली या अनुष्ठान और अक्सर एक साझा उद्देश्य भी होता है। इनके पीछे तर्क ये है कि ये बाध्यकारी होने के बावजूद अभिव्यक्ति की स्वतंत्रता को और अधिक सक्षम बना देती हैं, जो अपने आपमें एक विरोधाभास है। क्रॉसफिट के आपके दोस्त उत्साह से

चीखेंगे, चिलाएँगे, आपको हाई-फाइव देंगे, पसीने से भीगा हुआ होने के बावजूद आपको गले लगा लेंगे, जबकि किसी और जगह या किसी और माहौल में ये सब पागलपन जैसा लगेगा।

अब हम उच्च-गुणवत्तावाला खाली समय बिताने के अपने तीसरे सबक पर चर्चा करके इस विषय का समापन कर सकते हैं।

खाली समय का पुनर्जागरण

द माउस बुक क्लब उच्च गुणवत्तावाले खाली समय और डिजिटल तकनीक के जटिल संबंधों का एक अच्छा उदाहरण है। अगर आप इस क्लब के सदस्य बनते हैं तो आपको साल में चार बार, क्लासिक किताबों और लघु-कथाओं का संग्रह मिलेगा, जो किसी न किसी थीम पर आधारित होगा। उदाहरण के लिए २०१७ के छुट्टियों के मौसम में जो संग्रह जारी किया गया था, उसकी थीम थी ''देना'' और उसमें ओ. हेनरी की ''द गिफ्ट ऑफ मैगी,'' ऑस्कर वाइल्ड की ''द हैप्पी प्रिंस'' और टॉल्सटॉय, दोस्तोवस्की और चेखव की तीन रशियन क्रिसमस कथाओं का संग्रह शामिल था। जो चीज़ इस क्लब को बाकियों से अलग बनाती है, वो इसकी किताबें ही हैं। ये किताबें कस्टम प्रिंटेट होती हैं और एक स्मार्टफोन के आकार की कॉम्पैक्ट बुकलेट में दी जाती हैं। ये आकार जानबूझकर ऐसा रखा जाता है। माउस बुक के पीछे का दर्शन ये है कि यह आपकी उस जेब में आराम से आ सकती है, जिसमें आप अपना फोन भी रखते हैं। ताकि जब भी आपको जेब से फोन निकालकर, अर्थहीन ढंग से समय बिताने की जरूरत महसूस हो तो आप फोन के बजाय वह माउस बुक निकाल लें और उसके दो-चार पेज पढ़ लें। यह वास्तव में बिना वजह फोन में व्यस्त रहने से कहीं ज़्यादा गहन और सार्थक होगा। इस क्लब को चलानेवाली कंपनी के अनुसार उनका उद्देश्य है ''साहित्य का विस्तार।'' साथ ही वे यह भी कहते हैं कि उनके ''इस पोर्टेबल मनोरंजन उपकरण की 'बैटरी' कभी खत्म नहीं होती, उसकी 'स्क्रीन' कभी नहीं टूटती और उसमें न तो कोई 'रिंग' बजती है और न ही वह 'वाइब्रेट' होता है।''

उच्च-गुणवत्तावाले खाली समय के अन्य उदाहरणों (जिनका उल्लेख इस अध्याय में किया गया है) की तरह ही एक माउस बुक भी पूरी तरह से एनालॉग है। यह एक भौतिक चीज़ है, जो आपको कोई लाभ देने से पहले (मानसिक) सक्रियता की माँग करती है - पर एक बार जब यह आपको लाभ देने लगती है

तो ये लाभ डिजिटल उपकरणों के जरिए अपना ध्यान भटकाने के मुकाबले कहीं अधिक ठोस और टिकाऊ होता है। हो सकता है कि इन उदाहरणों से ऐसा लगे, जैसे उच्च गुणवत्तावाला खाली समय बिताना और नई तकनीक एक-दूसरे के विरोधी हैं। लेकिन जैसा कि मैंने ऊपर संकेत दिया था, वास्तविकता इससे कहीं ज़्यादा जटिल है। माउस बुक क्लब पर एक गहरी नज़र डालते ही स्पष्ट हो जाता है कि इसका संचालन भी कई तकनीकी नवाचारों पर निर्भर करता है।

किताबों का प्रकाशन करने के लिए पूँजी की जरूरत होती है। इस परियोजना के सह-संस्थापक डेविड डेवेन और ब्रायन चैपल ने ऑनलाइन किकस्टार्टर कैंपेन की मदद से ही इसके लिए पूँजी जुटाई थी। इस क्राउड फंडिग कैंपेन के जरिए दोनों ने एक हज़ार से भी ज़्यादा दानदाताओं की मदद से ५० हज़ार डॉलर्स की राशि का इंतजाम किया। दानदाताओं को इस कैंपेन की जानकारी कुछ हद तक मेरे जैसे ब्लॉगर्स के जरिए मिली, जिन्होंने अपने ऑनलाइन फालोअर्स को इस परियोजना से परिचित कराया। माउस बुक क्लब मॉडल का एक अन्य प्रमुख पहलू है - पाठकों को जो किताबें भेजी गई हैं, उन्हें समझने और उन पर चर्चा करने में पाठकों की मदद करना ताकि वे इन किताबों का अधिकतम लाभ उठा सकें। इसके लिए कंपनी ने एक ब्लॉग भी शुरू किया, जिसके जरिए उनके संपादकों को नए-नए संग्रहों की थीम पर चर्चा करने का मौका मिला। इसके अलावा एक इंटरव्यू आधारित पॉडकास्ट भी शुरू किया गया था ताकि कुछ चुनिंदा विषयों पर गहन चर्चा हो सके। (इसके ताज़ा एपिसोड में फ्रांसीसी दार्शनिक माइकल डी मॉन्टेन पर शिकागो यूनिवर्सिटी के प्रतिष्ठित प्रोफेसर फिलिप डेसन का इंटरव्यू लिया गया है।) इसके साथ ही यह कंपनी एक ऐसा ऑनलाइन सिस्टम भी तैयार कर रही है, जिसकी मदद से आसपास रहनेवाले सब्सक्राइबर्स एक-दूसरे के बारे में जान सकें और वर्चुअल मुलाकातों के बजाय बुक क्लब से जुड़ी असली मीटिंग्स कर सकें।

माउस बुक क्लब एक उच्च गुणवत्तावाला एनालॉग अनुभव देता है लेकिन पिछले दशक में हुए तकनीक संबंधी कई नवाचारों के बिना यह क्लब अस्तित्व में ही नहीं आता। मैं यह बात इस विचार के विरोध में कह रहा हूँ, जिसके अनुसार उच्च गुणवत्तावाला खाली समय बिताने के लिए हमें अपने कदम पीछे खींचकर इंटरनेट से पहले के युग में वापस जाना होगा। जबकि वास्तविकता ये है कि आज इंटरनेट एक औसत व्यक्ति को खाली समय बिताने के विभिन्न विकल्प देकर इसके पुनर्जागरण को बढ़ावा दे रहा है। खाली समय बिताने के जितने विकल्प आज उपलब्ध हैं, उतने

पहले कभी नहीं थे। इंटरनेट ऐसा दो मुख्य तरीकों से करता है: लोगों को उनकी पसंद के अनुसार एक समुदाय ढूँढ़ने में मदद करके और ऐसी अस्पष्ट सूचनाएँ आसानी से उपलब्ध कराके, जो किसी विशिष्ट गुणवत्तावाली चीज़ों के बारे में जानने के लिए जरूरी होती है। जैसे अगर आप किसी नए शहर में रहने गए हैं और वहाँ आपको किसी ऐसे समुदाय या समूह की तलाश है, जो आप ही की तरह साहित्य पर चर्चा करने में दिलचस्पी रखता है तो माउस बुक क्लब आपको अपने इलाके के पुस्तक प्रेमियों से जोड़ सकता है। इसी तरह अगर आप फ्रुगलवुड्स के ब्लॉग से प्रेरित होकर अपनी जलाऊ लकड़ी खुद इकट्ठी करना चाहते हैं तो यूट्यूब पर ऐसे कई वीडियो हैं, जो आपको इसका मूल तरीका सिखा सकते हैं। मेरा मानना है कि उच्च गुणवत्तावाला खाली समय बिताने के विभिन्न तरीके विकसित करने का यह सबसे अच्छा समय है।

अब हम एक तरह के चक्र में उलझ गए हैं। यह अध्याय मूल रूप से ये बताता है कि अगर आपको निम्न-महत्त्ववाली डिजिटल आदतों के जाल में फँसने से बचना है तो सबसे पहले आपको उच्च गुणवत्तावाला खाली समय बिताने के लिए उचित गतिविधियाँ चुननी होंगी। ये गुणवत्तापूर्ण गतिविधियाँ उस शून्य को भरती है, जिसे अनदेखा करने में मदद करने की जिम्मेदारी आपकी डिजिटल स्क्रीन को सौंपी गई थी। लेकिन मेरा तर्क सिर्फ ये है कि खाली समय का ऐसा उपयोग करने के तरीके ढूँढ़ने के लिए आपको डिजिटल उपकरणों का ही उपयोग करना चाहिए। यानी अगर देखा जाए तो मैं आपको नई तकनीक अपनाने के लिए इसलिए कह रहा हूँ ताकि आप नई तकनीक से बच सकें।

सौभाग्य से इस चक्र को आसानी से तोड़ा जा सकता है। मैं जिस अवस्था से निकलने में आपकी मदद कर रहा हूँ, वह ऐसी अवस्था है, जिसमें खाली समय बिताने का मुख्य तरीका होता है, अपनी स्क्रीन के साथ निष्क्रिय संवाद करना। मैं चाहता हूँ कि आप इसकी जगह, उस अवस्था में रहें, जहाँ आपके पास खाली समय बिताने के बेहतर तरीके हों, जिनमें से अधिकांश तरीके भौतिक गतिविधियों से जुड़े हुए होंगे। इस नई अवस्था में भी डिजिटल तकनीक मौजूद होगी लेकिन वह सिर्फ सहयोगी भूमिका निभाएगी: जैसे खाली समय की आपकी पसंदीदा गतिविधि से जुड़े इंतजाम करने में सहयोग करेगी लेकिन खुद खाली समय बिताने का तरीका नहीं बनेगी। मैं एक हालिया अनुभव से कह रहा हूँ कि यूट्यूब पर घंटे भर तक हास्यपूर्ण वीडियो क्लिप्स देखना, आपकी जीवन-शक्ति पर नकारात्मक प्रभाव डाल सकता

है, जबकि यूट्यूब की मदद से ये सीखना कि आपके बाथरूम वेंटिलेटर की मोटर कैसे बदली जाती है, वेंटिलेटर ठीक से न चलने की रोज की झंझट से आपको मुक्ति दे सकता है।

डिजिटल न्यूनतमवाद की एक मूलभूत बात ये है कि जब नई तकनीक को बिना सोचे-समझे अपनाने के बजाय उसका उपयोग सावधानी और स्पष्ट इरादों के साथ किया जाता है तो जीवन बेहतर हो जाता है। इसीलिए हमें इस बात पर हैरान नहीं होना चाहिए कि उच्च गुणवत्तावाला खाली समय बिताने से जुड़ी इस चर्चा में यह विचार लागू हो रहा है।

. . .

अरस्तू ने कहा था कि एक अच्छा जीवन जीने के लिए उच्च गुणवत्तावाला खाली समय बिताना आवश्यक है। इसी बात को ध्यान में रखते हुए, इस अध्याय में मैंने ऐसे तीन सबक प्रस्तुत किए, जो बताते हैं कि उच्च-गुणवत्तावाला खाली समय बिताने योग्य गतिविधियाँ कैसे विकसित की जाएँ। फिर मैंने यह निष्कर्ष भी निकाला कि भले ही ये सारी गतिविधियाँ मूल रूप से एनालॉग प्रवृत्ति की हैं लेकिन इन्हें सफलतापूर्वक करना, नई तकनीकों के रणनीतिक उपयोग पर निर्भर करता है।

जैसा कि इस किताब के खंड-२ के अन्य अध्यायों में किया गया है, खाली समय बिताने से जुड़ी अपनी इस चर्चा को भी मैं कुछ ऐसे ठोस अभ्यासों के साथ ही खत्म करूँगा, जो आपको इन अंतर्दृष्टियों के अनुसार कार्य करने में मदद करें। इन अभ्यासों में अपने खाली समय को बेहतर ढंग से बिताने के लिए कोई चरण-दर-चरण योजना तो नहीं दी गई है बल्कि उन कार्यों का एक नमूना पेश किया है, जिनसे आपको खुशी के बारे में अरस्तू द्वारा बताई गई कार्ययोजना पर अमल करने में मदद मिले।

अभ्यासः हर सप्ताह किसी चीज़ की मरम्मत करें या कुछ बनाएँ

इस अध्याय की शुरुआत में मैंने आपको पीट एडेनी (मिस्टर मनी मस्टैश) के बारे में बताया था, जो एक पूर्व इंजीनियर है और उन्होंने कम उम्र में ही वित्तीय स्वतंत्रता हासिल कर ली थी। अगर आप पीट का ब्लॉग देखेंगे तो आपको अप्रैल 2012 में की गई उनकी एक उल्लेखनीय पोस्ट नज़र आएगी, जिसमें पीट ने मेटल

वेल्डिंग करने के अपने प्रयोगों का वर्णन किया है।

जैसा कि पीट बताते हैं, उनके जीवन में वेल्डिंग की शुरुआत 2005 में हुई। उस समय वे एक कस्टम-होम बना रहे थे। (मिस्टर मनी मस्टैश के वफादार प्रशंसकों को पता होगा कि पीट ने इंजीनियर की अपनी नौकरी छोड़ने के बाद कुछ सालों तक एक कंस्ट्रक्शन कंपनी भी चलाई, जो सफल नहीं रही।) चूँकि ये कस्टम-होम काफी आधुनिक था इसलिए पीट ने इसकी डिजाइन में कुछ कस्टम मेटलवर्क भी जोड़ दिया, जिसमें सीढ़ियों पर एक सुंदर सी कस्टम स्टील रेलिंग भी शामिल थी।

यह डिजाइन बढ़िया लग रही थी लेकिन फिर पीट को अपने मेटल कॉन्ट्रैक्टर से इसका खर्च पता चला: पीट ने इसके लिए सिर्फ 4000 डॉलर्स का बजट बनाया था, जबकि इसका असल खर्च 15,800 डॉलर्स का था। पीट कहते हैं कि ये पता चलने के बाद उन्हें लगा, "अरे! अगर ये व्यक्ति मेटलवर्क करने का 75 डॉलर्स प्रति घंटा लेनेवाला है तो इससे बेहतर यही होगा कि मैं खुद ही मेटलवर्क करना सीख लूँ। भला इसे सीखना कितना मुश्किल होगा?" इसके बाद अंततः सिद्ध हो गया कि मेटलवर्क सीखना बहुत ज़्यादा मुश्किल नहीं है।

पीट अपनी इस पोस्ट में बताते हैं कि उन्होंने एक ग्राइंडर, एक मेटल चॉप सॉ, एक वाइजर, भारी-भरकम दस्ताने और 120 वोल्ट का वायर-फीड फ्लक्स कोर वेल्डर खरीदा - जो पीट के अनुसार वेल्डिंग सीखने के लिए सबसे अच्छी मशीन है। इसके बाद उन्होंने कुछ सरल प्रोजेक्ट चुने, कुछ यूट्यूब वीडियोज़ देखे और काम शुरू कर दिया। जल्द ही पीट एक सक्षम वेल्डर बन गए। वे भले ही एक महाराथी कारीगर नहीं थे लेकिन इस काम में उन्होंने इतनी कुशलता तो हासिल कर ही ली थी कि वे मजदूरी और साजो-सामान पर खर्च होनेवाले हज़ारों डॉलर्स की बचत कर सकें। (पीट के अनुसार, वे इतने कुशल तो नहीं है कि एक "शानदार कार" बना सकें लेकिन वे "मैड-मैक्स फिल्म की शैलीवाली एक बढ़िया ड्यून बग्गी" जरूर तैयार कर सकते हैं।) अपने कस्टम-होम प्रोजेक्ट के लिए (कॉन्ट्रैक्टर के 15,800 डॉलर्स से बहुत कम खर्च पर) रेलिंग तैयार करने के अलावा, पीट ने नज़दीक के एक अन्य घर की छत की चांदनी पर लगाने के लिए ऐसी ही एक और रेलिंग भी तैयार की। फिर वे बगीचों के लिए स्टील के दरवाजे और गमले टाँगने के लिए अनूठे हैंगर तैयार करने लगे। अपने पिक-अप ट्रक के लिए उन्होंने एक कस्टम-रैक भी तैयार किया। साथ ही अपने पड़ोस में स्थित ऐतिहासिक घरों की पुरानी फर्श और नींव को ठीक करने के लिए उन्होंने कई और चीज़ें भी तैयार कीं। जब पीट वेल्डिंग के

बारे में अपनी ये पोस्ट लिख रहे थे तो उनके गैरेज के दरवाजे का एक मेटल-ब्रैकेट अचानक टूट गया, जिसे उन्होंने आसानी से ठीक कर लिया।

एक ऐसा कुशल व्यक्ति जो अपने हाथों से अच्छा काम करना जानता है, पीट इसका एक अच्छा उदाहरण हैं। क्योंकि जरूरत पड़ने पर नए भौतिक कौशल विकसित करना उनके लिए बहुत बड़ी बात नहीं है। एक समय था, जब इस देश में अधिकांश लोग ऐसे ही होते थे। उदाहरण के लिए अगर आप एक ग्रामीण इलाके में रहते हैं तो चीज़ों की मरम्मत करने और उन्हें बनाने के मामले में सहज होना आपके लिए जरूरी होता था - क्योंकि तब मरम्मत का सामान डिलिवर करने के लिए न तो अमेजॉन प्राइम मौजूद था और न ही जरूरी औज़ारोंवाला एक अच्छा कॉन्ट्रैक्टर आसानी से उपलब्ध होता था। मैथ्यू क्रॉफर्ड बताते हैं कि उस दौर में सीअर्स के कैटलॉग में सारे उपकरणों और मशीनी सामानों के सिर्फ रेखा-चित्र बने होते थे। वे लिखते हैं, ''इस बात को गंभीरता से नहीं लिया जाता था कि ग्राहक इससे जुड़ी जानकारी माँग सकता है।''

भौतिक कार्यों में कुशल होना आज काफी दुर्लभ हो गया है और इसका सीधा सा कारण ये है कि आज अपने पेशेवर या घरेलू जीवन को सुचारू रूप से चलाने के लिए ये सब जरूरी नहीं रह गया है। इस बदलाव के कुछ अच्छे और कुछ बुरे पहलू हैं। अच्छा पहलू स्वाभाविक रूप से यही है कि इसके चलते आपके पास काफी सारा खाली समय होता है, जिसे आप और अधिक उत्पादक कार्यों में लगा सकते हैं। किसी टूटी हुई चीज़ को जोड़ने का अपना एक अलग ही रोमांच होता है लेकिन अगर आप लगातार उसकी मरम्मत ही कर रहे हैं तो एक दिन वह पुरानी पड़ जाएगी। अर्थशास्त्री भी कहते हैं, विशेषज्ञता अधिक उपयोगी होती है। जैसे अगर आप एक वकील हैं तो वित्तीय दृष्टिकोण से बेहतर यही होगा कि आप अपना कीमती समय वकालत के काम में खुद को और बेहतर बनाने में लगाएँ। क्योंकि इससे होनेवाली अतिरिक्त कमाई का उपयोग करके आप मरम्मत के विशेषज्ञों को बुलाकर उनकी सेवा ले सकते हैं और उन्हें उनके काम का भुगतान कर सकते हैं।

लेकिन अपनी व्यक्तिगत और वित्तीय दक्षता बढ़ाना कोई इकलौता प्रासंगिक लक्ष्य नहीं है। जैसा कि मैंने इस अध्याय में पहले भी कहा था, उच्च-गुणवत्तावाला खाली समय बिताने का एक महत्वपूर्ण तरीका है, नए कौशल सीखना और उनका उपयोग करना। अगर आप भौतिक कार्यों में दक्षता हासिल कर सकते हैं तो इसका अर्थ ये है कि आप ऐसी ही अन्य संतोषजनक गतिविधियाँ भी कर सकते हैं। इसके

लिए आपको पीट एडेनी बनने की कोई जरूरत नहीं है – उनके पास ऐसी चीज़ों के लिए असीमित समय उपलब्ध है – लेकिन इससे छोटी-मोटी चीज़ों की मरम्मत करना, सीखना या ऐसे अन्य कार्य करना आपकी दिनचर्या का नियमित हिस्सा जरूर बन जाएगा।

. . .

भौतिक कार्यों में दक्ष बनने का सबसे आसान तरीका है, एक नया कौशल सीखना और फिर चीज़ों की मरम्मत करने, उनके बारे में सीखने या कुछ बनाने में उस कौशल का उपयोग करना और ऐसा बार-बार करते रहना। इसकी शुरुआत ऐसे छोटे-मोटे कार्यों से करें, जिनमें आप चरण-दर-चरण निर्देशों का सीधे तौर पर पालन कर सकें। फिर जब आप इन कार्यों में सहज महसूस करने लगें तो और जटिल कार्यों की जिम्मेदारी लें, जिनमें आपको जरूरी दिशा-निर्देशों या सुझावों के बिना भी कुछ निर्णय लेने पड़ें या जिनके लिए आपको अपने तरीकों में कुछ बदलाव लाना पड़े। आगे कुछ ऐसे ही कार्यों की एक सूची दी गई है। ये कार्य उन्हीं लोगों के लिए हैं, जिसके लिए भौतिक कार्यों को खुद करना एक नई चीज़ है। ये सारे कार्य ऐसे हैं, जिन्हें मैं या मेरा कोई परिचित सिर्फ एक सप्ताहांत की छोटी सी अवधि में भी सीखने में सफल रहा।

* अपनी कार का ऑयल खुद बदलना।
* छत पर एक नई लाइट लगाना।
* किसी नई तकनीक या किसी ऐसे वाद्य यंत्र की मूलभूत बातें सीखना, जो आप पहले से बजाते हों (जैसे किसी गिटार वादक का ट्रैविस पिकिंग सीखना।)
* अपनी टर्नटेबल का टोनआर्म बिलकुल सटीक ढंग से कैलिब्रेट करना सीखना।
* अच्छी गुणवत्तावाली लकड़ी लेकर एक कस्टम हेडबोर्ड तैयार करना।
* एक खाली जमीन पर नया बगीचा लगाना।

ध्यान दें कि इसमें से कोई भी कार्य डिजिटल नहीं है। हालाँकि कोई नया कंप्यूटर प्रोग्राम सीखना या किसी नए और जटिल डिजिटल उपकरण को अच्छी तरह चलाना सीखना भी एक हद तक गर्व की बात हो सकती है लेकिन एक स्क्रीन पर

बने आईकॉन्स को इधर-उधर घुमाने में अधिकांश लोग पहले ही काफी समय खर्च कर चुके हैं। लेकिन हम खाली समय के जिस उपयोग की बात कर रहे हैं, उसका प्रमुख उद्देश्य भौतिक संसार की चीज़ों का रूप बदलने की हमारी गहन प्रवृत्ति का दोहन करना है।

अब अगर आप ये सोच रहे हैं कि उपरोक्त छोटे-मोटे कार्यों के लिए जो कौशल जरूरी हैं, उसे कहाँ सीख सकते हैं तो इसका जवाब आसान है - यूट्यूब पर। भौतिक कार्यों में दक्ष ऐसे जितने भी लोगों से मैंने बातचीत की, उन सभी ने यूट्यूब का ही नाम लिया। कार्य चाहे कोई भी हो, उसे कैसे किया जाए ये बतानेवाले कई वीडियो आपको यूट्यूब पर मिल जाएँगे। इनमें से कुछ वीडियो अपेक्षाकृत अधिक जानकारी देते हैं लेकिन जैसे-जैसे आप अधिक आश्वस्त होंगे, सटीक निर्देशों की जरूरत उतनी ही कम पड़ेगी - सही दिशा में जाने का संकेत मिलना ही काफी होगा।

मेरा सुझाव है कि आप छह सप्ताह तक हर रोज एक नया कौशल सीखने और उसका उपयोग करने की कोशिश करें। इसकी शुरुआत ऐसे आसान कार्यों से करें, जिनका उल्लेख ऊपर किया गया है। लेकिन जैसे ही आपको लगे कि अब आपके लिए वह कार्य उतना चुनौतीपूर्ण नहीं रहा, जितना पहले था तो तत्काल उससे जुड़े कौशल की जटिलता को बढ़ा दें।

छह सप्ताह का यह प्रयोग समाप्त होने के बाद, आप अपनी होन्डा के इंजन का पुनर्निर्माण करने योग्य तो नहीं बन जाएँगे लेकिन शुरुआती स्तर का कौशल जरूरत विकसित कर चुके होंगे। इतना कौशल आपको यह विश्वास दिलाने के लिए काफी होगा कि आप नई चीज़ें सीखने में सक्षम हैं और आपको उन्हें सीखने में आनंद आता है। पूरी संभावना है कि छह सप्ताह के इस क्रैश कोर्स के बाद हाथों से होनेवाले भौतिक कार्यों को निरंतरता के साथ करने और उनका लाभ लेने की आपकी प्रवृत्ति और मजबूत हो जाएगी।

अभ्यास: निम्न-गुणवत्तावाले खाली समय का शिड्यूल तैयार करें

कुछ साल पहले, स्टैनफोर्ड यूनिवर्सिटी में जिम क्लार्क का इंटरव्यू लिया गया, जो सिलिकॉन वैली व्यवसाय के अग्रणी माने जाते हैं। इंटरव्यू के दौरान सोशल मीडिया पर भी बात होने लगी। इस पर क्लार्क ने जो प्रतिक्रिया दी, उसकी उम्मीद

किसी को भी नहीं थी क्योंकि वे खुद भी एक हाई-टेक पृष्ठभूमि से आते हैं। उनका कहना था, ''सोशल नेटवर्किंग के लिए मेरे मन में ज़रा भी सराहना का भाव नहीं है।'' उन्होंने स्पष्ट किया कि उनकी इस अरुचि के पीछे उनका एक अनुभव है, जो उन्हें तब हुआ, जब वे एक सोशल मीडिया एग्जिक्यूटिव के साथ एक पैनल में बैठे थे।

> वह (एग्जिक्यूटिव) इस बात की शेखी बघार रहा था कि आज बहुत से लोग हर रोज फेसबुक पर करीब बारह घंटे का समय बिताते हैं... ये सुनकर मैंने उससे पूछा, ''जो व्यक्ति हर रोज फेसबुक पर बारह घंटे बिताता है, क्या तुम्हें लगता है कि वह भी अपने जीवन में वह सब कर पाएगा, जो तुमने किया है?''

इस सवाल के जरिए दरअसल क्लार्क ने वेब २.० समर्थकों द्वारा प्रचारित यूरोपियन दृष्टिकोण के मुख्य दोष की ओर इशारा किया था। फेसबुक और ट्विटर वगैरह का प्रचार उन सकारात्मक चीज़ों के नाम पर किया जाता है, जिन्हें ये संभव बना सकती हैं, जैसे आपसी जुड़ाव और अभिव्यक्ति। लेकिन उस सोशल मीडिया एग्जिक्यूटिव के उत्साहपूर्ण दावे से स्पष्ट हो गया कि अटेंशन इकोनॉमी पर चलनेवाली बड़ी-बड़ी कंपनियों के लिए ये सारे लाभ क्रैकर जैक बॉक्स में मिलनेवाले ईनाम जैसे हैं - यानी ऐसी आकर्षक चीज़, जिसका इस्तेमाल करके आपको उनका एप चलाने के लिए मजबूर किया जा सके ताकि लाभ कमाने के लिए वे आपका कीमती समय और ज़्यादा से ज़्यादा ध्यान पाने का अपना मूल उद्देश्य पूरा कर सकें। (अपने इस उद्देश्य में सफल होने के लिए सोशल मीडिया सेवाएँ हमारी जिन मनोवैज्ञानिक कमज़ोरियों का फायदा उठाती है, उन पर हुई विस्तृत चर्चा के लिए इस किताब का भाग-1 देखें।)

क्लार्क ने स्पष्ट किया कि भले ही सोशल मीडिया सेवाएँ यूजर को कोई भी तात्कालिक लाभ प्रदान करती हों लेकिन इनका ज़्यादा इस्तेमाल करने से यूजर की उत्पादकता और जीवन-संतुष्टि पर निश्चित ही नकारात्मक प्रभाव पड़ता है। दूसरे शब्दों में कहें तो अगर आप हर रोज अपना बहुत सा समय फेसबुक जैसी किसी सोशल मीडिया सर्विस पर खर्च कर देते हैं तो ये तय है कि आप अपने जीवन में कभी फेसबुक जैसा अरबों डॉलर का साम्राज्य खड़ा नहीं कर सकते। अटेंशन इकोनॉमी से मिलनेवाले फायदों और आपका कीमती समय नष्ट करने के इसके मूल मिशन के बीच का ये तनाव, उच्च-गुणवत्तावाली गतिविधियाँ अपनाने के हमारे वर्तमान लक्ष्य

के लिए एक समस्या है। यह सोचना बड़ा आसान है कि आप शाम का समय कुछ गुणवत्तापूर्ण गतिविधियों में बिताएँगे। खासकर तब, जब गुणवत्तापूर्ण गतिविधियों के बाद आप एक बार फिर स्क्रीन से चिपक जाएँगे और बिजवॉचिंग के अंधे कुँए में छलांग लगा देंगे। याद रखें कि जब भी आप ऐसा करते हैं तो एक अच्छा अवसर फिर से गँवा देते हैं।

इस समस्या का सीधा समाधान यही होगा कि आपका ध्यान भटकानेवाली ऐसी ज़्यादातर चीज़ों का उपयोग ही बंद कर दिया जाए। जब आप इस किताब में प्रस्तुत न्यूनतमवाद के दर्शन में और गहरे उतरेंगे तो संभव है कि आप सचमुच इनका उपयोग बंद कर देंगे। लेकिन यह एक कड़ा कदम है। इस अध्याय का आधार ये है कि अगर खाली समय में उच्च-गुणवत्ता की गतिविधियोंवाली जीवनशैली पहले ही अपना ली जाए तो बाद में ध्यान भटकानेवाली निम्न-गुणवत्ता की डिजिटल गतिविधियों में कमी लाना आसान हो जाएगा। इसे ध्यान में रखते हुए मैं एक अपेक्षाकृत आसान समाधान प्रस्तुत करना चाहता हूँ। यह ऐसा समाधान है, जिसके लिए आपको उन डिजिटल सेवाओं या वेबसाइट्स से पूरी तरह दूरी बनाने की जरूरत नहीं है, जिनका आप नियमित रूप से इस्तेमाल करते हैं। इसके बावजूद इस समाधान की मदद से, खाली समय में उच्च-गुणवत्तावाली गतिविधियों के लिए अलग से समय निकालना आपके लिए आसान हो जाएगा। जैसा कि मैं आगे विस्तार से बताऊँगा, इसका एक लाभ ये भी है कि इस विचार से सोशल मीडिया कंपनियाँ बहुत घबराती हैं।

. . .

मेरा सुझाव है कि निम्न-गुणवत्तावाली डिजिटल गतिविधियों के लिए पहले से एक शिड्यूल बना लें। यानी एक समय-अवधि पहले से ही तय कर लें, जिसमें आप वेब सर्फिंग, सोशल मीडिया चेक करना और मनोरंजक कंटेट स्ट्रीम करेंगे। इस समय-अवधि के दौरान आप जो करना चाहें, वह करें। इस दौरान अगर आप नेटफ्लिक्स पर बिंजवॉचिंग के साथ ही ट्विटर ब्राउज करते हुए खुद को लाइव स्ट्रीम भी करना चाहते हैं तो जरूर करें। लेकिन जब यह समय-अवधि बीत जाए तो फिर ऑफलाइन ही रहें।

इस रणनीति के कारगर होने के पीछे दो कारण हैं। पहला, ध्यान भटकानेवाली इन सेवाओं का इस्तेमाल केवल एक तयशुदा समय-अवधि में सीमित करने से आपका बाकी का खाली समय अन्य महत्वपूर्ण गतिविधियों के लिए सुरक्षित रहता है। क्योंकि स्क्रीनवाले डिजिटल उपकरणों से दूर रहने के चलते, समय बिताने के

लिए आपके पास सिर्फ गुणवत्तापूर्ण गतिविधियों का विकल्प ही बचता है।

दूसरा कारण है कि ये रणनीति आपसे निम्न-गुणवत्तावाली ऑनलाइन गतिविधियों को पूरी तरह त्यागने के लिए नहीं कहती। इसमें आपको बस खुद पर संयम रखना होता है। यह संयम आपके अंदर सूक्ष्म मनोवैज्ञानिक बदलावों को सक्रिय कर देता है। उदाहरण के लिए अगर आप ये संकल्प लेते हैं कि खाली समय के दौरान आप ऑनलाइन गतिविधियों से पूरी तरह दूर रहेंगे तो इससे कई सारी छोटी-मोटी समस्याएँ पैदा हो सकती हैं। आपके दिमाग का वह भाग, जिसे ऑनलाइन गतिविधियों से दूर रहने के आपके इस नए-नवेले उत्साह पर संदेह है, वह आपका संकल्प कमजोर करने के लिए इन समस्याओं का इस्तेमाल कर सकता है। और अगर एक बार आपका यह उत्साह कमज़ोर पड़ा तो आप फिर से डिजिटल सेवाओं का बे-रोकटोक उपयोग करने के अंधे कुँए में गिरते चले जाएँगे।

वहीं दूसरी ओर, अगर आप इन व्यवहारों को एक निश्चित समय-अवधि के दायरे में सीमित कर देते हैं तो आपके दिमाग के संशयवादी भाग के लिए इस बात को लेकर दृढ़ रहना बहुत मुश्किल हो जाएगा। आप कोई चीज़ त्याग नहीं रहे हैं और न ही डिजिटल माध्यमों से मिलनेवाली तमाम जानकारियों तक आपकी पहुँच खत्म हो रही है। आप बस इस बात को लेकर ज़रा सचेत हो गए हैं कि अपने खाली समय का कैसा उपयोग करेंगे। डिजिटल उपकरणों के उपयोग पर इस तरह अंकुश लगाने को अनुचित ठहराना मुश्किल है इसीलिए इसके कारगर होने की संभावना बढ़ जाती है।

जब आप इस रणनीति को पहली बार लागू करें तो इस बात की चिंता न करें कि निम्न-गुणवत्तावाली गतिविधियों के लिए आप कितनी लंबी समय-अवधि तय कर रहे हैं। उदाहरण के लिए, अगर आप हर रोज शाम को और सप्ताहांत के दौरान इन गतिविधियों पर लंबा समय भी खर्च कर रहे हैं तो कोई बात नहीं। क्योंकि जैसे-जैसे आप अपने जीवन में उच्च-गुणवत्तावाली गतिविधियों को अपनाएँगे, वैसे-वैसे निम्न-गुणवत्तावाली गतिविधियों पर आपका अंकुश स्वत: ही बढ़ता जाएगा।

इस रणनीति का जो पहलू सोशल मीडिया कंपनियों को भयभीत करता है, वह ये है कि लगातार ऐसा करते हुए आपको एहसास होगा कि इन डिजिटल सेवाओं पर खर्च होनेवाले समय को उल्लेखनीय रूप से कम करने के बावजूद आपको ऐसा महसूस नहीं हो रहा है कि आप बहुत से लाभ उठाने से चूक रहे हैं। मेरा अनुमान है कि सोशल मीडिया के अधिकांश नियमित यूजर्स प्रति सप्ताह मात्र बीस से चालीस

मिनट का समय खर्च करके भी, इन सेवाओं का अधिकतम लाभ प्राप्त कर सकते हैं। इसीलिए अपने सोशल मीडिया उपयोग पर गंभीरता से अंकुश लगाने के बावजूद आपको ऐसा नहीं लगेगा कि आप कुछ महत्वपूर्ण अनुभवों को पाने से चूक गए। यह बात सोशल मीडिया कंपनियों को भयभीत कर देती है क्योंकि उनका पूरा बिजनेस मॉडल ही इस बात पर टिका हुआ है कि आप उनके उत्पादों और सेवाओं को अपना ज़्यादा से ज़्यादा समय दें। इसीलिए जब वे अपने उत्पादों या सेवाओं का बचाव करती हैं तो इस सवाल पर ध्यान केंद्रित रखने की कोशिश करती हैं कि आप उनका उपयोग क्यों करते हैं? न कि इस सवाल पर कि आप उनका उपयोग कैसे करते हैं? लेकिन एक बार जब लोग इस सवाल के बारे में गंभीरता से विचार करने लगते हैं कि वे सोशल मीडिया सेवाओं का उपयोग कैसे करते हैं तो उन्हें एहसास हो जाता है कि वे बहुत ज़्यादा समय ऑनलाइन बिता रहे हैं। (इस मुद्दे पर मैं अगले अध्याय में और गहनता से विचार करूँगा।)

इससे स्पष्ट हो जाता है कि ये साधारण सी रणनीति कितनी प्रभावी है। जब आप ध्यान भटकानेवाली यानी निम्न-गुणवत्तावाली गतिविधियों पर अंकुश लगाकर (किसी लाभ से वंचित रहने की भावना के बिना) इस खाली बचे समय को उच्च-गुणवत्तावाली वैकल्पिक गतिविधियों में बिताते हैं (जिससे आपकी संतुष्टि की भावना उल्लेखनीय रूप से बढ़ जाती है) तो जल्द ही आपको यह सोचकर हैरानी होने लगती है कि आखिर अब तक आप अपना अधिकांश खाली समय चमकती स्क्रीन्स को निष्क्रिय ढंग से घूरते हुए कैसे बिता रहे थे।

अभ्यास : किसी चीज़ से जुड़ना

ठोस सामाजिक अंत:क्रियाओं के महत्त्व के बारे में मैंने इससे पहले जो तर्क सामने रखा था, उसे अमेरिका के फाउंडिग फादर्स में से एक, मिलनसार व्यक्तित्व के धनी बेंजामिन फ्रैंकलिन सालों पहले ही समझ चुके थे। लेकिन वे जानते थे कि अपनी इस सहज समझ पर कार्य करना आसान नहीं है। सन 1726 में जब वे लंदन से फिलाडेल्फिया वापस लौटे तो यहाँ उनका सामाजिक जीवन बिलकुल व्यर्थ था। चूँकि वे बॉस्टन में पले-बढ़े थे इसलिए इस नए स्थान पर - जिसे उन्होंने अपना घर बना लिया था - उनका कोई अपना नहीं था। ऊपर से धार्मिक समूहों और कार्यक्रमों के प्रति भी उनका नज़रिया ज़रा संशयवादी था इसलिए चर्च के माध्यम से एक बने-बनाए धार्मिक समुदाय से जुड़ने का विकल्प भी उनके लिए समाप्त हो

चुका था। अपनी इस स्थिति से प्रभावित हुए बिना, अंततः उन्होंने तय किया कि वे खुद ही एक सामाजिक संगठन की शुरुआत करेंगे, जिसे वे हमेशा से स्थापित करना चाहते थे।

सन 1727 में उन्होंने जुंटो नामक एक सामाजिक क्लब शुरू किया, जिसका वर्णन उन्होंने अपनी आत्मकथा में कुछ इस प्रकार किया है:

> मैंने अपने अधिकांश प्रतिभा-संपन्न परिचितों को इकट्ठा करके एक क्लब शुरू किया है, जिसका उद्देश्य आपसी सुधार होगा। इसे हमने जुंटो नाम दिया है; हम सब हर शुक्रवार को एक-दूसरे से मिलते हैं। मैंने इसके लिए जो नियम तय किए थे, उनके अनुसार क्लब का हर सदस्य अपनी बारी आने पर नैतिकता, राजनीति या प्राकृतिक दर्शन जैसे किसी भी विषय पर कम से कम एक या दो सवाल सामने रखेगा ताकि उसके बारे में सामूहिक चर्चा हो सके; इसके अलावा हर तीन महीने में एक बार क्लब का हर सदस्य अपनी इच्छानुसार एक विषय चुनकर उस पर एक निबंध लिखेगा और उसे सबके सामने पढ़ेगा।

इन सामूहिक बैठकों से प्रेरित होकर फ्रैंकलिन ने एक योजना बनाई, जिसके अनुसार जुंटो का हर सदस्य किताबें खरीदने के लिए आर्थिक योगदान भी देगा और उन किताबों को सारे सदस्य पढ़ सकेंगे। यह योजना हर सप्ताह शुक्रवार को होनेवाली बैठकों तक सीमित नहीं रही और इसका ऐसा प्रसार हुआ कि 1731 में फ्रैंकलिन ने चार्टर लिखकर लाइब्रेरी कंपनी ऑफ फिलाडेल्फिया की शुरुआत की, जो अमेरिका की सबसे शुरुआती सदस्यता आधारित लाइब्रेरीज में से एक थी।

सन 1736 में फ्रैंकलिन ने यूनियन फायर कंपनी शुरू की, जो अमेरिका की सबसे शुरुआती वॉलेंटियर फायर बिग्रेड कंपनियों में से एक थी। उपनिवेशवादवाले उस दौर में शहरों में आग लगना आम बात थी इसलिए देश को ऐसी फायर ब्रिगेड कंपनियों की सख्त जरूरत भी थी। विज्ञान में अपनी बढ़ती दिलचस्पी के चलते फ्रैंकलिन ने 1743 में अमेरिकन फिलॉसॉफिकल सोसायटी की शुरुआत भी की। यह सोसायटी आज भी सक्रिय है। इसे शुरू करने का उद्देश्य था, वैज्ञानिक सोचवाले देश के सबसे मेधावी लोगों को एक-दूसरे के साथ बेहतर ढंग से जुड़ने के लिए एक मंच उपलब्ध कराना।

नए सामाजिक संगठन बनाने के इन प्रयासों से फ्रैंकलिन को ऐसे संपर्क बनाने

में भी काफी मदद मिली, जो पहले से चल रहे अन्य क्लबों में प्रवेश पाने के लिए जरूरी थे। उदाहरण के लिए, 1731 में फ्रैंकलिन को स्थानीय मेसोनिक लॉज में शामिल होने के लिए आमंत्रित किया गया। 1734 आते-आते, वे यहाँ ग्रैंड मास्टर के पद तक पहुँच गए – इतने कम समय में फ्रैंकलिन का इतने ऊँचे पद पर पहुँचना इस बात को रेखांकित करता है कि इस समूह के प्रति उनका समर्पण कितना गहन था।

शायद सबसे आश्चर्य की बात ये है, ये सारी सामाजिक गतिविधियाँ 1747 में प्रकाशन व्यवसाय से फैंकलिन की सेवानिवृत्ति से पहले की हैं। इसके बारे में फ्रैंकलिन ने खुद भी कहा है कि ये उनके लिए एक निर्णायक मोड़ था, जिसके बाद वे इस बारे में गंभीरता से विचार कर सके कि उन्हें अपना खाली समय कैसे बिताना है।

. . .

फ्रैंकलिन अमेरिकी समाज के सबसे महान समाजवादियों में से एक हैं। अन्य लोगों के साथ ठोस गतिविधियों में शामिल होने और संवाद करने के प्रति उनकी प्रतिबद्धता ऐसी थी, जिससे उनके बेचैन मन को संतुष्टि मिलती थी और अगर व्यावहारिक रूप से बात करें तो इससे उनके जीवन में वह आधार तैयार हुआ, जिसने उन्हें पहले व्यवसाय में और फिर राजनीति में सफलता दिलाई। फ्रैंकलिन जितने ऊर्जावान ढंग से अपने खाली समय की सामाजिक गतिविधियों में शामिल होते थे, उसकी बराबरी करना मुश्किल है। लेकिन अपना खाली समय संतुष्टिपूर्ण ढंग से बिताने को लेकर उनका जो दृष्टिकोण था, हम उससे एक महत्वपूर्ण सबक जरूर सीख सकते हैं: चीज़ों से जुड़ना।

फ्रैंकलिन विभिन्न समूहों, एसोसिएशन, लॉज और वॉलेंटियर कंपनियों – यानी ऐसे किसी भी संगठन का हिस्सा बनने के लिए सक्रिय रूप से प्रयत्नशील थे, जो किसी सार्थक उद्देश्य से दिलचस्प लोगों को एक मंच पर लेकर आए। जैसा कि हमने देखा, जब उन्हें ऐसे संगठन नहीं मिले तो उन्होंने खुद ही उनकी नींव रखना शुरू कर दिया। उनकी यह रणनीति सचमुच कारगर सिद्ध हुई। जब वे फिलाडेल्फिया आए थे तो वहाँ उन्हें कोई नहीं जानता था। लेकिन दो दशक बाद वे इस स्थान के सबसे सम्मानित नागरिकों में से एक बन गए, जो बहुत से महत्वपूर्ण लोगों से जुड़ा हुआ था। फ्रैंकलिन के उन्मत्त जीवन में उदासीनता और ऊब के लिए कोई जगह नहीं थी।

किसी चीज़ से जुड़ने के बारे में फ्रैंकलिन का सबक याद रखना हमारे लिए सचमुच अच्छा होगा। समान उद्देश्य के लिए संघर्षरत लोगों के समूह में निहित आपसी झुंझलाहट या कठिनाईयों में उलझना बहुत आसान होता है। ये बाधाएँ अक्सर अपने परिवार या करीबी दोस्तों के सीमित लेकिन आरामदायक दायरे से बाहर न निकलने का बहाना बन जाती हैं। जबकि फ्रैंकलिन हमें यह सीख देते हैं कि इन समस्याओं को पीछे छोड़कर आगे बढ़ जाना सचमुच सार्थक है। उनकी सलाह है कि पहले किसी चीज़ से जुड़ें और बाद में बाकी चीज़ों को संभालें। इससे कोई फर्क नहीं पड़ता कि आप जिससे जुड़ रहे हैं, वह कोई स्थानीय स्पोर्ट्स लीग है या आपके मंदिर की समिति है, कोई स्थानीय स्वयंसेवी समूह है, पीटीए है, सामूहिक फिटनेस समूह है या फिर एक फैंटेसी गेमर्स क्लब है: लोगों के साथ जुड़ने का जो लाभ है, उसकी बराबरी कोई और चीज़ शायद ही कर सके। तो उठें, घर से बाहर निकलें और अपने समुदाय का ये लाभ उठाना शुरू करें।

अभ्यासः खाली समय के लिए बनी योजनाओं का पालन करें

पेशेवर दुनिया में बड़ी उपलब्धियाँ हासिल करनेवाले बहुत से लोग बड़े कुशल रणनीतिकार होते हैं। वे इस बारे में एक विज़न सामने रखते हैं कि विभिन्न समय-अवधियों में उन्हें क्या हासिल करना है। इसके लिए वे अपनी ऊँची म हत्वाकांक्षाओं को दैनिक कार्यों से जोड़ देते हैं। मैंने सालों तक इस किस्म की पेशेवर रणनीतियों का अभ्यास किया है।[2] मेरा सुझाव है कि आप अपने खाली समय को भी इसी दृष्टिकोण से देखें। दूसरे शब्दों में कहें तो मैं चाहूँगा कि आप अपने खाली समय के लिए एक रणनीति बनाएँ।

अगर आपके खाली समय पर निम्न-गुणवत्तावाली गतिविधियाँ हावी हैं तो यह विचार बेतुका लग सकता है कि आपको एक रणनीति की जरूरत है - वेब सर्फिंग या नेटफ्लिक्स बिंजिंग का समर्थन करने के लिए भला कितने विवेक की जरूरत है? लेकिन जो लोग उच्च-गुणवत्तावाला खाली समय बिताने को प्राथमिकता देते हैं, वे रणनीतिक दृष्टिकोण के लाभ को लेकर कहीं अधिक स्पष्ट होते हैं। क्योंकि

---

[2] इस विषय पर मेरी सोच को समझने के लिए मेरे ब्लॉग calnewport.com/blog पर जाएँ, जहाँ आपको दैनिक और साप्ताहिक योजनाएँ बनाने के बारे में तमाम लेख मिलेंगे। अपनी पिछली किताब डीप वर्क में भी मैंने इस मुद्दों पर विस्तार से चर्चा की है।

इस किस्म की गतिविधियों के लिए अक्सर कहीं अधिक जटिल समय-योजना और संगठन की जरूरत होती है। उच्च-गुणवत्तावाला खाली समय बिताने के बारे में समझदारीभरा दृष्टिकोण अपनाए बिना, इसके प्रति आपकी प्रतिबद्धता दैनिक जीवन की झंझटों के चक्कर में कम हो जाएगी।

इसे ध्यान में रखते हुए मेरा सुझाव है कि आप अपने जीवन के इस भाग के बारे में दो-स्तरीय दृष्टिकोण के साथ एक रणनीति बनाएँ, जिसमें खाली समय बिताने की सीज़नल और साप्ताहिक, दोनों योजनाएँ शामिल हों। आगे मैंने इन दोनों के बारे में बताया है।

खाली समय बिताने की सीज़नल योजना

यह ऐसी योजना है, जो आप एक साल में तीन बार बनाते हैं: पतझड़ की शुरुआत में (सितंबर) सर्दियों की शुरुआत में (जनवरी) गर्मियों की शुरुआत में (मई)। मैं इस सीज़नल योजना को प्राथमिकता देता हूँ क्योंकि मैं एक अकादमिक व्यक्ति हूँ और यह योजना मेरी यूनिवर्सिटी के सालाना कैलेंडर से मेल खाती है। इसी तरह जो लोग व्यावसायिक पृष्ठभूमि से आते हैं, वे संभवत: त्रैमासिक योजना को प्राथमिकता देंगे, जो कि कारगर भी होती है। आपको अपने लिए जो भी अर्धवार्षिक कार्यक्रम सबसे उचित लगे, आप उसे अपना सकते हैं लेकिन इसे आसान बनाकर रखने के लिए मैं अपनी सीज़नल योजना के सुझाव पर कायम रहूँगा।

एक अच्छी सीज़नल योजना में दो अलग-अलग प्रकार की चीज़ें शामिल होती हैं: वे उद्देश्य और आदतें, जिन्हें आप अगले सीज़न में अपनाना चाहते हैं। उद्देश्य उन विशिष्ट लक्ष्यों का वर्णन करता है, जिन्हें पूरा करने की आपको उम्मीद है। साथ ही इससे वे रणनीतियाँ भी स्पष्ट होंगी, जिनकी मदद से यह तय होगा कि आप उन लक्ष्यों को कैसे पूरा करेंगे। वहीं दूसरी ओर, आदतें व्यवहार संबंधी उन नियमों का वर्णन करती है, जिनका आप पूरे सीज़न में पालन करने की उम्मीद कर रहे हैं। खाली समय बिताने की सीज़नल योजना में ये उद्देश्य और आदतें, दोनों एक-दूसरे में निहित होंगे ताकि उच्च-गुणवत्तावाला खाली समय बिताया जा सके। उदाहरण के लिए आगे एक ऐसा उद्देश्य दिया जा रहा है, जो आपको खाली समय बिताने की सीज़नल योजना में मिल सकता है:

उद्देश्यः मीट द बीटल्स के साइड-ए के हर गाने को गिटार पर बजाना सीखना।

रणनीतिः

* अपने गिटार को रीस्ट्रिंग और रीट्यून करना, गानों के कॉर्ड चार्ट ढूँढ़ना, उन्हें प्रिंट कराना और उस प्रिंट को एक प्लास्टिक शीट में रखना।
* गिटार बजाने की अपनी पुरानी आदत को फिर से अपनाना।
* स्वयं को प्रोत्साहित करने के लिए नवंबर में बीटल्स पार्टी रखना। गिटार पर गाने परफार्म करना (लिंडा को गाने के लिए मनाना।)

ज़रा ध्यान दें, उद्देश्यों के विवरण में विशिष्टता का प्रयोग किया गया है। खाली समय की उपरोक्त योजना बनानेवाले काल्पनिक व्यक्ति ने अगर यह लिखा होता, ''नियमित रूप से गिटार बजाना,'' तो उसके सफल होने की संभावना कम होती क्योंकि यह एक अस्पष्ट लक्ष्य है, जिसकी अनदेखी करना आसान है। इसके बजाय उसने एक ठोस उपलब्धि की पहचान की, जिसे हासिल करने का एक स्पष्ट मानदंड है और साथ ही वह एक सीज़न में आसानी से फिट भी हो सकता है। निश्चित ही, इस उपलब्धि को हासिल करने की कोशिश में वह अपनी अस्पष्ट प्रतिबद्धता के अनुसार काम करने के लिए मजबूर हो जाएगा - और यह प्रतिबद्धता है- नियमित रूप से गिटार बजाना।

अब ज़रा इस बात पर भी ध्यान दें कि उद्देश्य पूरा करने के लिए बनाई गई रणनीतियों में इंसेन्टिव (प्रोत्साहन) भी शामिल है - एक ऐसी पार्टी रखना, जिसके लिए गाने सीखना जरूरी हो। ऐसा करना अनिवार्य नहीं है लेकिन जब भी संभव हो तो खुद को एक डेडलाइन देना हमेशा सहायक सिद्ध होता है। अंततः ध्यान दें कि यह काल्पनिक योजना बनानेवाले ने रणनीतियों का शिड्यूल तय करने में बहुत ज़्यादा स्पष्टता नहीं रखी है। उसने यह तो स्पष्ट किया है कि उसे नियमित अभ्यास की जरूरत है लेकिन ये स्पष्ट नहीं किया कि वह हर सप्ताह यह अभ्यास कब करेगा या फिर ये अभ्यास सत्र कितना लंबा होगा। बेहतर होगा कि इस शिड्यूल का विस्तृत वर्णन आगे प्रस्तुत साप्ताहिक योजना की प्रक्रिया के लिए छोड़ दिया जाए। आगे बढ़ने से पहले, खाली समय की सीज़नल योजनाओं में पाई जानेवाली अन्य चीज़ें के कुछ उदाहरण इस प्रकार हैं:

आदतः सप्ताह के दौरान, खाली समय में की जानेवाली निम्न-गुणवत्ता की गतिविधियों को हर रोज अधिकतम 60 मिनट तक सीमित करना।

आदतः बिस्तर पर जाने पर हर रोज कुछ पढ़ना।

आदतः हर सप्ताह एक सांस्कृतिक कार्यक्रम में शामिल होना।

हर आदत व्यवहार संबंधी एक नियम का वर्णन करती है। ये नियम किसी विशेष उद्देश्य की ओर केंद्रित नहीं हैं बल्कि इसलिए रचे गए हैं ताकि योजनाकार अपने जीवन में उच्च-गुणवत्तावाले खाली समय के प्रति अपनी प्रतिबद्धता बनाए रखें।

आदत और उद्देश्य के बीच का फर्क काफी हल्का है। उपरोक्त उदाहरण में हमारा काल्पनिक योजनाकार ''सप्ताह में दो बार गिटार बजाने का अभ्यास करने'' को अपने बीटल्स-थीमवाले उद्देश्य के बजाय, अपनी आदतों की सूची में भी जोड़ सकता था। इसी तरह वह ''रोज रात को कुछ पढ़ने'' की आदत को, एक उद्देश्य में बदल सकता था - एक सीज़न में किसी विशेष श्रेणी की किताबें पढ़ने का उद्देश्य, जिसे पूरा करने के लिए हर रोज़ पढ़ना जरूरी हो।

इस अभ्यास में यह हल्कापन अपरिहार्य है और इसे चिंता का विषय नहीं बनाना चाहिए। एक अच्छी सीज़नल योजना में कुछेक दिलचस्प और प्रेरक उद्देश्य होंगे और साथ ही कुछ सुविधाजनक आदतें भी होंगी, जो गुणवत्ता सुनिश्चित करने के लिए तैयार की गई होंगी। आप इन दो श्रेणियों के बीच खाली समय बिताने से जुड़े विशिष्ट विचारों को कैसे स्थानांतरित करते हैं, यह उतना महत्वपूर्ण नहीं है, जितना कि उन्हें अगले सीज़न के लिए उचित और संतुलित बनाए रखना।

खाली समय बिताने की साप्ताहिक योजना

प्रत्येक सप्ताह की शुरुआत में अलग से थोड़ा समय निकालें ताकि आप खाली समय बिताने की अपनी वर्तमान सीज़नल योजना की समीक्षा कर सकें। इस जानकारी के आधार पर इस बारे में एक योजना बनाएँ कि खाली समय में आप जिन गतिविधियों में शामिल होते हैं, वे आगामी सप्ताह के आपके शिड्यूल में कैसे फिट होंगी। सीज़नल योजना के हर उद्देश्य के लिए यह पता लगाएँ कि इन उद्देश्यों को पूरा करने के लिए आप सप्ताहभर कौन-कौन से कदम उठा सकते हैं। इसके बाद यह शिड्यूल बनाएँ कि आप ये चीज़ें कब करेंगे।

आइए अब उस उदाहरण की ओर वापस लौटते हैं, जिसमें बीटल्स के गानों

पर गिटार बजाना सीखने का उद्देश्य तय किया गया है। इसमें खाली समय बिताने की साप्ताहिक योजना है, यह पता लगाना कि आपके शिड्यूल में यह गतिविधि कैसे फिट होगी। चलिए मान लेते हैं कि हमारा काल्पनिक योजनाकार सोमवार, बुधवार और शुक्रवार को काम पर जाने से पहले सुबह 7.30 से 8.30 के बीज जिम में कसरत करने की योजना बनाता है। अगले सप्ताह वह मंगलवार और गुरुवार को सुबह 7.30 से 8.30 के बीच गिटार बजाने का अभ्यास करने की योजना बना सकता है। इसके अगले सप्ताह, हो सकता है कि उसके ऑफिस में सुबह-सुबह कुछ मीटिंग्स होनी हों, जिसके कारण सुबह 7.30 से 8.30 के बीज जिम जाने या गिटार बजाने का अभ्यास करने की उसकी योजना साकार न हो सके। तो फिर वह इसके लिए शाम को थोड़ा समय निकाल सकता है।

अगर सप्ताह की विस्तृत योजना बनाना, पहले से ही आपकी आदतों में शामिल है (जिसकी मैं सिफारिश भी करता हूँ) तो फिर आप खाली समय बिताने की अपनी साप्ताहिक योजना को, अपनी विस्तृत योजना के साथ एकीकृत भी कर सकते हैं। खाली समय बिताने की इन योजनाओं को एक अलग वैकल्पिक कोशिश के बजाय एक सामान्य शिड्यूल की तरह जितना ज़्यादा देखेंगे - आपकी सफलता की संभावना उतनी ही बढ़ जाएगी।

एक बार जब यह शिड्यूल पूरा हो जाए तो फिर अपनी सीज़नल योजना में शामिल आदतों की समीक्षा करें और उनके लिए रिमाइंडर सेट करें। रिमांडर सेट करने का फायदा ये होगा कि आनेवाले सप्ताह में आप उन्हें भूलेंगे नहीं। इसी बहाने आप उन आदतों के साथ अपने पिछले सप्ताह के अनुभवों पर भी विचार कर सकते हैं। कुछ लोग हर सप्ताह के लिए एक स्कोरकार्ड रखना पसंद करते हैं ताकि यह समीक्षा कर सकें कि हर आदत के लिए उन्होंने जो नियम तय किए थे, उनका पालन करने में वे कितने सफल रहे हैं। इस तरह जिस लक्ष्य को पूरा करने की कोशिश की जाती है, वह दरअसल एक दोहरा लक्ष्य है। पहला, जब आपको ये पता होगा कि अंततः आप इस मामले में अपने प्रदर्शन की समीक्षा जरूर करेंगे तो फिर आप पहले से तय आदतों का अच्छी तरह पालन भी करेंगे। दूसरा, इस तरह विचार करने से आपको उन समस्याओं की पहचान करने में मदद मिलती है, जिनका समाधान करने की जरूरत है। अगर आप कोशिश करने के बाद भी लगातार किसी आदत का पालन करने में असफल हो रहे हैं तो हो सकता है कि उस आदत में ही कोई समस्या हो, जिसके चलते उसका पालन करना मुश्किल हो रहा हो।

. . .

हो सकता है कि आप इस बात को लेकर चिंतित हों कि एक सुनियोजित सोच के साथ खाली समय बिताने से इसकी वह सहजता और सुकून खत्म हो जाएँगे, जिनकी आप लालसा रखते हैं। उम्मीद है कि मैं आपको यह विश्वास दिला सकूँगा कि आपको इसकी चिंता करने की कोई जरूरत नहीं है। खाली समय बिताने की साप्ताहिक योजना बनाने की प्रक्रिया के लिए आपको बस कुछ मिनटों की ही जरूरत होती है और खाली समय के लिए उच्च-गुणवत्तावाली गतिविधियों को पहले से शिड्यूल करने से इसकी सहजता और सुकून पर कोई खास प्रभाव नहीं पड़ता है।

इसके अलावा मैंने ये भी गौर किया है कि जब कोई व्यक्ति खाली समय बिताने को लेकर स्पष्ट इरादे रखने लगता है तो उसे अपने जीवन में पहले से कहीं ज़्यादा खाली समय मिलने लगता है। संभव है कि खाली समय बिताने की साप्ताहिक योजना बनाने के चलते, आप अपने जीवन में ऐसे मौकों की तलाश और तेज कर दें, जहाँ आप अपनी मर्जी के मुताबिक खाली समय बिता सकते हैं। उदाहरण के लिए, अगर गुरुवार का आपका शिड्यूल ज़रा हल्का लग रहा है तो दोपहर 3.30 काम खत्म करके डिनर से पहले सैर पर जाने का कार्यक्रम बना सकते हैं। अगर आप पहले से योजना नहीं बनाते हैं तो इस तरह के मौके मिलना ज़रा दुर्लभ हो जाता है। दूसरे शब्दों में कहें तो अपना खाली समय सुविचारित ढंग से बिताने से सप्ताहभर आपके विश्राम में बढ़ोत्तरी हो सकती है।

अंततः, पहले से योजना बनाकर रखने के इस दृष्टिकोण को उचित ठहराने के लिए मैं इस अध्याय के मूलभूत तर्क को रेखांकित करना चाहूँगा - ''कुछ न करना ओवररेटेड है।'' ऑफिस की दिनभर की व्यस्तता के बीच या सुबह-सुबह नवजात शिशु को संभालने से जुड़ी दैनिक कठिनाईयों का सामना करने के बाद काफी देर तक कुछ न करने का आकर्षण और बिना किसी शिड्यूल, बिना अपेक्षाओं और बिना गतिविधियों के यूँ ही समय बिताने का आकर्षण बहुत गहरा होता है। ऐसे क्षणों का अपना एक महत्त्व भी है लेकिन उनका कोई लाभ नहीं है क्योंकि ये क्षण अक्सर बिना सोचे-समझे फोन में उलझे रहने या आधे-अधूरे ढंग से बिंजवॉचिंग करने जैसी निम्न-गुणवत्तावाली गतिविधियों में खर्च हो जाते हैं। इस अध्याय में प्रस्तुत अलग-अलग कारणों से अब यह स्पष्ट हो गया है कि सार्थक चीज़ों में अपनी ऊर्जा का निवेश करना करीब-करीब हमेशा ही बहुत लाभदायक होता है।

7

ध्यान प्रतिरोध में शामिल हों

डेविड और गोलिएथ 2.0

जून 2017 में फेसबुक ने एक ब्लॉग सीरीज लॉन्च की, जिसका शीर्षक था ''हार्ड क्वेश्चन्स।'' इस सीरीज की घोषणा कंपनी की पब्लिक पॉलिसी एंड कम्यूनिकेशन के वाइस प्रेसिडेंट ने लिखी थी। उसमें यह स्वीकार किया गया कि ''जैसे-जैसे डिजिटल तकनीक हमारे जीने का तरीका बदल रही है, वैसे-वैसे हम सबके सामने कई चुनौतीपूर्ण सवाल खड़े हो रहे हैं।'' उन्होंने बताया कि ये सीरीज फेसबुक को यह समझाने का मौका देगी कि कंपनी इन सवालों से कैसे जूझ रही है।

इस प्रारंभिक घोषणा और 2018 की सर्दियों के बीच की अवधि में फेसबुक ने विभिन्न विषयों पर पंद्रह लेख प्रकाशित किए। जून के महीने में उन्होंने हेट स्पीच की पहचान करने से जुड़े मुद्दों पर बात की। सितंबर और अक्टूबर में उन्होंने उन रूसी फेसबुक विज्ञापनों पर चर्चा की, जिन्होंने 2016 के राष्ट्रपति चुनावों में महत्वपूर्ण भूमिका निभाई थी। दिसंबर में उन्होंने फेशियल रिकॅग्निशन टेक्नीक से जुड़ी आम आशंकाओं को खारिज किया। फेसबुक इस तकनीक का उपयोग तस्वीरों की ऑटो-टेगिंग जैसे फीचर्स के लिए करता है। उन्होंने लिखा, ''समाज अक्सर नए आविष्कार से होनेवाले लाभ का स्वागत करता है, साथ ही उसकी संभावनाओं का दोहन करने के लिए संघर्ष भी करता रहता है।'' इसका उदाहरण देते हुए उन्होंने यह उल्लेख भी किया कि कैसे सन 1888 में कुछ लोग कोडक कैमरों के प्रभाव को लेकर खासे चिंतित हुआ करते थे।

उस समय मैंने इन सवालों पर खुली सोच रखने के लिए दबे स्वर में फेसबुक की सराहना भी की थी लेकिन कॉरपोरेट कम्यूनिकेशन से जुड़ी इस गतिविधि में मुझे ज़्यादा दिलचस्पी नहीं थी। फिर उन्होंने एक ऐसा लेख प्रकाशित किया, जो कहीं ज़्यादा प्रासंगिक सवाल से जुड़ा था, ''क्या सोशल मीडिया पर बहुत ज़्यादा समय

बिताना हमारे लिए सचमुच बुरा है?'' इसे डेविड गिन्सबर्ग और मोयरा बर्क नामक फेसबुक के दो रिसर्चर्स ने लिखा था। हम इस लेख का उल्लेख अपने एक अध्याय में कर चुके हैं, जिसमें ये बताया गया था कि सोशल मीडिया के लाभ और हानियों के बारे में विज्ञान हमें क्या सिखाता है। डेविड गिन्सबर्ग और मोयरा बर्क के इस लेख की शुरुआत इस अवलोकन से होती है कि ''बहुत से बुद्धिमान लोग इस महत्वपूर्ण मुद्दे के विभिन्न पहलुओं पर गौर कर रहे हैं।'' इस वास्तविकता का लाभ उठाते हुए, दोनों लेखकों ने अकादमिक साहित्य को भी खंगाला ताकि सोशल मीडिया के उपयोग के ''अच्छे'' और ''बुरे'' तरीकों पर और स्पष्टता हासिल की जा सके। अंततः उनका निष्कर्ष था, ''रिसर्च के अनुसार, आखिर में सब कुछ इस बात पर निर्भर करता है कि आप तकनीक का उपयोग कैसे करते हैं।'' यह पोस्ट इस महत्वपूर्ण बदलाव को दर्शा रही थी कि फेसबुक अपने बारे में कैसे बात करता है – यह एक ऐसा बदलाव है, जो इस दिग्गज सोशल मीडिया कंपनी के लिए एक बड़ी मूर्खता साबित हो सकती है। साथ ही शायद ये फेसबुक की वर्तमान सांस्कृतिक सर्वव्यापकता के अंत की शुरुआत भी हो सकती है। इससे भी महत्वपूर्ण बात ये है कि यह अनजाने में ही एक ऐसे दौर में आपकी स्वायत्तता बनाए रखने की प्रभावी रणनीति का खुलासा करती है, जबकि कई डिजिटल ताकतें इसे कम करना चाहती हैं।

. . .

फेसबुक की मूर्खता के बारे में मेरे दावे को समझने के लिए सबसे पहले हमें उस अटेंशन इकोनॉमी को समझना होगा, जिसमें फेसबुक का संचालन होता है। यह जानना महत्वपूर्ण है कि ''अटेंशन इकोनॉमी'' उस बिजनेस सेक्टर से संबंधित है, जो उपभोक्ताओं का ध्यान आकर्षित करके और फिर उसे रीपैकेज कर एडवर्टाइज़र्स को बेचकर पैसे कमाती हैं। यह कोई नई चीज़ नहीं है। कोलंबिया लॉ प्रोफेसर और तकनीक के विद्वान टिम वू (जिन्होंने अटेंशन मर्चेन्ट्स शीर्षक से इस विषय पर एक किताब भी लिखी है) के अनुसार इस आर्थिक मॉडल की शुरुआत 1830 में हुई थी, जब अखबार प्रकाशक बेंजामिन डे ने पहला पेनी-प्रेस अखबार न्यू यॉर्क सन लॉन्च किया था।

उस समय तक, प्रकाशक अपने पाठकों को ही अपना ग्राहक मानते थे और उन्हें लगता था कि उनका उद्देश्य है, अपने ग्राहकों को एक ऐसा प्रोडक्ट उपलब्ध कराना, जिसे पढ़ने के लिए वे पैसा खर्च करने को तैयार हों। लेकिन फिर बेंजामिन डे को महसूस हुआ कि वे अपने पाठकों को प्रोडक्ट और एडवर्टाइज़र्स को ग्राहक

भी बना सकते हैं। इसके बाद उनका उद्देश्य बन गया कि उनके पाठक अखबार पर जितना ध्यान केंद्रित करते हैं, उस अवधि को वे प्रोडक्ट के तौर पर अपने एडवर्टाइज़र्स को बेचेंगे। इसके लिए उन्होंने अपने अखबार न्यू यॉर्क सन की कीमत घटाकर एक पेनी कर दी और ऐसी खबरों को बढ़ावा देने लगे, जिनमें ज़्यादा से ज़्यादा लोगों की रुचि हो। टिम वू कहते हैं कि बेजामिन डे इस विचार के प्रति सराहना का भाव रखनेवाले पहले व्यक्ति थे, जिसके अनुसार, ''आप एक विशाल जनसमूह इकट्ठा करते हैं लेकिन आपकी दिलचस्पी उस जनसमूह के पैसे में नहीं है बल्कि इस बात में है कि आप उसे उन लोगों को दोबारा बेच सकते हैं, जो उसके ध्यान में दिलचस्पी रखते हैं।''

समय के साथ इस बिजनेस मॉडल ने ज़ोर पकड़ा और इस तरह उन्नीसवीं सदी का टैबलॉयड युद्ध शुरू हुआ। फिर बीसवीं सदी में रेडियो और टीवी इंडस्ट्री ने भी इसे अपना लिया, जहाँ इसे एक नए चरम बिंदु तक पहुँचा दिया गया। ये वही दौर था, जब इन उभरती मास-मीडिया तकनीकों का उपयोग भारी भीड़ इकट्ठा करने के लिए किया गया।

आश्चर्य नहीं कि 1990 के दशक के उत्तरार्ध में उपभोक्ता इंटरनेट मुख्यधारा में आने के बाद यह पता लगाने की होड़ मच गई कि इस मॉडल को ऑनलाइन दुनिया के अनुरूप कैसे बनाया जाए। इसकी शुरुआती कोशिशें ज़्यादा सफल नहीं रहीं (उदाहरण के लिए पॉपअप एड्स)। 2000 के दशक के मध्य में जब गूगल सार्वजनिक हुआ, तब इसका मूल्य 23 बिलियन डॉलर्स आंका गया, जो बहुत ज़्यादा नहीं था। उस जमाने की सबसे मूल्यवान इंटरनेट कंपनी थी ईबे, जो कमीशन से पैसे कमाती थी और उसका मूल्य गूगल से सिर्फ दोगुना ही ज़्यादा था। हालाँकि फेसबुक भी शुरू हो चुका था लेकिन तब उसे thefacebook.com कहा जाता था और वह सिर्फ कॉलेज के छात्रों के लिए ही था।

लेकिन एक दशक बाद ये सब बदल गया। जब मैं ये शब्द लिख रहा हूँ, उस समय गूगल यूएसए की दूसरी सबसे मूल्यवान कंपनी है, जिसका मार्केट कैपिटलाइजेशन 800 बिलियन डॉलर्स से भी ज़्यादा का है। इसी तरह दस साल पहले तक फेसबुक के यूजर्स की संख्या एक मिलियन से भी कम थी, जबकि आज ये संख्या बढ़कर दो बिलियन हो गई है। आज फेसबुक यूएसए की पाँचवीं सबसे मूल्यवान कंपनी है और इसका मार्केट कैपिटलाइजेशन 500 बिलियन डॉलर्स से भी ज़्यादा है। इसके विपरीत एक्सॉनमोबिल का वर्तमान मूल्य करीब 370 बिलियन

डॉलर्स है। लोगों के ध्यान का खनन (यानी उनका ध्यान आकर्षित करना और फिर उसे ज़्यादा से ज़्यादा समय तक बनाकर रखना) – जो गूगल और फेसबुक जैसी कंपनियों का मुख्य संसाधन है – आज तेल के खनन से भी ज़्यादा फायदेमंद हो गया है।

यह व्यापक बदलाव आखिर आया कैसे, ये समझने के लिए आपको यूएसए की सबसे बड़ी कंपनी यानी एप्पल पर नज़र डालने की जरूरत है। आईफोन और उसकी नकल करनेवाले तमाम उत्पाद जो बाद में बाज़ार में आए, उन्होंने अटेंशन इकोनॉमी को उसकी पारंपरिक स्थिति – यानी एक लाभदायक लेकिन सीमित सेक्टर – से हटाकर हमारी अर्थव्यवस्था की सबसे शक्तिशाली ताकतों में से एक बना दिया। इस बदलाव के मूल में था, दिन में कभी भी अपने यूजर्स को एडवर्टाइज़मेंट दिखाने की स्मार्टफोन की क्षमता, साथ ही इन्हीं यूजर्स से डाटा इकट्ठा करने के लिए विभिन्न डिजिटल सेवाओं की सहायता करना ताकि एडवर्टाइज़र्स सटीक ढंग से अपने ग्राहकों तक पहुँच सकें। इस तरह यह सामने आया कि इंसानी ध्यान का एक ऐसा विशाल भंडार मौजूद है, जिसे आकर्षित करने में अखबार, पत्रिकाएँ, टी.वी. कार्यक्रम और बिलबोर्ड्स जैसे पारंपरिक माध्यम सक्षम नहीं है। स्मार्टफोन ने इसी ध्यान पर धावा बोलकर गूगल और फेसबुक जैसी कंपनियों को भारी कमाई करने में मदद की।

स्मार्टफोन्स को हर क्षण मौजूद होर्डिंग्स में कैसे बदला जाए, यह पता लगाना आसान नहीं था। जैसा कि मैंने अध्याय-1 में उल्लेख भी किया था, आईफोन के निर्माण की मूल प्रेरणा ये थी कि लोगों को आईपॉड और सेलफोन, दोनों को एक साथ अपनी जेब में रखकर न घूमना पड़े। इस एक उपकरण को आधार बनाकर इकोनॉमी का एक नया सेक्टर तैयार करने के लिए जरूरी था कि लोगों को इस बात के लिए मनाया जा सके कि वे अपना ज़्यादा से ज़्यादा समय फोन की ओर देखते हुए बिताएँ। यही वह चीज़ थी, जो फेसबुक जैसी कंपनियों को अटेंशन इंजीनियरिंग के क्षेत्र में नवाचार की ओर ले गई ताकि यूजर्स की उन मनोवैज्ञानिक कमजोरियों का पता लगाया जा सके, जिनका फायदा उठाकर उन्हें उनकी इच्छा से विपरीत ज़्यादा से ज़्यादा समय के लिए डिजिटल सेवाओं में उलझाकर रखा जा सके।

आज एक औसत यूजर सिर्फ फेसबुक से जुड़े प्रोडक्ट्स पर प्रतिदिन करीब पचास मिनट खर्च करता है। इसके साथ अगर आप अन्य सोशल मीडिया सर्विसेज और वेबसाइट्स पर बिताए जानेवाले समय को भी जोड़ लें तो ये आँकड़ा इससे कहीं ज़्यादा हो जाता है। डिजिटल सर्विसेज का ऐसा बाध्यकारी उपयोग दुर्घटनावश शुरू

नहीं हुआ है बल्कि यह डिजिटल अटेंशन इकोनॉमी की प्लेबुक की एक मौलिक चाल है, जो यूजर्स के साथ खेली जा रही है।

हालाँकि लोग इस बाध्यकारी उपयोग को जारी रखें, इसके लिए जरूरी है कि वे इस बारे में गंभीरता से सोच-विचार न करें कि वे अपने फोन का कैसा उपयोग करते हैं। इसी बात को ध्यान में रखते हुए फेसबुक ने हालिया वर्षों में खुद को बिजली और मोबाइल टेलीफोन जैसी मूलभूल तकनीक की तरह प्रस्तुत करना शुरू कर दिया है - यानी एक ऐसी चीज़, जिसका उपयोग हर किसी को करना चाहिए क्योंकि अगर आप इसका उपयोग नहीं करते तो इसका अर्थ है कि आप एक अजीब व्यक्ति हैं। सांस्कृतिक सर्वव्यापकता की ये स्थिति फेसबुक के लिए सचमुच आदर्श है क्योंकि यह कोई ठोस लाभ पहुँचाए बिना लोगों पर ऐसा दबाव डालती है कि वे फेसबुक यूजर बने रहें।[1] इस मामले में अस्पष्टता का माहौल बनाकर रखना, लोगों को बिना किसी स्पष्ट उद्देश्य के इस सर्विस के लिए साइन-इन करने को प्रेरित करता है। निश्चित ही, इससे वे बड़ी आसानी से अटेंशन इंजीनियर्स की चालाकी भरी चालों का निशाना बन जाते हैं। इस तरह यूजर टाइम की मात्रा बहुत ज़्यादा बढ़ जाती है, जो फेसबुक के 500 बिलियनवाले मूल्यांकन को बनाकर रखने के लिए जरूरी है।

ये बिंदु हमें एक बार फिर फेसबुक की मूर्खता की ओर वापस ले जाता है। गिन्सबर्ग और बर्क का लेख उनकी कंपनी के लिए चिंता का विषय इसलिए होना चाहिए क्योंकि वह इस मिथक को तोड़ता है कि फेसबुक एक मूलभूल तकनीक है, जिसका ''उपयोग'' हर किसी को करना चाहिए। फेसबुक से जुड़ने के लिए अलग-अलग तरीकों का आँकलन करके और एक-एक करके यह पता लगाकर कि कौन सा तरीका अपेक्षाकृत अधिक सकारात्मक है, गिन्सबर्ग और बर्क लोगों को इस बारे में गंभीरता से सोच-विचार करने के लिए प्रोत्साहित कर रहे हैं कि इस सर्विस का उपयोग करके वे असल में क्या पाना चाहते हैं।

---

[1] अपने जीवन में कभी फेसबुक का उपयोग न करनेवाला एक दुर्लभ मिलेनियर होने के नाते, मैंने इस अस्पष्ट सामाजिक दबाव की सच्चाई पर गौर करने के लिए अपने व्यक्तिगत अनुभवों का उपयोग किया है। जैसा कि मैंने पहले भी उल्लेख किया है - मुझे फेसबुक पर साइनअप क्यों करना चाहिए, इसके बारे में मुझे लोगों से जो सबसे आम तर्क सुनने को मिलता था, वह ये था कि हो सकता है कि इसका कोई ऐसा लाभ हो, जो मुझे पता ही न हो और फेसबुक से दूर रहने के चलते मैं उस अनजाने लाभ से वंचित हूँ। यह वाकई दुनिया की सबसे बुरी प्रोडक्ट पिचेस में से एक लगती है कि ''क्या पता, आपको यह सचमुच उपयोगी लगने लगे'' लेकिन डिजिटल अटेंशन इकोनॉमी के विशिष्ट संदर्भ में देखें तो लोगों को यह बात सचमुच बड़ी अर्थपूर्ण लगती है।

यह मानसिकता कंपनी के लिए संभावित रूप से विनाशकारी सिद्ध हो सकती है। आगे दिए गए प्रयोग को देखकर आप समझ जाएँगे कि ऐसा क्यों है। मान लीजिए कि आप फेसबुक का उपयोग करते हैं तो अब ज़रा इससे मिलनेवाले लाभों की एक सूची भी बनाइए - यानी ऐसी विशिष्ट गतिविधियाँ, जिनसे आप फेसबुक का उपयोग बंद करने के चलते वंचित रह जाएँगे। अब कल्पना करें कि फेसबुक आपसे प्रति मिनट के हिसाब से शुल्क लेना शुरू कर देता है। ऐसे में आपको अपनी महत्वपूर्ण फेसबुक गतिविधियों - जिनकी आपने सूची बनाई है - का लाभ उठाने के लिए प्रति सप्ताह कम से कम कितना समय फेसबुक पर बिताना पड़ेगा? आश्चर्य की बात तो ये है कि इस पर अधिकांश लोगों का जवाब होता है ''बहुत कम'' यानी करीब बीस से तीस मिनट प्रति सप्ताह।

लेकिन इसके विपरीत एक औसत फेसबुक यूजर इस कंपनी की सर्विसेज पर प्रति सप्ताह करीब 350 मिनट खर्च करता है (जो ऊपर बताए गए पचास मिनट प्रतिदिन के हिसाब से सप्ताह के सात दिनों का कुल योग है)। इसका अर्थ ये हुआ कि अगर आप इसे लेकर सावधानी बरतें तो इन सर्विसेज़ का उपयोग औसत से करीब ग्यारह से सत्रह गुना कम करने में सफल रहेंगे। अगर हर कोई फेसबुक पर खर्च किए गए समय का आँकलन उसकी उपयोगिता के अनुसार करने लगे - यानी ठीक वैसे, जैसे गिन्सबर्ग और बर्क ने बताया था - तो फेसबुक के पास अपने यूजर्स का ध्यान जितने समय तक होता है - जिसे वह एडवर्टाइज़र्स को बेचता है - वह बहुत कम हो जाएगा, जिससे सीधे कंपनी के मुनाफे पर नकारात्मक प्रभाव पड़ेगा। इस स्थिति में निवेशक विद्रोह कर देंगे (हालिया वर्षों में देखा गया है कि फेसबुक की तिमाही आय में एक अंक की कमी भी वॉल स्ट्रीट की चिंता बढ़ा देती है) और फिर संभवत: कंपनी अपने मौजूदा स्वरूप को बरकरार नहीं रख पाएगी। यूजर्स द्वारा फेसबुक का उपयोग गंभीरता से सोच-समझकर करना, अटेंशन इकोनॉमी के लिए एक गंभीर समस्या के बराबर है।

. . .

फेसबुक जैसी कंपनियों का समर्थन करनेवाली नाजुक अटेंशन इकोनॉमिक्स को समझने से एक ऐसी रणनीति पता चलती है, जो डिजिटल न्यूनतमवाद में सफल होने के लिए जरूरी है। गिन्सबर्ग और बर्क का लेख, फेसबुक जैसी सर्विस का उपयोग करने के दो बिलकुल अलग तरीकों पर प्रकाश डालता है। बड़ी कंपनियाँ इन सर्विसेज के ''उपयोग'' को एक सरल दोहरी स्थिति की तरह देखना चाहती हैं - यानी या तो

आप उनकी मूलभूल तकनीक का उपयोग करते हैं या फिर आप एक अजीब व्यक्ति हैं। इसके विपरीत जिस प्रकार के ''उपयोग'' से ये कंपनियाँ सबसे ज़्यादा घबराती हैं, उसे गिन्सबर्ग और बर्क ने परिभाषित किया है। इसके अनुसार, ये प्रोडक्ट्स आपको विभिन्न सर्विसेज फ्री में उपलब्ध कराते हैं, जिनकी सावधानीपूर्वक छानबीन करके आप उनका उपयोग इस तरह कर सकते हैं, जिससे आपको सर्वाधिक लाभ मिले।

इस प्रकार का ''उपयोग'' शुद्ध रूप से डिजिटल न्यूनतमवाद है लेकिन इसे सफलतापूर्वक व्यवहार में उतारना मुश्किल भी होता है। डिजिटल अटेंशन इकोनॉमी में शामिल विशिष्ट वित्तीय संख्याओं का वर्णन करने के पीछे एक कारण है, आपको ये बताना कि ये कंपनियाँ गिन्सबर्ग और बर्क द्वारा प्रस्तावित ''उपयोग के तरीके'' से आपको दूर करने के लिए कितने ज़्यादा संसाधन झोंकने में समर्थ हैं ताकि आप बिना उद्देश्य के बस उनकी सर्विसेज में उलझे रहें और अपना कीमत समय बर्बाद करते रहें क्योंकि उनका सारा बिजनेस मॉडल इसी पर निर्भर है।

इस संघर्ष में दोनों पक्षों के बीच जो असंतुलन नज़र आता है, वह एक बड़ा कारण है, जिसके चलते मैंने ऐसी किसी सर्विस का कभी उपयोग नहीं किया। मैं यहाँ द न्यू यॉर्कर के लेखक जॉर्ज पेकर की एक बात दोहराना चाहूँगा कि ''मुझे ट्विटर से डर लगता है इसलिए नहीं क्योंकि मैं ट्विटर के मुकाबले खुद को नैतिक रूप से श्रेष्ठ मानता हूँ बल्कि इसलिए क्योंकि मुझे नहीं लगता कि मैं इसे संभाल सकता हूँ। मुझे डर है कि शायद मैं इसमें इस हद तक उलझ जाऊँगा कि अपने बेटे के लिए खाना पकाना भी भूल जाऊँगा और उसे भूखे पेट ही सोना पड़ेगा।'' हालाँकि अगर आपको इन सर्विसेज का उपयोग करना ही है और आपको उम्मीद है कि अपने समय और ध्यान पर अपना नियंत्रण खोए बिना आप ऐसा कर सकते हैं तो आपके लिए यह समझना जरूरी है कि ये कोई साधारण निर्णय नहीं है। क्योंकि वास्तव में आप उन कंपनियों के खिलाफ डेविड बनाम गोलिएथ जैसा एक युद्ध छेड़ने जा रहे हैं, जो न सिर्फ हद से ज़्यादा अमीर हैं बल्कि आपको रोकने के लिए अपने धन का उपयोग करने के लिए तैयार बैठी हैं।

दूसरे शब्दों में कहें तो गिन्सबर्ग और बर्क द्वारा बताए गया तरीका अपनाना – यानी स्पष्ट इरादों के साथ अटेंशन इकोनॉमी सर्विसेज का उपयोग करना – अपनी डिजिटल आदतों में कोई सामान्य सुधार करने जैसी सामान्य चीज़ नहीं है। बल्कि इसे प्रतिरोध करने के लिए उठाए गए एक साहसिक कदम की तरह देखना चाहिए। सौभाग्य से अगर आप यह रास्ता चुनते हैं तो आप अकेले नहीं होंगे। डिजिटल

न्यूनतमवाद पर मेरी रिसर्च से एक ध्यान प्रतिरोध आंदोलन के बारे में पता चला है, जो कुछ हद तक संगठित भी हो चुका है। इस आंदोलन में वे लोग शामिल हैं, जो हाई-टेक उपकरणों के साथ अनुशासित संचालन प्रक्रियाओं को जोड़कर लोकप्रिय अटेंशन इकोनॉमी सर्विसेज पर धावा बोलते हैं। वे इन सर्विसेज का लाभ उठाने आते हैं और ये कंपनियाँ उनके ध्यान को अपना बंधक बना पाएँ, इससे पहले ही वे बच निकलते हैं।

इस अध्याय का शेष भाग – जो पूरी तरह ठोस सलाहों के विषय को समर्पित है – आपको इस प्रतिरोध आंदोलन द्वारा खोजी गई रणनीतियों की गहनता में ले जाएगा। आगे जो भी अभ्यास दिए गए हैं, वे सब इन्हीं रणनीतियों की अलग-अलग श्रेणियों पर केंद्रित हैं। आपके ध्यान पर कब्जा करने के अथक प्रयासों को रोकने में ये सारी रणनीतियाँ सफल सिद्ध हुई हैं।

संभवत: इन अभ्यासों के विवरण से भी अधिक महत्वपूर्ण है वह मानसिकता, जिसे ये मूर्त रूप देते हैं। अगर अपने डिजिटल न्यूनतमवाद के व्यक्तिगत ब्रांड को बढ़ाने के लिए आपको सचमुच सोशल मीडया सर्विसेज या ब्रेकिंग न्यूज साइट्स की जरूरत है तो फिर इन गतिविधियों को ऐसे लें, जिनका लाभ और नुकसान बराबर ही है। आपको उनके नेटवर्क से कुछ ऐसा चाहिए, जो आपके लिए मूल्यवान हो लेकिन सच ये है कि वे आपकी स्वतंत्रता को कमज़ोर करने पर तुले हुए हैं – इस संघर्ष में जीत हासिल करने के लिए भरपूर तैयारी के साथ-साथ शोषण से बचने की गहन प्रतिबद्धता की भी जरूरत होगी।

प्रतिरोध जिंदाबाद!

अभ्यास: अपने फोन से सोशल मीडिया डिलीट कर दें

सन 2012 के आसपास फेसबुक में कुछ बड़ा हुआ। उस साल मार्च में उन्होंने पहली बार अपनी सर्विस के मोबाइल संस्करण में विज्ञापन दिखाने शुरू किए। अक्टूबर तक कंपनी के विज्ञापन राजस्व का 14 फीसदी मोबाइल विज्ञापनों से आने लगा। इस तरह यह मार्क जुकरबर्ग के बढ़ते साम्राज्य का एक छोटा लेकिन लाभ देनेवाला हिस्सा बिन गया। यह सिलसिला लगातार आगे बढ़ता गया। 2014 का वसंत आते-आते फेसबुक के अनुसार, उनके राजस्व का 62 फीसदी मोबाइल विज्ञापनों से आने लगा। इसे देखते हुए टेक्नोलॉजी वेबसाइट द वर्ज ने घोषणा कर दी कि ''फेसबुक अब एक मोबाइल कंपनी है।'' द वर्ज की ये बात आज भी उतनी ही

सटीक बैठती है: 2017 आते-आते मोबाइल विज्ञापन राजस्व का आँकड़ा बढ़कर फेसबुक की कमाई का 88 फीसदी हो गया, जो अब भी लगातार बढ़ रहा है।

फेसबुक के ये आँकड़े सोशल मीडिया के एक आम चलन को रेखांकित करते हैं। असली कमाई मोबाइल से ही होती है। ध्यान प्रतिरोध के लिए इस हकीकत के कुछ महत्वपूर्ण निहितार्थ हैं। यह इस बात पर ज़ोर देती है कि लैपटॉप या डेस्कटॉप कंप्यूटर के जरिए आप इन सर्विसेज का जो वर्जन उपयोग करते हैं, उसके मुकाबले इनका स्मार्टफोन वर्जन, आपका ध्यान आकर्षित करके आपको उलझाकर रखने में अधिक कुशल है। यह फर्क कुछ हद तक स्मार्टफोन की सर्वव्यापी प्रकृति के कारण है। क्योंकि फोन ऐसी चीज़ है, जो हमेशा आपके पास ही रहता है और ऐसे में आपके पास हमेशा अपनी सोशल मीडिया फीड चेक करने का मौका होता है। मोबाइल क्रांति से पहले फेसबुक जैसी सर्विसेज सिर्फ उस अवधि में ही आपका ध्यान आकर्षित करके कमाई कर सकती थीं, जब आप अपने कंप्यूटर पर बैठे हों।

इसके अलावा यहाँ एक फीडबैक लूप भी सक्रिय रहता है, जो कहीं अधिक खतरनाक है। जैसे-जैसे अधिक से अधिक लोगों ने अपने मोबाइल पर सोशल मीडिया सर्विसेज का उपयोग शुरू किया, वैसे-वैसे इन कंपनियों के अटेंशन इंजीनियर्स ने अपने मोबाइल एप्स को और अधिक आकर्षक बनाने के लिए अधिक संसाधनों का निवेश किया। जैसा कि इस किताब के पहले भाग में भी बताया गया था, आपके ध्यान पर कब्जा करने के इन इंजीनियर्स के सबसे सटीक तरीके - जिसमें फीड को रिफ्रेश करने के लिए स्लॉट मशीन की तरह नीचे की ओर स्वाइप करना और नोटिफिकेशन बैज जैसी चीज़ें भी शामिल हैं - वास्तव में ऐसे ''नवाचार'' हैं, जो सिर्फ मोबाइल से ही संबंधित हैं।

इन सारे साक्ष्यों को एक-दूसरे से जोड़ने पर एक स्पष्ट निष्कर्ष सामने आता है: अगर आप सोशल मीडिया का उपयोग करते हैं तो इनके मोबाइल वर्जन से दूर रहें क्योंकि यह वर्जन आपका कीमती समय बर्बाद करने और आपके ध्यान पर कब्जा करने के मामले में कहीं ज़्यादा खतरनाक साबित होता है। दूसरे शब्दों में कहें तो यह अभ्यास आपको सुझाव देता है कि आप अपने फोन से सारे सोशल मीडिया एप्स डिलीट कर दें। आपको सोशल मीडिया को त्यागना नहीं है बल्कि मोबाइल से डिलीट करके, उसे अपनी पहुँच से दूर करना है।

ये रणनीति सच्चे अर्थों में डिजिटल न्यूनतमवाद है। किसी भी समय सोशल मीडिया का उपयोग करने की सुविधा से दूरी बनाकर, आप इसकी यह क्षमता खत्म

कर देते हैं कि ये जीवन के खालीपन से आपका ध्यान हटाने का विकल्प बन जाए। लेकिन ऐसा करके आप सोशल मीडिया को त्याग नहीं रहे हैं। अपने कंप्यूटर पर वेब ब्राउजर के जरिए ये आपकी पहुँच में होगा (भले ही ऐसा करना मोबाइल जितना सुविधाजनक न हो) और इस तरह आप इसके उन फीचर्स का उपयोग जारी रख सकते हैं, जिन्हें आप अपने लिए सचमुच महत्वपूर्ण मानते हैं, बस फर्क ये है कि अब आप अपनी शर्तों पर ऐसा करेंगे।

2016 की शुरुआत में मेरी पिछली किताब डीप वर्क के प्रकाशन के तुरंत बाद से ही मैंने अनौपचारिक रूप से ये सलाह देना शुरू कर दिया था। उस समय मेरे बहुत से पाठक सोशल मीडिया को छोड़ने के मेरे इस न्यूनतमवादी सुझाव से जरा बेचैन हो गए थे। इसके साथ ही मैंने ये सुझाव देना भी शुरू कर दिया कि इस प्रक्रिया के पहले कदम के रूप में उन्हें अपने फोन से इन एप्स को डिलीट कर देना चाहिए। इस पर मुझे जो फीडबैक मिलना शुरू हुआ, उसमें दो चीज़ें ऐसी थीं, जो सचमुच गौर करने लायक थीं। पहली ये कि बहुत से ऐसे लोग, जिन्होंने मेरे कहने पर अपने मोबाइल से सोशल मीडिया एप्स डिलीट किए, उन्हें एहसास हुआ कि अंततः उन्होंने सोशल मीडिया का उपयोग करना बंद ही कर दिया। क्योंकि मोबाइल से डिलीट करने के बाद सोशल मीडिया साइट्स को अपने कंप्यूटर पर विजिट करने के लिए उन्हें लॉग-इन करना पड़ता था। यह छोटी सी बाधा ही उन्हें इन सर्विसेज से दूर करने के लिए काफी साबित हुई। इससे स्पष्ट हो गया - जो अधिकांश लोगों के लिए आश्चर्यजनक भी था - कि जिन सर्विसेज को वे अपने लिए जरूरी मानने लगे थे, वास्तव में वे उनके लिए बस ध्यान भटकाने का बहाना थीं और उनसे उन्हें कुछ ऐसा नहीं मिल रहा था, जो सचमुच सार्थक हो।

दूसरी चीज़, जो मैंने गौर की, वो ये कि जिन लोगों ने अपने कंप्यूटर पर सोशल मीडिया का उपयोग जारी रखा, उनका इन सर्विसेज के साथ जो संबंध था, वह पूरी तरह बदल गया। वे सोशल मीडिया पर कभी-कभी ही साइन-इन करते और जब करते तो उच्च-महत्ववाले उद्देश्यों के लिए करते। उदाहरण के लिए मेरे बहुत सारे पाठकों ने फेसबुक का उपयोग इतना कम कर दिया कि अब वे सप्ताह में एक या दो बार ही उसे चेक करते। ये वे पाठक थे, जिन्होंने अपने मोबाइल से फेसबुक एप डिलीट कर दिया था। अब उनके लिए सोशल मीडिया ऐसी चीज़ नहीं रह गई थी, जो हमेशा उनके ध्यान पर कब्जा करके रखती है बल्कि अब यह उनके लिए उन तमाम चीज़ों में से एक थी, जिसका वे कभी-कभी उपयोग करते थे।

यही कारण है कि ये सलाह सोशल मीडिया कंपनियों को भयभीत कर सकती है। ये कंपनियाँ तो बस हर बार अपनी सर्विसेज को महत्वपूर्ण साबित करना चाहती हैं और ये उदाहरण देने लगती हैं कि उन्होंने समाज को कितनी सारी अच्छी चीज़ें उपलब्ध कराई हैं। लेकिन वे निश्चित ही ये जरूर चाहती हैं कि आप इस बात पर गौर ही न कर पाएँ कि आपके फोन पर सोशल मीडिया का उपयोग करने से इन कंपनियों की कमाई में तो भारी बढ़ोत्तरी हो रही है लेकिन आपको कोई लाभ नहीं होता बल्कि सिर्फ हानि होती है।

अभ्यास: अपने उपकरणों का उपयोग सिर्फ एक उद्‌देश्य के लिए करें

सन 2008 में फ्रेड स्टट्ज़मैन नॉर्थ कैरोलिना यूनिवर्सिटी के छात्र थे, जो जीवन में आनेवाले बदलावों – जैसे कॉलेज की पढ़ाई के लिए दूसरे शहर जाना – में सहायक सोशल मीडिया जैसी चीज़ों की भूमिका पर अपना शोध प्रबंध लिख रहे थे। उनके शोध के विषय को देखते हुए, विडंबना ये थी कि स्टट्ज़मैन को यह काम पूरा करने के लिए काफी संघर्ष करना पड़ रहा था और इसका कारण था, उनका इंटर–कनेक्टेड लॅपटॉप, जो लगातार उनका ध्यान भटकाता था। इस समस्या का समाधान उन्होंने ये निकाला कि वे घर के पास स्थित एक कॉफी शॉप में बैठकर लिखने लगे। लेकिन ये समाधान तभी तक कारगर रहा, जब तक पास की एक बिल्डिंग में वाई–फाई नहीं लग गया। इंटरनेट के आकर्षण के चलते बार–बार ध्यान भटकने से हताश स्टट्ज़मैन ने अंततः अपने एक टूल को इस तरह प्रोग्राम किया ताकि एक निश्चित समय अवधि के दौरान उनके लैपटॉप पर नेटवर्क कनेक्टशन ब्लॉक हो जाए और इंटरनेट सिग्नल न मिले। स्टट्ज़मैन इसे अपनी ''आज़ादी'' कहते हैं।

स्टट्ज़मैन ने अपने इस टूल को ऑनलाइन भी पोस्ट कर दिया, जहाँ बहुत जल्द ढेर सारे लोग इसे हाथों–हाथ लेने लगे। ये देखकर स्टट्ज़मैन को एहसास हुआ कि वे सचमुच कुछ अलग कर रहे हैं और उन्होंने अपना अकादमिक कॅरियर त्यागकर सारा फोकस इस सॉफ्टवेयर पर लगा दिया। आनेवाले कुछ सालों में यह और परिष्कृत हो गया। अब आप इंटरनेट को डीएक्टिवेट करने के बजाय, इस टूल का उपयोग करके हर उस वेबसाइट या एप्लीकेशन को ब्लॉक कर सकते हैं, जो आपका ध्यान भटकाता है। साथ ही आप इसमें ऐसा शिड्यूल भी सेट कर सकते हैं कि आपके मनचाहे समय पर यह ब्लॉकिंग अपने आप ही एक्टिवेट हो जाए। इस टूल का उपयोग अपने सभी

डिजिटल डिवाइसेस पर किया जा सकता है, जिसमें अपने फ्रीडम डैशबोर्ड से सिर्फ एक बार क्लिक करके आप अपने सारे डिवाइसेस – लैपटॉप, फोन, टेबलेट – में यह ब्लॉकिंग एक्टिवेट कर सकते हैं।

इस टूल को अब तक ५ लाख से भी ज़्यादा लोग अपना चुके हैं। इसमें सबसे उल्लेखनीय नाम है, उपन्यासकार जैडी स्मिथ का, जिन्होंने 2012 में प्रकाशित हुई अपनी बेस्टसेलर किताब 'एनडब्ल्यू' में ''फ्रीडम'' नामक इस एप को धन्यवाद दिया। उन्होंने इस एप को वह समय उपलब्ध कराने का श्रेय दिया, जो उन्हें अपनी इस किताब को पूरा करने के लिए चाहिए था। स्मिथ अकेली नहीं हैं क्योंकि फ्रीडम एप की अपनी रिसर्च के अनुसार, इसका उपयोग करनेवालों को हर रोज औसतम करीब 2.5 घंटे का अतिरिक्त समय मिलता है, जिसमें वे मनचाही उत्पादक गतिविधियाँ कर सकते हैं।

इतना प्रभावशाली होने के बावजूद इंसान और कंप्यूटर के बीच होनेवाले संवाद में फ्रीडम एप – और ऐसे ही अन्य ब्लॉकिंग एप्स जैसे सेल्फकंट्रोल – की भूमिका को अक्सर गलत समझ लिया जाता है। उदाहरण के लिए साइंस मैगजीन में प्रकाशित स्टट्जमैन के इस प्रोफाइल पर विचार करें, ''लैपटॉप जैसी आधुनिक और उत्पादक मशीन पर काम करते समय इसके कुछ प्रमुख फंक्शंस को बंद करना ताकि उत्पादकता बढ़ाई जा सके, यह विचार अपने आपमें ही एक विडंबना है और ऐसा लगता है, जैसे यह पुराने जमाने का विचार हो।

फ्रीडम जैसे टूल्स पर संदेह का भाव रखनेवालों में यह भावना आम है कि एक आम कंप्यूटर के कुछ फीचर्स को ब्लॉक करने से उसकी क्षमता कम हो जाती है। पर यह भावना ज़रा दोषपूर्ण है: यह उस कंप्यूटेशन और उत्पादकता के बारे में एक किस्म की गलतफहमी को दर्शाती है, जो इन सर्विसेज द्वारा शोषित किए जा रहे यूजर्स के मुकाबले, अटेंशन इकोनॉमी में फल-फूल रही विशाल कंपनियों को कहीं अधिक फायदा पहुँचाते हैं।

. . .

मेरे उपरोक्त दावे को समझने के लिए आपको थोड़ा इतिहास जानना होगा। उपयोगी कार्य करनेवाली इलेक्ट्रोमैकेनिकल मशीनें, इलेक्ट्रॉनिक कंप्यूटरों के उदय के पहले से मौजूद रही हैं। उदाहरण के लिए बहुत से लोग ये भूल जाते हैं कि आईबीएम कंपनी 1890 के दशक की शुरुआत से ही अमेरिकी जनगणना ब्यूरो को टेबुलेटिंग

मशीनें बनाकर बेच रही थी। कंप्यूटर को एक क्रांतिकारी मशीन बनाने में इस बात का बड़ा योगदान है कि उसका निर्माण सामान्य कार्यों को पूरा करने के लिए किया गया था – यानी एक ऐसी मशीन जिसे कई अलग-अलग किस्म के कार्य करने के लिए प्रोग्राम किया जा सकता है। यह दृष्टिकोण, हर कंप्यूटर एप्लीकेशन के लिए एक अलग मशीन का निर्माण करनेवाले तरीके में बड़ा सुधार लेकर आया और यही कारण था कि अंतत: कंप्यूटिंग तकनीक ने बीसवीं सदी की अर्थव्यवस्था को पूरी तरह बदलकर रख दिया।

1980 के दशक में शुरू हुई पर्सनल कंप्यूटर क्रांति ''सामान्य कार्यों'' का यह संदेश आम लोगों तक लेकर गई। उदाहरण के लिए एप्पल-२ के एक शुरुआती प्रिंट एड में कैलिफोर्निया के एक दुकानदार की कहानी बताई गई थी, जो सप्ताहभर दुकान की बिक्री से जुड़ा सारा कार्य निपटाने के लिए कंप्यूटर चार्ट का उपयोग करता है। इसके बाद वह सप्ताहांत में अपना कंप्यूटर घर ले जाता है ताकि पत्नी के साथ पारिवारिक वित्तीय मसलों से जुड़े कार्य भी कंप्यूटर पर ही पूरे कर सके। इस एड के पीछे का मूल विचार ये था कि एक ही मशीन से अलग-अलग कार्य किए जा सकते हैं।

''सामान्य कार्य पूरे करने'' का अर्थ ''उत्पादकता'' है, इस मानसिकता के चलते ही कुछ लोग फ्रीडम एप जैसे टूल्स को संदेह की नज़रों से देखते हैं। लेकिन इस मानसिकता के साथ समस्या यह है कि ये इस प्रकार की उत्पादकता में समय की भूमिका को गड़बड़ कर देती है। सामान्य कार्यों के लिए कंप्यूटर का उपयोग इसलिए प्रभावशाली नहीं होता क्योंकि इसकी मदद से आप एक ही समय पर विभिन्न कार्य कर सकते हैं बल्कि इसलिए होता है क्योंकि इसके चलते आपको अलग-अलग कार्यों के लिए अलग-अलग उपकरणों की जरूरत नहीं पड़ती। एप्पल के एड में दिखाया गया कैलीफोर्निया का वह दुकानदार सप्ताहभर दुकान की बिक्री से जुड़ा सारा कार्य निपटाने के लिए कंप्यूटर चार्ट का उपयोग करता है और फिर सप्ताहांत में उसे घर ले जाकर पारिवारिक वित्तीय मसलों से जुड़े कार्य भी उसी पर पूरे करता है। यानी वह भी एक साथ दो चीज़ें करने की कोशिश नहीं कर रहा था।

इलेक्ट्रॉनिक कंप्यूटिंग के इतिहास में कुछ साल पहले तक इस अंतर को रेखांकित करने की कोई जरूरत नहीं थी क्योंकि पर्सनल कंप्यूटर्स पर एक समय में सिर्फ एक यूजर-फेसिंग प्रोग्राम ही चल सकता था। साथ ही यूजर्स के लिए एक से दूसरे एप्लीकेशन में जाना महँगा होता था। इसके लिए फ्लॉपी डिस्क और कमांड्स की जरूरत पड़ती थी। लेकिन आज, नि:संदेह यह सब बदल गया है। जैसा कि

स्टट्जमैन ने अपना शोध प्रबंध लिखते समय वर्ड प्रोसेसर से वेब ब्राउज़र पर जाते हुए सीखा, जिसके लिए सिर्फ एक क्लिक की जरूरत पड़ती थी। यह बात अंततः कई लोगों को समझ आ गई कि अलग-अलग एप्लीकेशंस के बीच तत्काल स्विच करने के चलते, गुणवत्ता और मात्रा की दृष्टि से कंप्यूटर और इंसान के बीच के संवाद की उत्पादकता कम हो जाती है।

इसे ध्यान में रखते हुए देखें तो ''आधुनिक लैपटॉप जैसी शक्तिशाली उत्पादक मशीन का उपयोग करते समय उसके कुछ प्रमुख फंक्शंस को उत्पादकता बढ़ाने के लिए बंद कर देने'' में कोई विडंबना नहीं है। जब आप ये समझ जाते हैं कि सामान्य कार्यों के लिए उपयोग होनेवाले कंप्यूटर की असली शक्ति ये है कि वह यूजर को कितनी सारी चीज़ें करने की सुविधा देता है, न कि ये कि उसके जरिए यूजर कितनी सारी चीज़ें एक साथ कर सकता है तो फिर यह आपको बिलकुल सहज लगने लगता है।

जैसा कि मैंने पहले भी संकेत दिया था, अपने कंप्यूटर के कुछ फीचर्स को बंद करने के पीछे की हिचक से वास्तविक लाभ सिर्फ डिजिटल अटेंशन इकोनॉमी को होता है। जब सामान्य कार्योंवाले कंप्यूटर के सारे फीचर्स तक आपकी पहुँच हमेशा होगी तो इस सूची में वे एप्स और वेबसाइट्स भी आ जाएँगे, जो आपके ध्यान पर कब्जा करने के लिए ही इंजीनियर किए गए हैं। अगर आप ध्यान प्रतिरोध में शामिल होना चाहते हैं तो सबसे महत्वपूर्ण ये है कि आप फ्रेड स्टट्जमैन का अनुसरण करते हुए अपने डिजिटल उपकरणों - लैपटॉप, टेबलेट, फोन - को ऐसे कंप्यूटर में बदल लें, जो दीर्घकालिक रूप से सामान्य कार्योंवाले कंप्यूटर हों पर अल्पकालिक रूप से उन पर किसी भी समय कोई एक कार्य प्रभावी तरीके से किया जा सके। इसका अर्थ ये है कि जब भी आप किसी ऐसी वेबसाइट या एप का उपयोग करें, जिसे चलानेवाली कंपनी आपके ध्यान से मुनाफा कमा रही हो तो आपको फ्रीडम जैसे टूल्स का आक्रामक उपयोग करना चाहिए। यहाँ मैं किसी कठिन प्रोजेक्ट पर काम करते समय कुछ साइट्स को कभी-कभी ब्लॉक करने के लिए नहीं कह रहा हूँ। मैं बस ये चाहता हूँ कि आप इन सर्विसेज को ऐसे लें, जो हमेशा ब्लॉक ही रहें और आपको तभी उपलब्ध हों, जब आपको एक तयशुदा शिड्यूल पर उनकी जरूरत हो।

उदाहरण के लिए, अगर आपको अपने काम के लिए सोशल मीडिया की जरूरत नहीं है तो ऐसा शिड्यूल बनाएँ कि ये सारी साइट्स और एप्स पूरी तरह ब्लॉक रहें और शाम के समय सिर्फ कुछ घंटों के लिए ही उपलब्ध हों। अगर आपको सचमुच अपने काम के लिए किसी खास सोशल मीडिया टूल की जरूरत हो तो

इसके लिए थोड़ा समय अलग से निकालें, जब आप इसका उपयोग कर सकें। जबकि बाकी समय उसे ब्लॉक रखें। अगर कुछ इन्फोटेनमेंट साइट्स ऐसी हैं, जो हमेशा आपका ध्यान आकर्षित कर लेती हैं (जैसे मेरे लिए वॉशिंगटन नेशनल्स की बेसबॉल न्यूज हद से ज़्यादा आकर्षक होती है) तो इन साइट्स को हमेशा ब्लॉक रखने की आदत अपनाएँ और जरूरत पड़ने पर सिर्फ एक तयशुदा समय पर ही उन्हें अनब्लॉक करें।

हमेशा ब्लॉक रखने का यह तरीका शुरुआत में आपको जरूरत से ज़्यादा आक्रामक लग सकता है लेकिन वास्तव में यही तरीका आपको सिंगल-परपज़ कंप्यूटिंग के मूल आदर्श की ओर वापस लेकर आता है, जो हमारी मानवीय ध्यान-प्रणाली के कहीं ज़्यादा करीब है। जैसा कि ध्यान प्रतिरोध के इस अध्याय में दी गई हर सलाह से जाहिर है कि कुछ साइट्स को हमेशा ब्लॉक रखने के लिए आपको डिजिटल अटेंशन इकोनॉमी के सारे लाभों को त्यागने की कोई जरूरत नहीं है। लेकिन यह तरीका आपको डिजिटल अटेंशन इकोनॉमी का उपयोग स्पष्ट इरादों के साथ करने के लिए मजबूर जरूर कर देता है। यह कंप्यूटर के साथ अपने संबंधों को एक अलग नज़रिए से देखने का एक तरीका है, जो ध्यान भटकानेवाले आज के युग में न्यूनतमवादी बने रहने के लिए बहुत आवश्यक होता जा रहा है।

अभ्यास: सोशल मीडिया का उपयोग एक पेशेवर की तरह करें

जेनिफर ग्रिगील एक सोशल मीडिया विशेषज्ञ हैं। मैं यहाँ बोलचालवाली भाषा में ये नहीं कह रहा हूँ कि वे सोशल मीडिया का उपयोग करने के मामले में कुशल हैं। बल्कि मेरा मतलब ये है कि वे अपनी इस समझ के बूते अपनी आजीविका कमाती हैं कि सोशल मीडिया का ज़्यादा से ज़्यादा लाभ कैसे उठाया जा सकता है। दूसरे शब्दों में कहें तो वे एक सोशल मीडिया पेशेवर हैं। (जेनिफर अपने लिए एकवचन सर्वनाम के बजाय, बहुवचन सर्वनाम के उपयोग को प्राथमिकता देती हैं)

वेब 2.0 क्रांति के उदय के दौरान, जेनिफर स्टेट स्ट्रीट नामक एक वैश्विक वित्त कंपनी में सामाजिक व्यवसायी और मीडिया मैनेजर थीं। इस कंपनी का मुख्यालय बॉस्टन में स्थित है। जेनिफर ने एक ऐसा इंटरनल सोशल नेटवर्क बनाने में कंपनी की मदद की थी, जिससे दुनियाभर में फैले कंपनी के कर्मचारी एक-दूसरे के साथ प्रभावी ढंग से आपसी संवाद व सहयोग कर सकें। साथ ही उन्होंने स्टेट स्ट्रीट का

सोशल लिसनिंग प्रोग्राम भी शुरू किया – ताकि उन्हें सोशल मीडिया के शोर के बीच स्टेट स्ट्रीट का संदर्भ देनेवाली पोस्ट्स की बेहतर निगरानी करने में मदद मिले। (जेनिफर के अनुसार यह खासा चुनौतीपूर्ण कार्य था क्योंकि इस कंपनी का नाम पूरे देश के सड़क यातायात चिन्हवाले बोर्ड्स पर मौजूद है।)

इसके बाद जेनिफर स्टेट स्ट्रीट को छोड़कर अकादमिक दुनिया में आ गईं और सिरैक्यूज यूनिवर्सिटी के एस. आई. न्यूहाउस स्कूल ऑफ पब्लिक कम्युनिकेशन में, अपनी सोशल मीडिया विशेषज्ञता के साथ कम्युनिकेशन की असिस्टेंट प्रोफेसर बन गईं। अब वे कम्युनिकेशन से जुड़े नई पीढ़ी के पेशेवरों को यह सिखाती हैं कि सोशल मीडिया की शक्ति का ज़्यादा से ज़्यादा लाभ कैसे उठाया जाए।

उनके कॅरियर को देखते हुए आप समझ ही सकते हैं कि वे अपना काफी समय सोशल मीडिया पर ही बिताती होंगी। लेकिन मेरी दिलचस्पी इस बात में ज़्यादा है कि वे अपने इस समय का उपयोग कैसे करती हैं। अगर आप उनसे इन आदतों के बारे में पूछेंगे – जैसा कि मैंने इस अध्याय के लिए रिसर्च के दौरान किया – तो आपको पता चलेगा कि एक औसत यूजर के मुकाबले, जेनिफर जैसे सोशल मीडिया पेशेवर इन टूल्स का उपयोग बिलकुल अलग ढंग से करते हैं। वे अपने पेशेवर और (कुछ हद तक) अपने व्यक्तिगत जीवन में, इसका ज़्यादा से ज़्यादा लाभ उठाने की कोशिश करते हैं और निम्न-गुणवत्तावाले उन फीचर्स से बचते हैं, जो आपका ध्यान भटकाकर आपको उसमें उलझाकर रखने के लिए ही डिजाइन किए गए हैं। दूसरे शब्दों में कहें तो उनका अनुशासित पेशेवर रवैया, डिजिटल प्रतिरोध का हिस्से बनने की चाहत रखनेवाले किसी भी डिजिटल न्यूनतमवादी के लिए एक अच्छा उदाहरण सिद्ध होता है।

इसे ध्यान में रखते हुए, इस अभ्यास का बाकी का भाग जेनिफर की सोशल मीडिया आदतों का वर्णन करता है। आपको विभिन्न रणनीतियों के इस मिश्रण की नकल करने की जरूरत नहीं है लेकिन ये अभ्यास कहता है कि आपको भी ऐसे ही ठोस इरादे रखते हुए इन सर्विसेज का उपयोग करना चाहिए।

. . .

अगर जेनिफर ग्रिगील की सोशल मीडिया आदतों का वर्णन संक्षेप में करें तो शायद इस बात से शुरुआत करना सबसे आसान होगा कि जेनिफर क्या नहीं करती हैं। उदाहरण के लिए, जेनिफर सोशल मीडिया को मनोरंजन के अच्छे स्रोत के रूप

में नहीं देखतीं, ''अगर आप मेरे ट्विटर फीड पर एक नज़र डालेंगे तो आपको डॉग मीमवाले ज़्यादा अकाउंट्स नज़र नहीं आएँगे... मुझे इन अकाउंट्स को फॉलो किए बिना ही ढेर सारे डॉग मीम मिल जाते हैं।''

जेनिफर अपनी दिलचस्पी के अनुसार इंस्टाग्राम पर कुछ चुनिंदा अकाउंट्स को फॉलो करती हैं – चूँकि उन्होंने अपना ध्यान बहुत कम अकाउंट्स पर केंद्रित कर रखा है इसलिए उनकी नई पोस्ट्स चेक करने में जेनिफर को चंद मिनट्स ही लगते हैं। हालाँकि जेनिफर इंस्टाग्राम के तेजी से लोकप्रिय हो रहे फीचर 'स्टोरीज' को लेकर ज़रा संशय में रहती हैं। 'स्टोरीज' का फीचर आपको अपने जीवन के पलों को ब्रॉडकास्ट करने की सुविधा देता है। जेनिफर इसे ऐसा 'रियलिटी टीवी' कहती हैं, जिसमें 'आपके दोस्त ही स्टार होते हैं।' इंस्टाग्राम पर यह फीचर इसलिए लाया गया था ताकि यूजर्स द्वारा बनाए जानेवाले कंटेंट की मात्रा बढ़ाई जा सके। इसके पीछे मूल विचार ये था कि जितना ज़्यादा कंटेंट बनेगा, उसे देखने में यूजर्स उतना ही ज़्यादा समय इंस्टाग्राम पर बिताएँगे। जेनिफर स्पष्ट शब्दों में कहती हैं, ''मुझे नहीं लगता कि यूजर्स को इस फीचर से असल में कोई लाभ मिल रहा है।''

एक औसत यूजर के मुकाबले जेनिफर फेसबुक का उपयोग भी काफी कम करती हैं। फेसबुक के लिए उन्होंने एक सीधा सा नियम बना रखा है कि यह सिर्फ उनके करीबी दोस्तों और रिश्तेदारों से जुड़ने के लिए है। इसके अलावा वे बस कभी-कभी फेसबुक का इस्तेमाल इन्फ्लूएंसर्स से संपर्क करने के लिए करती हैं। फेसबुक के अपने इस सीमित उपयोग के बारे में बात करते हुए जेनिफर कहती हैं, ''शुरुआती वर्षों में मैं किसी की भी फ्रेंड रिक्वेस्ट एक्सेप्ट कर लेती थी। फिर भले ही वह कोई अनजान व्यक्ति हो। लेकिन अब मुझे ऐसा नहीं लगता कि हमें सोशल मीडिया के जरिए वास्तव में इतने सारे लोगों से जुड़ना चाहिए।'' यही कारण है कि अब जेनिफर फेसबुक पर जिन दोस्तों के संपर्क[2] में रहती हैं, उनकी संख्या सिर्फ 150 तक ही सीमित है – यह एक सैद्धांतिक सीमा है, जिसके अनुसार इंसान अपने सामाजिक दायरे में सिर्फ इतने ही लोगों के साथ सफलतापूर्वक संबंध बनाकर रखने में सक्षम होता है। जेनिफर आमतौर पर फेसबुक पर अपने सहकर्मियों के साथ संवाद

---

[2] हालाँकि अभी भी फेसबुक पर जेनिफर से एक हज़ार लोग जुड़े हुए हैं (फेसबुक पर किसी को ''अनफ्रेंड'' करना सामाजिक रूप से काफी मुश्किल कार्य है।) लेकिन इसके बावजूद वे अपने सक्रिय संपर्कों की संख्या को 'डनबर नंबर' यानी 150 तक ही सीमित रखने की कोशिश करती है। वे अपनी फेसबुक की न्यूज फीड पर ''सी फर्स्ट'' फीचर का भी उपयोग करती हैं और सीमित संपर्क के अपने नियम के चलते बहुत कम लोगों को ही संदेश भेजती हैं।

नहीं करतीं: अगर मुझे किसी सहकर्मी से संपर्क करना होता है तो मैं उससे ऑफिस में जाकर मिल लेती हूँ या फिर काम खत्म करने के बाद उससे बातचीत करती हूँ। इसके अलावा जेनिफर को ये भी लगता है कि ताज़ा खबरों पर नज़र रखने के लिए या विभिन्न मुद्दों पर बहस करने के लिए भी फेसबुक उपयुक्त जगह नहीं है। (आगे मैं आपको बताऊँगा कि ताज़ा खबरों पर नज़र रखने के लिए जेनिफर क्या करती हैं।) वे कहती हैं, ''बात जब खबरों की या बहस और चर्चा की हो तो फेसबुक पर सभ्य व्यवहार मुश्किल से ही देखने को मिलता है।''

जेनिफर फेसबुक पर हर चार-पाँच दिनों में एक बार लॉग-इन करती हैं ताकि देख सकें कि उनके करीबी दोस्तों और रिश्तेदारों के जीवन में क्या चल रहा है। एक औसत यूजर फेसबुक के मुख्य फीचर्स पर हर रोज करीब पैंतीस मिनट खर्च करता है। (अगर आप इसमें फेसबुक के स्वामित्ववाली अन्य सोशल मीडिया सर्विसेज के उपयोग को भी जोड़ लें तो ये समय बढ़कर पचास मिनट हो जाता है।) वहीं जेनिफर इन सर्विसेज पर हर सप्ताह एक घंटे से भी कम समय खर्च करती हैं। आपके परिचितों के जीवन में क्या चल रहा है, इसकी जानकारी रखना सचमुच उपयोगी होता है लेकिन इसके लिए आपको बहुत ज़्यादा समय खर्च करने की जरूरत नहीं है। (फेसबुक चाहता है कि आप इस सच्चाई को अनदेखा करते रहें।)

आजकल जेनिफर अपना ध्यान ट्विटर पर केंद्रित रखती हैं, जो उनके अनुसार पेशेवरों के लिए सबसे महत्वपूर्ण सर्विस है। इसके पीछे उनका तर्क ये है कि विभिन्न क्षेत्रों में सक्रिय सबसे महत्वपूर्ण लोग भी ट्वीट करते हैं। उनकी सामूहिक बुद्धिमत्ता को आत्मसात कर आप ताज़ा खबरों और नए विचारों तक सबसे पहले पहुँच सकते हैं। ट्विटर आपको ऐसे लोगों से भी परिचित कराता है, जिन्हें अपने प्रोफेशनल नेटवर्क में जोड़ना आपके लिए लाभदायक हो सकता है (अपने कॅरियर में कई मौकों पर जेनिफर ने ऐसे लोगों के साथ ई-मेल पर संपर्क बनाया, जिनके बारे में उन्हें सोशल मीडिया पर ही पता चला था।[3])

ऐसे ही महत्वपूर्ण लोगों के अनुभवों से सीखते हुए और कॉरपोरेट सोशल लिसनिंग प्रोग्राम्स विकसित करते हुए जेनिफर को अधिकांश सोशल मीडिया सर्विसेज

---

3 मेरा और जेनिफर का संपर्क भी इसी तरह हुआ था: जेनिफर को मेरी किताब के बारे में पता चला और फिर उन्होंने सोशल मीडिया के जरिए मेरे बारे में रिसर्च की, जिससे पता चला कि मैं और वे एक बार एमआईटी में टकरानेवाले थे। इसी आधार पर उन्होंने मुझे ई-मेल किया और फिर हमारे बीच सोशल मीडिया के बारे में दोस्ताना बातचीत होने लगी।

में हद से ज़्यादा फैले शोरगुल का एहसास हुआ। साथ ही उन्हें समझ आया कि इस शोर के बीच उपयोगी संकेतों को पहचानने के लिए कितनी सावधानी और अनुशासन की जरूरत होती है। इसे ध्यान में रखते हुए, अब जेनिफर अपनी अकादमिक रूचियों व म्यूजिक जैसी अन्य रूचियों (वे लंबे समय तक एक म्यूजिक बैंड का हिस्सा रह चुकी हैं) के लिए अलग-अलग ट्विटर अकाउंट चलाती हैं। अपने हर ट्विटर अकाउंट पर वे किसे फॉलो करेंगी, इसे लेकर जेनिफर काफी सावधानी बरतती हैं – इसीलिए वे अपना ध्यान विभिन्न विचारकों से लेकर अपने-अपने क्षेत्र के प्रभावशाली लोगों पर केंद्रित रखती हैं। उदाहरण के लिए, अपने अकादमिक अकाउंट में वे कुछ विशिष्ट पत्रकारों, तकनीकविदों, शिक्षाविदों और नीति-निर्माताओं को फॉलो करती हैं।

ताज़ा खबरों और नए विचारों का पता लगाने के लिए जेनिफर ट्विटर को किसी राडार की तरह उपयोग करती हैं। ऐसा करना उनके काम के लिए खासतौर पर महत्वपूर्ण भी है क्योंकि जिन क्षेत्रों में उनकी विशेषज्ञता है, उनसे जुड़ी ताज़ा खबरों पर अक्सर जेनिफर की प्रतिक्रिया माँगी जाती है। जब सोशल मीडिया टाइमलाइन पर कोई चीज़ उनका ध्यान आकर्षित करती है तो वे उसे अलग रखते हुए उसकी गहराई में जाने की कोशिश करती हैं। अपनी इस प्रक्रिया में मदद के लिए जेनिफर कुछ मौकों पर ट्वीटडेक नामक एक डेस्कटॉप टूल का उपयोग भी करती हैं। ट्विटर पर चल रहे ट्रेंड्स को समझने के लिए उन्हें बेहतर ढंग से सर्च करना होता है, जिसमें ट्वीटडेक उनकी मदद करता है। उदाहरण के लिए इस टूल का एक महत्वपूर्ण सर्च फंक्शन है, थ्रेशोल्डिंग, जिसका वर्णन वे कुछ इस तरह करती हैं:

मैं किसी भी विषय – जैसे ब्लैक लाइव्स मैटर्स – के बारे में सर्च करके ट्वीटडेक पर एक थ्रेशोल्ड सेट कर सकती हूँ, जिससे मैं उस विषय के बारे में हो रही सारी बातें सुनने में सक्षम हो जाती हूँ और सिर्फ वही ट्वीट्स मेरे सामने आते हैं, जिन्हें कम से कम 50 लोगों ने लाइक या रीट्वीट किया हो। इसके बाद मैं चाहूँ तो इसे और बेहतर बनाते हुए, यह कह सकती हूँ कि मुझे सिर्फ इसके बारे में बात करनेवाले वैरिफाइड अकाउंट्स ही दिखाओ।

थ्रेशोडिंग, ट्वीटडेक पर मिलनेवाली तमाम एडवांस सर्च की सुविधाओं में से एक है और ट्वीटडेक उन तमाम टूल्स में से एक टूल है, जो सोशल मीडिया के उपयोग में ऐसी एडवांस फिल्टरिंग की सुविधा देता है। (इस काम के लिए बड़ी कंपनियाँ अक्सर महँगे सॉफ्टवेयर्स पर निर्भर रहती हैं, जो कस्टमर रिलेशनशिप मैनेजमेंट सिस्टम्स से जुड़े होते हैं)। इस चर्चा का सबसे महत्वपूर्ण संदेश ये है कि जेनिफर

जैसे विशेषज्ञ पेशेवर कितने परिष्कृत ढंग से सोशल मीडिया पर फैले भारी शोरगुल से बचते हुए, यह पता लगा लेते हैं कि किसी ट्रेंड से जुड़ी कौन सी जानकारी सचमुच ध्यान देने योग्य है।

. . .

जेनिफर कहती हैं कि ''एक तरफ सोशल मीडिया हमें ऐसे मौके देता है, जिनका लाभ उठाकर हम सच्ची प्रगति कर सकते हैं, वहीं दूसरी ओर इसके कुछ नकारात्मक पहलू भी हैं। यह सचमुच रस्सी पर अपना संतुलन बनानेवाले करतब जैसा है... अब हम सबको संतुलन बनाने की जरूरत है।'' जेनिफर जैसे सोशल मीडिया पेशेवर यह संतुलन बनाने का एक प्रभावी तरीका बताते हैं: सोशल मीडिया को ऐसे लें, मानों आप अपने जीवन में उभरते इस मीडिया के निर्देशक स्वयं हों। विभिन्न सोशल मीडिया सर्विसेज का उपयोग कैसे करना है, इसके लिए आपके पास एक स्पष्ट योजना होनी चाहिए, जिसके जरिए आपको यह उद्देश्य पूरा करना है – ''सोशल मीडिया के अच्छे पहलुओं का अधिकतम लाभ उठाना और नकारात्मक पहलुओं से बचना।'' एक सोशल मीडिया पेशेवर के लिए यह एक जाल में फँसने के बराबर है कि वह मनोरंजन की तलाश में अपनी फीड पर अंतहीन ढंग से सर्फिंग करता रहे (इन प्लेटफॉर्म्स को डिजाइन ही इस तरह किया गया है कि ये आपके ध्यान पर कब्जा कर लें) – यानी वह अपने लाभ के लिए इन सर्विसेज का इस्तेमाल कर सके, इसके बजाय ये सर्विसेज ही उसका इस्तेमाल करने लगें। अगर आप इस दृष्टिकोण को आत्मसात करेंगे तो सोशल मीडिया के साथ आपका संबंध कम तनावपूर्ण और अधिक लाभदायक हो जाएगा।

अभ्यास: स्लो मीडिया को अपनाएँ

2010 की शुरुआत में समाजशास्त्र, तकनीक और मार्केट रिसर्च की पृष्ठभूमिवाले तीन जर्मन नागरिकों ने ''दास स्लो मीडिया मेनिफेस्ट'' शीर्षकवाला एक दस्तावेज ऑनलाइन पोस्ट किया, जिसका अनुवाद है, ''स्लो मीडिया का मेनिफेस्टो।''

इस मेनिफेस्टो या घोषणापत्र की शुरुआत में ही कहा गया है कि 21वीं सदी का पहला दशक ''मीडिया परिदृश्य के तकनीकी आधार में गहन बदलाव'' लेकर आया। इसके बाद यह मेनिफेस्टो कहता है कि ''इस सदी का दूसरा दशक, यह पता लगाने के लिए समर्पित होना चाहिए कि इन विस्तृत बदलावों पर हमारी सबसे उचित प्रतिक्रिया क्या होगी। इसका सुझाव है: स्लो या धीमे की अवधारणा को अपनाना।

स्लो फूड आंदोलन – जो फास्ट फूड के विकल्प के रूप में स्थानीय और पारंपरिक खानपान को प्राथमिकता देता है और 1980 में दशक में शुरू होने के बाद आज यूरोप में एक प्रमुख सांस्कृतिक शक्ति बन गया है – उसका अनुसरण करते हुए स्लो मीडिया मेनिफेस्टो का तर्क ये है कि एक ऐसे युग में, जहाँ डिजिटल अटेंशन इकोनॉमी हमारी ओर अधिक से अधिक क्लिकबेट्स[4] ला रही है और हमारे ध्यान को भावनात्मक तीव्रतावाले टुकड़ों में विभाजित कर रही है – सबसे सही प्रतिक्रिया यही है कि मीडिया के उपभोग के मामले में हम ज़्यादा से ज़्यादा जागरूक बने:

> स्लो मीडिया का उपयोग यूँ ही लापरवाही से नहीं किया जा सकता। यह अपने यूज़र्स को इसके उपयोग के दौरान पूरी तरह एकाग्र रहने के लिए उकसाता है। स्लो मीडिया उत्पादन, उपस्थिति और कंटेट के मामले में गुणवत्ता के उच्च मानकों पर अपना मूल्यांकन करता है। इसीलिए यह अपने तेज़–तर्रार और क्षणिक समकक्षों से अलग खड़ा नज़र आता है।

यह आंदोलन आज भी मुख्यत: एक यूरोपीय आंदोलन ही है। इसके विपरीत यूनाइटेड स्टेट्स में इन्हीं मुद्दों पर हमारी प्रतिक्रिया अधिक शुद्धतावादी सिद्ध हुई है। एक ओर जहाँ यूरोपीय लोग मीडिया के उपभोग को एक उच्च–गुणवत्तावाले अनुभव में तब्दील करने का सुझाव देते हैं (यानी ठीक वही दृष्टिकोण, जो खानपान के मामले में स्लो फूड आंदोलन का है), वहीं दूसरी ओर अमेरिकी लोग "कम जानकारीवाली खुराक" को तत्काल अपनाते हुए नज़र आते हैं: इस विचार को सबसे पहले टिप फेरिस ने लोकप्रिय बनाया था, जिसमें आप खबरों और जानकारियों के स्रोतों को आक्रामक ढंग से त्यागते हैं ताकि अन्य गतिविधियों के लिए अधिक समय निकाल सकें। खबरों के बारे में यह अमेरिकी दृष्टिकोण वैसा ही है, जैसा स्वास्थ्य के लिए उचित खानपान अपनाने का दृष्टिकोण, जो अच्छे खानपान को अपनाने से ज़्यादा स्वास्थ्य के लिए बुरे खानपान को आक्रामक तरीके से त्यागने पर केंद्रित होता है।

इन दोनों ही दृष्टिकोणों की अपनी कुछ खूबियाँ भी हैं लेकिन जब अटेंशन इकोनॉमी की बड़ी–बड़ी कंपनियों का गुलाम बने बिना, खबरों और उनसे जुड़ी जानकारियों के उपभोग की बात आती है तो मुझे लगता है कि धीमेपन पर केंद्रित यूरोपीय दृष्टिकोण के सफल होने की संभावना कहीं ज़्यादा है। इसीलिए यह अभ्यास

---

[4] कोई ऐसा लिंक जो यूज़र का ध्यान आकर्षित करने के लिए ही डिज़ाइन किया गया हो ताकि वह उस पर क्लिक करे।

स्लो मीडिया आंदोलन को अपनाने का सुझाव देता है।

. . .

असल में स्लो मीडिया मेनिफेस्टो, मीडिया के निर्माताओं और उपभोक्ताओं दोनों को संबोधित करता है। मैं यहाँ सिर्फ उपभोग पर ध्यान केंद्रित करना चाहूँगा और मेरा ज़ोर खासतौर पर खबरों पर होगा – क्योंकि ये मीडिया उपभोग का एक ऐसा पहलू है, जो हमें खासतौर पर कमजोर बनाता है ताकि हमारे ध्यान का शोषण किया जा सके।

आज बहुत से लोग कुछेक निश्चित वेबसाइट्स और सोशल मीडिया पर क्रमवार ढंग से गोता लगाते हुए लगातार खबरें प्राप्त करते हैं। उदाहरण के लिए अगर आप राजनीति में दिलचस्पी रखते हैं और आपका झुकाव राजनीतिक वामपंथ की ओर है तो आप सीएनएन.कॉम से लेकर न्यू यॉर्क टाइम्स, पॉलिटिको, अटलांटिक से होते हुए अपनी ट्विटर फीड पर जाएँगे और आखिरकार अपनी फेसबुक टाइमलाइन पर जाएँगे। इसी तरह अगर आप तकनीक में दिलचस्पी रखते हैं तो आपकी लिस्ट में हैकर न्यूज और रेडिट होंगे। और अगर आपको खेलकूद में दिलचस्पी है तो आपकी इस सूची में ईएसपीएन.कॉम और टीमों के फैन पेज का नाम होगा।

खबरों के उपभोग की इस आदत के लिए सबसे महत्वपूर्ण है, इस क्रम की रस्मी प्रवृत्ति। आप जिन साइट्स और फीड्स को विजिट करते हैं, उनमें से प्रत्येक के बारे में सोच–समझकर निर्णय नहीं लेते। बल्कि एक बार जब वेबसाइट्स और सोशल मीडिया फीड्स का यह क्रम सक्रिय हो जाता है तो यह एक तरह से ऑटोपायलट पर चला जाता है। फिर ज़रा सी उकताहट होते ही यह क्रम सक्रिय हो जाता है।

हम इस व्यवहार के इतने आदी हो चुके हैं कि यह भूल जाना बड़ा आसान है कि ये काफी हद तक हालिया समय में उभरी डिजिटल अटेंशन इकोनॉमी का ही एक परिणाम है। ये कंपनियाँ खबरों और सोशल मीडिया फीड को चेक करने की आपकी आदत – जो किसी रस्म की तरह होती है – को बहुत पसंद करती हैं क्योंकि जब भी आप ऐसा करते हैं तो इससे उनकी कमाई होती है। जब आप दिन में दस बार दस अलग–अलग साइट्स चेक करते हैं तो इन कंपनियों का मुनाफा बढ़ता है, फिर भले ही आपकी जानकारी में कोई बढ़ोत्तरी न हुई हो और अब भी आपको बस उतना ही पता हो, जितना सिर्फ एक वेबसाइट चेक करने पर पता होता। दूसरे शब्दों में कहें तो यह व्यवहार निरंतर बढ़ते आपसी–संपर्कवाले इस युग पर आपकी

स्वाभाविक प्रतिक्रिया नहीं है बल्कि शक्तिशाली कंपनियों द्वारा अपने धन के बूते आपको मनोवैज्ञानिक तौर पर मजबूर करने का परिणाम है।

स्लो मीडिया अधिक सुखद विकल्प प्रदान करता है।

धीमेमन की मानसिकता रखते हुए खबरों का उपभोग करने के लिए सबसे पहले ये जरूरी है कि आप अपना ध्यान खबरों के उन्हीं स्रोतों पर केंद्रित करें, जो उच्च गुणवत्तावाले हैं। उदाहरण के लिए ब्रेकिंग न्यूज करीब-करीब हमेशा ही निम्न-गुणवत्तावाली होती है। जबकि किसी घटना पर पत्रकारों द्वारा पूरी जानकारी इकट्ठा करने के बाद की जानेवाली रिपोर्टिंग, ब्रेकिंग न्यूज के मुकाबले कहीं बेहतर गुणवत्तावाली होती है। हाल ही में एक जाने-माने पत्रकार ने मुझे बताया, जब वह ट्विटर पर किसी ब्रेकिंग न्यूज को फॉलो करता है तो उसे भले ही ऐसा महसूस होता हो कि उसे बहुत सारी जानकारी मिल रही है लेकिन उसका पेशेवर अनुभव कहता है कि अगले दिन वॉशिंगटन पोस्ट जैसे किसी अखबार में उस खबर पर आधारित विस्तृत लेख पढ़ने का इंतजार करना हमेशा बेहतर होता है क्योंकि ऐसा लेख पढ़कर उसकी जानकारी पहले से कहीं ज़्यादा बढ़ जाती है। अगर आप पेशे से एक ब्रेकिंग न्यूज रिपोर्टर नहीं हैं तो फिर किसी महत्वपूर्ण घटना के बाद ब्रेकिंग न्यूज के तौर पर इंटरनेट पर मिलनेवाली आधी-अधूरी, अनावश्यक और विरोधाभासी जानकारी से आपको कोई लाभ नहीं होनेवाला है। इसीलिए सोशल मीडिया की चर्चा और ब्रेकिंग न्यूज वेबसाइट्स पर किसी घटना की जानकारी, प्रतिष्ठित अखबारों और ऑनलाइन पत्रिकाओं में छपनेवाली जाँची-परखी जानकारी कहीं अधिक गुणवत्तावाली होती हैं।

इसी तरह आप जिन लेखकों को फॉलो करते हैं, जब उनमें से किसी का चुनाव करने की बात आए तो अपना ध्यान सिर्फ सर्वश्रेष्ठ लेखकों पर ही केंद्रित रखें। इंटरनेट एक लोकतांत्रिक मंच है क्योंकि यहाँ कोई भी अपने विचार साझा कर सकता है। यह सचमुच प्रशंसनीय है। लेकिन जब बात रिपोर्टिंग और टिप्पणियों की हो तो आपको अपना ध्यान ऐसे कुछ लोगों तक ही सीमित रखना चाहिए, जो ऐसे मामलों में विश्वस्तरीय सिद्ध हो चुके हों, जिनकी आप परवाह करते हैं। हालाँकि इसका मतलब ये नहीं है वे किसी बड़े संस्थान के लिए ही लिखते हों - अपने व्यक्तिगत ब्लॉग पर अपनी बात जोरदार ढंग से रखनेवाला भी, द इकोनॉमिस्ट के किसी अनुभवी रिपोर्टर जितनी गुणवत्ता प्रदान कर सकता है - सबसे जरूरी तो ये है कि उन्होंने आपके सामने यह सिद्ध किया हो कि उनका लेखन विश्वसनीय, स्मार्ट और गहन समझ प्रदान करनेवाला है। दूसरे शब्दों में कहें तो जब कोई मुद्दा आपका ध्यान आकर्षित

करे तो ट्विटर की हैशटैग सर्च या फेसबुक फीड पर नज़र आ रही अंतहीन बहस में उलझने से बेहतर है कि आप ये देखें कि आप जिन लोगों का सबसे ज़्यादा सम्मान करते हैं, वे उसके बारे में क्या कहते हैं। स्लो आंदोलन का सामान्य सा नियम ये है कि निम्न-गुणवत्तावाली ढेर सारी चीज़ों से ज़्यादा, उच्च-गुणवत्तावाली कुछ सीमित चीज़ें हमेशा बेहतर होती हैं।

खबरों के धीमे उपभोग का एक और सिद्धांत है: अगर आप राजनीतिक और सामाजिक मुद्दों पर की जानेवाली टिप्पणियों में दिलचस्पी रखते हैं तो आपका यह अनुभव सबसे बेहतर तभी होगा, जब आप उस तर्क-वितर्क के बारे में पढ़ें, जो आपकी पसंदीदा सोच या दृष्टिकोण के खिलाफ हो। मैं वॉशिंगटन डीसी में रहता हूँ इसलिए मैं दोनों पक्षों के पेशेवर राजनीतिक कार्यकर्ताओं को जानता हूँ। उनके पेशे की एक जरूरत ये है कि उन्हें विपक्षी खेमे के सर्वश्रेष्ठ तर्कों की पूरी जानकारी रखनी होती है और उस पर अपनी प्रतिक्रिया तय करनी होती है। इसका एक दुष्परिणाम ये होता है कि उनके साथ अक्सर राजनीतिक मामलों पर बातचीत करना ही सबसे दिलचस्प होता है। जबकि इसके विपरीत व्यक्तिगत बातचीत के दौरान उनकी प्रवृत्ति ऐसी नहीं होती कि वे बात-बात पर दूसरे पक्ष के तर्कों में खोट निकालकर उसे अपने दुश्मन की तरह प्रस्तुत करें। व्यक्तिगत बातचीत के दौरान वे किसी अनुभवहीन राजनीतिक टिप्पणीकार की तरह बातें नहीं करते बल्कि बड़ी आसानी से किसी मामले की अंतर्निहित समस्याओं को पहचान लेते हैं और उसकी उन बारीकियों पर पकड़ रखते हैं, जो उसे एक जटिल मामला बनाती हैं। मुझे तो लगता है कि उन्हें उन लोगों के मुकाबले राजनीतिक टिप्पणियों को पढ़ने-सुनने में कहीं ज़्यादा आनंद आता है, जो बस इस बात की पुष्टि करने में लगे रहते हैं कि जो भी उनसे असहमत है, वह जरूर एक घटिया व्यक्ति होगा। आखिर हमें सुकरात के समय से ही पता है कि तर्क-वितर्क करना संतुष्टि पाने का एक गहन तरीका है और इसका उस बहस के मूल विषय से कोई नाता नहीं है।

खबरों के धीमे उपभोग का एक और महत्वपूर्ण पहलू है, यह निर्णय लेना कि आप यह उपभोग कब और कैसे करेंगे। विभिन्न डिजिटल लिंक्स पर अंतहीन ढंग से क्लिक करने के दुष्चर्क में फँसना - जिसके बारे में आपको पहले भी बताया गया था - असल में जी भर के पोटेटो चिप्स खाने जैसा है, जो आपके स्वास्थ्य के लिए हानिकारक है और धीमेपन की अवधारणा पर आधारित आंदोलन के सिद्धांतों के अनुरूप नहीं है। इसके बजाय मैं आपको यह सलाह दूँगा कि आप सप्ताहभर

खबरें पढ़ने या देखने के लिए एक निश्चित समय अवधि तय कर लें। स्लो मीडिया मेनिफेस्टो द्वारा प्रचारित ''पूर्ण एकाग्रता'' को बढ़ावा देने के लिए मैं ये सिफारिश करता हूँ कि आप न्यूज पढ़ने या देखने के लिए एक ऐसी जगह तय कर लें, जहाँ बैठकर पूरी तरह एकाग्र होना संभव हो। इस तरह आप न्यूज पढ़ने को एक रस्म का रूप दे देंगे। मैं ये सिफारिश भी करूँगा कि आप उस फॉर्मेट या प्रारूप का भी ध्यान रखें, जिसमें आप खबरें पढ़ते हैं।

उदाहरण के लिए आप पुराने जमाने की तरह रोज सुबह नाश्ते के दौरान न्यूजपेपर पढ़ सकते हैं। मैं यहाँ न्यूजपेपर के डिजिटल वर्जन की नहीं बल्कि कागज पर छपनेवाले असल न्यूजपेपर की बात कर रहा हूँ। इस तरह आपको उस दिन की सारी बड़ी खबरें मिल जाएँगी। यह ऑनलाइन खबरें पढ़ने के मुकाबले कहीं ज़्यादा दिलचस्प भी होगा। सप्ताहभर ये करने के बाद आप शनिवार को सुबह-सुबह कुछ चुनिंदा खबरिया वेबसाइट्स और स्तंभकारों पर नज़र डाल सकते हैं और उन लेखों को बुकमार्क कर सकते हैं, जिन्हें आप ध्यान से पढ़ना चाहते हैं। इसके बाद अपना टेबलेट लेकर आसपास के किसी कॉफी शॉप में जाकर बैठ सकते हैं ताकि इस सप्ताह के अच्छे लेख और टिप्पणियों को पढ़ सकें। अगर आप पहले से ही इन लेखों को डाउनलोड करके रखें तो और बेहतर रहेगा क्योंकि फिर आप ये लेख इंटरनेट से होनेवाले उन व्यवधानों के बिना पढ़ सकेंगे, जो बार-बार आपका ध्यान भटकाते हैं। खबरों के गंभीर उपभोग्ता अक्सर ब्राउज़र प्लग-इन्स या एग्रीगेशन टूल्स का भी उपयोग करते हैं, जो ऑनलाइन लेखों के साथ आनेवाले विज्ञापन और क्लिकबेट लिंक्स हटाकर उनका साफ-सुथरा वर्जन उपलब्ध कराते हैं।

अगर आप न्यूज पढ़ने के लिए (या धीमेपन और गुणवत्ता पर ध्यान केंद्रित करनेवाली किसी भी चीज़ के लिए) उपरोक्त दृष्टिकोण को अपनाते हैं तो आपको न सिर्फ हालिया घटनाओं के बारे में अच्छी जानकारी होगी बल्कि आप उन क्षेत्रों के महत्वपूर्ण विचारों से भी परिचित होते रहेंगे, जिनकी आप सबसे ज्यादा परवाह करते हैं। लेकिन यहाँ खास बात ये है कि आप अंतहीन ढंग से क्लिक करने के दुष्चक्र में फँसे बिना और अपने कीमती समय व भावनात्मक स्वास्थ्य का नुकसान किए बिना ऐसा कर सकेंगे।

ऐसे और भी तमाम नियम-कायदे और रस्में हैं, जो ऐसे ही लाभ दे सकती हैं। स्लो मीडिया को अपनाने की कुंजी है कि जिन चीज़ों का आप उपभोग करते हैं और जिन परिस्थितियों में करते हैं, उनकी गुणवत्ता बढ़ाने के लिए प्रतिबद्ध रहना। अगर

आप ध्यान प्रतिरोध में शामिल होने को लेकर सचमुच गंभीर हैं तो आपको इंटरनेट से जानकारियाँ लेते समय इन विचारों को भी गंभीरता से लेना होगा।

अभ्यास: अपने स्मार्टफोन को थोड़ा कम स्मार्ट बनाएँ

पॉल, यूनाईटेड किंगडम में एक औद्योगिक कंपनी के लिए काम करते हैं। वे एक सीनियर सिटीज़न नहीं हैं बल्कि युवा उम्र के हैं। मैं उनके बारे में ये इसलिए बता रहा हूँ ताकि उन्होंने 2015 में जो असाधारण कदम उठाया था, उसे रेखांकित कर सकूँ। दरअसल उन्होंने अपना स्मार्टफोन छोड़कर एक डोरो फोनईजी ले लिया – यह बड़ी–बड़ी बटनोंवाला एक साधारण सा फ्लिपफोन है, जिसका फॉन्ट डिस्प्ले भी बड़े आकार का होता है और मुख्य रूप से बुजुर्ग ग्राहकों के लिए उपयुक्त फोन के तौर पर जाना जाता है।[5]

मैंने पॉल से उनका अनुभव पूछा। उन्होंने कहा, ''मेरी ये बात ज़रा बचकानी लगेगी लेकिन शुरुआत में मुझे काफी कठिनाई हुई। मुझे समझ नहीं आ रहा था कि स्मार्टफोन के बिना मैं क्या करूँ।'' लेकिन फिर लाभ दिखने लगे। सबसे बड़ा सकारात्मक बदलाव ये था कि पत्नी और बच्चों के साथ समय बिताते हुए वे ये महसूस नहीं कर रहे थे कि उनका ध्यान कहीं और है। ''अब मुझे एहसास हो रहा था कि ये मेरे लिए कितना महत्वपूर्ण था।'' ऑफिस में उनकी उत्पादकता बढ़ गई। शुरुआती दिनों की कठिनता के बाद बोरियत और तनाव भी कम हो गए। ''अब मैं पहले जितनी बेचैनी महसूस नहीं करता।'' उनकी पत्नी का कहना है कि वे यह देखकर सचमुच हैरान हैं कि अब पॉल कितने खुश नज़र आते हैं।

पेशे से टेक्नोलॉजी एग्जिक्यूटिव डेनियल क्लॉ ने स्मार्ट फोन के बजाय डंब फोन या साधारण फोन इस्तेमाल करने का निर्णय लेने के बाद अपना आईफोन रद्दी में नहीं फेंका बल्कि रसोई की एक अलमारी में रख दिया। अब वे इसका इस्तेमाल

---

[5] दिलचस्प बात ये है कि पॉल को बाद में पता चला कि ऐसे अधिकारियों का एक गुप्त आंदोलन चल रहा है, जो डोरो जैसा डंब फोन या साधारण फोन उपयोग करते हैं। इनमें से अधिकांश फायनेंस से जुड़े हुए हैं और हेज फंड मैनेजर के तौर पर काम करते हैं। पॉल को पता चला कि ये लोग जो हर दिन अपने व्यवसाय में करोड़ों का लेन–देन करते हैं और बाज़ार से जुड़ी ध्यान भटकानेवाली जानकारियों से खुद को दूर रखना उनके लिए सचमुच लाभप्रद होता है। क्योंकि ऐसी कोई भी जानकारी उनके निर्णयों को पूर्वाग्रह से ग्रस्त कर सकती है, जिससे उन्हें भारी आर्थिक नुकसान हो सकता है।

बस व्यायाम करते समय म्यूजिक सुनने और अपने फिटनेस ट्रैकिंग एप नाइक प्लस को चलाने के लिए करते हैं। इसके अलावा अधिकांश मौकों पर वे अपना नोकिया 130 ही लेकर आते हैं, जो डोरो मोबाइल से थोड़ा पतला है लेकिन बाकी हर मामले में डोरो जितना ही साधारण हैः इसमें न तो कैमरा है, न कोई एप और न ही वेब – इससे सिर्फ फोन कॉल्स और टेक्स्ट मैसेज ही किए जा सकते हैं। पॉल की तरह ही क्लॉग को भी बार-बार फोन चेक करने की इच्छा पर काबू पाने में एक-दो सप्ताह का समय लगा। वे अपने ब्लॉग पर लिखते हैं, ''अब मैं बेहतर महसूस करता हूँ और ये नहीं लगता कि मेरा मन कहीं और अटका हुआ है।'' क्लॉग के अनुसार, ''स्मार्टफोन के बिना बस यही असुविधा हुई कि चलते-फिरते गूगल करना बंद हो गया।'' ''लेकिन इसके बिना मैं इतना बेहतर महसूस करता हूँ कि गूगल न कर पाना कोई बड़ी समस्या नहीं है।''

यहाँ तक कि तकनीकी प्रसार को बढ़ावा देनेवाली प्रतिष्ठित न्यूज वेबसाइट द वर्ज ने भी इस बात को स्वीकार किया कि संचार के साधारण उपकरणों की ओर वापस लौटना सचमुच महत्वपूर्ण है। 2016 के राष्ट्रपति चुनाव के दौरान भड़की बार-बार ट्विटर चेक करने की अपनी आदत से हताश रिपोर्टर व्लाद सावोव ने एक लेख लिखा, जिसका शीर्षक था, ''साधारण फोन को वापस लाने का समय आ गया है।'' इस लेख में उन्होंने यह दावा किया कि डंब फोन या साधारण फोन का उपयोग फिर से शुरू करना इतना बड़ा बदलाव नहीं है, जितना हमें लगता है – या शायद जितना कुछ साल पहले तक था।'' उनका मूल तर्क ये था कि टेबलेट और लैपटॉप अब वजन में इतने हल्के हो गए हैं और उन्हें साथ लेकर चलना इतना आसान हो गया है कि अब अपनी उत्पादकता से जुड़े सारे डिजिटल फीसर्च स्मार्टफोन में रखना जरूरी नहीं है (जो अब बेहद शक्तिशाली हो गए हैं और इसीलिए हमारा इतना ज़्यादा ध्यान भटकाते हैं) – फोन्स का उपयोग सिर्फ कॉल्स और टेक्स्ट मैसेज करने के लिए किया जा सकता है और अन्य सभी कार्यों के लिए अन्य उपकरणों (टेबलेट और लैपटॉप) का उपयोग किया जा सकता है।

लेकिन कुछ लोग ये दोनों विकल्प चाहते हैं – कुछ अवसरों पर स्मार्टफोन लेकर जाना (जैसे लंबी यात्राओं पर या जब किसी खास एप का उपयोग करना हो)। जबकि बाकी अवसरों पर एक डंब फोन यानी साधारण फोन लेकर जाना, जो उनका ध्यान न भटकाए – लेकिन उनकी चिंता ये होती है कि दो-दो फोन रखना असुविधाजनक हो सकता है। पर अब इसका भी समाधान उपलब्ध हैः टेदर्ड डंब फोन।

ये ऐसे प्रोडक्ट्स हैं – जिनमें किस्टार्टर का खास लाइट फोन भी शामिल है – जो आपके स्मार्टफोन की जगह नहीं लेते बल्कि उसे ही एक साधारण फोन बना देते हैं।

तो ये कुछ इस तरह काम करता है – मान लीजिए आपके पास सफेद रंग के प्लास्टिक से बना एक सुंदर सा लाइट फोन है। इसका आकार एक के ऊपर एक रखे तीन क्रेडिट कार्ड्स के बराबर होता है। इस फोन में एक की–पैड और एक छोटा सा नंबर डिस्प्ले होता है। बस यही है लाइट फोन। यह सिर्फ फोन कॉल्स कर सकता है और दूसरों के कॉल्स रिसीव कर सकता है – यानी तकनीकी रूप से कहें तो इसे भी स्मार्टफोन की तरह ही एक संचार उपकरण के रूप में गिना जा सकता है।

मान लीजिए, आप कोई काम निपटाने के लिए घर से बाहर जा रहे हैं और अपने ध्यान पर लगातार हो रहे हमले से बचना चाहते हैं। तो आप अपने स्मार्टफोन पर ही टैप करके अपना लाइट फोन एक्टिवेट कर सकते हैं। इस तरह आपके मुख्य फोन पर आनेवाले सारे कॉल्स आपके लाइट फोन की ओर फॉरवर्ड हो जाएँगे। अगर आप इससे किसी को कॉल करते हैं तो सामनेवाले को अपनी स्क्रीन पर यही दिखेगा कि आप उसे अपने मुख्य नंबर से कॉल कर रहे हैं। फिर जब आपको अपने लाइट फोन को खुद से दूर करना हो तो स्मार्टफोन पर दोबारा टैप करके कॉल फॉरवर्डिंग को बंद कर सकते हैं। यानी ये आपके स्मार्टफोन की जगह नहीं लेगा बल्कि आपको अपनी मर्जी के मुताबिक मुख्य फोन से लंबा ब्रेक लेने का मौका देगा।

लाइट फोन के निर्माता, जो होलियर और काइवेई टैंग की पहली मुलाकात गूगल इन्क्यूबेटर में हुई थी, जहाँ उन्हें सॉफ्टवेयर एप्स बनाने के लिए प्रोत्साहित किया गया और यह सिखाया गया कि वे कौन–कौन सी खासियतें हैं, जो इन प्रोडक्ट्स को फंडर्स के लिए आकर्षक बनाती हैं। लेकिन होलियर और टैंग इस अनुभव से ज़रा भी प्रभावित नहीं हुए। ''हमारे सामने जल्द ही ये स्पष्ट हो गया कि दुनिया को एक और एप की कोई जरूरत नहीं है,'' उन्होंने अपनी वेबसाइट पर लिखा। ''लाइट फोन का जन्म दरअसल उस तकनीकी एकाधिकार के विकल्प के तौर पर हुआ था, जो हमारे ध्यान पर कब्जा जमाकर रखने के लिए लगातार आक्रामक होता जा रहा है।'' ध्यान प्रतिरोध आंदोलन के सदस्यों के रूप में अपने इरादों को और स्पष्ट करते हुए होलियर और टैंग ने एक मेनिफेस्टो भी पोस्ट किया। इसकी शुरुआत में ही एक डायग्राम था, जो इस प्रकार था – ''आपका (घड़ी का चिन्ह) = उनका (धन का चिन्ह)।''

. . .

एकांत पर आधारित पिछले अध्याय में मैंने यह सुझाव दिया था कि इस मानसिकता को खारिज कर देना चाहिए, जिसके अनुसार आपका स्मार्टफोन हमेशा आपके पास होना जरूरी है। यह सुझाव इस उम्मीद के साथ दिया गया था कि इस तरह एकांत के और अधिक अवसर पैदा किए जा सकते हैं, जो एक इंसान के तौर पर हमारे विकास के लिए सचमुच महत्वपूर्ण हैं। यहाँ जिन उदाहरणों पर चर्चा की गई है, वे उससे भी एक कदम आगे जाते हैं। क्योंकि ये उदाहरण एक वैकल्पिक संचार उपकरण अपनाने का सुझाव देते हैं, जो आपको अपना अधिकांश समय बिना स्मार्टफोन के बिताने में सक्षम बनाए।

ध्यान प्रतिरोध को अपनाने की दिशा में उठाया हुआ सबसे गंभीर कदम है, अपने स्मार्टफोन से आज़ाद होना। ऐसा इसलिए क्योंकि आज की डिजिटल अटेंशन इकोनॉमी के सबसे महत्वपूर्ण औज़ार के तौर पर पहली प्राथमिकता स्मार्टफोन को ही दी जाती है। जैसा कि इस अध्याय की शुरुआत में ही कहा गया था, हमेशा चालू रहनेवाले इस उपकरण के प्रसार के चलते ही यह सीमित तकनीकी क्षेत्र अब इस हद तक विस्तृत हो गया है कि आज विश्वव्यापी अर्थव्यवस्था पर हावी होने लगा है। इस वास्तविकता को देखते हुए अगर आप अपना स्मार्टफोन लेकर नहीं चल रहे हैं तो इसका अर्थ है कि आप इन संगठनों की रडार से बाहर हैं, जिसके परिणामस्वरूप आप देखेंगे कि अपने ध्यान को वापस अपने नियंत्रण में लेना आपके लिए आसान हो गया है।

अपने स्मार्ट फोन को डंब फोन या साधारण फोन बनाना निश्चित ही एक बड़ा निर्णय है। इन उपकरणों के प्रति हमारे आकर्षण का कारण सिर्फ ये नहीं है कि ये हमारा ध्यान भटकाने में सक्षम हैं। कई लोगों के लिए उनका फोन आधुनिक जीवन के एक सुरक्षा जाल की तरह होता है – अकेलापन होना, गुमसुम महसूस करना, पीछे छूटने का डर होना, ऐसी चीज़ों से उनका फोन उन्हें सुरक्षित रखता है। इसीलिए खुद को यह विश्वास दिलाना आसान नहीं है कि एक साधारण फोन भी आपकी इन जरूरतों को पूरा कर सकता है और उससे मिलनेवाले लाभ, उससे होनेवाली हानियों से कहीं ज़्यादा होंगे। निश्चित ही इसके लिए आपको विश्वास रखना होगा और अपने जीवन को बिना स्मार्टफोन के परखना होगा ताकि यह देख सकें कि वह असल में कैसा है।

दूसरी ओर कुछ लोगों के लिए ऐसा करना अतिवादी रवैया अपनाने जैसा होता है। दरअसल कुछ लोग ऐसे कारणों से अपने फोन से बंधे होते हैं, जिनकी अनदेखी

करना संभव नहीं है। जैसे अगर आप पेशे से स्वास्थ्य कर्मचारी हैं, जिसे नए-नए मरीजों को देखने के लिए उनके घर भी जाना पड़ता है तो गूगल मैप आपके लिए जरूरी हो जाता है। इसी तरह, जब मैं यह अध्याय लिख रहा था तो मुझे ब्राजील के कूर्टिबा में रहनेवाले अपने एक पाठक का नोट मिला। जिसके अनुसार, एक ऐसे शहर में जहाँ पैदल चलने योग्य रास्ते बहुत कम हैं, वहाँ आने-जाने के लिए ऊबर और 99 जैसी शेयर्ड टैक्सी सर्विसेज़ का उपयोग करना जरूरी हो जाता है।

वहीं कुछ लोगों के मामले में इसका विपरीत ही सच होता है। उनके लिए स्मार्टफोन उतनी बड़ी समस्या नहीं होती क्योंकि वे अपने स्मार्टफोन के चलते ही कई तरह के लाभ हासिल कर रहे होते हैं। मैं खुद को इसी श्रेणी में रखता हूँ क्योंकि स्मार्टफोन होने के बावजूद न तो मेरा कोई सोशल मीडिया अकांउट है, न ही मैं मोबाइल गेम्स खेलता हूँ। मैं टेक्स्ट मैसेज भेजने के मामले में भी बहुत आलसी हूँ और अपना अधिकांश समय स्मार्टफोन की पहुँच से दूर ही बिताता हूँ। मैं अपने आईफोन को छोड़कर बड़ी आसानी से नोकिया 130 का उपयोग शुरू कर सकता हूँ लेकिन मुझे नहीं लगता कि इससे ज़्यादा फर्क पड़ेगा क्योंकि मैं अपने आईफोन का इस्तेमाल नोकिया 130 की तरह ही करता हूँ।

वहीं दूसरी ओर अगर आप ऐसे व्यक्ति हैं, जो सर्वव्यापी हो चुके स्मार्टफोन की पहुँच से दूर रह सकते हैं और अगर आपका दिल कहता है कि इससे आपका जीवन सचमुच बेहतर हो सकता है तो आप इस बात को लेकर आश्वस्त हो सकते हैं कि अब यह निर्णय वास्तव में उतना अतिवादी नहीं होगा, जितना पहले लग रहा था। डंब फोन यानी साधारण फोन का यह आंदोलन जोर पकड़ रहा है और जीवनशैली के इस बदलाव का समर्थन करनेवाली चीज़ों में सचमुच काफी सुधार देखने को मिल रहा है। अगर आप अपनी स्मार्टफोन की लत से हताश हैं तो यकीन मानिए, न सिर्फ इससे पीछा छुड़ाना संभव है बल्कि ऐसा करना आपके लिए ज़्यादा मुश्किल भी नहीं होगा। आपको याद होगा कि होलियर और टैंग ने अपना मेनिफेस्टो इस विचार के साथ शुरू किया था कि ''आपका समय = उनकी कमाई।'' इसीलिए अब आपको इतना सशक्त महसूस करना चाहिए कि इस लाभ का निवेश उन चीज़ों में कर सकें, जो आपके लिए सचमुच मायने रखती हैं।

निष्कर्ष

सन 1832 की शरद ऋतु में 'सली' नामक एक फ्रांसीसी जहाज ले हावरे से न्यूयॉर्क के लिए रवाना हुआ। इसमें एक 41 वर्षीय चित्रकार भी सवार था, जो यूरोप के अपने दौरे के बाद वापस घर लौट रहा था। इस दौरे में चित्रकार की कला लोगों का ध्यान आकर्षित करने में विफल रही। उस चित्रकार का नाम था सैम्युअल मोर्स।

जैसा कि इतिहासकार साइमन विनचेस्टर बताते हैं, अपनी इस यात्रा के दौरान मोर्स को ''एक ऐसा एहसास हुआ, जिससे उन्हें दुनिया को बदलने में मदद मिली।'' मोर्स के जीवन में इस विशेष क्षण को लाने में मुख्य भूमिका थी चार्ल्स जैक्सन नामक एक साथी यात्री की, जो हार्वर्ड शिक्षित भूविज्ञानी थे और बिजली के अध्ययन क्षेत्र में हुई हालिया खोजों से अच्छी तरह परिचित थे। इस नए आविष्कार के संभावित उपयोग पर चर्चा करते-करते इन दोनों को एक उल्लेखनीय अंतर्दृष्टि मिली। जैसा कि मोर्स ने बाद में याद करते हुए बताया, ''अगर एक सर्किट के किसी भी हिस्से में बिजली की उपस्थिति नज़र आ सकती है, तो फिर बुद्धिमत्ता को बिजली द्वारा प्रसारित न कर पाने का कोई कारण मुझे तो नज़र नहीं आता।''

विनचेस्टर के अनुसार, एक असफल चित्रकार के लिए यह एक भविष्यवाणी जैसा था, जो इलेक्ट्रॉनिक कम्युनिकेशन की संभावनाओं को तत्काल समझ गया। इसके बाद न्यूयॉर्क पहुँचते ही मोर्स अपने स्टूडियो गए और उस साधारण से नज़र आनेवाले विचार को व्यावहारिक बनाने के लिए जरूरी प्रयोगों की लंबी प्रक्रिया की शुरुआत की, जिसका एहसास उन्हें जहाज की अपनी यात्रा में हुआ था। इसके बारह साल बाद, मई 1844 में यूनाईटेड स्टेट्स सुप्रीम कोर्ट के चैंबर में तमाम प्रभावशाली राजनेताओं और सरकारी अधिकारियों से घिरे मोर्स ने अपनी टेलीग्राफ-कुंजी को मेज पर लगाया। और इस तरह सिग्नल बढ़ानेवाले रिले के साथ एक नियमित अंतराल पर संवर्धित हो रहे बिजली के तार के जरिए मोर्स अपने सहयोगी और साथी आविष्कारक अल्फ्रेड वेल के साथ जुड़ गए। उस समय अल्फ्रेड वेल यूनाईटेड स्टेट्स

सुप्रीम कोर्ट के चैंबर से चालीस मील दूर बाल्टीमोर के बाहरी इलाके में स्थित एक रेल्वे स्टेशन पर बैठे हुए थे।

अब मोर्स के लिए अपने इस आविष्कार का पहला प्रदर्शन करने का समय आ गया था। इस प्रदर्शन की शुरुआत के लिए उन्हें बस एक औपचारिक संदेश की जरूरत थी। ये देखकर मोर्स के इस आविष्कार का समर्थन करनेवाले पेटेंट कमिश्नर की बेटी ने एक सुझाव दिया, जिसके आधार पर मोर्स ने बुक ऑफ नंबर्स के अंतिम हिस्से के इस प्रसिद्ध वाक्यांश पर टैप किया: ईश्वर ने क्या सोच रखा है?

विनचेस्टर के अनुसार, अगर इन शब्दों पर अलग से विचार किया जाए तो ऐसा लगता है, जैसे ये ''सैम्युअल मोर्स के विश्वास का बयान करनेवाली एक सहज घोषणा हो।'' पर अगर इस आविष्कार और इसके बाद हुए ऐसे ही अन्य आविष्कारों के चलते दुनिया में आए बदलाव के संदर्भ में देखें तो इसे बदलाव के एक ऐसे युग के पुरालेख के रूप में बेहतर ढंग से समझा जा सकता है, जो अब अकल्पनीय गति और अप्रत्याशित परिणामों का वाहक बन गया है।

हम इंसान इतिहास की शुरुआत के भी पहले से ही नए-नए आविष्कार करके अपने संसार को बेहतर बना रहे हैं। लेकिन इलेक्ट्रॉनिक कम्युनिकेशन को बढ़ावा देनेवाले आविष्कारों में कुछ तो ऐसा है, जिसके चलते विनचेस्टर लिखते हैं, ''पिछले सभी आविष्कारों के मुकाबले ये रहस्यमयी रूप से बहुत अलग है।'' लाखों वर्षों के क्रमिक विकास के चलते संसार के बारे में हमारी जो भौतिक समझ बनी है, उसमें सारे मशीनी चमत्कार पूरी तरह फिट बैठते हैं। तभी तो भाप से चलनेवाला इंजन देखकर भले ही हमें आश्चर्य हो लेकिन फिर भी उसके पीछे का मूल विचार हमें आसानी से समझ आ जाता है कि आग जलने से जो भाप बनती है, वह ट्रेन के पिस्टन को आगे धकेलती है।

लेकिन एक टेलीग्राफ मैसेज या फोन कॉल या ई-मेल या फिर सोशल मीडिया पिंग इससे बिलकुल अलग है। बिजली के प्रवाह और उसे नियंत्रित करनेवाले जटिल घटकों के बारे में हमारा अंतर्ज्ञान बहुत कम है। इसके अलावा एक-दूसरे के आमने-सामने आए बिना आपस में लगातार संवाद करना हमारी प्रजाति के इतिहास के लिए बिलकुल अनजानी चीज़ है। परिणामस्वरूप, यह समझना हमारे लिए हमेशा से बहुत कठिन रहा है कि सैम्युअल मोर्स द्वारा शुरू की गई इलेक्ट्रॉनिक कम्युनिकेशन क्रांति के असली परिणाम क्या होंगे। इसीलिए हम अक्सर दुनिया पर इसके प्रभाव का पूर्वव्यापी अर्थ निकालने के लिए संघर्ष कर रहे होते हैं।

जैसा कि इस किताब के एक अध्याय में पहले भी बताया गया है, 1844 में मोर्स के इस प्रदर्शन के बाद टेलीग्राफ के प्रसार पर हेनरी डेविड थोरो की प्रतिक्रिया ये थी कि हमें मेन और टेक्सास के बीच टेलीग्राफ लाइन शुरू करने की इतनी जल्दी है कि हमने कभी यह सवाल पूछा ही नहीं कि आखिर इन दोनों स्थानों को इस तरह जोड़ने की जरूरत क्यों है? सोशल मीडिया और स्मार्टफोन के हमारे आज के युग पर भी ठीक यही बात लागू होती है। पहले फेसबुक और फिर आईफोन के जरिए बिना रुके लगातार संवाद करने और दूसरों से जुड़ने - जो फाइबर ऑप्टिक राउटिंग और रेडिया मॉड्यूलेशन के क्षेत्र में हुए रहस्यमयी और करीब-करीब जादुई आविष्कार के सहयोग से संभव होता है - के इस बदलाव ने हमारी संस्कृति को कुछ इस तरह प्रभावित किया कि किसी ने क्षणभर रूककर थोरो का यह मूल सवाल पूछने की कोशिश ही नहीं की: आखिर इसकी हद क्या है?

नतीजा ये है कि आज हमारा समाज अनपेक्षित परिणामों से जूझ रहा है। सिलिकॉन वैली जो बेच रही थी, हमने बड़ी उत्सुकता से उसे हाथों-हाथ लिया लेकिन जल्द ही ये एहसास हुआ कि ऐसा करके हम गलती से अपनी मानवता को अपमानित कर रहे हैं।

अब इसी रास्ते पर हम डिजिटल न्यूनतवाद को भी ला सकते हैं। इस दर्शन का उद्देश्य इलेक्ट्रॉनिक कम्युनिकेशन की कृतिमता के विरुद्ध एक मानवीय सुरक्षा कवच बनने का है। ताकि इन आविष्कारों को एक सार्थक और संतुष्ट जीवन जीने की हमारी मानवीय इच्छा को नष्ट करने की अनुमति दिए बिना, इनके असली चमत्कारों का लाभ उठाया जा सके। (मेन और टेक्सास के बीच टेलीग्राफ लाइन शुरू होने के बाद पता चला कि दोनों के बीच आपस में संचार के लिए काफी कुछ है।)

. . .

यह इतिहास ऐसा है, जो डिजिटल न्यूनतमवाद को कुछ हद तक एक भव्य सिंहासन पर बिठा देता है, पर जैसा कि हमने पिछले अध्यायों में देखा, इस दर्शन को अपने जीवन में उतारना काफी हद तक एक व्यवहारिक अभ्यास है। डिजिटल न्यूनतमवादी, नई तकनीकों को अपने लिए सचमुच महत्वपूर्ण चीज़ों में काम आनेवाले औज़ारों के रूप में देखते हैं - न कि एक ऐसी चीज़ के रूप में, जो अपने आपमें महत्वपूर्ण है। वे इस विचार को स्वीकार नहीं करते कि हमारे ध्यान पर कब्जा करनेवाली सर्विस को अपने जीवन में आने की अनुमति सिर्फ इसलिए दे देनी चाहिए क्योंकि उस सर्विस का कुछ लाभ भी है। उनकी दिलचस्पी तो इस बात में

है कि नई तकनीकों को स्पष्ट इरादों के साथ अपनाए गए कुछ चुनिंदा तरीकों पर लागू किया जाए ताकि उनका भरपूर लाभ उठाया जा सके। यहाँ ये बात भी बहुत महत्वपूर्ण है कि इसके लिए डिजिटल न्यूनतमवादियों को नई तकनीकों से जुड़ी अन्य सभी चीज़ों से परे रहने में कोई संकोच नहीं है।

इसके साथ ही मैं इस बात पर भी ज़ोर देना चाहूँगा कि डिजिटल न्यूनतमवाद की जीवनशैली को अपनाना ज़रा मेहनतवाला काम है - इस किताब के लिए मैंने जिन न्यूनतमवादियों का इंटरव्यू लिया, उन्होंने अपनी सफलता की कहानी के साथ-साथ ऐसे उदाहरण भी बताए, जहाँ उनके इरादे किसी डिजिटल उपकरण के सामने बौने साबित हुए। इसलिए अगर आपके साथ भी ऐसा कुछ होता है तो परेशान न हों। डिजिटल न्यूनतमवाद को अपनाना कोई ऐसी प्रक्रिया नहीं है, जो अपनी अनावश्यक डिजिटल गतिविधियों से छुटकारा पाते ही एक दिन में या एक बार में पूरी हो जाए। आपको इसके लिए लगातार खुद को एडजस्ट करते रहना होगा।

मेरा अनुभव कहता है, इस दर्शन को अपनाने के मामले में सफल होने की कुंजी है, यह स्वीकार करना कि असल में इसका संबंध तकनीक से नहीं बल्कि आपके जीवन की गुणवत्ता से है। इस किताब में बताए गए अभ्यासों और विभिन्न विचारों के साथ आप जितने अधिक प्रयोग करेंगे, उतना ही आपको यह एहसास होगा कि डिजिटल न्यूनतमवाद का अर्थ सिर्फ कुछ ठोस नियमों तक ही सीमित नहीं है बल्कि इसका सच्चा अर्थ है, अपने आकर्षण के जाल में फँसानेवाले उपकरणों के इस युग में अपने जीवन को ऐसा बनाना, जो सचमुच जीने लायक हो।

जो लोग डिजिटल यथास्थिति बनाए रखना चाहते हैं, वे डिजिटल न्यूनतमवाद के इस दर्शन को तकनीक-विरोधी ठहराने की कोशिश करते हैं। उम्मीद है कि मैंने इस किताब के जरिए आपको आश्वस्त कर दिया होगा कि उनका ये दावा भ्रामक है। डिजिटल न्यूनतमवाद निश्चित तौर पर आज के इंटरनेट युग के आविष्कारों को अस्वीकार नहीं करता बल्कि उस तरीके को अस्वीकार करता है, जिस तरीके से बहुत से लोग इन आविष्कारों का उपयोग करते हैं। एक कंप्यूटर वैज्ञानिक होने के चलते डिजिटल संसार की अत्याधुनिकता को बढ़ाने में मदद करके ही मैं अपना जीवनयापन करता हूँ। अपने पेशे के कई अन्य लोगों की तरह ही मैं भी हमारे तकनीकी-भविष्य की संभावनाओं से रोमांचित हूँ। लेकिन मैं इस बात को लेकर भी आश्वस्त हूँ कि इन संभावनाओं का सच्चा दोहन तब तक नहीं किया जा सकता, जब तक अपने डिजिटल जीवन को अपने नियंत्रण में लेने के लिए हम जरूरी कदम

नहीं उठाते। ताकि पूरे आत्मविश्वास के साथ हम खुद ये निर्णय ले सकें कि हम कौन से उपकरणों का इस्तेमाल करना चाहते हैं, क्यों करना चाहते हैं और किन शर्तों पर करना चाहते हैं। ऐसा करना प्रतिक्रियावादी नहीं है बल्कि बुद्धिमानी है।

मैंने इस किताब की शुरुआत एड्यू सुलिवन की इस चिंता को जाहिर करते हुए की थी कि वे सैम्युअल मोर्स द्वारा निर्मित इस इलेक्ट्रॉनिक दुनिया में अपनी मानवता खो रहे हैं। उन्होंने लिखा था, ''मैं एक इंसान हुआ करता था।'' मै आशा करता हूँ कि अटेंशन इकोनॉमी में फल-फूल रही बड़ी-बड़ी कंपनियों के फायदों को किनारे रखते हुए, डिजिटल न्यूनतमवाद आपको नए-नए आविष्कारों से जुड़कर उनका लाभ उठाने का रचनात्मक तरीका प्रदान करेगा और वर्तमान स्थिति को पलटने में मददगार सिद्ध होगा। ताकि एक ऐसी संस्कृति का निर्माण हो सके, जहाँ तकनीक की समझ रखनेवाले लोग सुलिवन की चिंता के विपरीत पूरे आत्मविश्वास के साथ कह सकें कि ''तकनीक के कारण ही आज मैं पहले से कहीं बेहतर इंसान बन पाया हूँ।''

धन्यवाद

मेरे दिमाग में यह किताब लिखने का विचार 2016 के अंतिम दिनों में बहामास के एक सुनसान समुद्र तट पर आया था। उस समय मैं एक ऐसी किताब पर रिसर्च कर रहा था, जिसका विषय इससे बिलकुल अलग था। पर जैसा कि मैंने इस किताब की प्रस्तावना में भी लिखा है, उस समय तक मुझे अपनी पिछली किताब डीप वर्क के पाठकों से पता चलने लगा था कि उनमें से बहुत से लोग अपने व्यक्तिगत जीवन में नई तकनीकों को बढ़ती भूमिका के साथ संघर्ष कर रहे हैं। इसीलिए मैं इस विचार को खारिज नहीं कर सका कि इस विषय की गहनता को देखते हुए इसे नज़रअंदाज नहीं किया जा सकता। लोग जिस अंदाज़ में इस समस्या के बारे में बात करते थे, उससे स्पष्ट था कि इस विषय का संबंध सिर्फ तकनीक संबंधी समझदारी भरे नुस्खों तक सीमित नहीं है बल्कि किसी ऐसी चीज़ से है, जो एक अच्छा जीवन जीने की सार्वभौमिक मानवीय आकांक्षा से जुड़ी हुई है।

बहामास में छुट्टियाँ मनाते हुए मेरे पास ढेर सारा खाली समय भी था और टहलने के लिए मीलों लंबा खाली समुद्र तट भी (हम व्यस्त सीजन शुरू होने से पहले ही वहाँ पहुँच गए थे)। इसीलिए मैंने तय किया मैं इस सवाल पर ज़रा विचार करूँगा कि अगर मुझे इस विषय पर एक किताब लिखनी हो तो वह कैसी होगी? अगले कुछ दिनों तक समुद्र तट पर टहलते हुए इस बारे में विचार करने के बाद मेरे दिमाग में एक सम्मोहक वाक्यांश कौंधा: डिजिटल न्यूनतमवाद। बस, फिर क्या था! मैंने जल्दी-जल्दी नोट्स बनाने शुरू कर दिए और आखिरकार इस दर्शन की रूपरेखा मेरे दिमाग में आकार लेने लगी।

अपने इस विचार को मान्यता देने के लिए मेरा पहला कदम था, अपनी पत्नी जूली के पास जाना, जो मेरी सबसे अच्छी दोस्त और हमारे तीन बच्चों की माँ होने के साथ-साथ, मेरे लेखन कॅरियर से जुड़ी हर चीज़ के लिए मेरी प्राथमिक साथी भी है। उसकी प्रतिक्रियाओं और विचारों का मेरे लेखन में बड़ा योगदान है। डिजिटल

न्यूनतमवाद पर उसकी उत्साहभरी प्रतिक्रिया ने मुझे इस दिशा में आगे बढ़ने के लिए प्रेरित किया। घर वापस आने के बाद मैंने अपनी लिटरेरी एजेंट और पब्लिशिंग की दुनिया में मेरी गुरु लॉरी एबकेमीयर – जो लंबे समय से मुझसे जुड़ी हुई हैं – को एक नोट भेजा कि हमें अपने वर्तमान प्रोजेक्ट को किनारे रखकर इस नए विचार पर काम करना चाहिए। वे इसके लिए तैयार हो गईं और उन्होंने मेरे बिखरे हुए विचारों को एक स्पष्ट विचारोंवाले बुक-प्रपोजल का रूप देने की कठिन प्रक्रिया में बड़ी मदद की। इसके बाद उन्होंने यह प्रपोजल पब्लिशिंग की दुनिया में कुछ इस तरह पेश किया कि हर कोई इसे लेकर मेरे जितना ही उत्साहित हो। इस कठिन अवधि में उनके अथक प्रयासों के लिए मैं उतना बहुत आभारी हूँ।

इसके अलावा मैं पोर्टफोलियो में अपनी एडिटर निकी पापाडोपोलोस का भी आभारी हूँ और साथ ही इस इम्प्रिंट के फाउंडर और पब्लिशर एंड्रियन जैक़हेम को भी इस बात के लिए धन्यवाद देता हूँ कि उन्होंने इस प्रोजेक्ट पर विश्वास जताया। अपनी पांडुलिपि के शुरुआती ड्राफ्ट को एक ठोस और सम्मोहक किताब में बदलने में निकी का मार्गदर्शन मेरे बहुत काम आया। इसके साथ ही मैं अपनी पांडुलिपि को बेहतर बनाने और प्रोडक्शन की दिशा में आगे बढ़ाने के लिए पोर्टफोलियो की विवियन रॉबर्सन का भी आभारी हूँ। साथ ही किताब के प्रचार की जिम्मेदारी संभालने के लिए टारा गिलब्राइड को भी मेरी ओर से धन्यवाद। पोर्टफोलियो की पूरी टीम के साथ काम करने का मेरा अनुभव बहुत अच्छा रहा। एक लेखक के तौर पर मैं इससे बेहतर अनुभव की उम्मीद भी नहीं कर सकता था।

पुस्तक पढ़ने के बाद यदि आपके अंदर कोई सवाल उठा हो तो इस ई-मेल आय डी पर पोस्ट करें books.feedback@tejgyan.org

सरश्री - अल्प परिचय

स्वीकार मुद्रा

सरश्री की आध्यात्मिक खोज का सफर उनके बचपन से प्रारंभ हो गया था। इस खोज के दौरान उन्होंने अनेक प्रकार की पुस्तकों का अध्ययन किया। अपने आध्यात्मिक अनुसंधान के दौरान उन्होंने लगभग सभी ध्यान पद्धतियों का भी अभ्यास किया। उनकी इसी खोज ने उन्हें कई वैचारिक और शैक्षणिक संस्थानों की ओर बढ़ाया। जीवन का रहस्य समझने के लिए उन्होंने **एक लंबी अवधि तक मनन करते हुए अपनी खोज जारी रखी, जिसके अंत में उन्हें आत्मबोध प्राप्त हुआ। आत्मसाक्षात्कार के बाद उन्होंने जाना कि अध्यात्म का हर मार्ग जिस कड़ी से जुड़ा है वह है– समझ (अंडरस्टैण्डिंग)।** उसके बाद उन्होंने अपने तत्कालीन अध्यापन कार्य को विराम लगाते हुए, लगभग दो दशकों से भी अधिक समय अपना समस्त जीवन मानवजाति के कल्याण और उसके आध्यात्मिक विकास हेतु अर्पण किया है।

सरश्री कहते हैं, 'सत्य के सभी मार्गों की शुरुआत अलग-अलग प्रकार से होती है लेकिन सभी के अंत में एक ही समझ प्राप्त होती है। **'समझ' ही सब कुछ है और यह 'समझ' अपने आपमें पूर्ण है।** आध्यात्मिक ज्ञान प्राप्ति के लिए इस 'समझ' का श्रवण ही पर्याप्त है।' इसी समझ को उजागर करने के लिए उन्होंने आज तक **चार हज़ार से अधिक आध्यात्मिक विषयों पर प्रवचन दिए हैं,** जिनके द्वारा वे अध्यात्म की गहरी संकल्पनाएँ सीधे और व्यावहारिक रूप में समझाते हैं। समाज के हर स्तर का इंसान सरश्री द्वारा बताई जा रही समझ का लाभ ले सकता है, इसके लिए किसी भी धर्म, जाति, उपजाति, वर्ण, पंथ, रंग या लिंग का बंधन नहीं है। विश्व के हर कोने में बसे लोग आज तेजज्ञान का लाभ ले रहे हैं। इस व्यवस्था के एक हिस्से के रूप में लाखों लोग रोज सुबह और रात को ९ बजकर ९ मिनट पर विश्व शांति के लिए प्रार्थना करते हैं।

सरश्री – अल्प परिचय

सरश्री तेजज्ञान
यूट्यूब चैनल

तेजज्ञान फाउण्डेशन - परिचय

तेजज्ञान फाउण्डेशन आत्मविकास से आत्मसाक्षात्कार प्राप्त करने का एक रास्ता है। इसके लिए सरश्री द्वारा एक अनूठी बोध पद्धति (System for Wisdom) का सृजन हुआ है। इस पद्धति को अन्तर्राष्ट्रीय मानक ISO 9001:2015 के आवश्यकताओं एवं निर्देशों के अनुरूप ढालकर सरल, व्यावहारिक एवं प्रभावी बनाया गया है। इस संस्था की बोध पद्धति के विभिन्न पहलुओं (शिक्षण, निरीक्षण व गुणवत्ता) को स्वतंत्र गुणवत्ता परीक्षकों (Quality Auditors) द्वारा क्रमबद्ध तरीके से जाँचा गया। जिसके बाद इन पहलुओं को ISO 9001:2015 के अनुरूप पाकर, इस बोध पद्धति को प्रमाणित किया गया है।

तेजज्ञान फाउण्डेशन – परिचय

हॅपी थॉट्स तेजज्ञान यूटयूब चैनल

महाआसमानी - अल्प परिचय

Self Development to Self Realization

Towords Self Stabilizaion

क्या आपको उच्चतम आनंद पाने की इच्छा है? ऐसा आनंद, जो किसी कारण पर निर्भर नहीं है, जिसमें समय के साथ केवल बढ़ोतरी ही होती है? क्या आप इसी जीवन में प्रेम, विश्वास, शांति, समृद्धि और परमसंतुष्टि पाना चाहते हैं? क्या आप शारीरिक, मानसिक, सामाजिक, आर्थिक और आध्यात्मिक इन सभी स्तरों पर सफलता हासिल करना चाहते हैं? क्या आप 'मैं कौन हूँ' इस सवाल का जवाब अनुभव से जानना चाहते हैं? यदि आपके अंदर इन सवालों के जवाब जानने और 'अंतिम सत्य' पाने की प्यास जगी है तो तेजज्ञान फाउण्डेशन द्वारा आयोजित 'महाआसमानी परम ज्ञान शिविर' में आपका स्वागत है। यह शिविर पूर्णतः सरश्री की शिक्षाओं पर आधारित है।

महाआसमानी– अल्प परिचय

हैपी थॉट्स सरश्री (इंग्लिश) यूट्यूब चैनल

सरश्री द्वारा रचित पुस्तकों की जानकारी

सरश्री ने विविध विषयों पर १५० से अधिक पुस्तकों का लेखन किया है, जिनमें से 'विचार नियम', 'विश्वास नियम' 'स्वसंवाद का जादू', 'स्वयं का सामना', 'स्वीकार का जादू', 'निर्णय और ज़िम्मेदारी', 'निःशब्द संवाद का जादू', 'संपूर्ण ध्यान' आदि पुस्तकें बेस्टसेलर बन चुकी हैं। इनमें से कुछ पुस्तकें दस से अधिक भाषाओं में अनुवादित की जा चुकी हैं और प्रमुख प्रकाशकों द्वारा प्रकाशित की गई हैं, जैसे पेंगुइन बुक्स, जैको बुक्स, मंजुल पब्लिशिंग हाऊस, प्रभात प्रकाशन, राजपाल एँण्ड सन्स, पेंटागॉन प्रेस, सकाळ प्रकाशन इत्यादि।

विचार नियम
आपकी कामयाबी का रहस्य

विश्वास नियम
सर्वोच्च शक्ति के सात नियम

मौन नियम
स्वयं को जानने का निःशब्द उपाय

पुस्तकें ऑर्डर करने के लिए लॉग इन करें

- www.gethappythoughts.org

पुस्तकों की अधिक जानकारी के लिए संपर्क करें-

फोन नं.: 09011013210

तेजज्ञान फाउण्डेशन द्वारा प्रस्तुत सोशल मीडिया ऐक्टिविटिज

तेजज्ञान इंटरनेट रेडियो

२४ घंटे और ३६५ दिन सरश्री के प्रवचन

और भजनों का लाभ लें, तेजज्ञान इंटरनेट रेडियो द्वारा। देखें लिंक

http://www.tejgyan.org internetradio.aspx

Tejgyan Internet Radio on all platforms like
Android, iPhone, iPad and Amazon

यू ट्यूब द्वारा प्रार्थना में शामिल हो सकते हैं

गुड मॉर्निंग प्रेयर हर रोज़ सुबह 6.15am-6.25am

ध्यान प्रार्थना बीज :

3.30pm-3.45pm & 9pm -9.15pm

शिविर – Train & Boost Your Immunity

जितनी हमारी इम्यूनिटी स्ट्राँगर, उतना हमारा स्वास्थ्य बेहतर

शिविर – श्राद्ध और पितृदोष युक्ति

पूर्वजों के लिए मुक्ति प्रार्थना कैसे करें

Liberation from Ancestral Karmic Bondage

शिविर – हॅपीवाले रिश्ते

जीवित रिश्तों का लक्ष्य

– जितृ पक्ष

यू ट्यूब पर सरश्री के प्रवचनों का लाभ लेने के लिए आज ही यू ट्यूब चैनल को सबस्क्राइब करें।

YouTube **channels**

Happy Thoughts - Tejgyan

Sirshree - Tejgyan

Happy Thoughts - Parma Gyan

*****Voice of Happy Thoughts App**

Registration link : https://happythoughts.co/

Contact No. : 7447797317

• Follow Us •

तेजज्ञान फाउण्डेशन - मुख्य शाखाएँ

पुणे (रजिस्टर्ड ऑफिस) – विक्रांत कॉम्प्लेक्स, तपोवन मंदिर के नज़दीक, पिंपरी, पुणे-४११ ०१७. फोन : 020-27411240, 27412576

मनन आश्रम – सर्वे नं. ४३, सनस नगर, नांदोशी गाँव, किरकटवाडी फाटा, तहसील- हवेली, जिला- पुणे - ४११ ०२४. फोन : 09921008060

- विश्व शांति प्रार्थना -

'पृथ्वी पर सफेद रोशनी (दिव्य शक्ति) आ रही है।
पृथ्वी से सुनहरी रोशनी (चेतना) उभर रही है।
विश्व से सारी नकारात्मकता दूर हो रही है।
सभी प्रेम, आनंद और शांति के लिए
खुल रहे हैं, खिल रहे हैं।'

यह 'सामूहिक अव्यक्तिगत प्रार्थना' तेजज्ञान फाउण्डेशन के सदस्य पिछले कई सालों से निरंतरता से कर रहे हैं। खुश लोग यह प्रार्थना कर सकते हैं और बीमार, दुःखी लोग उस वक्त एक जगह बैठकर इस प्रार्थना को ग्रहण कर स्वास्थ्य लाभ पा सकते हैं।

यदि इस वक्त आप परेशान या बीमार हैं तो रोज़ सुबह या रात 9:09 को केवल ग्रहणशील होकर इस भाव से बैठें कि 'स्वास्थ्य और शांति की सफेद रोशनी जो इस वक्त प्रार्थना में बैठे कई लोगों द्वारा नीचे पृथ्वी पर उतर रही है, वह मुझमें भी अपना कार्य कर रही है। मैं स्वस्थ और शांत हो रहा हूँ।' कुछ देर इस भाव में रहकर आप सबको धन्यवाद देकर उठें।

*** नम्र निवेदन ***

विश्व शांति के लिए लाखों लोग हर दिन सुबह और रात ९ बजकर ९ मिनट पर ऊपर दी गई प्रार्थना करते हैं। साथ ही भारतीय समय अनुसार हर दिन सुबह ६.१५, दोपहर ३.३० और रात ९.०० बजे भी यूटयूब के ज़रिए 'ध्यान प्रार्थना बीज' प्रसारित होती है। कृपया आप भी इनमें शामिल हो जाएँ।

हॅपी थॉट्स परम ज्ञान
यूट्यूब चैनल